作者简介

柯水发 中国人民大学农业与农村发展学院副教授、博士生导师。北京林业大学经济管理学院管理学博士，中国社会科学院农村发展研究所博士后，美国纽约州立大学环境科学与林业学院（SUNY-ESF）访问学者。主要研究领域：林业经济政策、绿色经济、农户行为等。主持国家社会科学基金项目2项，中国博士后科学基金面上项目、北京市自然科学基金面上项目各1项。参与国家社科基金重大项目、国家"十一五"科技支撑项目、国家林业局项目、亚洲开发银行技术援助项目等30余项科研课题研究。在国内外期刊发表学术论文100多篇，出版著作4部，主编教材3部，参译著作1部，参撰《中国林业发展报告》10部。

李红勋 北京林业大学经济管理学院教授，博士生导师，北京林业大学科技处副处长。北京林业大学经济管理学院博士。主要研究方向：林业经济政策、林业管理等。主持国家"十一五"科技支撑计划课题、国家林业公益行业专项、国家林业局软科学项目、北京哲学社会科学基金项目以及地方政府和企业等多项科研课题研究。以第一作者或通讯作者发表SCI、CSSCI收录学术论文40多篇，主编、参编专著及教材10余部。曾获"北京市第八届哲学社会科学优秀成果"二等奖一项，"梁希林业科学技术奖"三等奖一项。

本书出版得到北京市支持中央在京高校共建项目
"北京市林业绿色增长评价技术与驱动机制研究"资助

林业绿色经济理论与实践

柯水发　李红勋等◎编著

人民日报学术文库

人民日报出版社

图书在版编目（CIP）数据

林业绿色经济理论与实践 / 柯水发等编著 . —北京：
人民日报出版社，2019.3
ISBN 978－7－5115－5908－1

Ⅰ. ①林… Ⅱ. ①柯… Ⅲ. ①林业经济—研究—中国
Ⅳ. ①F326.23

中国版本图书馆 CIP 数据核字（2019）第 057690 号

书　　名：林业绿色经济理论与实践
作　　者：柯水发等

出 版 人：董　伟
责任编辑：万方正
封面设计：中联学林

出版发行：人民日报出版社
社　　址：北京金台西路 2 号
邮政编码：100733
发行热线：（010）65369509　65369846　65363528　65369512
邮购热线：（010）65369530　65363527
编辑热线：（010）65369533
网　　址：www.peopledailypress.com
经　　销：新华书店
印　　刷：三河市华东印刷有限公司

开　　本：710mm×1000mm　1/16
字　　数：418 千字
印　　张：24
印　　次：2019 年 5 月第 1 版　　2019 年 5 月第 1 次印刷

书　　号：ISBN 978－7－5115－5908－1
定　　价：99.00 元

本书编著成员

主要编著者: 柯水发　李红勋

其他编著者: 赵铁珍　　朱烈夫　　王宝锦　　冯琦雅　　乔　丹
　　　　　　　严如贺　　张　翩　　周广峰　　李　凡　　徐　帅
　　　　　　　张晓晓　　刘梦瑶　　齐介礼　　陈正昊　　徐拓远
　　　　　　　卢洋啸　　张　沛　　郝　缘　　张　玲　　吕成达
　　　　　　　付　饶　　李一昕　　刘长青　　张　羽　　杜佳芮
　　　　　　　曹嘉诚　　戴余航　　宋　悦　　盛韵颖

本书具体编著分工

编著分工	参与编著人员
全书策划	柯水发、李红勋
全书统稿	柯水发、李红勋、赵铁珍、王宝锦、冯琦雅
第一章　林业绿色经济的兴起与发展	柯水发、李红勋、张晓晓、赵铁珍、朱烈夫
第二章　林业绿色经济的理论基础	王宝锦、朱烈夫、柯水发、冯琦雅
第三章　林业绿色经济的实践探索	乔丹、柯水发、李红勋、冯琦雅
第四章　传统林业绿色经济产业	柯水发、乔丹、张玲、吕成达、付饶、李一昕、刘长青
第五章　新兴林业绿色经济产业	柯水发、乔丹、张羽、杜佳芮、曹嘉诚、戴余航、宋悦、盛韵颖
第六章　林业绿色生产、消费与贸易	张翾、周广峰、齐介礼、柯水发、卢洋啸、严如贺
第七章　林业绿色投资与绿色金融	张晓晓、柯水发、郝缘
第八章　林业绿色核算与会计	刘梦瑶、柯水发、郝缘
第九章　林业绿色职业与绿色就业	王宝锦、陈正昊、柯水发、张沛
第十章　林业绿色管理与绿色制度	李凡、徐拓远、柯水发、张沛

前　言

2012 年 6 月,联合国可持续发展大会提出以发展绿色经济为主题,明确了全球经济向绿色转型的发展方向,由此绿色经济和绿色发展成为全球广泛共识。

绿色发展理念成为我国经济发展的重要指引。绿色经济成为我国经济变革的重要方向。2015 年 10 月召开的十八届五中全会强调,实现"十三五"时期发展目标,破解发展难题,厚植发展优势,必须牢固树立并切实贯彻创新、协调、绿色、开放、共享的发展理念。

习近平总书记高度关注绿色经济发展。早在 2005 年 8 月,时任浙江省委书记的习近平在浙江省安吉县余村考察时首次提出:"我们过去讲既要绿水青山,又要金山银山,实际上绿水青山就是金山银山",并指出"生态环境优势转化为生态农业、生态工业、生态旅游等生态经济的优势,那么绿水青山也就变成了金山银山"。党的十九大报告指出,必须树立和践行"绿水青山就是金山银山"的理念。

习近平总书记在十九大报告中全面阐述了加快生态文明体制改革、推进绿色发展、建设美丽中国的战略部署。十九大报告明确指出,我们要建设的现代化是人与自然和谐共生的现代化,既要创造更多物质财富和精神财富以满足人民日益增长的美好生活需要,也要提供更多优质生态产品以满足人民日益增长的优美生态环境需要。十九大报告为未来中国推进生态文明建设和绿色发展指明了路线图。

林业与绿色经济关系密切。根据联合国环境规划署(UNEP)的报告,林业的定位是绿色经济的基础和关键,森林将被作为资产进行管理和投资以实现各种效益。2011 年 10 月,联合国森林论坛"森林对绿色经济的贡献"波恩会议对林业与绿色经济的相关关系进行了深入的阐述。波恩会议认为，林业在实现绿色转型中发挥着关键作用，将对实现可持续发展和千年发展目标做出重要贡献。

林业是绿色经济发展的生态资本。联合国环境规划署曾经提出，生态系统管理在绿色经济发展中发挥着重要作用。森林是重要而独特的战略资源和能源，具有可再生性、多样性、多功能性，是发展绿色经济十分重要的自然资产。许多林业产业本身就是绿色产业。林业为绿色经济的发展创造了绿色财富，对绿色经济的物质基础提供了强大保障。

林业是绿色经济发展重要的物质基础。森林被誉为"绿色资源库"，其种类繁多，为其他行业发展提供基本的物质原料，能够加工生产出多种可再生、可降解的林产品和原材料。森林为人类提供了丰富的绿色产品和绿色生态服务。

林业在改善社会绿色福利中发挥着重要作用。林业提供了大量的绿色就业机会，减贫增收，改善农民可持续生计，促进了绿色经济发展。联合国规划署估计，目前，全球超过16亿人依赖森林所提供的产品和服务为生。超过20亿人口依靠薪柴能源做饭、取暖、保存食物。

林业是绿色经济的重要部门，林业经济是绿色经济的重要构成和核心体现。林业绿色经济发展的重要意义不言而喻。文献研究表明，目前已有一些学者针对林业与绿色经济开展了一些相关研究，为本书编写提供了丰富的基础素材，但林业绿色经济研究的针对性、系统性和规范性仍有较大的提升空间。因此，为了更好地总结林业绿色经济研究成果，系统地反映和展现林业绿色经济的发展潜力，本书创新性地对林业绿色经济加以界定，并提出林业绿色经济的理论体系、实践模式、产业形态、组织形式及保障体系。

本书将林业绿色经济界定为：林业绿色经济是一种以实现林业绿色资源的价值化和林业经济活动的绿色化为载体，促进森林资源的有效保护、综合利用和优化配置，推动林业绿色转型和林业绿色增长，增加森林资源资本和绿色财富，显著降低森林生态稀缺性和森林环境风险，提升人类森林福利和绿色福祉，促进社会公正和包容性发展的经济形态。

本书共分十章，第一章主要阐述林业绿色经济提出的背景、内涵、特征及研究状况；第二章主要介绍了林业绿色经济的相关基础理论；第三章主要介绍了林业绿色经济的一些实践模式;第四章和第五章主要介绍林业绿色经济的主要产业形态;第六章主要介绍林业绿色经济活动组织过程,包括林业绿色生产、林业绿色消费、林业绿色采购与林业绿色贸易;第七章至第十章,主要介绍林业绿色经济的保障或支撑体系,包括林业绿色投资与金融、林业绿色核算与会计、林业绿色职业与就业、林业绿色管理与制度等。

本书的编写具有如下几个特点:1. 系统性,本书旨在系统构建起林业绿色经济的理论体系和实践体系;2. 创新性,本书创新性地对林业绿色经济概念进行了界定,构建了林业绿色产业形态体系,提出了林业绿色经济的核心活动组织过程及保障体系;3. 理论性和实践性相结合,本书尝试构建了林业绿色经济理论体系,并总结了林业绿色经济实践模式、产业实践状况和相关政策出台状况,并配有相应的一些典型实践案例,可供实践决策参考。此外,本书还具有篇章结构清晰、信息量大,注重编写的规范性和可读性等特点。本书可作为林业领域和绿色经济领域的专家学者、商界精英和高校学生的参考读物。

本书由中国人民大学农业与农村发展学院和北京林业大学经济管理学院老师联合编写,编写过程中,搜集、查阅和整理了大量文献资料,许多研究生参与了文献资料的整理和分析工作,在此对学界前辈、同仁和所有参加此书编写工作的人员致以衷心的感谢。

由于编者能力有限,编写时间较为仓促,书中难免有错漏之处,还请广大读者给予理解和不吝指教!

柯水发　李红勋

2018 年 10 月 30 日

目 录
CONTENTS

第一章

林业绿色经济的兴起与发展

第一节 绿色经济的提出与发展

一、绿色经济的提出

绿色经济的提出源于人们对经济与环境协调发展的思考。自从工业革命以来，工业化创造了辉煌的人类物质文明和精神文明，也创造了千百年来社会飞速发展的奇迹。一方面，社会生产力水平得到了极大的解放，工业化取得了巨大的成就；另一方面，工业革命使人类陷入人口资源短缺、生态恶化的危机之中。日益严重的生态危机促使人类逐渐清醒，并意识到由不可持续发展向可持续发展转型、由工业文明向生态文明转型、由传统工业经济向绿色经济转型的必要性和紧迫性。

在过去的几百年里，西方发达国家的工业化水平已经达到一个相当高的程度，但走的是一条"高消耗、高污染"的道路。随之而来的环境污染、温室效应、臭氧层漏洞等生态危机这种"先污染后治理"的路子，环境恶化生态事件以及出现的自然灾害无不是自然在向人类昭示：人类在自食恶果。20世纪已经出现了很多生态危机事件：比利时的马斯河谷事件，美国的多诺拉事件和日本的四日市事件，均是因排放出大量的二氧化硫等有毒气体和粉尘引起呼吸道疾病；日本的富山事件和水俣事件，是由于当地居民饮用了污染的水而患重金属中毒；洛杉矶的光化学烟雾事件，受害人达6000多人。据世界卫生组织（WHO）调查，世界上有70%的人喝不到安全卫生的饮用水。现在世界上每年有1500万5岁以下的儿童死亡，死亡原因大多与饮水有关；全球荒漠化面积已近40亿公顷，约占全球陆地面积的1/4，而且全球每年有600万公顷的土地变为荒漠；目前全世界使用的能源有百分之九十取自化石燃料,从探明的储量分析,现在地球上的石油、天然气和煤炭的总储量分别为石油1万亿桶、天然气120万亿立方米、煤炭1万亿吨。按照目前全世界对化石燃料的消耗速度计算,这些能源可供人类使用的时间石油是45~50年,天然气是50~60年,煤炭是200~220年;危害最为严重的是核泄漏事件,不仅对当代人造成巨大的身体伤害,而且影响持久,对子孙后代都可能产生危害。人类面临的这些问题已经严重威胁到了人类的生存,"人定胜天"的观念已经让人类为此付出了惨痛的代价,只有人类与自然和谐相处,才能够持久地生存下去。因此,为了人类自身的生存,更为了人与社会、资源、环境的和谐共处,寻找新的经济发展理论被提上日程。(姚丹,2014)

"绿色经济"的早期思想萌芽可以追溯到20世纪60~70年代发生的针对全球粮食安全的"绿色革命"。1989年,英国环境经济学家皮尔斯(Pearce,1989)在《绿色经济蓝图》中明确提出了"绿色经济"的概念,认为"绿色经济是以传统产业生态化为基础,以资源节约、环境友好的绿色产业为基本产业链,实现经济与环境发展的一种平衡式经济"。随着经济社会的发展和人们认识的不断深化,当前围绕"绿色"在经济中的作用和地位,"绿色增长""绿色经济""绿色发展"几个概念逐渐得到世界各国的认可和推崇,众多学者在此基础上,对绿色经济进行了解读,绿色经济逐渐发展起来。

二、绿色经济的发展历程

1. 三次绿色浪潮

诸大建(2014)认为绿色经济的概念最早是在1989年由英国环境经济学家皮尔斯(Pearce)提出,但是2008年金融危机以来,由联合国等国际组织以及金融危机相关国家推进的绿色新政和绿色经济,具有全新的意义。自1962年卡逊发表《寂静的春天》以来,经过1972年的《只有一个地球》和联合国人类环境会议、1987年《我们共同的未来》和1992年联合国里约环境与发展大会,一直到2011年的《迈向绿色经济》和"里约+20"联合国可持续发展会议,世界性的绿色浪潮应分为三次。当前的绿色经济是世界绿色浪潮发展演进的新成果,具有与以往的绿色思潮不同的时代背景,具有对传统的褐色经济进行范式更替的革命意义。

(1)第一次绿色浪潮——环境主义的浪潮。第一次绿色浪潮发生在1960~1970年代,实践上是经济增长对资源环境的负面影响被发现,理论思考以《寂静的春天》和《只有一个地球》等著作为代表,制度性事件是1972年的斯德哥尔摩联合国人类环境会议,提出环境保护应该成为发展的重要方面。第一次绿色浪潮的理论成果,一是对追求无限增长的经济增长模式提出了批评和反思,指出褐色经济在经济增长的同时没有带来所期望的环境和社会的发展。二是强调从末端治理的角度消除经济增长的负面环境影响,具有先污染后治理的特征,环境保护部门开始成为环境治理的体制力量。总体上,第一次绿色浪潮是在经济系统之外考虑环境问题,没有涉及经济发展模式本身,本质上属于对传统经济的补救。1972年出版的《增长的极限》,超前性地提出用强可持续性的模式替代无限增长的褐色经济模式,但是经济增长的生态极限尚没有显现,因此难以成为理论思考和政策制定的主流。

(2)第二次绿色浪潮——弱可持续的浪潮。第二次绿色浪潮发生在1980~1990年代,实践上是要制止经济增长与资源环境退化的分裂状况,理论思考以《我们共同的未来》和《倍数4》等著作为代表,制度性事件是1992年的里约联合国环境与发展会议,确立了可持续发展战略。第二次绿色浪潮的理论成果:一是提出了基于弱可持续发展的绿色思想,强调经济、社会、环境等三个支柱总和意义上的非减发展,认为只要经济增长的成果能够充抵资源环境退化,发展仍然是可持续的;二是从末端治理进入生产过程,提出了经济增长的绿色化改进,重点是提高资源环境的生产效率。总体上,第二次绿色浪潮要求在经济模式不变的情况下提高效率,没有考虑经济模式本身需要变革。1989年皮尔斯出版《绿色经济的蓝图》,区分弱可持续性和强可持续性,指出前者强调经济、社会、环境三个支柱的总和进步,只要经济增长能抵消环境和社会损失,就是可持续发展;而后者强调可持续发展是关键自然资本如地球生态服务等的非减化,如果不是,那么即使有很大的经济增长,也不是可持续发展。但是当时的主流采纳了弱可持续发展作为政策依据。

(3)第三次绿色浪潮——强可持续的浪潮。第三次绿色浪潮发生在2000年以来至今,实践上发现过去40年的经济增长已经超越了地球的生态承载能力,要求实现环境非下降的经济增长的声音趋向强烈,气候问题和低碳经济即是典型,理论思考以联合国环境署2008年的《全球绿色新政》和2011年的《迈向绿色经济》等为代表,制度性事件是2012年的"里约+20"联合国可持续发展大会,在呼吁经济范式变革的意义上提出了绿色经济新理念。绿色经济新理论有两个特征,一是提出了基于强可持续发展的绿色思想,强调地球关键自然资本的非减发展,意味着人类经济社会发展必须尊重地球边界和自然极限。二是提出了包含自然资本在内的生产函数,要求绿色经济在提高人造资本的资源生产率的同时,要将投资从传统的消耗自然资本转向维护和扩展自然资本,要求通过教育、学习等方式积累和提高有利于绿色经济的人力资本。总体上,与前二次浪潮相比,当前的第三次绿色浪潮或绿色经济浪潮具有强烈的经济变革意义,认为过去40年占主导地位的褐色经济需要终结,代之以在关键自然资本非退化下的经济增长即强调强可持续性的绿色经济新模式。

2. 绿色经济发展的三个阶段

在此基础上,我们提出绿色经济的发展经历了萌芽、诞生和发展三个阶段。

(1)萌芽阶段:美国科学家和生态学家雷切尔·卡逊在《寂静的春天》一书中揭示了人类同大气、海洋、河流、土壤、动物和植物之间的密切关系,论述了环境污染对生物圈及人类的影响,初步提出了经济与环境的伦理关系的问题。一个新的词汇——环境保护,及其维护生态平衡的观念在生态学、经济学和伦理学领域开始流传开来。由此环保理念如星星之火,开始燎原,为绿色经济的提出奠定了基础。美国经济学家鲍尔丁将生态学理论引入经济学,首次明确提出生态经济学的概念,并在《一门科学:生态经济学》一文中对利用市场机制控制人口和调节消费品的分配、资源的合理开发与利用、环境污染以及国民生产总值衡量人类福利的弊端等问题作了深刻而独到的论述,生态经济学作为一门学科由此发端。

(2)诞生阶段:1989 年,经济学家大卫·皮尔斯等正式提出了"绿色经济"。虽然他们没有对此进行解释,但基本把绿色经济理解为能够实现可持续发展的经济。他们主张从社会和生态条件出发,建立一种可承受的经济,使经济发展在自然环境和人类自身可承受的条件下进行。他们认为绿色经济在处理国家限定的环境损失方面发挥了很大的作用,但在扼制这些令人生畏的问题方面同样可以发挥很大的作用。经济学家皮尔斯于 1989 年出版的《绿色经济蓝皮书》标志着绿色经济诞生阶段的开始。他主张绿色经济是从社会及其生态条件出发,建立一种可承受的经济。经济发展必须是自然环境和人类自身可以承受的,不会因盲目追求生产增长而造成社会分裂和生态危机,不会因为自然资源耗竭而使经济无法持续发展。绿色经济的本质是以生态经济协调发展为核心的可持续发展经济。世界环境与发展委员会受联合国第 42 届大会的委托向大会提交了《我们共同的未来》的研究报告。该报告系统地研究了当今人类面临的一系列重大经济、社会和环境问题,以可持续发展为基本纲领,从保护环境、维持生态平衡、满足当代和后代的合理需要出发,提出了许多富有建设性和创造性的行动建议。报告把环境与经济发展作为一个整体来加以考虑,认为人类社会的可持续发展只能以生态环境和自然资源的持久、稳定的承受能力为基础,环境问题也只有在社会和经济的可持续发展中才能得到有效的解决。该报告指出,可持续发展是既满足当代人的需要,又不对后代人满足其需要的能力构成危害的发展,它包括两个十分重要的概念,即"需要的概念,尤其是世界上贫困人民的基本需要,应将此放在特别优先的地位来考虑",和"限制的概念,技术状况和社会组织对环境满足眼前和将来需要的能力施加的限制"。可持续发展要求社会从两方面满足人民的需要,一是提高生产潜力,二是确保代内公平和代际公平。(王丽敏,2012)

（3）发展阶段:随着 2008 年金融危机的爆发,绿色经济迅速出现在人们的视野中并蓬勃发展起来,其标志性事件是 2012 年"里约 + 20"联合国可持续发展大会。2012 年 6 月,联合国可持续发展大会提出以发展绿色经济为主题,明确了全球经济向绿色转型的发展方向,由此绿色经济和绿色发展成为全球广泛共识:经济、社会发展必须与环境友好、与生态文明相互协调,提高人类生活质量、促进全人类共同繁荣必须通过全球可持续发展才能实现(郑德凤等,2015)。其新倡导的绿色经济内在地包括了经济高效、规模有度、社会包容等要素,相对于以往不涉及经济模式变革的浅绿色改进,是一种深绿色的变革。它强调绿色经济对传统以效率为导向的经济模式增加了两个重要维度。第一,绿色经济试图将空气、水、土壤、矿产和其他自然资源的利用计入国家财富预算,强调经济增长要控制在关键自然资本的边界之内;第二,绿色经济试图将"公平"或包容性变成与传统经济学中的"效率"同等重要的基本理念。当前可以发现人们对绿色经济的理解存在着三种不同的深度和角度,人们或者从自己的认知习惯去解读绿色经济,或者潜移默化地受到传统环保主义或传统绿色思潮的影响。更精细地观察后可以发现从浅绿到深绿的理解不仅是认知差异问题,更是利益冲突问题。

三、绿色经济的内涵与特征

1. 绿色经济的内涵

绿色经济概念比较宽泛,内部可衍生出诸多分支,同时涉及经济活动的各个领域和产业链条的各个环节。环境学家强调绿色经济要实现经济发展与环境保护相协调,其实现途径重点在污染的末端治理;资源领域专家强调绿色经济要实现经济增长与资源消耗脱钩,其实现途径重点在于从生产端提高资源生产率;生态学家强调绿色经济不能破坏自然生态系统,要保持生物多样性;能源专家强调绿色经济要降低化石能源的消耗,开发新能源;经济学家强调绿色经济要大力发展绿色产业;社会学家则将社会包容性引入绿色经济的理念中;等等。目前,关于绿色经济的定义主要是围绕着经济增长、资源能源消耗、生态环境保护、社会公平等内容展开(朱婧,2012)。

目前,绿色经济作为一种新的可持续经济发展模式,受到国际、国内政界和学界的广泛关注。虽然还未有统一的理论内涵形成,但学界正不断对其进行多角度和多层次的研究探讨。

英国环境经济学家皮尔斯于 1989 年在其著作《绿色经济蓝图》一书中提出

的,从社会及其生态条件出发建立起来的"可承受的经济"——自然环境和人类自身能够承受的、不因人类盲目追求经济增长而导致生态危机与社会分裂,不因自然资源耗竭而致使经济不可持续发展的经济发展模式。而后皮尔斯等在《世界无末日》一书中以经济语言进一步表达了可持续发展定义,发展不仅需要保证当代人的福利增加,同时也要保证后代人的福利不被减少;雅各布斯等人提出绿色经济需要在传统产业经济的三种基本生产要素:劳动、土地以及人造资本的基础上增加社会组织资本,认为社会组织不仅仅是单纯的个人的总和,无论那一种层级的组织都会衍生出特别的习惯、规范、情操、传统、程序、记忆与文化等,从而培养出不同的效率、活力、动机及创造力,进而投身于人类福祉的创造(郑德凤,2015)。

国际绿色经济协会给出的绿色经济定义为:以实现经济发展、社会进步并保护环境为方向,以产业经济的低碳发展、绿色发展、循环发展为基础,以资源节约、环境友好与经济增长成正比的可持续发展为表现形式,以提高人类福祉、引导人类社会形态由"工业文明"向"生态文明"转型为目标的经济发展模式。

2011 年,联合国环境署发布了《绿色经济报告》,报告中将绿色经济定义为可促成提高人类福祉和社会公平,同时显著降低环境风险与生态稀缺的经济,认为绿色经济收入、就业的增长可以通过减少碳排放和污染排放,提高能源和资源利用效率,防止生物多样性和生态系统服务丧失的私营投资,公共投入等实现。换言之,绿色经济可视为是一种低碳、资源高效型和社会包容型经济。在绿色经济中,收入和就业的增长来源于能够降低碳排放及污染、增强能源和资源效率、并防止生物多样性和生态系统服务丧失的公共及私人投资。绿色经济需要政府通过有针对性的公共支出、政策改革和法规变革来促进和支持这些投资。绿色经济强调,发展路径应能保持、增强并在必要时重建作为重要经济资产及公共惠益来源的自然资本(朱婧,2012)。

余春祥(2002)认为绿色经济是围绕人的全面发展,以生态环境容量、资源承载能力为前提,以实现自然资源持续利用、生态环境的持续改善和生活质量持续提高、经济持续发展的一种经济发展形态。

崔兴中、焦丽平(2009)认为绿色经济是一种融合了人类现代文明,以高技术产业为支柱,求得人与人之间平等竞争发展,人与自然和谐相处能够持续发展的经济。绿色经济把保护环境、优化生态与提高效率发展经济统一起来,提高资源配置的高效性,促进资源的可持续供给。

赖劲榕(2011)认为绿色经济是伴随可持续发展观而形成的新的经济发展模式,它以资源、环境、经济、社会的协调发展为目标,力求实现经济效益、生态效益和社会效益的统一,发展绿色经济需要科技支持和制度保障。

王丽敏(2013)认为绿色经济的基本概念可以从经济、社会、文明三个方面进行理解。从经济学角度来看，绿色经济是将生态要素视为生产要素之一，经济发展的各个方面、经济活动的各个环节都建立在资源和环境的承受力和生态开发的合理性之上，利用环保工艺，生产绿色产品，一切生产活动都需符合有利于环境资源保护的标准。总的来说，绿色经济是一个总体概念。从经济活动环节来看，它应该包括绿色设计、绿色投资、绿色生产、绿色营销、绿色消费等内容；从经济部门来看，可包括绿色农业、绿色工业、绿色服务等等；从地域方面看，绿色经济可与绿色城市、绿色农村、绿色通道等联系。从社会发展角度看，绿色经济主张效率优先、兼顾公平。社会进步不仅包括生产和分配的体制改革，而且国民财富的分配除了要求公平，还要有益于教育、健康、就业。它强调绿色的分配制度，即反对分配上不能满足广大低收入者对绿色产品的需求。但是，必要的分配差异是资源配置有效的一种杠杆和制度，绿色经济主要反对的是非经济因素造成的不平等，主张通过社会再分配的手段给予社会的某些弱势群体某些补偿，使他们能够有能力买得起绿色产品。可见，绿色经济不仅仅以追求经济增长为目的，而是以社会的和谐和全面发展为目的。为了促进生态环境的进步，必须以"绿色"来取代传统的作为衡量经济进步与社会发展的指标。从人类文明角度看，新的绿色经济形态的形成和发展，需要与之相对应的新的文明观——生态文明。生态文明是以可持续发展为内核的文明，选择具有可持续性的生产模式和消费模式，提倡人类的生产和消费行为以不对生态环境造成危害为原则，是生态文明建设的重要内容。可见，生态文明是人类未来绿色经济发展和推进可持续发展事业的根本要求。绿色经济要求避免高消耗、高消费、高生态影响，追求高效率、低消耗、环境友好，从追求单一的物质文明向物质文明、精神文明和生态文明多元目标的转变，反映的不仅是经济领域发展观的科学转变，更体现出社会价值观的生态化趋向以及公众绿色意识的觉醒，反映了人们对更高层次的生态文明的追求。

张瑞航、李殊铭(2016)认为绿色经济是以人为本的经济。绿色经济的主旨是服务于人的需要和人的发展。绿色经济始终强调经济发展的生态化，始终把环境与生态因素作为经济发展的基础，明确指出，经济持续发展的关键在于生态环境与资源的永续性。因此，绿色经济追求的不是简单重视自然资源的价值，而是从动态上强调对生态环境和自然资源的永续利用、代际公平。绿色经济是效率最大化的经济，不仅包含了"绿色"，即包含了生态文明和循环经济的内容，还将以人为本，以发展经济、全面提高人民生活福利水平作为核心，涵盖了保障人与自然、人与环境的和谐共存，人与人之间的社会公平最大化的可持续发展内容，又包含了"经济"的内容，即以最小的资源耗费得到最大的经济效益。

2. 绿色经济概念的演进

唐啸(2016)认为绿色经济的概念并非是一成不变的。在不同的历史时期,随着经济社会的发展变化以及理论认识的加深,绿色经济也有着不同的含义。大体上,可以将绿色经济的概念变迁概括为三个阶段。

(1)第一个阶段:生态系统目标导向的绿色经济

绿色经济的第一阶段:从1989年到2006年。可持续发展概念提出之后,迅速在全球范围内掀起了污染治理和生态保护的绿色浪潮,这促使绿色经济概念首次登上舞台。绿色经济这一词汇最早见于英国环境经济学家大卫·皮尔斯(David Pearce)1989年的著作《绿色经济的蓝图》。不过,书中并没有对绿色经济进行明确定义,仅仅是对于其蓝图进行了模糊的阐释,认为"绿色经济蓝图是从环境的角度,阐释了环境保护及改善的问题"。纵观全书,正如皮尔斯自己所言,"我们的整个讨论都是环境政策的问题,尤其是英国的环境政策",在这里只是借用绿色经济这一名词阐述环境保护和改善的概念。事实上,在整个20世纪90年代,绿色经济一词仍然主要被环境经济学界的学者所使用,其论述的重点是从环境经济学的角度如何进行环境保护及改善,具体可见于迈克·雅各布斯(Michael Jacobs)等人在90年代早期的相关论文中。它的核心问题是讨论影响经济和环境相互作用的环境经济政策,特别是如何以此消除市场的外部性和治理环境的问题。

总体来看,这一阶段绿色经济在概念上仍然处于模糊时期,没有明确的定义,相关研究多与生态保护等绿色议题相关,主要采用文义性定义的方法。这主要是因为在这一时期,虽然可持续发展等观点被相继提出,但是将生态环境视为经济增长的外生变量的思想基础并没有根本改变。人们对于人类发展方式并没有根本性反思,认为资源枯竭、环境污染问题的出现只是工业文明发展所造成的一种结果,因此仍然只是就环境问题而论环境问题,只是希望能够采用一些新的政策手段和方法来解决经济发展过程中伴随出现的环境问题。这一思想认识同样也反映在这一阶段绿色经济的实证研究上。绿色经济一词多出现于地区案例分析和资本相互转化的文献使用中,人们试图用这一方法来克服环境问题。不过与之前相比,绿色经济的研究仍有突破:一是首先提出了遏制环境污染和生态破坏的系统的经济工具,重点关注不同资本的转化和补偿。二是开始从传统的污染末端治理进入生产过程的绿色化,提出采用经济激励的手段部分代替传统行政规制的方案。总体而言,这一阶段绿色经济概念的关注点集中于污染治理的经济手段,强调生态系统的财富价值,目标仍然是生态系统的保护,本质上属于传统环保手段的进一步延伸。

（2）第二阶段：经济—生态系统目标导向的绿色经济

绿色经济的第二阶段：从 2007 年到 2010 年。在可持续发展的理念提出 20 年之后，以生态破坏为代价的"褐色经济"增长方式并没有发生根本改变。2008 年前后爆发的金融危机更是为绿色经济的崛起提供了历史性机遇。经济危机迫使世界各国重新思考经济政策，并将绿色低碳理念引入刺激经济和就业增长的财政计划之中，绿色经济也由此获得了空前关注。2007 年，联合国环境规划署等国际组织在《绿色工作：在低碳、可持续的世界中实现体面工作》的工作报告中首次定义了绿色经济，即"重视人与自然、能创造体面高薪工作的经济"。与此同时，围绕经济系统绿色化，出现了绿色新政、绿色增长、绿色投资等诸多相关概念。特别是联合国开发计划署在《全球绿色新政》中定义了绿色经济的相反概念"褐色经济"：依赖低能效、利用不可再生能源、高材耗、对生态环境的不可持续利用以及带来高度气候变化的风险。同时，经济合作与发展组织提出了向绿色经济过渡的 8 个关键经济议题，联合国环境规划署提出了与绿色经济有关的 8 个行业，这标志着对绿色经济的研究已经深入到可操作性层面。

总体来看，这一时期绿色经济研究的概念重点关注经济系统的整体转变，倾向于将绿色经济解释为"经济绿色化"的一个过程，即"利用绿色发展的想法去转变生产、建设、分配和消费的全过程"，或者解释为经济系统和环境系统相互联系的一种经济模式，即"让经济增长和环境责任在一个相互加强的模式中共同运作"。同时，这一时期也出现了一系列关于绿色经济的经验研究，包括对 8 个发展中国家的绿色经济政策进行了评估和分析。

这种变化的根源有两个方面。一是可持续发展的概念在提出 20 年之后，仍然未能遏制环境污染、生态破坏加剧的趋势。这一事实使得人们已经不再将目光局限于单纯的环境治理，而是开始反思人类现有的经济模式乃至整体发展方式。特别是金融危机的爆发，暴露出完全放任自由的市场经济所导致的无节制发展对于经济本身也具有重大危害。因此，这一背景赋予了绿色经济更多的反思。二是在应对金融危机的过程中，世界各国纷纷将推动经济结构调整、培育新的经济增长点的突破点集中到新能源、循环经济、生态治理等绿色经济方面。美、欧、日等相继推出的绿色新政，也为绿色经济概念的演进提供了丰富的实践案例。与前一阶段相比，这一阶段绿色经济概念的创新主要有三个方面：一是突破传统环境经济学范畴，强调经济整体的绿色化和低碳化，将经济增长和解决生态环境危机相结合。二是从被动治理和防治迈向主动投资，强调以经济投资推动生态资产增长，例如对于生态工程、林业水利等的投资。事实上，这一思想在弱可持续发展理论中时有体现，但是绿色经济理论将其很好地与应对经济衰退政策相联系。三是丰富了绿色经济概念的内容,实证阐释了绿色经济的产业部门,进一步实体化了绿色经济。总体上,这一阶段的绿色经济将生态系统目标和经济系统目标相结合,已经开始触及经济发展方式的中心,并出现了具有革命性的经济发展变化萌芽。但是,这种转变本质上仍然是一种"挑战—应战"模式下的应激举动,缺乏系统性的理论建构和长远性规划。

(3)第三个阶段:经济—生态—社会系统视野的绿色经济

绿色经济的第三阶段:从 2010 年至 2013 年。在 21 世纪的第一个 10 年里,气候变化、金融危机和社会动荡仍然困扰着人类发展,成果并不显著的可持续发展战略也迫切需要新的理论和因素的注入。2010 年,联合国可持续发展大会第一次筹备会议将"里约 + 20"大会的主题词之一定为:"绿色经济在可持续发展和消除贫困方面的作用",这标志着绿色经济已成为可持续发展战略的核心要素。

2010 年,联合国开发计划署提出了绿色经济的定义,即"带来人类幸福感和社会的公平,同时显著地降低环境风险和改善生态缺乏的经济"。这一定义成为目前被广泛接受的对绿色经济概念的解释。与前一阶段相比较,绿色经济的显著变化是发展目标涉及社会公平和人类发展领域。随着绿色经济理论的扩展,相关研究也随之展开。

这一时期的概念研究已经不再将绿色经济局限在生态治理和经济增长方面,而是将其视为一种生态—经济—社会三个方面的支柱缺一不可的革命性经济模式,这也重新契合和回应了早期可持续发展战略中所强调的生态、经济、社会三者协同可持续发展的本意。德国柏林自由大学环境政策研究中心的报告表明:"大多数的专家和社会团体将绿色经济视作一种三支柱共同支撑的发展路径。"或者将绿色经济解释为一种模式或一个镜头,"用来聚焦和抓住机会,以便同时促进经济和环境目标的实现",以"通过适合当地及全球生态基础条件和长期动力的方式来组织经济"。可以这样认为,2010 年之后的绿色经济概念的应用已经不再指向单独的环境治理经济工具或者单纯的经济绿色化过程,而是标示了一种对于现有社会发展模式的全面反思。这种反思是在 2008 年金融危机之后世界各国绿色新政实践基础之上进行的阶段性总结,同时也与联合国等国际组织所一直强调的人类发展目标相联系。在实证研究方面,新的研究关注点也集中在社会公平等维度。对于经济和环境的影响方面,包括可持续发展在消除贫困和帮助弱势群体等方面的作用,包容性财富的衡量,人类发展中不同部分对于环境可持续性的影响。

相比前一阶段,绿色经济概念的突破主要体现在以下几个方面:一是将绿色经济的目标扩展至社会系统,希望促进人类幸福感与社会公平的发展,将经济—社会—生态复合系统的发展作为共同的目标。这种变化仍然是第二阶段爆发的金融危机所导致的对于经济模式反思的继续,但是这种反思已经不再局限于将经济绿色化作为一种促进经济增长的机会,而是进一步聚焦经济发展与生态保护、社会公平等发展目标相互协调、平衡的关系之中,是出于一种综合发展观的更深层次的变革。二是在第一阶段所关注的绿色核算方式的基础之上,从生态—经济—社会的综合目标出发,进一步完善了包含自然资本和社会资本在内的生产函数,要求绿色经济在提高人造资本的资源生产率的同时,将投资从传统的消耗自然资本转向维护和扩展自然资本,并通过教育等方式积累和提高有利于绿色经济的人力资本。特别是有关研究表明,对于教育和卫生等基础设施的投资与碳排放的增长并无显著相关性。三是这一阶段的绿色经济概念已经形成了以经济—生态—社会复合系统共同发展为总体目标的全面经济发展概念,要求革新现有发展方式,达到经济高效、生态和谐、社会包容的目标,具有革命性的意义。

3. 绿色经济的特征

王丽敏(2013)认为绿色经济有以下 3 种特性。第一,广泛性。首先,绿色经济包含内容的范围广泛。绿色经济不局限于某几个产业或产业的几个部门,而是包括社会生产的各个环节以及社会的各个方面,只要符合节约资源能源、保护环境的经济行为都属于绿色经济的范畴。其次,绿色经济的实践途径具有广泛性。绿色经济发展虽然有一定的定量标准,但不要求绝对的零排放和零污染,强调兼顾经济效益、社会效益和生态效益。但是对兼顾度和协调度没有硬性的标准。这样使得绿色经济的实践途径具备宽泛性。不论采取什么方法,只要是符合绿色经济的核心目标就是可行的。比如在设计中贯彻环保的设计理念,在生产中采用清洁生产的绿色工艺,在生活中秉持绿色消费理念、选择绿色产品,等等。广泛性的特点使得绿色经济更贴近大众的生活活动,具有更强的操作性和社会基础。第二,系统性。首先,绿色经济的系统性包含着全面性的特征。生态系统的可承受能力是绿色经济的前提。生态系统是一种包含人类和各种生物有机体的有机整体,它是由人与自然、人与人相互依存、相互作用引发的各种系统,如经济、社会、政治、环境、资源、人口等子系统,它们不断进行物质、能量、信息的交换,彼此相互依存、转化和不断趋向整体优化。基于此,人类的需求和利益也是一个结构系统,包括物质、精神、社会、生态环境等多个方面和层次。随着生产力的发展,人类从最初的只对物质利益的追求逐渐展开为多元化的价值追求。绿色经济将人口、资源、环境以及社会的协调发展作为根本,追求经济发展、社会发展和生态发展相统一,最终实现"生态——社会"这一系统的整体进步和发展。同时,绿色经济还注重系统内部各要素的协调平衡。绿色经济发展注重的是人与自然关系、人与人关系的优化,追求的是社会经济各领域各环节的整体推进、系统优化和协调发展。

绿色经济的衡量不只靠某种单一的经济指标,而应根据经济的、社会的、文化的、环境的一系列综合指标,依据经济系统因素之间的协调程度。第三,持续性。经济发展不仅是系统内部诸因素之间的综合平衡发展,而且应以持续长远的获利作为一个重要的衡量标准,任何只顾眼前好处、不计未来耗损的所谓经济发展,都不应该被视为科学、理性的发展。塞拉杰尔丁指出可持续性可理解为:"我们留给后代人的人造资本、自然资本、人力资本和社会资本的总和不少于我们这一代人所拥有的资本总和。"绿色经济强调的是可持续性。生存与发展是人类的永恒主题,而这又是建立在资源和环境的管理利用和尊重自然规律的基础之上。

郑德凤(2015)认为绿色经济区别于以往经济发展模式的一个重要特征是其对自然资本和生态服务价值的直接估价,通过生态系统外化于社会发展过程中的成本追溯某一具有危害性的实体经济,并将有关危害解释为该实体的负债。

余春祥(2002)认为绿色经济的特征在于:(1)以人为本。绿色经济以人为本,是围绕人的全面发展,如果片面强调自然伦理和生物中心主义,否认人类自身的价值,那么绿色经济发展就失去了意义。(2)生态环境容量和资源承载能力的刚性约束。经济发展规模和增长尺度是以环境容量和资源的承载能力为前提条件的,因此不能从传统经济系统内部去解决经济发展与环境资源的矛盾冲突,环境资源不仅是经济发展的内生变量,而且是经济发展的前提条件,生态环境容量和自然资源的承载能力是经济发展的刚性约束。(3)可持续性。生存与发展是人类的永恒主题,而这又是建立在资源和环境的管理利用和尊重自然规律的基础之上。这就要求在经济发展中,必须把经济规模控制在资源再生和环境可承受的界限之内,既要考虑当代的可开发利用,又要考虑后代的可持续利用。(4)新的经济发展形态。绿色经济是建立在生态环境容量和资源承载力的约束条件下,可持续发展的经济发展形态。它既有别于传统的工业经济发展形态,又包含了生产、消费、交换等经济活动的全过程和经济活动的方式;它不仅是一些特定产业的集合、经济活动、结构的评价标准、某种生产方式的变革和对传统经济形态的否定,也是一种新的经济发展形态。

四、绿色经济与传统经济的区别

赖劲榕(2011)认为随着人类生产能力的提高,人类与自然的关系发生了变化。特别是工业革命之后,科学技术广泛应用于生产过程,这使得原来依附于自然的人类能够反过来征服自然。越来越多的自然物质被纳入社会经济活动中,人类开始向自然无节制的索取,并大量的向自然排泄各种废弃物。在这种发展模式下,人类与自然是处于对立的关系,并导致了资源和环境危机的出现。与传统经济发展模式相比,绿色经济有着本质的不同。

第一,绿色经济注重人类与自然和谐共处,将环境改善和资源节约作为经济发展内容。在传统经济发展模式中,人类是将自然、环境当作对立面,当作需要去征服、被征服的对象。这是典型的人类中心主义思想,将人类视为高高在上的统治者,自然和环境必须服从于人类的意志,任人类去主宰。反之,绿色经济将环境改善和资源节约作为经济发展的内容,把人类的经济活动置于整个人类生态系统中来看待。经济活动作为人类生态系统的子系统,它必须与其他子系统保持和谐的关系。人类在经济活动中一方面从自然环境中获取原材料,同时又将生产和生活过程中废弃物排入自然环境中。但在绿色经济这一发展模式下,此循环过程是合于自然环境规律的,它不会不加节制地向自然索取,也不会过量地排放废弃物。很明显,在绿色经济中人类与自然是协调、和谐的关系。

第二,绿色经济重视生态资本,并将自然资源与环境纳入经济发展评价指标。在传统发展模式中,特别是在传统的农业生产中,人们考虑的是劳动者和劳动资料、劳动对象的结合,人们不否认土地、森林、河流、矿产作为生产资料的地位,但是却将作为土地、森林、河流、矿产的整体即自然生态环境排斥在外。实际上,离开自然生态环境,人类的经济活动和整个社会再生产就无法正常进行。在绿色经济这一新的经济发展模式下,人类、社会及自然界是一个整体系统,自然资源总量、环境自净能力、生态潜力、环境质量等都被视为社会经济发展的要素。因此,绿色经济将自然资源与环境纳入经济发展的考核指标内,对生产过程中消耗的自然资源及生产过程对环境的影响等都进行评价和考核。

诸大建(2012)认为绿色经济与传统经济的不同点在于对于效率、规模与公平的不同理解与解决策略。

(1)基于效率的理解

最流行的绿色经济概念是效率导向的。类似于研究劳动、资本等其他生产要素对经济增长的贡献,如果简单地把经济产出看作自然资本投入和资源生产率的乘积($GDP = GDP/EF \times EF$,其中 EF 表示所投入的生态足迹),那么绿色经济就是要从粗放性地投入自然资本,转向集约性地提高资源环境的利用效率或资源生产率。这样的绿色经济观点持有弱可持续性的看法,认为只要经济增长能够抵消资源环境的损失,财富总和实现非减增长就是绿色经济的。在具体政策上,效率导向的绿色经济一般强调两个创新:一个是要把稀缺的自然资本的价格搞正确,把外部成本内部化,例如对煤、石油等化石燃料等消耗减少补贴、增加税收等等;另一个是用绿色 GDP 或者包容性财富指数衡量经济发展,识别 GDP 的组成结构并扣除自然资本的损失,其中自然资本用货币来衡量。在利益问题上,从"里约 +

20"会议上可以发现,发展中国家一般会抵制前者,因为担心发达国家以绿色税收的名义设置贸易壁垒,例如欧洲提出的航空碳税等;而用自然消耗获得经济增长的国家会担心后者,因为平常强调的高的经济业绩会因此大幅度缩水,从宽泛意义上的可持续性变成严格意义上的不可持续性。这样的绿色经济观念,虽然相对于粗放型的拼资源拼环境的褐色经济有进步意义,但是进步有多大是存疑的。因为存在着两个关键性的难题:一是微观意义上的效率提高没有考虑宏观上的反弹效应,例如更多的人拥有低排放的小汽车,导致更多的能源消耗和二氧化碳排放,因此无法保证经济增长是在地球边界之内;二是用总和财富增长表示绿色经济和可持续性,意味着关键自然资本是可以替代的,这与新的绿色经济强调关键自然资本具有一定的不可替代性矛盾。

(2)基于规模的理解

更深层的绿色经济概念,强调经济增长的物质规模受到自然边界的限制,因此无限制的经济增长是需要控制的。一般可以运用 $EF = GDP \times EF/GDP$ 进行分析,其中 EF/GDP 表示物质强度的高低。虽然技术效率改进可以导致强度降低,但是无限制的经济增长导致反弹效应,因此总的自然资本消耗是增大的。而关键自然资本是不可替代的。世界自然基金会(WWF)有关生态足迹的研究,表明地球生态能力从1970年代就已经出现透支,到2008年地球生态足迹超过地球生物供给能力已高达50%。最近,瑞典学者罗克斯特仑等2009年发表在《自然》杂志上的研究成果《人类的安全操作空间》被广泛引用,更是证明了人类经济增长面临着10种地球边界,其中气候变化、生物多样性及硫、磷和氮产生等三种边界已经透支或超越。因此在具体政策上,基于规模的深绿色经济概念,强调地球上经济增长的物质规模是有限制的,类似于人体的发育过程,经济系统依赖的物质增长是阶段性的事情。在地球自然资本充裕的状态下,经济增长的物质规模可以大幅度扩张;但是在接近地球自然资本边界的空的地球状态下,经济增长的物质规模应该控制,从追求物质资本的扩展转向追求人类福利的发展。基于规模的绿色经济观念把1972年提出的增长的极限问题以新的证据和逻辑提了出来。面对这个严峻的问题,"里约+20"会议上,可以发现发达国家、新兴经济体国家与发展中国家之间,存在着严重的利益分化和观点分歧。发达国家希望用生态规模问题限制新兴经济体国家的经济增长,但是回避自己的过度消费问题;发展中国家批评发达国家的过度消费导致了地球边界的突破,但是不希望用地球边界的名义约束自己的必要增长。

(3)基于公平的理解

最深刻的绿色经济概念,强调在生态规模受到限制的情况下,经济增长需要关注公平,要保证地球上的每个人特别是穷人具有公平享受自然资本的权利。一般可以运用 HDI = HDI/GDP × GDP/EF × E 进行分析(其中 HDI 表示人类发展水平,HDI/GDP 表示单位 GDP 的人类发展水平,后者是由合理的财富分布决定的),表明在一定的生态足迹和一定的生态效率下,社会福利的最大化取决于对经济增长成果的公平分配。有研究表明,只要用3%的粮食,就能让占当前全世界13%的营养不良人口免于饥饿,而富裕人口每年食品链中浪费的都比这多。同样,要让当前19%还没有用上电的人口都摆脱能源贫困,付出的代价只是让现有的二氧化碳排放增加1%,但目前世界上一半的碳排放是由11%的富裕人口造成的。因此,让地球面临巨大生态压力的不是脱贫,而是财富分布的极端不公。这就是说,在生态公平的情况下,不需要超越地球极限的生态足迹就可以养活所有地球人,正是富裕人群的过度占有和奢侈消费导致了地球边界的突破。在具体政策上,基于公平的绿色经济理论认为,发展中国家仍然需要有物质性的增长解决基本需求问题,新兴经济体到了自然极限边界需要稳定增长,而超过地球边界的发达国家需要减少物质增长为前两者腾出发展空间。在利益问题上可以发现新兴经济体和发展中国家一般强烈地强调公平观点,认为绿色经济首先是具有包容性的绿色经济。但是发达国家特别是美国等消费主义国家一般抵制这样的说法,因为这意味着需要大幅度地减少个人、组织和国家的消费增长。

第二节　林业绿色经济的内涵、特征及体系构成

一、林业与绿色经济的关系

林业与绿色经济相互依存,相互促进。林业是实现绿色经济的基础和关键,对绿色经济的发展产生重要的作用。而绿色经济的发展将进一步推动林业的可持续发展,实现林业的绿色发展。

1. 林业的绿色经济特征

林业是自然资本的主力,依托自然资本的功能,造就了自然资本的推动力,成为可持续发展的新型战略产业,林业大产业具有无与伦比的绿色经济发展特征(谢朝柱,2012)。

(1)森林资源分布的普遍性

森林分布世界五大洲,不存在有和无的问题,只有多和少的差别。只要有土地,都可以植树造林,荒地变绿洲,穷山变金山。森林资源不像石油煤炭资源分布

地区所限,造成贫富不均,冲突四起,社会分裂。森林是人类共同的财富,为全世界所有的人,免费提供氧吧、负离子、碳汇等生态产品,促进社会的和谐,提高人类健康品质。

（2）森林产品生产的可循环性

森林资源具有再生性和循环性,依靠自然的力量,通过光合作用,生产无以数计的产品,是世界上最大的无人无烟工厂,不要人造工厂,不要高温高压,源源不断地进行再生产。沿着穷山恶水—青山绿水—金山银山之路,日复一日,年复一年,为人类提高物质产品和精神产品。"青山常在,永续利用"的资源特色尤为明显。

（3）森林品种的多样性

森林生态系统、湿地生态系统、荒漠生态系统和生物多样性,构成森林生态系统的框架。森林是"地球之肺",湿地是"地球之肾",荒漠被称之地球的"癌症"。生物多样性是地球的"免疫系统",保护地球生命的健康,保护自然资本的生产力。世界环境新闻服务社（ENS）2012年1月披露,欧盟一年多样性的损失为5900亿美元,欧洲有1/4的动植物灭绝,自然破坏的代价相当于每年总量增长的3%,生物多样性的减少,直接影响经济的正常增长。森林融植物圈、动物圈、微生物圈、水圈、土壤圈、大气圈为一体,形成巨大的生物圈,拥有上千万种的生命系统,支撑环境的承载能力,维护地球生命圈的正常运转,及生命圈内1000万种生命的安全。

（4）产品投入产出的低碳性

低碳经济、低碳社会、低碳生活,这是当今世界的时尚,也是绿色发展的必然要求。而林业就具有低投入、低能耗、低碳产业的特征。据研究,木材作为三大材料之一,木材的低碳效应远比钢铁、水泥要好得多。每生产一吨材料,木材释放氧气1070千克,吸收二氧化碳1470千克,钢铁释放二氧化碳2508千克,水泥释放二氧化碳2500千克,木材是唯一释放氧气吸收二氧化碳的材料,在应对气候变化具有特殊的作用。从节能层次上看,以木材加工的单位能耗为1,水泥为5,塑料为30,钢为40,铝为70,木材消耗能源为最低。从隔热度层次上看,在同样的厚度下,木材隔热值比混凝土高16倍,比钢材高400倍,比铝材高1600倍,木材是隔热量最好的材料。

（5）产品价值的珍贵性

森林蕴藏着很多价值连城的产品,黄金非宝,林为宝。在市场上有"红木论吨卖,黄花梨论斤卖,沉香木论克卖"之说,一点不假。这些是市场认同的产物,海南产的黄花梨木是世界上最贵重的木材,每公斤卖2万多元。国内钢材价每吨只有

4000 多元,相比之下海南黄花梨木是多么的珍贵。沉香木更是一克抵万金,2011年的市场价为 50 万每千克。沉香木是瑞香科的落叶乔木,当受到外伤时,从伤口流出一种固体物被称之沉香木,它既是香料之王,又是珍藏的工艺品,艺术价值无限。野生山参是"百草之王,万药之首",极度稀缺的"参黄金",2012 年 5 月的市价为每克 1000 元,比 2005 年增值 5 倍,还有非常大的升值空间。

2. 林业在绿色经济中的地位与定位

随着全球气候变暖趋势的愈演愈烈,越来越多的学者开始关注森林在环境、资源、生态可持续发展中的地位和作用,甚至整个林业在绿色经济中的定位。

根据联合国环境规划署(UNEP)的报告,林业的定位是绿色经济的基础和关键,森林将被作为资产进行管理和投资以实现各种效益。林业在绿色经济中的作用包括 3 个方面:一是生产"工厂"(生产从木材到食品的私人产品);二是生态基础设施(提供从气候调节功能到水资源保护的公共产品);三是创新和保险服务的提供者(森林生物多样性保护)。林业部门绿色发展相关活动主要包括造林和再造林、农林复合经营、可持续的林业管理和森林系统认证以及阻止砍伐森林的活动等(UNEP 和 ILO,2009)。2011 年 10 月,联合国森林论坛"森林对绿色经济的贡献"波恩会议对林业与绿色经济的相关关系进行了深入的阐述。波恩会议认为,林业在实现绿色转型中发挥着关键作用,将对实现可持续发展和千年发展目标作出重要贡献:一是森林在改善社会福利和减轻贫困中发挥着重要作用。森林为人类提供了丰富的产品和服务,保障了长远的社会经济发展,减少了环境风险和生态的脆弱性。目前,全球超过 16 亿人依赖森林所提供的产品和服务为生。二是林业产业对全球经济增长做出了重要贡献。木材、木制品和非木质林产品的生产、加工和贸易,提供了大量的就业机会,改善农民生计,促进了农村经济发展。林业所具有的减少污染和碳排放、消纳废弃物的天然潜力,将在绿色经济中得以充分发挥。三是对林业的绿色投资可以带来长期、安全的投资回报,有助于应对当前金融风险。同时,林业在应对气候变化、保护生物多样性和保持水土等方面发挥了重要的生态和社会效益。(王刚,2013)

2012 年 6 月 20 至 22 日,联合国可持续发展大会(又称"里约 + 20"大会)在巴西里约热内卢召开。大会聚焦两大主题:可持续发展和消除贫困背景下的绿色经济;可持续发展的机制框架。大会重要成果是达成了一份反映联合国 193 个成员国共识的政治文件——"我们憧憬的未来"。文件以加快实施全球可持续发展进程为目的,为推进国际发展合作提供了一个重要契机。吴志民(2012)认为森林多种功能备受关注,森林国际地位不断提升。里约联合国可持续发展大会成果文件在第五部分"行动框架和后续行动"中专门论及森林,强调森林给人类带来的社会、经济和环境效益以及森林可持续经营对全球可持续发展的贡献。"里约+20"大会强调了森林的多种功能和多重效益,认为跨部门协调是促进森林可持续经营的关键;支持为有效减缓、制止和扭转毁林及森林退化做出的各种努力,促进合法林产品贸易;承诺通过加强在金融、贸易、技术转让、能力建设和林政管理方面的合作,为改善林区人民生计、促进森林可持续经营创造条件;呼吁尽快履行《适用于所有类型森林不具法律约束力的文书》和联合国森林论坛第九次会议部长宣言;提请由世界银行、全球环境基金、联合国粮农组织等世界主要金融、发展援助和技术机构组成的"森林合作伙伴关系"(CPF)成员单位将森林可持续经营纳入其发展战略和项目规划之中。

1992年的联合国环境与发展大会(简称环发大会),确立了"可持续发展"理念,通过了《关于森林问题的原则声明》,提及了森林的管理、保护和可持续经营对经济、社会发展和环境保护以及全球生命支持系统的至关重要作用,提出了国际社会关于森林问题的15条原则。但由于森林问题的复杂性、各国森林管理体制差异、缺乏国际森林资金机制等多种原因,环发大会期间各国未能就缔结《国际森林公约》达成共识。一些国家和国际组织对此感到失望。由此开始了马拉松式的国际森林问题政府间磋商进程。

从国际共识看:2007年12月,第62届联合国大会审议通过了《适用于所有类型森林不具法律约束力的文书》,成为国际森林问题谈判的阶段性成果。文书明确了森林可产生经济、社会及环境等多种效益,强调了森林可持续经营对可持续发展和消除贫困的重要作用,提出了25条国家林业政策措施。2009年《联合国森林论坛第九次会议报告》进一步强调各类森林在促进全球经济和社会发展,消除贫穷,保护环境,保障粮食安全、能源安全、水安全,减轻和适应气候变化,防治荒漠化和土地退化,保护生物多样性,减少灾害风险等方面的重大贡献和潜力。"里约+20"大会成果文件重申了国际社会关于林业问题的承诺和广泛共识,会议期间许多相关国际机构和国家强调了林业在发展绿色经济、促进可持续发展领域的作用和潜力,可以说,森林和林业在全球可持续发展中的地位和作用得到了更加明确和广泛的认可,这为2015年后谈判缔结具有法律约束力的《国际森林公约》奠定了基础。

吴柏海(2012)认为林业具有绿色经济的基础地位,是发展绿色经济的生态支撑和物质基础,森林生态系统产品和服务具有巨大潜力和价值。发展绿色经济可促成人类福祉和社会公平,同时显著降低环境风险和生态稀缺。森林是支持人类福祉的"生态基础设施"的重要组成部分。森林产品和服务是逾10亿人的主要经济生计,其中大部分人生活在发展中国家和贫困地区。除了木材、纸张和纤维产品——占 GDP 很小的比例,森林生态系统提供了数以亿万美元计的公共服务。森林持续为 80% 的陆地物种提供生境,增加林地能改善土壤质量,提高水土保持能力。可持续林业方法和保护生态的耕作方法对于自给农作尤其灵验(全球近 13 亿人的生计依赖自给农作)。提供可回收、可再生和可分解的林产品促进建筑业绿化。由于林业维持着一系列相关产业和下游产业,在整合各类关键经济行业绿化的战略政策议程中,林业可充分发挥协调增效作用。

李伟(2013)认为林业在发展绿色经济和实现绿色增长中具有重要的地位和作用。林业与绿色经济联系紧密,林业符合绿色经济发展要求,是国际社会公认的对支撑绿色经济发展具有战略作用的基础产业。加快林业发展将直接推进绿色经济的深入发展。

刘剑波(2016)认为由于林业不仅具有经济功能,还具有明显的社会功能和生态功能,很多国家推出了刺激经济的绿色发展规划和战略决策,将林业作为发展绿色经济的核心;全球气候变暖问题已经成为国际社会的头号政治问题,森林对于降低大气中温室气体浓度、调节气候、维护生态平衡起着十分重要的作用。林业在应对气候变化中具有特殊地位,全球生态危机和自然灾害问题日趋严重,加强林业生态建设、保护和恢复生态系统的呼声越来越高。在这一背景下,林业在国民经济中的地位和作用得到了进一步的提高,林业产业结构得到升级,林业发展方式不断转变,这有利于进一步发挥林业在减轻贫困、改善生计方面的特殊作用。

刘剑波(2016)认为林业对发展绿色经济的重要作用和贡献在"绿色经济"这一概念被提出伊始,林业发展通过保护和可持续地使用自然资源对绿色经济所做出的贡献就已经被认识。同时,林业在减少贫困、增加收入、应对全球气候变化等方面对绿色经济都具有十分突出的贡献。从事林业基础产业的人口往往与贫困人口相重合,因而发展高效可持续的林业就能够有效地帮助依靠其生存的人们摆脱贫困。随着应对气候变暖成为全球共同行动,林业在固碳方面的贡献被广泛认识。2011 年,联合国环境规划署对林业对绿色经济的贡献方面进行了全面总结:"经济的进步和人类的福祉都依赖于健康的森林。森林提供碳汇、稳定全球气候、调节水的循环,并为生物多样性提供栖息地,同时保存了遗传资源。经济估值在不同的国家进行的研究表明,从森林的重要利益,特别是在调节气候服务和存在价值"。林业在绿色经济中的贡献已经获得了更全面的认识。

综述而言,林业是实现绿色经济的基础和关键,对绿色经济的发展产生重要的作用,具体体现在:

(1)林业是实现绿色经济的基础和关键,对绿色经济的发展产生重要的作用林业是绿色经济发展的生态资本。联合国环境规划署曾经提出,生态系统管理在绿色经济发展中发挥着重要作用。林业是生态系统的基础和前提,是地球的"生态基础设施"。森林是维护生态平衡的核心,是陆上生态系统主体。森林是通过碳储存调节全球气候,保护流域,成为半数以上陆地生物的家园。林业为绿色经济的发展创造了绿色财富,对绿色经济的物质基础提供了强大保障。林业产业是生态产业,林业产业是碳汇产业,林业产业是循环产业,林业产业是生物产业,总之,林业产业是绿色产业,创造了大量绿色财富,林业产业的迅速发展大大增加了绿色经济的物质基础保障。林业承担着保护和建设森林生态系统、保护和恢复湿地生态系统、治理和修复荒漠生态系统、维护和发展生物多样性的重要职责。(赵树丛,2012)

林业是绿色经济发展重要的物质基础。森林被誉为"绿色资源库",其种类繁多,为其他行业发展提供基本的物质原料,能够加工生产出多种可再生、可降解的林产品、原材料和能源产品,林业提供果实、油料、香料、中草药等非木质林产品,对于维持逾全球 10 亿人的生计有重要作用。同时森林也是重要的"绿色能源库",是生产生物质源的"绿色油田"、"绿色电厂",对实施替代能源战略意义重大。(贾治邦,2011)

林业是绿色经济发展的循环经济体。林业是国际社会公认的具有战略作用的基础产业。林业产品的可再生、可回收、可降解的特点,使其成为一个最大的自然循环经济体。林业生产过程实现了"资源—产品—再生资源",达到了低消耗、高利用、低排放的物质和能量循环利用,对生态和环境的影响小,为人类提供了绿色经济发展必需的生物质材料和能源。

林业在改善社会福利中发挥着重要作用。木材、木制品和非木质林产品的生产、加工和贸易,提供了大量的就业机会,改善农民生计,促进了农村经济发展。我国林业为绿色经济的发展创造了国民福利,增加了就业机会。林业部门的植树造林、森林产业的管理、森林旅游产业的发展,创造了大量的绿色就业岗位。据2010 年全球森林资源评估显示:当前全世界大约 1000 万人在森林管理和保护岗位就业,但更多人则直接靠森林为生。林业的发展带动了山区和林区的经济发展,大大促进了农民增收减贫(刘珉,2013)。集体林权制度改革后,许多林业大县林业收入已占到农民纯收入一半以上,实现了生态受保护、农民得实惠的改革目的。许多山区农民林业收入已占到纯收入的一半以上,成为就业增收的主要来源。

(2)绿色经济的发展会促进林业的可持续发展

一是进一步提升林业在国民经济中的地位和作用。国际社会普遍认为林业在实现绿色转型中发挥着关键作用,对实现可持续发展和千年发展目标贡献巨大,林业产业对全球经济增长具有重要作用。发展绿色经济将有力提升林业的地位。(刘东生,2012)

二是促进林业的进一步转型。绿色经济理念的提出为林业发展提供了巨大的机遇,作为国民经济中唯一的绿色部门,林业部门应该充分抓住这一重大的历史机遇,及时调整林业发展理念,对林业政策进行方向性的重构,从而使林业在绿色经济发展中发挥更加重要的作用(张海鹏,2015)。随着绿色经济理念的发展和林业转型,对森林的效益利用方式也从过去的"经济效益为主"转变为"生态和社会效益为主"。(李周等,2009)

三是有利于加大森林资源保护和培育力度,增加森林资源资产。森林是重要而独特的战略资源和能源,具有可再生性、多样性、多功能性,是发展绿色经济十分重要的自然资产。因此,发展绿色经济,有利于促进森林可持续经营,加大林业执法力度,提高森林经营的质量和水平,增加木材资产储备。(刘东生,2012)

四是林业绿色投资不断增加林业发展资金将更加充裕,资金来源渠道更加多样化为降低生态稀缺性,在发展绿色经济中公共财政对生态基础设施的投资力度将进一步加大。同时,森林将成为一种新的有较高收益的经济资产,社会融资能力将明显提高。(刘剑波,2016)

3. 林业在发展绿色经济中的机遇与挑战

张升、戴广翠(2015)认为发展绿色经济,有利于进一步提升林业在国民经济中的地位和作用,促进林业产业发展,扩大公共财政对林业的投资力度,强化森林可持续经营,加大林业执法力度,提高森林经营的质量和水平,加大对森林、湿地和荒漠生态系统及生物多样性的保护力度。

一方面林业在发展绿色经济中面临的机遇较多:(1)有利于进一步提升林业在国民经济中的地位和作用,扩大公共财政对林业的投资力度。林业是绿色经济的重要部门,已得到广泛共识。森林在推动绿色增长中具有重要功能。这不仅源于森林是不可替代的生态功能和清洁可再生的资源能源,同时对于改善生计、减轻贫困和增加就业等这些实现绿色经济和可持续发展的关键因素,林业也可发挥重要作用。(2)有利于加大森林资源保护和培育力度,增加森林资源资产。森林是重要而独特的战略资源和能源,具有可再生性、多样性、多功能性,是发展绿色经济十分重要的自然资产。因此,发展绿色经济有利于促进森林可持续经营,加大林业执法力度,提高森林经营的质量和水平,增加木材资产储备。(3)有利于促进林业产业结构调整和产业升级,提高林业产业的国际竞争力。绿色经济的本质是以生态、经济协调发展为核心的可持续发展经济,是一种以维护人类生存环境、合理保护资源与能源的经济发展方式。绿色经济更加支持、鼓励培育木材和发展林下经济,提倡利用森林景观发展森林旅游等林业产业,同时也支持发展林业生物质能源。因此,发展绿色经济将有力地推动林业发展方式转变,促进林业产业结构调整。(4)有利于充分发挥林业在应对气候变化中的重要作用。绿色经济倡导低碳发展,而林业的增汇减排作用已经得到广泛共识。发展绿色经济将更加注重保护和增加森林资源、减少毁林,实现可持续管理森林,达到减少森林碳排放并增加碳汇的目的。(5)有利于进一步发挥林业在减轻贫困、改善生计方面的特殊作用。绿色经济的一个重要特点在于寻求提供多种多样的发展和减少贫困的机会,而不耗竭或侵蚀自然资产。发展林下经济、森林旅游等绿色产业,可以给农户带来多元化的收入和就业,有效地帮助他们抵御市场风险。绿色经济积极倡导通过生态补偿机制推动林业生态建设、保护,支付给贫困农户的生态补偿资金可以发挥重要的减轻贫困作用。

另一方面在发展绿色经济的过程中,中国林业也面临着诸多挑战,如国民经济发展和人民生活水平提高对林业日益增长的需求与森林资源总量不足、质量不高之间存在矛盾;工业化、城镇化和农业现代化进程中存在土地利用冲突问题;人口增长和农村贫困对保护森林资源和巩固林业生态建设成果带来了压力;现行国民经济核算体系不能全面地反映林业对国民经济的贡献;森林经营管理体制改革滞后,林业信息化建设不能满足森林可持续经营的技术要求等;林业产业发展资金和技术创新不足等。(1)毁林和森林退化的压力并不会消除。绿色经济发展并没有改变级差地租的经济规律,因土地利用的竞争引起的毁林和森林退化压力并不会得到根本缓解。联合国环境规划署认为,工业化、城镇化和农业现代化进程中,土地利用冲突对林地保护造成巨大压力。在农业补贴刺激下,在保障粮食安全的战略下,农业是影响森林面积的最重要因素,农耕成为毁林的最大驱动力。(2)林业被边缘化的压力并不会消除。绿色经济有"深绿"和"浅绿"之分。从"浅绿经济"向"深绿经济"发展过程中,"绿色技术"进步与"绿色新政"完善不可能一蹴而就。林业生态效益的价值化、内部化还不能完全实现。在"绿色技术"尚未成熟前,林业的生态效益还不能完全做到可计量、可核算、可交易;在"绿色制度"尚未完全建立前,符合市场经济要求的林业生态服务市场、林业投融资市场就不能完全建立;林产品和服务的价值贡献就会被低估,林业发展就不会真正引起决策者的重视,林业的弱势地位就不会根本改变。(3)林业面临过度消费的压力并不会消除。联合国规划署估计,目前,全球超过16亿人依赖森林所提供的产品和服务为生。全世界约一半的木材被砍伐用于能源。超过20亿人口依靠薪柴能源做饭、取暖、保存食物。随着世界人口增长和消费方式的变化,社会经济发展对林产品和服务、粮食以及原材料的需求日益增加。这些都将在未来 10 年加剧对林产品及森林生态服务的需求压力。

徐萌（2015）认为在绿色经济背景下，林业发展面临着前所未有的机遇，也面临着巨大的挑战，但整体来看，机遇大于挑战。机遇方面：由于森林资源的多种功能备受关注，林业在经济发展中的地位进一步提升，对林业的财政投资力度、对森林资源的保护和培育力度都将进一步加大，如此将会大幅推动林业产业升级，推进林业绿色增长，实现林业可持续发展。挑战方面：随着国民经济的发展和社会的进步，对林业的需求也会日益扩大，对森林资源的质量和数量的要求也会日益增长。同时，依靠森林生存的人口往往与贫困人口相重合，因此人口增长和农村贫困对保护森林资源和巩固林业生态建设都会带来更大的压力。再加上土地竞争的激烈程度日益加强，由此引起的毁林、森林退化的压力短期内也不会减弱。

李兴军（2015）认为森林是重要而独特的战略资源和能源，在推动绿色增长方面具有独一无二的作用和价值，尤其是独特的可再生性、生物多样性以及不可替代的生态功能，使其在与其他资源竞争和对比中凸显出得天独厚的巨大优势，在经济和社会发展中担任着重要角色。大力发展林业可加大森林资源的培育和保护力度，增加就业机会、减轻贫困，促进林业产业结构调整和产业升级，提升其作为国民经济、绿色经济基础的地位和作用。森林是整个林业经济发展的基础。从建国时期的大规模毁林开荒、支持国家建设到改革开放时期实行的植树造林、逐步打开木材市场，允许林农和集体的木材在市场上自由买卖，再到现今实行的以生态保护为主，着力提升森林质量和水平，发展生态林业民生林业，努力改善生态改善民生，促进林业经济社会协调发展的科学发展理念，森林在其中都扮演了重要的角色，发挥了重要的基础性作用。在不同发展阶段，林业出现的各种新情况和新问题，迫使林业管理部门不断调整林业发展思路，转变经济发展方式，改革落后体制机制，使林业开始"返璞归真"，坚持节约优先、保护优先、自然恢复为主的方针，逐步迈入回归自然，走绿色经济发展的道路。改革开放后，特别是 1998 年我国北方和南方地区出现大规模极端恶劣天气，如洪涝、沙尘暴等，迫使党中央、国务院密集调整出台林业大政方针政策，确定了以生态建设为主的林业发展战略，启动并实施了天然林保护工程、"三北"和长江中下游地区等重点防护林体系建设工程、退耕还林还草工程、京津风沙源治理工程、野生动植物保护及自然保护区建设工程、重点地区以速生丰产用材林为主的林业产业建设工程等六大林业重点工程，林业在国家经济和社会发展大局中的地位和作用得到了大幅提升，有效调动了全民参与林业建设，发展林业绿色经济的热情。党的十八大以来，生态文明建设被列入"五位一体"战略发展布局中，而林业作为生态文明建设的重要组成部分,作用和地位得到了进一步提升和彰显。围绕绿色发展理念,各地林业部门充分利用生态文明发展机遇和政策利好,广泛出台林业产业发展规划和意见,大力发展木材生产基地、林产工业、森林旅游业、林下经济、木本粮油、竹产业、花卉苗木产业、林业生物产业、繁育利用业和沙产业等十大产业,整个林业呈现出如火如荼的发展局面。

为了进一步提高林业在国民经济中的战略地位和作用,促进林业产业的发展,扩展公共财政对林业的投资力度,深化森林可持续经营,加强林业执法力度,提高森林经营的质量和水平,加大对森林、湿地和荒漠生态系统及生物多样性的保护力度,等等(蒲林昌,2012;郑惠星,2011;刘珉等,2012),我们需要大力发展绿色经济。如何最大限度地减少破坏,发挥森林资源和林地的最大价值,同时还能保证地方 GDP 指标的实现,林业部门要做的工作还有很多。

4. 林业发展的绿色转型

据 UNEP 的倡议,实现绿色转型必须坚持三个原则:环保产业成为主流;可持续的经济活动;相关公共政策和机构障碍的认识和解决。(胡岳岷,刘甲库,2013)

《中国绿色转型发展报告》是目前国内较为系统地阐释绿色转型发展的著作。该书首先明确区分了绿色发展、绿色转型、绿色转型发展的含义,指出:"绿色转型则强调于发展方式转变过程,是从传统的过度浪费资源、污染环境的发展模式向资源节约循环利用,生态环境友好的科学发展模式转变,是由人与自然相背离以及经济、社会、生态相分割的发展形态,向人与自然和谐共生以及经济、社会、生态协调发展形态的转变"。(李佐军,2012)

为使绿色转型内涵更加立体化直观化,刘纯彬,张晨(2009)建立了绿色转型三维结构模型,见图 1-1。通过该模型将绿色转型进一步定义为:以绿色发展理念为指导,立足于当前经济社会发展情况和资源环境承受能力(原因维),通过改变企业运营方法、产业构成方式、政府监管手段(方法维),实现企业绿色运营、产业绿色重构和政府绿色监管,使传统褐色经济转化为绿色经济,形成经济发展、社会和谐、资源节约、环境友好的科学发展模式(效果维)。

林业经济转型,与一般意义上的经济转型有关联的方面,如包含经济增长方式转型、产业结构转型等,也有与林业自身基本特征密切相关的独特内涵。林业绿色转型是以绿色发展理论为指导,立足于林业经济发展状况、森林资源禀赋和森林环境条件,以绿色技术进步为基础,转变传统的林业经济增长方式,形成保护绿色森林资源、林业企业绿色经营、林业产业绿色重构和林业行业部门绿色监管,实现林业绿色经济持续发展、林区社会和谐,林业绿色就业增加,森林资源有效保护和高效利用,绿色财富和绿色福利持续增加的新型发展目标。

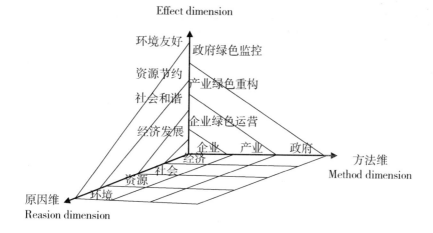

图1-1 绿色转型三维结构图

新中国成立以来,林业发展总体可以分为发展恢复阶段、发展波动阶段、发展改革阶段、发展调整阶段、林业新政阶段及绿色林业新政阶段,这里重点讲述林业新政阶段。

林业新政第一个时期是1998—2008年,主要是完成了以木材生产为主向以生态建设为主的历史性转变,实现了由传统林业向现代林业的跨越式发展。第一次林业新政大大地促进我国森林资产大幅度增长、生态状况明显好转,进入到"森林盈余"的黄金时期。

以人为本、全面协调可持续发展的科学发展观是当今世界典型的绿色新政理念,林业绿色新政正是在科学发展观基础上确立的人与自然和谐相处,以生态建设为主,经济效益、社会效益和生态效益密切结合,以市场机制为基础,市场与政府机制相配套,充分利用国际和国内两个市场,调动中央与地方两个积极性的全新发展理念。

绿色林业新政阶段从2009年开始,以林业转型为主题,将跨越"十二五"时期和"十三五"时期,以2009年中央林业工作会议的召开及林权改革的深化为标志,国家林业局出台了《关于促进农民林业专业合作社发展的指导意见》《关于改革和完善集体林采伐管理的意见》,联合财政部印发《国家级公益林区划界定办法》的通知、《关于切实加强集体林权流转管理工作的意见》、《林业产业振兴规划(2010—2012年)》、《全国林地保护利用规划纲要(2010—2020年)》等一系列政策和规划。特别是2010年12月29日国务院常务会议作出决定,2011年至2020年实施天然林资源保护二期工程,实施范围在原有基础上增加丹江口库区的11

个县(市、区),力争经过10年努力,新增森林面积7800万亩,森林蓄积净增加11亿立方米,森林碳汇增加4.16亿吨,生态状况与林区民生进一步改善。

林业新政第二个阶段,我们称之为更具广泛意义、更加深化的"绿色新政",主要是林业发展充分发挥自身优势,全面向绿色发展转型,适应新时期的国际和国内背景,把林业转型紧紧和国家经济社会转型结合起来,用国家发展规划统领林业发展规划,使得林业多功能性更加凸显,不但在应对国际金融危机、扩大内需和增加就业等方面发挥应有作用,而且在应对全球气候变化、生态危机、生物多样性保护等方面发挥特殊作用。该次新政重点是要结合国家整体规划,进行林业发展转型。

国家"十二五"规划将绿色发展作为重要原则之一,在国家24个关键指标提出了"森林蓄积量增加6亿立方米",在规划中还首次提出"增强固碳能力",包括"新增森林面积1250万公顷、森林覆盖率提高到21.66%"两个量化指标。

林业在过去一直是培育森林以利用木材的行业,随着生态危机的出现,林业的重点工作转到保护生态上来。绿色发展的理念,极大地扩充了林业在发展中的地位和作用。森林、湿地、荒漠是构成环境容量和资源承载力的三个最大生态系统。因此,投资林业,扩大森林和湿地面积、减少荒漠面积就可以为经济发展提供更大的生态环境容量。而森林资源的增长可以提高生态功能和木材供应量,不仅会实现财富增长,特别是生态共有资源或自然资本的增值,还会产生更高的国内生产总值。这就说明,林业也可以和其他产业一样为经济发展做出直接和间接的贡献。我国的贫困地区多是在偏远山区、沙区,投资林业,可以为当地贫困人口增加就业机会,使他们通过劳动增加收人,改善生活,同时增加他们的绿色资产。(刘永敏,2016)

绿色发展对林业提出的新要求构成林业绿色发展的重要内涵。绿色发展迫切要求林业承担起筑牢生态安全屏障、夯实生态根基的重大使命,林业要加大保护和修复自然生态系统的力度,从根本上扭转生态环境恶化的趋势,保障国家生态安全。绿色发展迫切要求林业承担起创造绿色财富、积累生态资本的重大使命,林业要提供更加优质的生态产品,不断提高森林、湿地、荒漠、生物多样性等生态服务价值和公共服务能力。绿色发展迫切要求林业承担起引领绿色理念、繁荣生态文化的重大使命,林业要大力提升保护森林、爱护动物、亲近自然的生态意识,培育公民生态价值观,推动全社会形成绿色发展方式和生活方式,努力创造人与自然和谐共生的人文财富。(刘永敏,2016)

目前,我国林产业转型发展升级正在加速,新的产业群正在崛起,悄然发生着前所未有的历史性变化:由主要保障木材林产品供给向生态保障而开发的生物产业、森林观光、保健食品多元化发展;由主要防风固沙、水土保持向森林固碳,除尘减少 PM2.5 可吸入颗粒物、生态疗养新领域延伸;由着眼经济向改善人居、传承文化、提升形象高层次推进。森林能源业、木本粮油业、森林碳汇业、林下经济业、竹产业、生态文化业、林业金融业亦在悄然兴起。从砍树到看树,从卖木材到卖生态,从种树到文化,从一元到多元,从低端到高端,不仅是形式的变化,而是观念的变化,不仅是数量的变化,而是质的变化。(谢朝柱,2012)

专栏 1-1 三大峰会:促使全球林业由"浅绿"向"深绿"转变

绿色经济并非完全是一个严谨的学术问题,更多是一种理念,而这种理念的形成来源并根植于三次联合国可持续发展大会,并服务于大会的精神、目标、原则和运行机制。1992 年、2002 年、2012 年,每隔十年,各国首脑就齐聚一次,出席联合国可持续发展大会,与国际社会一道商讨全球可持续发展问题。每次峰会都有涉及林业部分的重要议题。总体而言,三大峰会的召开,推动了在可持续发展框架下,林业由无为到有为,由理念到行动,由特定效益开发到多种功能综合利用的过渡,实现了林业在绿色经济背景下,由"浅绿"向"深绿"的转变。

1992 年,联合国环境与发展大会(地球峰会)在巴西里约热内卢召开,通过了《21 世纪议程》《关于森林问题的原则声明》《联合国防治荒漠化公约》《生物多样性公约》《气候变化框架公约》等重要文件,此次大会提出了人类"可持续发展"的新战略和新观念:人类应与自然和谐一致,可持续地发展并为后代提供良好的生存发展空间。中国政府代表团参与了里约热内卢大会,签署了《里约宣言》《21 世纪议程》等文件,随后制定了中国自己的《中国 21 世纪议程》和《国家可持续发展报告》等,标志着中国政府也开始在政策实践中重视"可持续发展"理念。随着可持续发展理念的推进,国际社会开始重新认识和定位林业在推动可持续发展中的地位和作用。我国林业抓住机遇,开展了十大林业重点工程,实施了跨越式发展,大大提高了我国林业生态资源总量,有力促进了我国的生态建设进程。

2002 年,以"拯救地球、重在行动"为宗旨的可持续发展世界首脑会议在南非约翰内斯堡举行,会议关注健康、生物多样性、农业生产、水和能源五大议题,朱镕基总理在会上直言:发达国家在实现全球可持续发展中负有更大责任。全球可持续发展战略能否得到实施,相当程度上取决于里约环发大会确定的"共同但有区别的责任"原则的落实。本次大会上在水、能源、森林等领域建立了很多跨国、跨机构的伙伴关系合作项目。2002 年 UNDP"中国人类发展报告:绿色发展,必选之路"对中国绿色发展提出了系统的思想,包括九点内容:有效控制人口增长;提高人均收入水平,改善收入分配,减少贫困;提高用水效率,有效控制水污染,恢复水生态环境;严格保护耕地,保证耕地的耕作面积;提升能源利用率,进一步减少煤炭在能源消费中的比例;减少 CO_2 排放,有效控制城市污染;改善生态系统,增加森林面积,扩大木材现存量;恢复已经退化的草原,扩大水土保持面积;加强国家自然灾害安全网络,建立应急反应和救援体系。

2012 年,在巴西里约热内卢再一次召开了联合国可持续发展大会,由于本次会议距离 1992 年在里约召开的联合国环境与发展大会时隔 20 年,因此又被称为"里约+20"峰会。大会确定了两大主题:可持续发展和消除贫困背景下的绿色经济;以及促进可持续发展所需的体制框架。并强调这种背景下的绿色经济应该有助于消除贫困,有助于持续经济增长,增进社会包容,改善人类福祉,为所有人创造就业和体面工作机会,同时维持地球生态系统的健康运转。峰会再一次肯定了里约三大(环境)公约、森林以及山区和绿色经济的重要作用,进一步就可持续发展三大支柱的诸多方面达成了共识。温家宝总理在大会上的演讲"共同谱写人类可持续发展新篇章"中指出,展望未来,我们期待一个绿色繁荣的世界,携手推进可持续发展,应当积极探索发展绿色经济的有效模式。在"世界森林在向新的绿色经济转型中扮演主要角色"的主题讨论中,联合国粮农组织(FAO)指出,"把森林纳入绿色经济的核心内容",要引领森林角色的转变,政府必须制定规划和政策,释放森林的潜力并确保森林被可持续管理

[资料来源:刘珉.绿色经济背景下的中国林业发展.林业经济,2013(2)]。

二、林业绿色经济的内涵与特征

1. 林业绿色经济的界定

绿色经济从理念上升为行动,主要是由 1992 年、2002 年和 2012 年三次联合国可持续发展大会促成,三次峰会都有涉及林业的重要议题,都推动了可持续发展框架下林业的转型发展,使之从注重特定经济效益开发到多种效益统一,实现从"浅绿"到"深绿"的转变。林业在绿色经济中有重要的地位和作用。联合国环境规划署的报告中明确提出"林业是发展绿色经济的基础和关键"。(UNEP,2010)从经济的角度看,发展林业可以提供丰富的林产品,从而促进国民经济的发展;从社会的角度看,发展林业有吸纳劳动力、降低失业率,提高农民收入等效益。从生态发展的角度看,林业具有涵养水源、减少水土流失、防风固沙和保护生物多样性等功能。如今,林业在发展绿色经济中的贡献越来越被认识和认可。联合国环境规划署对林业对绿色经济的贡献进行了全面总结,"经济的进步和人类的福祉都依赖于健康的森林。森林提供碳汇、稳定全球气候、调节水循环,并为生物多样性提供栖息地同时保存了遗传资源。在不同的国家进行的经济估值研究表明,

森林的重要利益,特别是在调节气候服务的存在价值"。(UNEP,2010)

徐萌等(2015)认为结合林业和绿色经济的特点,林业绿色经济是要求森林资源可持续的发展模式,是要求包括林木的培育和种植、木材采伐、运输和加工制造等各方面都节约资源能源、具有高技术含量的效率型经济发展模式,是要求林业经济发展能够改善人类福祉、实现社会公平、降低环境风险的效益型经济发展模式,是要求有完善的林业发展体系稳定型经济发展模式。与以往经济发展模式最大的区别是,林业绿色经济要求重视直接的社会效益,如绿色就业、减少贫困等。

2. 林业绿色经济的内涵

2011年,联合国环境署发布了《绿色经济报告》。报告中将绿色经济定义为可促成提高人类福祉和社会公平,同时显著降低环境风险与生态稀缺的经济,认为绿色经济收入、就业的增长可以通过减少碳排放和污染排放,提高能源和资源利用效率,防止生物多样性和生态系统服务丧失的私营投资、公共投入等实现。换言之,绿色经济可视为是一种低碳、资源高效型和社会包容型经济。在绿色经济中,收入和就业的增长来源于能够降低碳排放及污染、增强能源和资源效率,并防止生物多样性和生态系统服务丧失的公共及私人投资。绿色经济需要政府通过有针对性的公共支出、政策改革和法规变革来促进和支持这些投资。绿色经济强调,发展路径应能保持、增强,并在必要时重建作为重要经济资产及公共惠益来源的自然资本。(朱婧,2012)

徐萌(2015)认为林业绿色经济的内涵是把环境要素纳入经济发展框架,通过实现生产经营活动过程的绿色化进而实现经济、社会和生态效益的统一和最大化,并且应包含以下几个方面。

(1)把环境要素纳入经济发展框架

把环境成本纳入生产成本的思想自提出绿色GDP起就已被人们广泛接受。把环境成本纳入成本,使其成为与劳动、资本、资源和技术并列的生存要素,如此林产品的价格就包含了生产经营活动所造成的全部代价,商品价格才能反映全部的社会成本。同时此举也能消除生产对环境外部性影响,并能对生态环境系统产生正向效应,从根本上解决经济与环境的协调发展问题。

(2)要求经济效益、社会效益和生态效益相统一

在国民经济发展中,林业是唯一可以产生正向生态效益的部门,也是唯一可以真正意义上实现经济、社会和生态效益协同发展的部门。追求三种利益的统一并实现最大化,是内在地要求有效率、有创新,也是要求生产经营活动实现资源节约、成本降低、增进公平。同时,林业部门还要求实现森林资源的持续经营,这样才能提高自然环境的利用率和再生能力。

（3）要求经济活动的过程和结果都要实现绿色化

林业绿色经济要追求三种利益的统一和最大化，同时还要求发展过程绿色化，即生产过程中不对人与社会的发展产生有害影响，或者影响控制在可接受的范围内。这种"双绿色化"往往要通过绿色投资、绿色消费等手段实现。

绿色经济发展的关键和基础是林业，林业绿色经济则是把绿色经济的概念引入到林业的发展过程中，是绿色经济理论在林业领域的应用与结合，其实质就是实现林业经济的绿色发展，即充分、合理利用森林资源，充分发挥森林资源的生态功能，进一步提升林业经营活动的效率、效益。森林资源作为自然资本，持续提供着一般无法替代的环境服务，是绿色经济要进行投资并积累的，以促进经济和林业经济的共同发展，因此发展林业绿色经济要加大对森林资源的投资，加大培育和维护力度。在绿色经济背景下，对森林资源进行投资和管理可以实现各种效益，主要包括以下三个方面：一是林业通过提供丰富的产品和森林旅游等服务改善人类福祉；二是促进绿色就业、增加农民收入、减轻贫困；三是森林资源的防风固沙和保护生物多样性等特有生态功能在应对气候变化、降低环境风险等方面起着重要作用。因此，林业的发展情况对绿色经济的整体发展有着最直接的影响。把绿色经济理论应用到林业发展中，发展林业绿色经济，是实现林业可持续发展和国民经济绿色发展的有效途径之一。

综上所述，我们认为：林业绿色经济是一种以实现林业绿色资源的价值化和林业经济活动的绿色化为载体，促进森林资源的有效保护、综合利用和优化配置，推动林业绿色转型和林业绿色增长，增加森林资源资本和绿色财富，显著降低森林生态稀缺性和森林环境风险，提升人类森林福利和绿色福祉，促进社会公正和包容性发展的经济形态。

3. 林业绿色经济的特征

徐萌（2015）认为林业绿色经济的特征既包含绿色经济的所有特点，也有林业自身的特色。

第一，以人为本。经济发展的最终目的是实现人类的生存和发展，在这个过程中，人类必须与自然和谐相处，这是条件。同样，林业绿色经济要以人为本，以促进人类的全面发展为己任。如果过分强调自然伦理，否认人类的价值，林业经济的发展、国民经济的发展都会失去意义。

第二，受环境容量和资源承载力的约束。首先，环境容量不仅是经济发展的内生变量，也是经济发展的前提条件，因此，林业经济发展也受环境容量的刚性约束。其次，森林资源是林业经济发展的基础，林业经济发展的每个环节都离不开森林资源，林业经济发展也受森林资源状况的约束。

第三,以绿色技术和绿色投资为手段。林业绿色经济的发展强调要依赖绿色技术和绿色投资。绿色技术是人们改造自然并使之适合生存与发展需要,且又不对环境和人产生明显危害作用的工具与手段,它着眼于把环境与人之间的协调关系作为测定因素。(张叶,2002)"绿色投资是指增加自然资本的投入,包括对生态建设、环境保护等的投入,(胡鞍钢,2012)"因此依靠绿色投资即从投入的角度控制产业发展。

第四,以实现可持续发展为目标。林业绿色经济是实现林业可持续发展的重要途径之一,因此经济发展过程中,要把经济发展规模控制在资源和环境的可承受范围之内,并不断提升效率和效益,既要考虑当代人的需求,又要考虑后代的生存和发展;既兼顾林业经济的增长,也兼顾生态功能的发挥。

4. 林业绿色经济体系构成

林业绿色经济体系主要构成如下。

(1)大力发展林业绿色经济产业。发展完备的林业绿色产业,实现产业与生态共赢,促进经济效益、社会效益、生态效益的全面提升,提高农民收入,减少贫困,促进社会公平。

(2)推动绿色林业技术创新,实现林业绿色生产。加大林业生物技术、信息技术、测量技术、能源技术等领域的科技创新力度,以科技创新引领林业绿色生产。

(3)建设林业绿色采购,促进林业绿色贸易。通过采购合法的、可持续来源的林产品,除了要获取利润以保证自身的生存和发展外,还要注重社会责任和社会道德,将经济效益、社会效益、生态效益并重,实现人与自然、环境、资源协调持续发展的内在要求,并且维护国内和国际公平。

(4)提供林业绿色产品,促进林业绿色消费。有助于在进行林业开发过程中更加注重环境保护,在严格的开发标准下生产运作,确保林业生态功能的良性运作,优化人居环境,保护林业自然资源,提高人民生活健康指数。

(5)加强林业绿色投资,发展林业绿色金融。绿色投资能产生巨大的经济、社会和生态效益,投资回报率高,投资本身还可以扩大内需和增加就业,以国家财政购买国家重要生态公共产品的投入原则不能变,投入机制要制度化,长期保持下去,持续发挥财政资金的引导作用。

(6)建立林业绿色核算,实行林业绿色会计。重视森林在环境中的地位和作用,突出林业生态效益这一外部经济性的核算,向有关的会计信息使用者提供关于自然资源、生态环境方面的会计信息,同时实现环境效益和经济效益的最优化。

(7)提供林业绿色职业,促进林业绿色就业。在当前金融危机蔓延的国际背景和扩大内需的中国国情下,今后一段时期我国经济工作优先考虑的领域,林业在增加就业方面做出了很大贡献,但仍然还存在着很大潜力空间。

(8)完善林业绿色管理与制度。继续全面推进林权制度改革,为现代林业发展提供制度保障和内在激励,可以增加农民收入、解决农村富余劳动力就业,还可以实现扩大内需、促进农村和谐稳定、加速林业生态建设步伐。

(9)培育林业绿色文化,加强林业绿色教育。启迪人们的生态环境意识和觉悟,感染和净化人们的心灵,塑造人们的林业素养和品格,培育和弘扬人与森林、自然和谐、经济与环境、社会协调的氛围和风尚,并引导公众和社会各界的行为。

本书的组织体系如图1-2所示,本书共分十章,第一章主要阐述林业绿色经济提出的背景、内涵、特征及研究状况;第二章主要介绍了林业绿色经济的相关基础理论;第三章主要介绍了林业绿色经济的一些实践模式;第四章和第五章主要介绍林业绿色经济产业体系;第六章主要介绍林业绿色经济的核心活动,包括绿色生产与绿色技术、林业绿色消费、林业绿色采购和林业绿色贸易;第七章至第十章,主要介绍林业绿色经济的保障或支撑体系,包括林业绿色投资与金融、林业绿

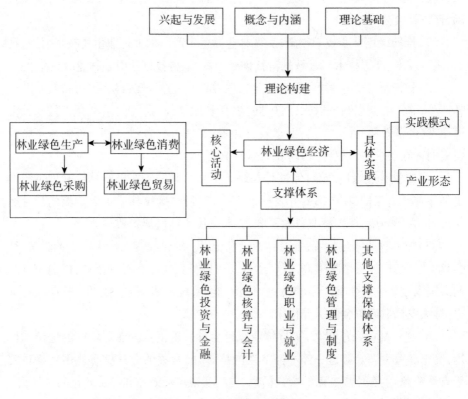

图1-2　本书的内容框架

色核算与会计、林业绿色职业与就业、林业绿色管理与制度等。

6. 林业绿色经济与林业经济的区别与联系

随着绿色经济的发展与人们对林业重视程度的提高,林业绿色经济逐渐走入人们的视野。林业绿色经济不是林业与经济的简单相加。

在研究界定中,学者们通常将林业经济和其他经济形态如畜牧经济、渔业经济并列,都有自己特定的范畴,而林业经济范畴的特定性在于它以林业为核心,一切发展都是以林业为基础,所以一切与林业发展相关的因素都可归于林业经济发展的考量范畴。林业作为生产部门,其经济生产体现为以林木的培育(生产)、林木的加工(生产)、林木的销售为内容。但是林业又具有环境生产的功能,主要体现为林木的培育过程也带来其他的产出,如保持水土、防风固沙、调节气候、环境美化的无形的外部性经济产品。因此,林业应包括两个方面的生产,一个是经济生产,另一个是环境生产。正是由于林业经济中存在的外部性,决定了林业经济主体在追求经济效益时不可忽视其带来的外部性效果。正因为此,我们在定义林业经济时,不仅要将所有与经济生产相关的生产归入林业经济,同时,还要将其他对因林业生产带来的外部性生产也应纳入林业经济。所以林业经济是所有与林业相关的经济活动,具体来讲包括:(1)林业的经济生产部分,包括林木的培育、林木的加工、林木的销售。(2)林业的环境生产部分,分为正外部性经济和负外部性经济,正外部性经济包括保持水土、防风固沙、调节气候、环境美化等的生产;负外部性经济包括一切与生产企业的林木生产、加工、销售行为相关的破坏环境的生产活动。(3)其他与林业部门生产相联系的分配、交换、消费等经济活动。(刘艳春,2014)

而林业绿色经济则侧重于绿色的概念,不仅仅是在林业经济中增加绿色概念,而且是对林业经济的界定进行有机地限定和外延。林业绿色经济具有的以人为本、可持续发展等特征要求其本身是有利于绿色经济和可持续发展的,对环境起到正向外部性,这就要求对林业经济中产生污染和负向外部性的产业与生产活动进行剔除。另一方面,林业绿色经济还包括追求公平高效的林业生产活动,这一特性就要求在原来林业经济的基础上增加一定的生产活动和相关领域才能契合林业绿色经济的内涵与内容。

综上所述,林业绿色经济不是绿色经济与林业经济的简单相加或者相乘,而是在林业经济的基础上对绿色发展的有机整合,是对林业经济范畴的统筹规划和以资源节约、环境保护与绿色发展为标准的增加与删减。林业绿色经济与林业经济既有区别又有联系。

第三节　林业绿色经济研究与评价

一、林业绿色经济相关研究综述

绿色经济发展的关键和基础是林业（UNEP，2010）。林业绿色经济则是把绿色经济的概念引入到林业的发展过程中，是绿色经济理论在林业部门的应用。可见林业绿色经济的发展对于经济乃至社会都起到了至关重要的作用。因此，林业绿色经济的研究，对于实现林业的科学发展具有重要作用，在生态环境恶化、绿色经济发展的背景下对于实现整个国民经济的可持续发展，建设资源节约、环境友好的社会具有重要意义。

1. 林业绿色产业方面的研究

2011年2月，联合国环境规划署（UNEP）在理事会暨全球部长级环境论坛的开幕式上发布了《迈向绿色经济——通向可持续发展和消除贫困之路》的报告，该报告中确定对绿色经济全球化至关重要的10个经济部门，包括：农业、建筑业、能源供给、渔业、林业、工业（含能源效率）、旅游业、交通运输业、废弃物管理和水资源。（UNEP，2011）由此可见，绿色产业涵盖许多方面，而其中最具代表性的产业应为最具绿色经济特点与绿色联系最为突出的农林产业部门。林业符合绿色经济构成要素特征和发展要求，是国际社会公认的对支撑绿色经济发展具有战略作用的基础产业。（张升，2012）

按照产业的定义，林业产业可定义为"依托森林资源从事各种生产和服务的企业组成的集合"。林业产业也可按照三次产业分类法分为第一、二、三次产业。（李微等，2013）按照以上的划分方法，结合绿色经济的特征，本章主要对以下几个具有代表性的林业绿色产业部门进行介绍：林下经济产业、林业生物质能源产业、森林碳汇产业、森林休闲产业等产业。

（1）林下经济产业

关于林下经济产业的概念，尚未有统一的定义。翟明普（2011）从系统的整体性和主体功能性将其定义为以林地资源为基础，充分利用林下特有的环境条件，选择适合林下种植和养殖的植、动物和微生物物种，构建和谐稳定的复合林农业系统，或开展其他活动，进行科学合理的经营管理，以取得经济效益为主要目的而发展林业生产的一种新型经济模式。顾晓君等（2008）从农业经营的角度对其定义为"林下经济是借助林地的生态环境，利用林地资源，在林冠下开展林、农、牧等多种项目的复合经营"。

作为非木质林产品产业,林下产业在最近十多年才受到中国的重视与发展,整个产业的技术和管理等尚处在探索中。目前,学术界对林下产业研究也较少。于小飞(2010)等在介绍分析中国林下产业发展现状和前景,并提出了从金融支持、政府投入和政策优惠等方面促进林下产业发展的政策建议。王虎等(2010)在介绍河北省林下经济发展现状的基础上,从空间结构和产业结构方面分析了河北省林下经济结构布局,并提出了河北省各个地区适宜发展的林下经济优势产业。周云珂和刘凯(2013)用偏离份额分析法对四川省林下经济产业结构进行了分析。袁顺全(2010)则以北京怀柔区为例适合生态涵养区农业发展的林下经济模式。西藏利用典型民族特征发展特色林下经济,通过种植野生藤条、藏药将林区的资源优势转化为具有林区特点和民族特色的产品,创造经济效益。(宫照红,2001)

(2)林业生物质能源产业

"中国林木生物质资源潜力与开发机制研究"课题组(2006)指出林业生物质是将太阳能转化的生物量经过林业经营活动而形成的可以成为能源的物质,是林业总生物资源量的重要组成部分。林业生物质能源开发利用的方式主要包括直接燃烧、生物质液化、固体燃料、燃料气体和生物质发电等。(费世民,2007)目前我国对林业生物质能源产业的研究主要是其意义、潜力以及政策支持等方面。

江泽慧(2006)认为发展林业生物质能源是促进林业生态体系建设和林业产业体系建设的有效途径。费世民(2008)认为发展林业生物质能源产业是我国推动生物质能源发展的基本特色,开发利用现有的森林资源以及在宜林荒山荒地发展能源林,转化为清洁高效的非粮替代油品发展前景十分乐观,符合国家能源战略。

(3)森林碳汇产业

森林碳汇指的是森林生态系统吸收大气中的 CO_2 并将其固定在植被或土壤中,从而减少大气中 CO_2 浓度的过程、活动或机制,属自然科学范畴。(黄彦,2012)

森林碳汇交易对林业产业发展有重要意义。贝斯腾(Besten)等(2014)进一步指出,森林碳汇交易机制能够导致土地的重新规划并减少非法的森林砍伐。王清等(2006)指出中国开展森林碳汇交易,一方面可以为林业发展提供资金支持,另一方面有助于提高森林管理技术水平。林德荣等(2011)指出林业减排增汇机制会引发林业经营思想和理念的改变,丰富并拓展林业产业内涵,推动林业发展战略、政策以及经营管理策略的变革。李丽娇(2010)强调了林业碳汇交易的本质其实是一种市场化的森林生态效益补偿方式。简盖元等(2010)认为森林碳汇交易能够增加农户林业生态收入,改善农户的林业收入结构。

关于森林碳汇产业,一些学者做了一些案列研究。张娇娇(2015)从森林碳汇的视角,分析了吉林省林业产业发展的现实状况,以森林碳汇交易体系完善吉林省森林生态效益补偿机制,推动吉林省产业结构升级,促进吉林省林业产业发展。伍格致等(2015)在梳理了湖南省森林碳汇储量与潜力、森林碳汇产业发展潜力相关研究基础上,对湖南省森林碳汇产业发展的社会效益进行了分析。

(4)林业休闲产业

林业休闲产业是指以森林资源为载体,具有同类社会经济功能,提供各种服务劳动、满足人的休闲需求的企业集群。它包括四个主导产业旅游休闲,文化休闲,体育休闲和康体休闲。(陶萍,2006)随着社会文明程度的提高和人们生态环境意识的增强,包含森林观光、森林养生、森林旅游等各方面的森林休闲产业成为越来越多人的愿望与需求。

当前,我国的旅游休闲产业进入了快速发展阶段。关于林业休闲产业的研究也有很多。苏孝同(2006)在研究中指出,我国在发展森林休闲业上拥有庞大的市场。李晓东等(2014)在分析长白山开展森林休闲特色旅游具有空间优势和资源优势的基础上,提出了长白山森林休闲特色旅游产品开发策略,以促进林业休闲产业的发展。陈珂等(2008)在总结国外森林休闲发展经验的基础上,提出了森林休闲的发展模式,并对我国森林休闲业的发展提出政策建议。

2. 林业经济绿色化方面的研究

林业绿色经济要求经济活动的过程和结果都要实现绿色化。这种"双绿色化"往往要通过绿色投资、绿色消费等手段实现。(徐萌,2010)所以,林业绿色化涉及了林业发展过程中的各个方面,包括林业投资的绿色化,以及林业绿色采购、林业绿色技术革新、林业绿色新政等内容。

(1)林业投资的绿色化

投资是经济增长的基本动力之一,而林业投资对中国的林业发展做出了巨大的贡献。随着中国林业发展,林业投资问题也成为林业发展的基本问题之一。(李彦良,2012)在发展林业绿色经济思想的指导下,我国积极推进林业投资的绿色化。刘珉(2011)研究发现,林业投资结构逐渐由森工转向营林,中央林业投资逐渐转向林业重点公共工程。林业投资的直接结果是森林资源的增长。并在此基础上建议继续加大林业投资,坚持林业投资以生态建设为中心。孔凡斌(2008)的研究同样发现,在进入市场经济时期,我国林业投资方向发生了深刻变化,最为突出的表现就是生态性投资日益成为我国政府财政支出的重点之一,且支持力度逐渐加大。王刚等(2013)研究指出绿色林业投资的5个重点领域是:保护区、生态补偿机制、森林经营与认证、人工造林及混农林业(林下经济)。可见,我国林业投资的绿色化倾向明显。

(2)林业绿色采购

关于绿色采购,国内外学者给出了很多的定义,如 George A. Zsidisin 和 Sue P. Siferd(2001)认为绿色采购贯穿在绿色供应链管理过程中,从产品设计阶段就要开始考虑;Craig R. Carter 等(2001)认为绿色采购是从资源循环利用和减少利用角度,采购部门参与供应链管理的行动。

对林产品绿色政府采购的研究和实践,目前主要在国外进行,国内在这一领域的研究较少。即使在国外,对林产品绿色政府采购的研究也处于起步阶段,无论是研究内容,还是研究角度,都比较单一,研究文献非常少。在林产品绿色政府采购的研究内容上,目前主要表现为对一些国家政策的介绍和描述,如对英国(CPET,2004;TTF,2006)、新西兰、法国、北美、欧盟(Mike Garforth,2004)的政策内容、政策起源等进行了介绍,现已取得了一些初步的研究成果,如对林产品绿色政府采购的认识、标准的采纳、产品范围等。在国内的研究中,管志杰等(2014)认为绿色采购用于林业领域即林产品绿色采购。结合林业的特点,林产品绿色采购主要是指从木材消费市场入手,提高木材市场准入门槛,采购绿色的、以可持续方式生产的木材,并要求生产商提供相关证明/认证,无法证明合法来源的木材及木制品将失去市场。李小勇(2008)和王秀珍(2011)研究了国外林产品绿色采购(英国、新西兰、法国、丹麦)的实践情况,侯方森(2008)从林产品绿色采购的影响方面做了具体研究。管志杰(2010)从经济学福利分析的角度研究了林产品绿色采购的实践及其影响。

(3)林业绿色技术革新

绿色技术的概念是由 Brawn E 和 Wield D 最早提出的,指遵循生态原理和生态经济规律,节约资源和能源,避免、消除或减轻生态环境污染和破坏,生态负效应最小的技术、工艺和产品的总称。管志杰,曹建华(2014)从环保的角度来定义林业技术革新,认为林业企业绿色技术创新主要是指林业企业在生产经营过程中研究开发各种环保的、符合可持续发展要求的原材料,在生产加工过程中采用清洁工艺技术,目的在于减少已产生污染物排放的末端治理技术。而程永亮(2013)认为通过林业的数控化管理促进了林业的可持续经营,一系列的林业技术创新如生态系统恢复、森林资源培育技术、重大森林灾害有效控制技术等将林业发展与生态环境的和谐有机结合起来,使自然环境与经济发展相辅相成,从而达到经济与环境的和谐统一与可持续发展车。腾腾等(2010)、白景萍等(2008)对3s技术在精准林业中的应用做了相关的研究。还有已经兴起来的林业工程技术,其研究导向是：利用工程技术培养林木新产品；利用伐区剩余物生产饲料蛋白技术；利用细胞培养"全天然"的药品及"绿色食品"等。（董少军，2000）

（4）林业绿色新政

"绿色新政"（Green New Deal）是由时任联合国秘书长潘基文在2008年12月11日的联合国气候变化大会上提出的一个新概念，是对环境友好型政策的统称，主要涉及环境保护、污染防治、节能减排、气候变化等与人和自然的可持续发展相关的重大问题。所谓"绿色新政"其基本要义是提高政府的绿色领导力，基本目标是发展绿色经济，基本方法是致力于绿色投资，基本保障是实行绿色政策改革（中国行政管理学会，环境保护部宣传教育司，2010）。张来春（2009）以及李斌（2012）对美、日、韩、英、德、法等国家的绿色新政进行了研究，并对中国发展绿色新政提出了建议。胡鞍钢等（2011）对我国两次林业新政进行了介绍：第一次林业新政时期，我国改变了"森林赤字"的状况，迎来了"森林盈余"的黄金时期；第二次绿色林业新政阶段，重点是林业发展转型，即林业充分发挥自然优势，全面向绿色发展转型，使林业不仅在应对金融危机、扩大内需和增加就业上发挥应有作用，更应在应对气候变化生态危机、生态多样性保护等方面发挥特殊作用。

虽然已有的林业绿色经济研究取得了一定的成果。但是关于林业绿色经济研究还是存在以下不足。

一是关于林业绿色经济这一概念尚无明晰的界定。目前只有徐萌（2015）和江秀莲（2015）明确提出了林业绿色经济这一概念，并且认为已有的林业绿色经济是实现经济、社会和生态效益的统一和最大化的经济发展模式。而其他研究尚未对这一概念进行界定。本书认为林业绿色经济是建立在绿色经济和林业者两种概念之上的，林业绿色经济要充分、合理利用森林资源，充分发挥森林资源的生态功能，促进林业转型，以实现经济、社会和生态效益的统一与最大化。

二是对林业绿色产业的研究存在不足。本书对林业绿色产业的研究是基于三次产业划分的视角，选取了林下经济产业、林业生物质能源产业、森林碳汇产业、林业休闲产业等具有代表性的产业进行了简单介绍。但是目前对林业绿色产业总体发展状况的研究很少。尤其缺少对林业绿色产业市场发展状况、供求方面的研究。这不利于了解我国林业绿色产业的发展状况，从而无法对全局进行把握，进而影响其有关林业绿色经济政策措施的颁布与实施。

二、林业绿色经济评价

1. 评价原则

林业绿色发展的评价往往是通过评价指标体系的构建来实现的，虽然评价指标体系没有固定的标准,但是评价指标体系的设计过程还是遵循一般化的原则。

(1)科学性。结合绿色经济在我国提出的背景和林业发展中所面临的压力和问题进行选取,选取的指标要能准确反映林业绿色经济的本质。绿色经济是在面临各种环境问题以及金融危机所带来的各种压力下提出的,发展林业绿色经济要既遵循林业产业本身的发展规律又注重绿色经济对林业产业的发展提出的新要求。

(2)层次性。指标体系应具有层次性,层次的划分主要依据发展林业产业的生产过程和林业绿色经济应该解决的问题,这样才能充分反映林业绿色经济发展的整体和各个环节的情况,及时了解发展中存在的短板环节,以达到评价的目的。

(3)系统性与独立性。选取的指标要能够描述林业绿色经济的各个方面,既包括森林资源的基本情况、林业绿色经济发展评价指标体系研究基本情况、生态功能发挥情况和资源节约等情况。但同时也要避免信息的过度冗余,即指标间应尽可能保持独立,相互之间不能替代(徐萌等,2015)。

2. 评价指标

在林业绿色经济评价指标的选取与构建方面,有两位学者的研究具有借鉴意义,因此以下主要介绍这两位学者构建的指标体系。

刘珉等(2016)根据调研的实际情况以及专家提出的意见与建议,重新调整林业绿色经济评价指标体系的分类标准和具体指标。根据实地调研结果与建议,评价指标体系分为绿色度(主要描述状态指标)和贡献度(主要描述变化与比较指标)二大类,每一大类又包括4个方面,林业绿色产业与产品、林业资源保护与利用、林业绿色就业与发展、林业绿色制度与治理,从而使结构更加清晰,简化了具体指标。如表1-1所示。

各项评价指标的权重可以由以下三种方法确定。

(1)专家评分法

根据所选择的各位专家对各项评价指标所赋予的相对重要性系数分别求其算术平均值,计算出的平均数作为各项指标的权重。优点是集思广益,专家运用专业判断给出权重,比较接近现实;对数据和评价对象没有特别的要求;后期操作较简便。缺点是专家选择没有明确的标准,预测结果缺乏严格的科学分析,结果因专家选择不同而受到影响。

(2)熵值法

通过计算熵值来判断一个事件的随机性及无序程度,也可以用熵值来判断某个指标的离散程度,指标的离散程度越大,该指标对综合评价的影响越大,对其应赋予的权重也就越大。优点是避免权重赋予的时候的主观性;所需借助的工具较少,按照固定的公式计算即可完成。但忽略了指标本身重要程度,有时确定的指标权数会与预期的结果相差甚远;熵值法要求有一定量的样本单位才能使用,且熵值与指标值本身大小关系十分密切。

表 1-1 林业绿色经济评价指标体系

指标	指标含义	指标数据来源及计算方法
一、绿色度(状态指标)(13个)	反映绿色经济程度的状态指标,以存量指标为主	国家林业局林业统计年鉴,全国森林资源清查,湿地资源调查野生动植物调查等公布数据
(一)林业绿色产业与产品(3个)	反映林业产业与产品的供给	国家林业局统计年鉴,林业相关数据进行测算
1. 林业及相关产业绿色度		
2. 商品材供应量		
3. 主要经济林产品产量		
(二)林业资源保护与利用(6个)	反映林业3个系统1个多样性(即森林、湿地、荒漠、生物多样性)	国家林业局林业统计年鉴,全国森林资源清查,野生动植物调查,荒漠化调查等公布数据
4. 森林覆盖率		
5. 森林面积		
6. 森林蓄积量		
7. 天然湿地面积		
8. 荒漠治理面积		
9. 自然保护区个数		
(三)林业绿色就业与发展(2个)	反映林业绿色就业与发展及其间接效益	国家林业局林业统计年鉴,相关研究得出的系数测算
10. 林业就业人数		
11. 林业收入		
(四)林业绿色制度与治理(2个)	反映林业绿色制度执行与贯彻情况	地方上报数据

续表

指标	指标含义	指标数据来源及计算方法
12. 地方(人大、政府及林业部门)制定的林业法律法规及文件数量		
13. 重大(侵占林地、湿地,重要野生动物非法贸易)违法事件发生数		
二、贡献度(变化或比较指标)(17个)	反映林业在绿色经济中的变化以及对绿色经济的贡献程度,以比率指标为主	国家林业局林业统计年鉴,国民经济统计年鉴,财政统计年鉴,全国森林资源清查,湿地资源调查,野生动植物调查
(一)林业绿色产业与投资(3个)	反映林业产业对绿色经济和绿色投资的贡献和变化	中国林业统计年鉴,国民经济统计年鉴,财政统计年鉴
14. 林业总产值增长率		
15. 林业绿色产业的总贡献率		
16. 林业投资占财政投资比重(%)		
(二)林业资源保护与利用(8个)	反映森林资源、湿地资源、荒漠资源和生物多样性资源变化情况	国家林业局林业统计年鉴,国民经济统计年鉴,全国森林资源清查,湿地资源调查,野生动植物调查,荒漠化调查等
17. 单位面积的森林蓄积量(m^3/hm^2)		
18. 森林蓄积增长率(%)		
19. 用于防护功能的森林面积比重(%)		
20. 天然湿地保护率(%)		
21. 人均湿地面积($hm^2/$人)		

指标	指标含义	指标数据来源及计算方法
22. 沙化土地治理率(%)		
23. 林业自然保护区占辖区面积比例(%)		
24. 国家重点保护野生动植物保护率(%)		
(三)森林绿色就业与发展(2个)	反映职工和林农的收入和保障	国家林业局林业统计年鉴,林改检测报告等
25. 国有林业职工社会保障度(五险一金的保障率)		
26. 林业经营性收入在林农收入中的比重(%)		
(四)林业绿色制度与治理(4个)	反映林业改革,林业考核制度实际效果	林改检测报告,地方上报数据
27. 集体林权制度改革的执行力度(确权率)		
28. 集体林权制度改革的深化度(林农加入林业合作组织的比例)		
29. 林业制度执行效果(林业生态红线考核达标率)		
30. 天然林停伐政策落实执行情况(天然林非商业采伐停伐保护率)		

(3)综合法

主观评价法下专家可根据实际问题,较为合理地确定各分量的重要性,但具有较大的随意性,很大程度上受到所选取专家的影响,且并未因采取诸如增加专家数量和仔细选取专家而得到根本改善,故在个别情况下采用单一的一种主观评价可能与实际情况存在较大的差异。客观赋权法的原始数据来源于各指标的实际数据,具有绝对的客观性,但其依据是信息量的大小,有时会因为所取样本不够大或不够充分,使得得到的结果与指标的重要性不符。

选择综合指数法进行综合评价,设权重向量为 $W = \{w_1, w_2, \cdots, w_n\}$,标准化后的指标值为 $A = \{\alpha_1, \alpha_2, \cdots, \alpha_n\}$,使用综合指数法计算对林业绿色经济进行综合评价的模型如下:

$$R = \sum_{i=1}^{N_i} S_i = \sum_{i=1}^{N_i} \sum_{i=1}^{n_i} R_i = \sum_{i=1}^{N_i} \sum_{i=1}^{n_i} \sum_{i=1}^{j} w_i \alpha_i$$

式中,R 为综合评价目标指数;N_i 为第 i 个系统层包含的准则层个数;S_i 为第 i 个系统层的评价指数;R_i 为第 i 个准则层评价指数;n_i 为第 i 个系统层包含的准则层个数;j 为第 i 个准则层包含的指标个数。

徐萌(2015)参考了国内近100篇关于林业可持续发展评价、现代化评价、循环经济评价等相关的文献,选取了那些使用频次较高的指标,同时根据林业绿色经济的内容、特征等进行了复选,并最终由专家进行终选确定的。主要包括以下几个步骤。

首先,根据林业绿色经济发展评价的基本框架,搜集了大量关于林业经济发展评价和森林资源评价的资料,在对各方面都进行充分了解的基础上构建了初级的指标库。

其次,结合对绿色经济的理解,并分别咨询了从事林业和绿色经济研究的相关专家,对每个准则层的指标进行了预选,最后确定了71个指标。

再次,把预选的指标体系发给多位林业领域的专家老师,进行指标筛选。对收回的专家的意见,进行频数分析,删除"建议删除次数"大于1的指标,最终保留了51个指标。具体指标见表1-2。

三、林业绿汇价值核算

1. 林业绿汇概念与特征

综合前人相关研究成果,本研究提出"林业绿汇"概念,所谓的"林业绿汇"是指林业行业所提供的且能够以货币形式表达的各类绿色产品和服务功能价值的总和。其特征主要包括如下几个方面:(1)复合性,林业绿汇既包括有形林业绿色产品价值,也包括无形林业绿色服务价值;(2)动态性,林业绿汇是一个动态概念,随着林业绿色产品和服务功能的持续开发而不断动态拓展和丰富;(3)绿色性,林业绿汇是森林所能创造的绿色价值的总和,包括林业绿色产品和绿色服务价值,包括绿色经济价值、绿色生态价值和绿色社会价值;(4)可量化性,林业绿汇是可以通过将各种林业绿色产品和服务价值化度量,并进行累加度量。森林绿汇有存量与增量之分,林业绿汇存量是一个森林系统一定计算期内所累积的林业绿汇量,是一个累计存量;而林业绿汇增量是一个森林系统所产生的与前一个基期相比所产生的林业绿汇增加量,是一个边际增量。林业绿汇的生产是有成本的,去除林业绿汇生产成本之后的净汇值就是林业净绿汇。

表1-2 林业绿色经济发展评价指标体系

目标层	系统层	准则层	指标层
林业绿色经济发展评价指标体系	森林资源的可持续性	发展水平	森林覆盖率
			林地面积
			森林病虫害防治率
			森林蓄积量
			人均活立木蓄积量天然林面积比重
		可持续发展能力	成、过熟林蓄积量比重
			木材消耗量占蓄积量比重
			造林面积增长率
	林业经济增长的绿色度	林业经济规模和结构	人均林业产值
			林业产值占 GDP 比重
			林业第三产业产值比重
			林业固定资产投资年增长率
			林工企业集中度
		能源利用效率	万元产值消耗木材量
			万元林业产值耗煤
			万元林业产值耗电
			林工产品平均销售率
			林产工业固体废弃物综合利用率
			平均每个林业有效专利耗费科研经费
		技术进步贡献率	万人拥有林业科技人员数
			全员劳动生产率
			科技进步贡献率
			落后公益技术设备淘汰率

2. 林业绿汇核算体系设计

绿汇是指可货币化的价值总和,包括林业绿色经济价值、绿色生态价值和绿色社会价值。在设计林业绿汇价值的核算体系时,需要考虑核算的规范性和可操作性,需要关注成本与效益的关系。考虑到林业绿汇所指向的绿色社会价值(如促进公平正义、社会和谐等)并不是每片森林都涵盖的,而且由于森林的社会价值核算方法存有较大争议,数值难以统一规范衡量。因此,现阶段林业绿汇的核算应该主要考虑可货币化的绿色经济价值和绿色生态价值。同时,建议选取业内共同认同的重要性、相关性较强,核算方法较为成熟的经济价值和生态价值指标。如经济价值主要考虑森林绿色材料供给、森林绿色能源供给、森林绿色食物供给所创造的经济价值,而生态价值主要考虑森林碳汇价值、森林氧汇价值、森林水汇价值、森林肥汇价值、森林生物多样性绿汇价值等。

林业绿汇是林业绿色价值的货币表现形式,所以将绿色的经济、生态和社会价值转化为货币形式至关重要。但是各种价值都有其存在特性,难以用一种统一的核算方法进行归纳,需要将绿汇所指向内容加以分解,分别核算再进行汇总。

因此,由于林业绿汇各子汇价值本身的核算方法也存在争议,且缺少统一核算规范和标准,因此,在具体核算时,建议由权威机构或相关组织确定一套科学合理、权威规范、有效可行的核算方法体系,以确保林业绿汇核算的规范性、可操作性和可比较性。此外,还有必要进一步组建跨学科复合研究团队,加强林业绿汇的系统深入研究,为森林绿汇核算提供必要的核算技术和核算方法支持。

总之,林业绿汇的提出符合当前的经济形势和林业发展情形,具有积极的理论和实践意义。当然,本书仅仅是率先提出了这一概念及有些设想,还有更多的、更艰巨和更系统的研究工作有待于后续开展。我们期待着更多的有识之士能支持和参与到森林绿汇研究工作中来,期待着林业绿汇核算之梦终将变成现实。

第二章

林业绿色经济的理论基础

林业绿色经济的兴起与发展离不开林业经济学、绿色经济学、资源经济学、环境经济学、生态经济学、低碳经济学等众多关联学科所提供的理论基础支撑（见图2-1）。下面将重点从这些学科中梳理出一些具体的支撑林业绿色经济发展的相关基础理论。

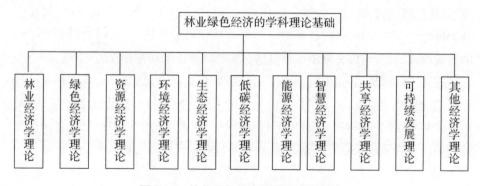

图 2-1 林业绿色经济的学科理论基础

第一节 "两山理论"

一、概念

2005年8月,时任中共浙江省委书记的习近平在浙江省安吉县天荒坪镇余村考察调研时指出,"绿水青山就是金山银山"。我们把这一重要思想简称为"两山"理论:一山指绿水青山,代表良好的生态环境,是与优质生态环境关联的生态产品;另一山指金山银山,代表经济发展带来的物质财富,是经济增长或经济收入,是与收入水平关联的民生福社。"两山理论"从坚持人与自然的总体性出发,一方面在理论上揭示了全面协调生态环境与生产力之间的辩证统一关系,在实践上丰富和发展了马克思主义关于人与自然关系的总体性理论;另一方面,鲜活地概括了有中国气派、中国风格和中国话语特色的绿色化战略内涵,折射出理论光辉,映照美丽中国走上绿色发展道路。因此,践行"绿水青山就是金山银山一方面要生态经济化;另一方面要经济生态化(卢宁,2016;沈满洪,2015)"。

在实践中对这"两座山"之间关系的认识经过了三个阶段:第一个阶段是用绿水青山去换金山银山,不考虑或者很少考虑环境的承载能力,一味索取资源。第二个阶段是既要金山银山,但也要保住绿水青山,这时候经济发展和资源匮乏、环境恶化之间的矛盾开始凸显出来,人们意识到环境是我们生存发展的根本,要留得青山在,才能有柴烧。第三个阶段是认识到绿水青山可以源源不断地带来金山银山,绿水青山本身就是金山银山,我们种的常青树就是摇钱树,生态优势变成经济优势,形成了一种浑然一体、和谐统一的关系,这一阶段是一种更高的境界,体现了科学发展观的要求,体现了发展循环经济、建设资源节约型和环境友好型社会的理念。以上这三个阶段,是经济增长方式转变的过程,是发展观念不断进步的过程,也是人和自然关系不断调整、趋向和谐的过程。(黎祖交,2016)

二、发展历程

2005年8月,习近平在浙江省安吉县余村考察时首次提出:"我们过去讲既要绿水青山,又要金山银山,实际上绿水青山就是金山银山。"(中国环境报,2016)

2005年8月,习近平以笔名"哲欣"在《浙江日报》发表评论指出,如果能够把"生态环境优势转化为生态农业、生态工业、生态旅游等生态经济的优势,那么绿水青山也就变成了金山银山"。

2006年3月,习近平以笔名"哲欣"发文,论述了实践中人们对"两山"之间关系认识的3个阶段。

2013年9月,习近平在哈萨克斯坦纳扎尔巴耶夫大学发表演讲时,对"两山论"进行了最为全面、经典的一次阐述:"我们既要绿水青山,也要金山银山。宁要绿水青山,不要金山银山,而且绿水青山就是金山银山。"

2015年3月,《关于加快推进生态文明建设的意见》通过,正式把"坚持绿水青山就是金山银山"写进中央文件,(中国环境报,2016)成为指导中国加快推进生态文明建设的重要指导思想(郭占恒,2015)。

三、两山理论的内涵

"两山论"既阐明了经济与生态的辩证统一关系,也体现了可持续、可循环的科学发展观,经济发展与生态保护二者不可分割,构成有机整体。绿水青山和金山银山绝不是对立的,关键在人,关键在思路。保护生态就是保护自然价值和增值自然资本的过程,保护环境就是保护经济社会发展潜力和后劲的过程。把生态环境优势转化成经济社会发展的优势,那么绿水青山也就变成了金山银山。这是我们党积极探索经济规律、社会规律和自然规律的认识升华,带来的是发展理念和方式的深刻转变,也是执政理念和方式的深刻转变。

"两山"理论体现了发展阶段论。发展是硬道理,是人类永恒的主题。但不同发展阶段面临的问题是不同的,这就需要科学认识、把握和解决不同发展阶段中的问题。2006 年 3 月 8 日,习近平在中国人民大学的演讲中,深刻论述了"两山"理论的辩证关系。他说:"第一个阶段是用绿水青山去换金山银山,不考虑或者很少考虑环境的承载能力,一味索取资源。第二个阶段是既要金山银山,但是也要保住绿水青山,这时候经济发展和资源匮乏、环境恶化之间的矛盾开始凸显出来,人们意识到环境是我们生存发展的根本,要留得青山在,才能有柴烧。第三个阶段是认识到绿水青山可以源源不断地带来金山银山,绿水青山本身就是金山银山,我们种的常青树就是摇钱树,生态优势变成经济优势,形成了一种浑然一体、和谐统一的关系,这一阶段是一种更高的境界,体现了科学发展观的要求,体现了发展循环经济、建设资源节约型和环境友好型社会的理念。以上这三个阶段,是经济增长方式转变的过程,是发展观念不断进步的过程,也是人和自然关系不断调整、趋向和谐的过程。"当然,这三个阶段不是僵化的,有的地方如生态环境优势区、敏感区、脆弱区,从一开始就应坚守绿水青山就是金山银山。2006 年 7 月 29日,习近平到丽水调研时,在称赞丽水良好生态环境的同时,谆谆告诫当地干部:"绿水青山就是金山银山,对丽水来说尤为如此",丽水"守住了这方净土,就守住了金饭碗"。在一些国际场合,习近平也抓住机会生动讲述这"两山"理论的辩证关系,如 2013 年 9 月 7 日,他在哈萨克斯坦纳扎尔巴耶夫大学发表演讲回答学生们提出的环境保护问题时说:"我们既要绿水青山,也要金山银山。宁要绿水青山,不要金山银山,而且绿水青山就是金山银山。"(郭占恒,2015)

"两山"理论体现了生态系统论。生态是生物与环境构成的有机系统,彼此相互影响,相互制约,在一定时期处于相对稳定的动态平衡状态。人类只有与资源和环境相协调,和睦相处,才能生存和发展。如同古人所云:"天地与我并生,而万物与我为一。"2013 年 11 月,习近平在党的十八届三中全会作关于《中共中央关于全面深化改革若干重大问题的决定》的说明时,深刻揭示了这种"天人合一"的生态关系,他说:"山水林田湖是一个生命共同体,人的命脉在田,田的命脉在水,水的命脉在山,山的命脉在土,土的命脉在树。"由此使我们认识到,山、水、林、田、湖作为生态要素,与人存在极为密切的共生关系,共同组成了一个有机、有序的"生命共同体",其中任何一个生态要素受到破坏,人类都难以生存和发展(郭占恒,2015)

"两山"理论体现了敬畏自然论。党的十八大报告指出,必须树立尊重自然、顺应自然、保护自然的生态文明理念。十八大以来,习近平多次强调,要常怀敬畏之心。发展必须是遵循自然规律的可持续发展。2013年5月24日,习近平在中央政治局第六次集体学习时指出,"要正确处理好经济发展同生态环境保护的关系,牢固树立保护生态环境就是保护生产力、改善生态环境就是发展生产力的理念"。在另一次重要会议上,他进一步指出:"如果破坏了山、砍光了林,也就破坏了水,山就变成了秃山,水就变成了洪水,泥沙俱下,地就变成了没有养分的不毛之地,水土流失、沟壑纵横"。这些重要论述,深刻阐明了生态环境与生产力之间的关系,是对生产力理论的重大发展,饱含敬畏自然、尊重自然、谋求人与自然和谐发展的价值理念和发展理念。过去很长一段时间,我们片面强调人对自然的主体作用,什么"人有多大胆,地有多高产",什么"战天斗地",什么毁田造房、毁林造厂、填海造地等,须知对每一次这样的陶醉,最后大自然都报复了我们。其实,人是自然界的产物,也是自然界的一部分,人类生存须臾离不开自然环境。保护好自然,就是保护好人类自身。(郭占恒,2015)

"两山"理论体现了民生福祉论和综合治理论。习近平多次强调,"环境治理是一个系统工程,必须作为重大民生实事紧紧抓在手上。"因为"良好生态环境是最公平的公共产品,是最普惠的民生福祉"。保护生态环境,关系最广大人民的根本利益,关系子孙后代的长远利益,关系中华民族伟大复兴中国梦的实现。为此,习近平总书记强调:"只有实行最严格的制度、最严密的法治,才能为生态文明建设提供可靠保障。"党的十八大以来,党中央从增进民生福祉和环境综合治理出发,制定出台推进生态文明建设的一系列"组合拳",包括修订实施史上最严格的《环境保护法》,制定印发《中共中央国务院关于加快推进生态文明建设的意见》,从各个方面健全生态文明制度体系,把环境保护和生态文明建设纳入法治化、制度化、系统化、常态化的轨道。(郭占恒,2015)

四、与林业绿色经济联系

森林是实现"绿水青山"的重要组成部分,也是重要的资源保障。"草木不植成,国之贫也""草木植成,国之富也""行其山泽,观其桑麻,计其六畜之产,而贫富之国可知也"。科学家预测,如果森林从地球上消失,陆地的生物、淡水、固氮将减少90%,生物放氧将减少60%,人类将无法生存。两山理论体现了绿水青山通过生态化和绿色化的科学合理经营,可以经济化和价值化为金山银山。这为林业绿色经济发展提供了重要的理论指引。在复杂的生态系统中,林业在维护国土安全和统筹山水林田湖综合治理中占有基础地位。总书记强调:"森林是陆地生态的主体,是国家、民族最大的生存资本,是人类生存的根基,关系生存安全、淡水安全、国土安全、物种安全、气候安全和国家外交大局。必须从中华民族历史发展的高度来看待这个问题,为子孙后代留下美丽家园,让历史的春秋之笔为当代中国人留下正能量的记录"。(林云举,2015)因此,大力发展林业绿色经济也是"两山理论"的重要的实践构成。

第二节　森林资源资本化理论

一、概念

自然资本是指通过生态环境的自我运动和人类合作下的活动而能生产出满足人类目前和未来需要的各种产品和服务的生态系统存量。(完颜素娟,2009)它除了拥有一般资本所具有的共性外,还具有显著的增殖性、不可替代性、存量与流量特性,以及非完全资本折旧特性。(曹宝等,2009)

森林资源资本化,即森林资源的资本化是指森林资源的经营者要取得森林资源的经营权就要向资源所有者(国家)支付一笔款项,相当于森林资源的所有权权益价值,对经营企业来说,应将这项支出记作一项资产——递耗资产,然后随着资源的开发和使用,分期转入产品的本中去,从其收入中不断得到补偿。(沈振宇,王秀芹,2001)

森林资源资产化管理就是指将森林资源转化为资产,其运营作为产业,按经济规律进行管理。也就是说将森林资源资产纳入国有资产管理体系,按照科学的原则和经济规律进行产权管理,使国家和其他所有者对森林资源的所有权在经济上真正得以体现,并确保国有森林资源资产的保值增值。(罗江滨等,2002)

森林资源资产按其形态可划分为林木资产、林地资产、森林景观资产和森林环境资产等;按经营管理的形式划分为公益性森林资源资产(如防护林)和经营性森林资源资产(如用材林资产、经济林资产、薪炭林资产和竹林资产等)。(杨洪

国,李治宇,2005）

二、发展历程

森林资源是自然资源与环境的重要组成部分,无论是人工林还是天然林都是有价值的。其理论依据是它凝结着人类的劳动及其客体特征效应。森林资源的再生产是根据人类进步和社会发展对森林资源的需求,通过社会劳动投入,使森林资源不断更新、积累的生产过程,而作为这一产业赖以生存和发展的物质基础——森林资源即是一种资产,是真正意义上的财富。（王兆君,2003）

只有明确森林资源是资产,并且明确解决森林资源资产产权关系,改变过去那种森林资源无偿占有和无偿使用制度,运用经济手段,才能恢复和发展森林资源产业自身的"造血机能",才能从根本上建立起抑制森林资源日趋耗竭的内在机制。同时,为森林资源产业的发展确立坚实的基础。（王兆君,2003）

自然资源是国家财富,是保持经济与社会可持续发展的物质基础。传统的森林资源管理体制建立在无偿占用的观念上,资产所有权虚置,重取轻予、重采轻造,过度消耗、粗放经营,损失浪费、效益低下,导致资源短缺和生态环境恶化。森工企业可采资源枯竭,经济极度危困,营林单位森林资产不能变现,捧着金饭碗要饭吃。为改变这种状况,国家给予了不少经济优惠政策,林业部门也在不断改革寻求摆脱困境的出路。（罗江滨,2001）

1991年,国家国有资产管理局召开《自然资源产业化与资产管理问题研讨会》,与会专家、学者认为,摆脱资源贫困的根本途径在于对资源实行资产化管理,使资源业走上良性发展的道路。强烈要求国资局担负起资源性资产所有权管理工作的责任,创造性地推进资源性资产管理体制改革。有关资源主管部门也在积极进行自然资源资产化管理的理论探索和实践。（罗江滨,2001）

1993年,国资局与林业部、地矿部、海洋局、水利部等联合开展森林、矿产、海岸带和水资源的资产化管理改革探索。林业部党组十分重视,成立了国有资产管理工作领导小组,由王志宝副部长任组长,财务司设立资产管理处,承担国有资产管理职责,在有关司局的大力支持和配合下,森林资源资产化管理改革工作开始启动,确定了"由简到繁,由易到难,通过试点,逐步推开"的工作方法。（罗江滨,2001）

三、理论构成

1. 森林资本化管理目标

森林资源资产化管理的目标是:（1）力求通过实现森林资源资产管理,实现森林资产的价值补偿,使国有森林资源由事业型运作机制转变为经营型运作机制;(2)构建与社会主义市场经济体制相适应的管理模式;(3)健全国有森林资源资产转化市场,使国家所有者的权益得到保护,并在经济上得到实现;(4)经营者能够自主经营;(5)森林资源的保护、采伐、利用能够做到合理、高效、节约;(6)增加投入并做到配量优化,实现森林资源的社会、经济、生态三大效益一体化,走上森林资源良性循环、持续发展的道路,使我国林业经济快速、健康、协调地发展。(王兆君,2003)

2. 森林资本化管理主要内容

森林资源资产化管理的主要内容就是根据森林资源资产的特点,实行森林资源实物量管理与森林资源资产价值量并重的原则,建立反映森林资源资产特点的统计、核算体系。加强森林资源实物量管理和营林生产管理基础工作,正确核算森林资源资产成本和权益,使营林生产由纯事业型转变为经营性事业型,盘活资产存量,实现森林资源资产保值增值、持续发展的良性循环。(王兆君,2003)

3. 森林资本化方式

经营企业得到森林资源的方式不同,其资本化为资产的数额也不同,具体有如下方式。

(1)购买式。购买式是经营企业(或其他投资主体)直接向资源所有者(国家)购买资源的使用权,这种方式下,所支付的买价和购买时的相关费用全部资本化为递耗资产。

(2)租赁式。租赁式是经营企业以租赁方式向资源所有者租赁取得资源的使用权。这种方式下,应以以后每期支付的租赁款的现值和作为资本化为递耗资产的数额,而所支付租赁款总额与以上现值和之间的差额作为利息费用分期摊销。

(3)债务式。债务式是经营企业以欠债方式向资源所有者借得资源的使用权。这种方式下,由于资源的所有权和使用权并未真正转移,经营企业只是暂时拥有了资源的使用权,借期届满时,要偿还资源使用权。(沈振宇,王秀芹,2001)

四、与林业绿色经济联系

森林资源资本化管理有助于加强对森林资源的管理,使其产权更加明确,更加合理、高效地使用森林资源,摆脱资源困境,走上森林资源良性循环、持续发展的道路。这与林业绿色经济中的"改善人类福利和社会公平"和"极大地降低环境危害和生态稀缺"的目标相吻合。

第三节 生态系统服务价值理论

一、概念

生态系统服务的构成和类型对人类的价值是显著的。根据诸多学者和国际机构的研究,一般认为生态系统价值构成分为两种类型:可利用价值和非可利用价值,可利用价值又可划分为直接利用价值和间接利用价值,非可利用价值包括存在价值和遗产价值。另一种分类方式是根据生态系统提供服务的差异分为享乐价值和开发性价值。享乐价值是指能够为人类提供精神满足和心理愉悦的价值,例如良好的自然环境、生态文化等价值。开发性价值是指通过人类的能动性开发,获取自然生态系统所提供的可供人类使用的物质产品的价值,诸如能源、原材料等的价值。两种价值开发方式存在一定冲突,开发性价值的使用会部分导致享乐价值的损失。(田野,2015)

森林是地球上系统结构最复杂、物种最丰富、功能与效益最多样的陆地生态系统类型,是陆地生态系统的主体。森林生态系统是森林生物群落(包括乔木、灌木、草本植物、地被植物及各种动物和微生物等)与其周围环境(包括土壤、大气、水分、阳光、温度等各种非生物环境条件)在物质循环和能量转换过程中形成的功能系统,简单地说,就是以乔木树种为主体的生态系统。(李俊清,2006)

森林生态系统通过与土壤、大气、水体在多界面、多层次、多尺度上进行物质与能量交换,对维系地球生命支持系统和经济社会的可持续发展起着至关重要的作用。森林生态系统是陆地上面积最大、分布最广、组成结构最复杂、物质资源最丰富的生态系统,它也是自然界功能最完善的资源库,生物基因库,水、碳、养分及能源储存调节库,对改善生态环境,维护生态平衡具有不可替代的作用。森林虽仅占陆地 1/3 的面积,但森林的年生长量却占全部陆地植物年生长量的 65%,因此,森林不仅是陆地生态系统的主体,而且是人类的一个巨大的可再生自然资源库。(孟祥江,2011)

二、发展历程

森林被誉为"地球之肺",森林生态系统作为陆地生态系统的主体,是地球生物化学系统的核心部分。它不仅是自然界中最具完善功能的基因库、资源库,也对优化生态环境、调节生态平衡起着举足轻重的作用;同时,它还为人类提供木材、林副产品等生产资料和生活资料的重要资源,是实现环境与发展相统一的关键与纽带,还是提供生态系统服务的重要来源。这已经是当今社会的普遍共识。森林主要包括微观的有机体、土壤和植物,它们可以净化空气与水源,调节气候,将营养物质与废弃物再循环。森林生态系统分布范围广,结构复杂,能量转换和物质循环最旺盛,可提供食物、燃料与住所的原材料,给生命提供了延续的动力与支持,因而森林生态系统是生产力强劲、生态效应巨大的陆地生态系统。(李坦,2013)

随着人类对可持续发展问题的关注,森林生态系统服务的价值也引起了人们的广泛关注。森林生态系统的水源涵养、固土保肥、固碳释氧、净化空气及保持生物多样性等服务对维护人类的生存环境起着十分重要的作用,其价值可能远超过它所提供的各种实物产品的价值。(李坦,2013)

但是,在社会决策、市场经济机制的运行中,人们往往忽略了其难以货币化的那部分间接价值。生态系统提供的大多数服务具有"公用"特征,其价值并没有市场化,得不到应有的补偿。生态系统服务的这种"免费性"的特点是环境恶化的重要原因。为了真正改善生态环境,实现人类的可持续发展,必须比较精确地评估生态系统服务的价值,为生态系统服务与市场价值体系建立桥梁。(杨丽,2001)

对生态系统服务功能的评估最早可追溯到19世纪下半叶。20世纪70年代,Holder等在全球、自然服务功能的研究中,指出生物多样性的丧失将直接影响生态系统服务功能,明确产生了"生态系统服务功能"概念。(李东,2001)

此后,2002年联合国发起组织的千年生态系统评估项目是对生态系统服务功能研究的又一次深入。该项研究在全球典型区域调查和系统模型评估等基础上,进一步将生态系统服务功能变化对人类福利的影响作为评估的重要部分,并以人类的自由选择作为社会福利的终极目标,从社会安全、物产服务、健康保障和对社会关系的影响4个方面入手进行了分析评估。(李东,2001)

我国的森林生态系统服务功能评价工作源于20世纪90年代初开始的森林资源价值核算研究工作。中国林学会在1993年开展了森林综合效益评价研究;1999年侯元兆等人第一次比较全面地对中国森林资源价值进行了评估,其中包括3种生态系统服务:涵养水源、防风固沙、净化大气的经济价值。(赵海凤,2014)

近年来我国生态系统服务研究发展迅速,已经成为生态学、生态经济学领域的研究热点,尤其是2008年10月"中美生态系统服务国际会议"的召开以及"中美生态系统服务研究中心"的成立,为我国生态系统服务研究能力的提高以及在国际间的合作与交流建立了平台。(李东,2011)

三、理论构成

1. 森林生态系统服务价值体现

森林生态系统服务体现在森林对人类生产生活与生存发展产生的直接或间接的影响,包括生态、经济、社会等诸多方面。迄今为止,全世界尚无统一的森林生态系统服务的分类和评价指标体系,各国使用的体系都有一定差异。综合国内外研究成果,森林生态系统产品与服务主要体现在三个方面:①物质生产,指森林为人类所需的实物价值(林地育成、木材及非木材林产品等),即直接经济效益;②森林的多种生态服务(调节气候、涵养水源、保育土壤、固碳释氧、净化大气环境、保护生物多样性、防风固沙、景观游憩等)的价值;③森林的社会和文化服务(森林提供自然环境的美学、精神和文化等)的价值。(田野,2015)

2. 森林生态系统服务价值实现途径

森林生态系统产品和服务的形成与实现有两条途径。一是通过人类对森林资源的开发活动实现的,如采伐树木、采摘森林果实等等;二是通过森林的自然机能传递实现的,绝大部分森林服务都是通过这样的途径传递。在一个市场经济体系中,相当大一部分森林产品生产属于市场经济活动,通过市场实现产品供应与需求间的对接,但也存在大量不通过市场、属于自产自用的森林产品生产活动;关于森林服务,只有一小部分服务的提供实现了市场化,比如森林旅游中的森林游憩服务,绝大多数森林服务都属于公共产品。(田野,2015)

3. 森林生态系统服务价值核算

对生态系统服务价值的估算,目前已形成了直接市场估算法、间接市场估算法、收益转移法三种主要的计算方法。

直接市场估算法主要用于评价物质产品和服务,这类产品的产权明确,价格确定,可直接进行市场交易。

间接市场估算法主要是通过对于居民的意愿的衡量,对市场进行替代来估算生态系统服务的价值。这种意愿包括使用区域生态系统的支付意愿和当生态系统受损之后居民补偿额度的意愿。间接市场评估法包括旅行费用法、享乐价格法、成本费用法、条件价值法等。

收益转移法的基本思路在于将某一区域或某种环境下的生态系统服务进行估算,得出一般估值,再将生态系统评估的结果运用到其他区域下类似的或者基本相同资源环境的价值评估中。转移收益法比较适合运用于较大的区域空间范围,或者不连续的行政区域。在这些区域的相关数据存在缺失的情况下,本方法就有其一定的优势,但同时也存在一定的不足,主要体现在参考区域的价值估算无法完全适用

于转移区域,因此,会使评估结果存在一定的误差。(田野,2015)

从核算角度看,传统经济核算主要着眼于森林产品,尤其是被市场化的那部分森林产品。要进行全面的森林生态系统服务价值核算,森林产出的核算范围无疑需要扩展,不仅包括森林产品,也要包括森林服务,不仅包括通过市场实现的部分,还应该尝试核算那些具有公共物品特性的非市场产出。森林生态与文化服务核算是森林生态系统核算及纳入国民经济核算体系不可或缺的部分,对正确处理经济社会发展与生态环境保护之间的关系具有至关重要的作用。(孟祥江,2011)

图2-2是一个森林生态系统价值评估框架。这个框架分为森林资产评估和森林生产产品与服务评估2个大的板块。(侯元兆,吴水荣,2008)

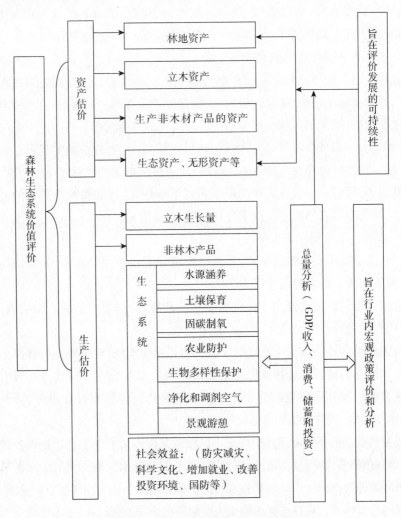

图2-2　森林生态系统价值评估框架

通常的森林资产包括：林地、立木、产生非木林产品的本底（天然的或人工的资产）、生态资产（提供森林生态系统服务的那些本底）、森林文化资产（古树名木、科研教学林或树木园、由森林组成的人文景观等）、无形资产（如某些生态系统的知名度等）。（侯元兆，吴水荣，2008）

图 2-2 中生态系统的生产核算框架包括 4 个部分：立木产品核算、非木林产品核算、生态系统服务核算和社会效益核算，各部分又都包括很多具体科目，如非木林产品包括的种类就有数百种。目前，对社会效益的研究还很肤浅，概念也还不统一，这部分的难点是生态系统服务和社会效益的计量和计价。（侯元兆，吴水荣，2008）

四、与林业绿色经济联系

生态系统价值理论围绕人类社会和自然生态系统之间的相互作用的关系进行研究，目的是将生态系统提供的免费的产品与服务价值化，从而减少对生态系统的破坏，加强对资源与环境的可持续发展，改善人类生存环境。因此，生态系统价值理论为森林生态系统服务价值评估提供了重要的理论基础，而森林生态系统服务价值评估又是林业绿色经济的重要内容，因而，生态系统价值理论自然也成为了林业绿色经济的重要理论基础，而且为林业绿色经济提供了可操作的一些研究范式。

第四节　绿色经济增长理论

一、概念

所谓绿色经济增长，是以生态经济和知识经济为基础，以市场为导向，以经济与环境的和谐与可持续发展为目的建立和发展起来的一种新的经济发展方式。绿色经济增长，本质上就是通过改进生产技术，提高资源、能源利用效率，从而构建科技含量高、资源消耗低、环境污染少的产业结构和生产方式，推动节能环保、新能源等绿色产业的发展，实现经济增长与环境保护的双重目标，从而实现经济的可持续发展。（刘艳丽，2015）

2012 年联合国可持续发展大会已把绿色增长确定为大会主题。时任联合国秘书长潘基文呼吁，各国要促进绿色增长，以修复支撑全球经济的自然生态系统。党的十七届五中全会明确要求树立绿色发展理念，国家"十二五"规划对绿色发展作出了具体部署。推动绿色发展,促进绿色增长,需要良好的生态环境提升承载能力,需要绿色的资源能源支撑经济发展,需要先进的生态文化引领时代潮流。

二、发展历程

2008 年底,在全球金融危机背景下,美国、欧盟等纷纷将发展绿色经济作为促进经济复苏的一项重要举措。随后,联合国环境规划署倡议在全球开展"绿色经济"和"绿色新政",以此复苏世界经济,创造就业;减少碳排放,缓解生态系统退化和水资源匮乏;实现消除全球极端贫困的千年发展目标。同时提出,促进包括林业在内的行业发展,促进经济增长,推动世界产业革命。(张升、戴广翠,2012)

2009 年 6 月,34 国部长签订《绿色增长宣言》,宣布把加强绿色增长策略作为应对危机的手段,携手共同实现绿色增长。这些国家同意授权经合组织(OECD)拟定绿色增长战略,提出一个融经济、环境、社会、技术和发展于一体的全面综合框架。此外,联合国环境署也提出了与绿色增长相近的"绿色经济"的概念。在G20 国家中,韩国、欧盟最早提出并实施了绿色增长政策,然后此政策扩展到OECD 其他国家。(马涛,2014)

2011 年 2 月,联合国森林论坛第九次大会在探讨"森林造福人民、改善民生、消除贫困"时提出,林业在应对气候变化、保护生态环境、创造绿色就业等方面,对构建绿色经济潜力巨大。要发展绿色经济,必须将林业置于优先发展的领域。(张升,戴广翠,2012)

2011 年 9 月,胡锦涛主席在首届亚太经合组织林业部长级会议讲话中提出,森林是重要而独特的战略资源,具有可再生性、多样性、多功能性,承载着潜力巨大的生态产业、可循环的林产工业、内容丰富的生物产业。森林在推动绿色增长中具有重要功能。要合理利用森林资源,充分发挥森林的多种效益,发展林业产业,壮大绿色经济,扩大就业,消除贫困。(张升、戴广翠,2012)

三、理论构成

通过对文献资料的梳理,绿色经济增长理论主要包含以下三个方面(渠慎宁等,2015)。

(1)资源利用和环境政策对经济增长的影响。以第一次石油危机导致西方发达国家出现"滞涨"为标志,资源利用对经济发展的影响日益凸显。如何摆脱经济增长对不可再生资源的依赖,如何有效、合理开发利用可再生资源成为研究焦点。其中,Nordhaus(2008)集中动态集成的经济气候模型分析,认为合理开发可再生资源存在正外部性,可减少碳排放、缓解气候变暖、促进经济持久增长。同时,环境政策有利于减少对不可再生资源的依赖,实现绿色经济增长。Hallegate 等 (2011)研究了环境政策对经济发展和社会福利的影响机理,阐述了环境政策可通过直接改变资本、劳动力和技术等影响 GDP 的增长。

(2)气候变化及生态系统服务对经济增长的影响。Golosov(2010)指出使用化石能源所导致气候变化所产生的负外部性影响了其最优使用。相对而言,可再生资源虽不产生碳排放,但生产成本相对高,因而如何在遏制气候变化和提高生产效益过程中构建最优能源消费结构是亟待解决的问题。但为了保持一定经济增速将增收碳税的方法置换成补贴后备技术将会出现"绿色悖论"。资源的过度开发也会对生态系统产生重要影响,尤其被过度开发时不利于经济长期发展。Rozkrut(2014)研究建立了适用于绿色经济增长的生态系统服务指标体系,认为生态系统服务的优化将有助于提高社会全要素生产率。由于生态系统服务对全球经济有着明显的正外部性,并直接影响到居民的福利和经济增长,因此其重要性不言而喻。

(3)技术创新对绿色经济增长的影响。在技术不变的前提下,资本积累是实现经济持续增长的唯一动力。但随着资本的增加,资本边际报酬逐步递减,经济将处于停滞状态。此时,政府如果通过增加政府支出提振经济,可能只会产生针对私人投资和消费的挤出效应。在绿色经济领域,同样会产生不可再生资源被替换,当资源消耗殆尽时,经济发展放缓甚至停滞的后果。因而,只有技术创新才能实现长期绿色经济增长的动力源泉。技术创新模式主要分为两类:①导向性技术创新;②通用技术创新。导向性技术创新侧重于关注和制约创新者选择绿色或棕色技术(污染密集型技术)的主导因素及其对全社会技术水平和经济社会的影响。而通用技术创新则指将拥有广泛应用潜力和相助提升边际产出的技术进行升级、研发。Smulders(2002)通过利用环境库兹涅茨曲线考察绿色通用技术对市场的影响,结果显示尽管前提投资巨大,但采用绿色通用技术后实现了经济收益和环境收益。

四、与林业绿色经济联系

当前,气候变化、土地退化、能源资源短缺、自然灾害频发、生物多样性减少等全球性生态问题日益突出,已经威胁到人类的生存与发展。有效应对挑战、实现绿色增长,已经成为国际社会普遍关注的重大课题。绿色增长的突出特点是低消耗、低排放、可循环,核心是不断增加生态资本。

森林是陆地生态系统的主体,依靠科学技术,全面提升森林资源的数量、质量和效益,是扩大生态资本、实现绿色增长的重要途径。森林是陆地生态系统的主

体和维护生态安全的保障,对人类生存发展具有不可替代的作用。森林具有可再
生性、多样性、多功能性,承载着潜力巨大的生态产业、可循环的林产工业、内容丰
富的生物产业。森林是陆地上最大的碳储库,减少森林损毁、增加森林资源是应
对气候变化的有效途径。(胡锦涛,2011)胡锦涛主席在首届亚太经合组织林业部
长级会议上指出,森林在推动绿色增长中具有重要功能,要高度重视林业在实现
绿色增长中的重要作用,并再次重申"中国将继续加快林业发展,力争到 2020 年
森林面积比 2005 年增加 4000 万 hm^2、森林蓄积量比 2005 年增加 13 亿 m^3,为绿色
增长和可持续发展作出新贡献"。(贾治邦,2012)

在绿色经济背景下,林业部门的重要职责就是要加快保护和建设森林生态系
统,全面提升林业生态服务功能。保护和维护湿地生态系统,保障国家水生态安
全。治理和修复荒漠生态系统,加强国土生态脆弱带治理与恢复。加强生物多样
性保护,维护国家生物物种安全。(贾治邦,2012)加强林业机构建设,提升林业管
理地位与服务水平,把林业发展纳入经济社会发展总体布局,从而有效地推动绿
色增长。(刘珉,2013)

林业绿色经济所追求的是林业领域的绿色增长,发展林业绿色经济是实现绿
色经济增长的重要途径。绿色增长为林业绿色经济发展提供了理论基础,也指明
了目标方向,二者联系密切。

第五节 绿色转型理论

一、概念

绿色经济发展转型研究,自蕾切尔·卡逊的《寂静的春天》和罗马俱乐部报告
《增长的极限》发表以来,已历半个多世纪,但并未引起国际社会的重视。1989
年,英国经济学家大卫·皮尔斯提出"绿色经济"以来,特别是 2008 年新一轮世界
金融危机爆发后,国际社会深刻认识到传统的经济发展方式已难以为继,绿色转
型也许是明智的可行选择。于是,绿色发展转型的全球研究热潮由此勃兴。(胡
岳岷,刘甲库,2013)

当前,《中国绿色转型发展报告》是国内较为系统地阐释绿色转型发展的著
作。该书首先明确区分了绿色发展、绿色转型、绿色转型发展的含义。指出:"绿
色发展是一种资源节约型、环境友好型的发展方式,是最大限度保护生态环境,充
分利用可再生能源、全面提高资源利用效率的发展方式"。"绿色转型则强调于发

展方式转变过程,是从传统的过度浪费资源、污染环境的发展模式向资源节约循环利用,生态环境友好的科学发展模式转变,是由人与自然相背离以及经济、社会、生态相分割的发展形态,向人与自然和谐共生以及经济、社会、生态协调发展形态的转变。"绿色转型发展就是"由过度浪费资源、污染环境的发展形态向资源节约型、环境友好型的绿色发展形态的转变。绿色转型发展是一场生产方式与生活方式的深刻革命,是解决经济社会发展中资源与环境约束问题的有效途径,是加快转变经济发展方式的重大战略举措,是贯彻落实科学发展观,实现全面协调可持续发展的必由之路"。(胡岳岷,刘甲库,2013)

二、发展历程

党和政府高度重视绿色发展转型,视加快绿色发展转型为中国发展的内在需求。2003 年,胡锦涛同志把马克思主义同当代中国实际和时代特征相结合提出科学发展观,将以人为本,人与自然和谐发展作为最重要的目标。科学发展观是绿色发展的理论基础。(胡岳岷,刘甲库,2013)

2010 年 5 月 8 日,李克强在"绿色经济与应对气候变化国际合作会议"主旨演讲中强调,要推动绿色发展,加快经济发展方式转变。并提出三点建议:一是加快转变经济发展方式,积极推动绿色发展;二是牢固树立生态文明理念,大力倡导绿色消费;三是完善经济全球化机制,形成有利于绿色经济发展的环境。(胡岳岷,刘甲库,2013)

中共十八大报告明确提出,大力推进生态文明建设,并将其作为我国的发展战略放在突出地位,融入经济建设、政治建设、文化建设、社会建设各方面和全过程,努力建设美丽中国,实现中华民族永续发展。(胡岳岷,刘甲库,2013)

三、理论构成

绿色转型,是基于绿色发展理念与可持续发展理论,从协调经济发展与生态环境的关系入手,以科技创新、尤其是绿色技术创新为动力,以绿色制度体系的创建为支撑,推动产业结构的绿色转型和资源利用方式的转变,实现经济发展与生态环境保护双赢。(孙毅,2012)

绿色转型基本是由绿色转型动力机制、产业绿色转型、绿色转型保障机制及增长方式绿色转型四部分有机结合构成的。绿色转型动力机制和绿色转型保障机制均能促进产业绿色转型和增长方式的绿色转型;而后两者具有相互促进的作用。(孙毅,2012)

绿色转型模式,是从传统发展模式向理想发展模式、从"黑色"向"绿色"转变的过程模式。经济主体为"绿色"经济人,在经济发展和生态环境之间选择以获取最大收益。利益最大化有多重评价标准,既包括经济发展指标,也包括生态环境质量或生活质量。从经济特征来看,逐步向高效、低碳、集约、绿色经济增长方式转变;产业结构多元化,增强了产业或经济的抗风险能力,并逐步向绿色理念引导下的创新驱动发展转变。人与自然的关系,从对立走向相互适应最终达到和谐共处,从减少对资源生态环境的破坏到以不破坏资源环境为前提。(孙毅,2012)

四、与林业绿色经济的关系

1. 林业绿色转型表现

多年来,中国始终坚持把林业发展纳入经济社会发展总体布局,以兴林富民为宗旨,不断完善林业政策,增加资金投入,加强森林执法,妥善处理发展和保护、产业和生态的关系,充分发挥森林在经济、社会、生态、文化等方面的多种效益,逐步实现平衡发展,初步开始绿色转型。主要体现在以下方面。

一是推动林业发展战略的绿色转型,促进绿色发展。改革开放以来,中国林业根据国民经济和社会发展的需要实现了三次林业发展战略的调整。第一次是在经济起飞阶段,中国林业以满足国民经济建设对木材的需求为目标,大力发展工业人工林,实施了以增加木材供给为主的林业发展战略;第二次是当面临经济快速发展带来的环境破坏和生态恶化时,中国启动了天然林资源保护工程、退耕还林工程等林业生态工程建设,实施了以生态建设为主的林业发展战略,在较短的时间内扩大了森林资源的总量;第三次是在工业化、城镇化快速发展中出现农民增收难和收入分配问题后,中国提出了兴林富民的发展宗旨,合理调整森林保护与利用的关系,加速林业产业发展,向林业生态、产业和文化三大体系协调发展现代林业转变。

二是大幅度增加绿色投资。实施野生动植物保护及自然保护区建设工程、湿地保护工程,即将启动沙化土地禁封保护区建设。自1998年以来,中国实施的林业重点工程累计投入2886亿元(国家投资)。建立森林生态效益补偿制度及林业公共财政支持制度,对国家级重点公益林、造林、抚育管理、林木良种等提供公共财政支持,逐步形成森林可持续经营的长效资金支持机制。

三是增强森林可持续经营。提出将森林经营作为林业发展的永恒主题,从注重森林面积的增加到重视森林质量的提高和功能的增强,中央财政对森林抚育提供财政补贴,积极推动森林认证。

四是大力发展绿色产业、增进绿色就业。制定激励政策大力发展木本粮油、林下经济、森林旅游及生物质能源,维护粮食、能源安全,实现林业从利用林木向利用森林环境的转变,同时,逐步增加绿色就业。

五是积极推动绿色改革。大力推动集体林权制度改革,维护农民权益,不断提升林业对农民就业增收的贡献。

综上所述,我国林业已初步实现绿色转型,其重要标志是森林面积、蓄积和林产品及森林生态服务供给"三增长",林业生态、经济和社会初步实现协调发展。(刘东生,2012)

2. 林业绿色转型条件与政策需求

根据 UNEP 2011 年的报告,要实现林业绿色转型,有六个重要的促成条件:一是森林治理与政策改革,二是防止乱砍滥伐和打击非法采伐,三是通过各种创新机制促进林业绿色投资,四是改善林业产业的公平竞争环境,五是通过改善森林资产的信息来提高其价值化能力,六是充分发挥 REDD + 机制的作用。具体来说,则包括在国际社会层面建立 REDD + 计划等森林治理的透明机制;在政府层面建立新的国民经济核算体系,充分体现森林的生态服务价值;在企业和金融机构层面构建信贷市场等平台,激励企业参与到对森林保护的投资之中。

相应的,中国学者也提出与发展绿色经济相适应的林业发展对策,包括通过森林抚育补贴、低产低效林改造、发展林下经济、生态旅游等多种经营的林业发展模式等方式,来提高林业碳汇能力和林农收入;以及深化集体林权制度改革促进分配公平,构建"参与式"的社区森林资源管理模式,拓宽林业绿色投资的融资渠道,完善森林生态补偿制度、提高林业信息化水平,完善绿色核算体系建设,弘扬绿色消费和生态文明理念,等等。

总的来说,目前对于林业和绿色经济间的关系研究,明确了林业在绿色经济中的基础性地位,并指出要体现这一地位,让林业在绿色经济中发挥更大作用,关键在于通过适当的制度创新和平台构建,充分反映并提高林业的生态服务价值,促进绿色投资在林业部门的增加,同时给出相关政策建议。(郎晓娟等,2013;刘东生,2012;刘珉,2013)

3. 林业绿色转型面临挑战

林业将成为与宏观经济紧密、长期相联系的独立部门负责管理自然资本,建设和管理生态基础设施,提供创新的生态服务,催化创新的生态支付国际机制。然而,要实现上述目标,还需要克服以下挑战。

首先,在认识方面,UNEP 2011 报告中认为,我们还没有充分意识到通过调动政策上的激励可以促进公共和私人对森林的维护。比如,亚洲国家对森林资源的公共保护,发达国家对森林进行的补贴,都证明是行之有效的维护森林资源的方式,而这些方式在广大发展中国家还没有得到普及。

其次,在知识方面,要使林业发展实现"绿色经济"的要求,提高对森林资产的绿色投资和绿色收益,需要对于森林生态服务价值进行全面的科学评价,从而能够将其正外部性内在化,以吸引全社会参与对森林生态服务的投资,同时也使政府部门对森林的生态服务补偿能够更好地发挥作用。然而,目前对于森林生态服务价值的评估方式、交易方式,可能的生态影响,应该制定的生态准则等,相应的森林生态监测评价体系也有待建立,这些都是在知识方面需要克服的挑战。

最后,在合作方面,面临两方面的挑战。一个是如何建立国际共识的对话机制,目前在其他领域都尚且不能够得到完善的解决,其次是如何建立森林私人拥有者与政府和企业间的合作。在森林投资的国际机制创新方面,也需要新的技术支持,包括能够全球跟踪和定位的账户,等等。(郎晓娟等,2013;曾华锋等,2009;侯元兆,吴水荣,2005)

正如前文中提到,绿色转型发展是由过度浪费资源、污染环境的发展形态向资源节约型、环境友好型的绿色发展形态的转变。这与林业绿色经济的发展理念相似。因此林业绿色转型是实现林业绿色经济的必经途径,加快林业绿色转型有助于发展林业绿色经济。林业绿色经济发展就是由一系列林业绿色转型活动过程所构成。

第六节　生态经济理论

一、概念

生态经济学是一门从经济学角度来研究由自然生态系统和社会经济系统复合而成的生态经济社会系统运动规律的科学,它将生态因素纳入经济学的分析框架,研究自然生态和人类社会经济活动的相互作用;从最广泛的视角看待生态系统和经济系统之间的关系,既从生态学的角度,又从经济学的角度研究生态系统和经济系统相结合的更高层次的复杂系统结构、功能和规律;重视自然生态和人类社会经济活动的相互作用,从中理解生态经济复合系统协调、可持续发展的规律性。(韩哲英,陈红,2003)

生态经济学认为,人和自然,即社会经济系统和自然生态系统之间的相互作用可以形成三种状态:一是自然生态与社会经济相互促进、协调和可持续发展状态;二是自然生态与社会经济相互矛盾、恶性循环状态;三是自然生态与社会经济长期对立、生态和经济平衡都被破坏的状态。生态经济学力求将生态因素纳入经济学的分析框架中来,研究生态因素与经济现象的相互关系,寻求经济活动与生态变化的良性平衡及经济的可持续发展。它将为创建人与自然的和谐统一,实现生态、经济、社会的可持续发展提供科学的理论基础。(李文达,2005)

二、发展历程

第一阶段:20 世纪 60 年代末至 70 年代末,生态经济理论的提出、萌芽阶段。

20 世纪之前,人们对生态与环境问题的关注主要体现在人口与粮食的矛盾,主流经济学一直主张环境对经济增长的制约是微不足道的。第二次世界大战以后,人口爆炸、粮食不足、环境污染、生态退化、能源危机、资源短缺等一系列社会公害开始敲响工业文明的警钟,人们开始对传统经济增长方式进行了全面而深刻的反思与批判。1962 年,美国生物学家莱切尔·卡逊发表了著名的科普读物《寂静的春天》,它的问世第一次向世人揭示了近代工业带来的环境污染对自然生态系统的巨大破坏作用,客观上催化了公众环境意识的快速形成,越来越多的经济学家和生态学家试图重新考量传统经济学的局限性。而后经济学和生态学交叉发展,各种论述生态经济问题的著作相继问世,如污染经济学、环境经济学、资源经济学等。(李怀政,2007)

1968 年,美国经济学家肯尼斯·鲍尔丁在《一门新兴科学——生态经济学》一文中首次正式提出生态经济学概念,明确阐述了生态经济学的研究对象,并对人口控制、资源利用、环境污染以及国民经济与福利核算等问题作了原创性研究。另外,肯尼斯·鲍尔丁还在《宇宙飞船经济观》中提出了"循环经济"理念和"经济——社会——自然"协同发展的初始模型。一般认为肯尼斯·鲍尔丁的理论思想标志着生态经济学作为一门独立的学科真正形成。(李怀政,2007)

第二阶段:20 世纪 80 至 90 年代,生态经济理论飞速发展阶段,主要表现为出现各种派别及辩论,引起国际社会的广泛关注。

20 世纪 70 年代末到 80 年代末,涌现出大批关于全球资源、环境与发展方面的论著,而且引起了全球范围内的大辩论。在这场大辩论中,西方的经济学家、社会学家、环境学家和生态学家都广泛参与进来,对人类与自然,以及对世界和人类社会的未来做出了各种论述与预测,可谓百家争鸣。后来的学者将他们划分为三个学派:悲观派、乐观派和中间派。悲观派以"罗马俱乐部"为主要代表,其主要观点是,经济和人口的增长是生态危机的主要原因,人类社会的经济和人口增长是有极限的,因此他们主张限制增长乐观派以美国未来研究所所长卡恩为代表,其主要观点是,人类正处于从贫困到富裕过渡的 400 年"伟大转变"的中期阶段,这个过渡只有在经济不断增长的情况下才能实现,因此他主张必须保持经济持续增长的势头中间派介于以上两者之间,既不悲观也不乐观,而是现实的对待和分析人类面临的问题。总之,无论是悲观派"增长的极限"还是乐观派"没有极限的增长"基本上都认为人类社会正面临着很多经济发展与生态环境方面的严重问题。因此生态经济理论就成为时代的要求。(李怀政,2007)

20世纪80年代末,多位科学家组织在一起成立了国际生态经济学会,创立了生态经济学,并在1989年开始编辑出版《生态经济》杂志。生态经济学创始人、美国佛蒙特州大学生态经济研究所所长罗伯特·科斯坦塔在《生态经济》创刊号的首篇文章中给出了生态经济学的概念及其需要研究的生态经济问题。从此生态经济的研究方兴未艾,生态经济理论的发展就进入了一个新的阶段。(李怀政,2007)

第三阶段:20世纪90年代至今,生态经济理论日趋成熟,成为焦点。

20世纪90年代初,西方学者开始在可持续发展的理论平台上探索自然资本的相关问题,并把它纳入生态经济理论的理论框架,促进了西方生态经济理论的新发展。20世纪90年代以后,可持续发展理论和生态经济价值理论受到各国学者密切关注和重视。1992年6月,联合国环境与发展大会在巴西里约热内卢召开,大会通过了《里约环境与发展宣言》《21世纪议程》等重要文件,这次会议揭开了全球可持续发展的序幕,此后世界各国对可持续发展理论展开了广泛而深入的研究。2011年11月美国莱斯特·R·布朗教授在《生态经济——有利于地球的经济构想》一书中提出经济系统是生态系统的一个子系统的观点,这一思想在生态经济学界掀起轩然大波,给人们提供了一种全新的视角。(李怀政,2007)

20世纪90年代中期以来,生态服务理论受到经济学家和生态学家的广泛青睐,成为西方生态经济理论研究的前沿。因为这个理论使生态经济学理论从定性分析走向定量分析,从难以检验转向可以检验,极大增强了生态经济理论的生命力和解释力。西方生态经济理论在发展的过程中,各种理论观点呈现出多元化的特点,其主流学派的理论发展经从生态经济协调发展论走向生态经济可持续发展论。研究方法与分析工具的多样性也成为西方生态经济理论研究的一个新趋势。(蔡侃,2010)

在我国,生态经济学研究始于二十世纪八十年代。1980年我国著名生态经济学家许涤新倡导"要加强生态经济问题的研究"。生态经济学在我国的发展经历了三个阶段:即创建科学,普及宣传生态经济知识;科学实验,特别是生态农业的成效影响深远,生态与经济协调持续发展已成为新时代主题的三个阶段。(石广义,2005)

三、理论构成

1. 生态经济学基本范畴

（1）生态经济系统。所谓生态经济系统是指由生态系统和经济系统相互交织、相互作用、相互制约而成的复合系统，通过技术中介以及人类劳动过程所构成的物质循环、能量转换、价值增值和信息传递的结构单元。该系统具有明显的依存性，每一个经济过程都是建立在生态系统之上，都不能离开生态系统而单独存在。（2）生态经济产业。所谓的生态经济产业就是把产业发展建立在生态环境可承受的基础之上，在保证自然再生产的前提下扩大经济的再生产，从而实现经济发展和生态保护的协调发展，以利于建立经济、社会、自然良性循环的复合型生态系统。（3）生态经济消费。又称"生态消费"，指在强调"绿色、自然、和谐、健康"消费的同时，更多考虑不危及满足后代人的消费需要。（4）生态经济效益。所谓生态经济效率就是生态经济收益与生态经济成本之比。（5）生态经济制度。就生态经济制度而言，正式制度包括生态经济法律、生态经济规章、生态经济政策等；非正式制度包括生态意识、生态观念、生态风俗、生态习惯、生态伦理等。此外，具体化的生态经济政策包括生态保护政策、生态产业政策等。（沈满洪，2009）

2. 生态经济学基本规律

（1）生态经济协调发展规律。经济系统是生态系统的子系统，经济系统是以生态系统为基础的，人类的经济活动要受到生态系统的容量的限制；生态系统和经济系统所构成的生态经济系统是一对矛盾的统一体。（2）生态产业链规律。生态系统的营养结构指生态系统内的各种组成成分之间，以营养联系为纽带，建立起一种营养关系，把生物和生物以及生物与环境紧密地联结起来，构成以生产者、消费者、还原者为中心的三大功能类群。其运行的规律：以成本－收益理论为出发点，减少生态产业链中的交易费用，使整个生态产业链运行畅通和成本节约，从而使生态产业的发展具有市场吸引力和广阔发展前景。（3）生态需求递增规律。生态需求是消费者对生态环境质量需求和生态经济产品需求的总称。生态供给是生产者对生态环境质量和生态经济产品供给的总称。根据供求均衡原理，当生态需求不断上升时，就会引起价格上升，从而引发供给增加，进而实现新一轮供求平衡，使经济达到稳态。（4）生态价值增值规律。生态不是无价的自由物品，而是有价的经济资源；随着经济社会的发展，生态资源呈现出日益稀缺的趋势，因此，生态价值呈现增值趋势；既然生态价值呈现增值趋势，那么人类可以像进行经济投资一样进行生态投资，实现生态资本的增值；由于生态资本具有公共性和外部性特征，只有建立生态保护补偿机制才能激励人们从事生态投资活动。

3. 生态稀缺

生态稀缺既可以由非人为因素造成,如与人类活动无关的自然灾害可能对地球生态系统造成巨大的损害;也可以由人类的经济活动直接或间接地造成,如工业发展排放的废气使地球臭氧层破坏,滥垦滥耕使土地贫瘠,破坏了人类赖以生存的生态系统。从目前的科学技术水平看,人类对前者尚未发展出有效的防范措施,但后者却是人类可以通过调节自身的经济活动从而在很大程度上予以避免的。生态稀缺最引人关注的问题并不在于这种稀缺对我们当代人的影响,因为,也许在我们这一代人身上,我们仍然可以在以生态稀缺为代价的基础上享受物质丰富的工业文明。生态稀缺可预见的最直接后果是:可能在未来的几代人身上,由于生态稀缺,不仅物质财富的创造难以为续,甚至我们的子孙连基本的生存条件都难以达到。人类发展的不可持续性才是生态稀缺引发的最关键问题。(王自力,谢燕,2004)

稀缺状态的分布随时间和空间而变化。从时间来看,当代的弱稀缺状态如果延续下去,很可能在下一代或下几代内形成强稀缺状态;从空间来看,稀缺的分布状态也极不平均,在同一时期,甲地已经呈现出生态稀缺状态,但乙地却表现出很好的生态状况。这种情况不仅在国与国之间出现,而且在一个国家内也常常能看到这种状况。(王自力,谢燕,2004)

从对稀缺的描述中我们可以看到,自然资本与人造资本之间的矛盾是生态稀缺的关键所在。从根本上来说,生态稀缺是由于人类对人造资本的过度与不当追求,从而严重损害了自然资本造成的。为什么会形成这样的状况?事实上人类在从农业文明至工业文明的过程中,已经逐渐认识到了人造资本与自然资本这种替代与互补关系,但是人类仍然不断地加剧这种状况,直到今天。因此,我们不能将这归因于人类的无知。造成这种局面的根本原因在于,人类在作为一个自利的经济主体,在最大化自身福利的过程中,其经济行为的外部性。也就是说,人们经济行为的成本没有或者不能够完全由行为者承担造成的。这几乎已经成为一个常识。例如,当人们大面积地伐取森林时,由此造成的水土流失、空气恶劣、气候变坏等等的成本并没有由伐木者直接承担,此时,尽管对于伐木者来说,其人造资本的增加大大高于自然资本的减少,但是对于全社会来说,无论是自然资本还是总资本存量都减少了。(王自力,谢燕,2004)

4. 生态资本

生态资本的定义为:生态资本是一个边界相对清晰的"生态——经济——社会"复合系统内,具有生态服务价值或者生产支持功能的生态环境质量要素的存量、结构和趋势。生态资本的价值可以体现为生态资本自身的存在价值,其功能

和服务的服务价值和实现货币转化后的货币价值三个层次。(王海滨,2005)

生态资本具有二重性:一是具有生态环境的自然属性,具有生态功能,遵循生态规律,表现为生态资本的使用价值;二是具有资本的一般属性,以保值增值为目的,遵循市场供求与竞争规律,表现为生态资本的价值。(黄铭,2005)

生态资本的特点有:

阈值性。阈值性主要是指生态资本的供给受其自身增长特性和更新能力的限制,其供给量是有限的,存在供给阈值。在其阈值范围内,生态资本的供给能力不受影响,具有可持续性,而一旦超出了这一阈值,生态资本的供给能力就受到影响。生态资本的供给阈值并非是固定不变,通过技术进步可以扩大生态资本供给的阈值。(武晓明,2005)

更新性。更新性是有一定限制的,即在其阈值范围内,许多生态资本是可更新的。由于生态资本可更新,而且开发利用成本较低,使得长期以来生态资本被过度开发而没有进行相应的补偿(当然这也与存在市场和制度缺陷有关)。这需要通过财政以及民间资本投入到生态领域,在一定程度上减缓或采取更合理的方式实现生态资本的开发利用,实现生态资本的可持续性增长。(武晓明,2005)

渐进性。由于生态资本自然再生产周期长,且受到各种难以预料和难以控制的因素的影响,生态资本的增加是一个缓慢的渐进的过程,其供给数量难以在较短时期内迅速增长。生态资本的这一特点,也往往使人们忽略了生态资本的投资补偿。结果,当人们意识到生态资本短缺而采取行动时,往往需要十几年甚至几十年的时间才有可能抵补资源过度开发造成的损失。(武晓明,2005)

积累性。生态资本在其供给过程中其存量在一定条件下可能随着供给量的增加而增加。这就是生态资本的积累性。其条件就是要通过不断投资进行维护和再生产,但其供给量不能超过其更新量。生态资本的这一特性为实现持续发展战略提供了可能,即只要当代人在消费生态资本时,使其消费量控制在生态资本的更新能力范围内,就不会对后代人满足其都需求的能力造成危害,从而实现生态资本的代际公平。(武晓明,2005)

产权属性。这里从两方面分析,一是生态资源资本,二是生态环境资本。对于生态资源资本,在私有制制度下完全可以产权私有化;在公有制社会,其产权属于整个社会,国家是产权的终极拥有者,国家可以根据相对地域划分确定资源资产的产权,实施使用权和经营权的转让;尽管如此,无论是私有制还是公有制经济,都存在部分或全部产权由国家代表人民利益而拥有所有权的事实。至于生态环境资本,由于其效用具有强烈的外部性,其产生的外部效用可以影响一个地区、一个国家、几个国家甚至全球生态环境资本的优化配置,往往由国家政府所有。

因为市场机制不能使企业最大化地获取投资收益回报,经营者没有优化配置生态环境的积极性,产权私有化会导致生态环境资本的降级。(武晓明,2005)

四、与林业绿色经济联系

1. 森林生态需求

森林生态系统服务功能是森林生态系统与生态过程形成的维持人类赖以生存的自然环境条件与效用,它除了为人类提供食物、工农业原料、药品等可以商品化的功能外,还在调节气候、净化环境、维护生物多样性等方面提供它的生态、社会等多种服务功能,并起着重要作用,如表2-1。(杨祖平,2010)

表 2-1　森林生态需求指标体系

	森林生态服务 (一级指标)	森林生态服务 (二级指标)
A 森林生态需求	B1 调节气候	C1 调剂空气温度
	B2 涵养水源	C2 调节降水量
		C3 节留降水
		C4 涵养土壤水分
		C5 补充地下水
		C6 抑制蒸发
		C7 调节河川流量
		C8 缓和地表径流
		C9 改善水质
		C10 调节水温
	B3 保育土壤	C11 减少土壤侵蚀
		C12 保持土壤肥力
	B4 固碳制氧	C13 森林植被体的固碳及相应减少大气 CO_2
		C14 土壤固碳及相应减少空气 CO_2
		C15 增加大气氧含量
		C16 森林固化的太阳能
	B5 净化环境	C17 森林及树木减少空气中悬浮颗粒物
		C18 森林吸附空气中有害气体和放射性物质(SO_2 及氯化物)
		C19 森林释放负氧离子

续表

森林生态服务 （一级指标）	森林生态服务 （二级指标）	
B5 净化环境	C20 森林杀灭空气中有害细菌	
B6 生物多样性	C21 森林降低噪音	
	C22 森林资源物种多样性（野生动物存量）	
	C23 野生资源植物的存量（尤其是中草药资源及森林采摘资源）	
B7 防风固沙	C24 其他物种多样性	
	C25 防沙治沙	
	C26 防灾减灾	
	C27 改变风向，减低风速	
B8 森林景观和游憩服务	C28 固沙紧土、改良土壤结构	
	C29 精神和宗教价值	
	C30 教育价值	
	C31 审美价值	
	C32 森林旅游	
	C33 森林休闲	

（A 森林生态需求）

（1）根据环境质量、消费者素质和生活水平的不同，森林生态需求具有 3 个层次

在森林生态需求初级阶段，人们更多地是追求环境的绿化美化，从视觉上获得美的享受，但对具体的生态功能没有深入的了解。随着人们森林生态知识面的扩宽，逐步认识到调节气候及促进物质循环、涵养水源、保育土壤、固碳制氧、净化环境、生物多样性、防风固沙等生态服务。随着生活水平的提高，生态安全成为人们生态需求的主要内容，通过游憩、呼吸新鲜空气获得心身健康，最终到达自发地保护生态环境，形成一种文化和精神，即生态文明。（杨祖平，2010）

（2）根据需求主体的不同，森林生态需求具有 3 个层次。

经济社会中活动主体有：消费者、企业和政府，三者特点和需求特点各不相同，所以我们在该处将需求主体亦分为消费者、企业和政府三类，所以根据需求主体的不同，将森林生态需求分为 3 层，即：消费者森林生态需求、企业森林生态需求和政府森林生态需求。①消费者森林生态需求是指消费者个人作为自然人对

森林生态系统服务的需求。属于微观层面的需求。②企业森林生态需求是指企业组织对森林生态系统服务的需求,是中观层面的需求。企业的森林生态需求可以粗略的分为以下几类:企业的品牌形象需要绿色内涵,从而产生森林生态需求;企业实体的自然环境的优劣产生森林生态需求;企业在生产过程的生态化产生森林生态需求;部分企业需要利用森林生态的自净能力,而产生森林生态需求。③政府森林生态需求是指政府对森林生态系统服务的需求,是宏观层面的需求。是消费者森林生态需求的衍生需求。(杨祖平,2010)

2. 生态经济与林业绿色经济联系

森林生态经济系统是由森林生态系统和林业经济系统相互作用、相互渗透而组成的,具有一定结构和功能的复合系统。抽象地说,森林生态经济系统是由森林生态系统和林业经济系统两大子系统所组成。森林生态系统和林业经济系统在认识上可以抽象地加以分割,但实际上是不可分割的。

在构成森林生态经济系统的森林生态系统和林业经济系统中,生态系统是整个系统的基础,而经济系统则对整个系统的变化越来越起着主导作用。这里,生态系统对整个系统的基础作用表现在,生态系统为经济系统提供了物质基础,经济系统所有运转的物质和能量,都是人类通过劳动这种人与自然之间的物质转换过程从生态系统中取得的,所以,经济系统离开或脱离一定的生态系统是无法存在的。(牛志毅,2006)

林业发展要以木材生产为主转向生态建设为主,保持物种丰富、结构复杂、功能强大的生态系统,实现生态环境健康而稳定的前提下,合理有效地对森林资源进行开发利用,建成比较完备的森林生态体系和比较发达的林业产业体系,并采取有效措施,构建一种能维系环境永续不衰的生态经济模式。(徐端阳,2014)

生态经济学为创建人与自然的和谐统一,实现生态、经济、社会的可持续发展提供了科学的理论基础。由此可以看出,林业绿色经济活动离不开森林生态系统的经营,森林生态系统经营要遵循生态学和生态经济学规律。森林生态经济是生态经济的重要构成,林业绿色经济是生态经济的重要发展,生态经济学理论是发展林业绿色经济的理论基础,为分析林业绿色经济提供理论分析框架。

第七节　资源经济理论

一、概念

资源经济学是研究经济发展与资源开发、利用、保护、分配和管理之间关系的一门综合性学科。其研究的根本目的是实现自然资源的合理开发利用,以最佳的社会、经济、生态效益,支撑社会经济的可持续发展。在经济学学科体系中,资源经济学属于应用经济学的一个分支。在资源科学学科体系中,资源经济学作为其重要基础分支学科,其理论与方法为资源科学的其他分支学科提供了理论依据。(董锁成等,2010)

自然资源是人类赖以生存和发展的物质基础,在社会经济发展中处于基础性、战略性地位。我国主要自然资源人均占有量不足世界人均量的一半,水资源短缺,耕地紧张,主要矿产资源长期短缺,国内储量有限且资源品位不高。能源尤其是油气资源十分紧缺,目前我国已经是世界最大石油进口国,石油对外依存度较高,能源安全面临油价、油源、通道、政治四大风险。资源短缺问题是困扰我国社会经济发展的重要限制性因素。随着经济快速增长和人均收入水平提高,资源紧缺矛盾日益突出。加强资源经济研究,对保障国家资源安全、促进资源可持续利用、加快转变经济增长方式和建设资源节约型社会具有重要意义。(董锁成等,2010)

二、发展历程

近些年来,我国资源经济学理论研究主要体现在三个方面。

①在资源市场化和资源管理方面。董锁成指出我国现行土地产权关系模糊,制约和阻碍着土地市场的发育和完善,造成大量国有土地价值流失。必须明确界定土地产权关系,尽快将其推向市场。并提出划拨土地要区别使用对象和用途,有计划分步骤地推向市场进行转让,实现国家对其所有权的地租形式。集体所有的农用地要逐步推行租赁制。完善土地产权管理和地产市场交易的法律体系,使土地产权制度化、土地市场法制化。建立科学的土地价格评估系统,制定合理的土地价格。(董锁成,1994)沈镭等对我国资源市场化及资源市场管理进行了研究,从交易对象、市场要素、交易形式、市场结构、供需关系和空间范围等方面对资源市场进行了系统的划分,分析了资源市场结构及其组织形式。提出以主体资源

市场为龙头、以资源服务市场和要素市场为两翼,构建我国完整的资源市场体系设想,并提出了相应管理对策。(沈镭,唐永虎,2003)

②在资源、环境与经济相互作用方面。董锁成等对资源、环境与经济相互作用过程、相互作用机制和规律进行了探讨。指出资源与环境问题的实质是外部不经济性、资源环境与经济发展矛盾等资源、环境与经济发展相互作用机制。提出资源与环境演变的"U"型规律、资源利用和替代的不确定性、资源与环境问题的不可逆转规律。(董锁成等,1999)

③在自然资源流动方面。董瑜等借鉴物理学中的场思维,构建了资源场理论的分析框架,探索了资源流动的力的本质。指出资源势差是资源流动的内在本质,资源场力是推动资源流动的本质力量,资源场力和外力的合力是资源流动的直接力量。(董瑜,谢高地,2001)成升魁等论述了自然资源流动研究的实践意义与科学意义,并对自然资源流动研究领域的若干重点进行了总结。(成升魁等,2006)

三、理论构成

对资源有偿使用的现实出发点是资源无偿使用的低效与浪费。改革开放之初,由于现代资源经济理论在我国的发展处于起步阶段,加之经济体制的现实状况,对资源有偿使用问题必然从资源利用的补偿角度进行分析。实现可耗竭资源的接替,需要技术的发展和资本的投入,所以对现有资源的使用征收相应的税额进行"补偿"是必需的。使用税的确定原则以保证在该种资源耗尽时所积累的投资可顺利地转向新的代用技术。对于可再生资源利用,其补偿的共同特征是维持其适当的功能和存量。(陈纪平,2002)

资源利用的补偿问题是人同资源的关系问题,而资源的配置效率及其利用主体间利益属于人与人之间的关系问题。在现阶段,人与人在资源利用中的关系问题同样是资源有偿使用的依据之一。(陈纪平,2002)

四、与林业绿色经济联系

从经济学角度看,森林资源危机的实质是有效供给不足,需求过大的结果,而有效供给不足的终极原因是森林资源稀缺。我国森林资源危机就是由于森林资源稀缺引起的。我国森林资源稀缺表现在可采资源锐减、森林质量下降、过量消耗与供不应求并存等方面;造成森林资源稀缺的主要原因是人口膨胀、投入不足、分布不匀以及价格扭曲;森林资源稀缺,具有不可替代性、长期性、波及性等特点。(上官增前,1992)

由此可知,森林资源是人类赖以生存和发展的重要物质基础。加强对资源经济学的研究有助于促进资源的合理利用,实现社会、经济、生态效益,并且其理论与方法为森林资源经济研究提供基础与借鉴。而林业绿色经济发展离不开森林资源的有效配置。因此,资源经济理论为促进林业绿色经济发展提供了理论基础与方法指导。

第八节　环境价值理论

一、概念

环境包括环境容量、环境景观、生态平衡和自我调节能力、气候等。环境具有一定价值。环境概念除物质性部分以外,还包括非物质部分,即环境状态。归纳起来环境资源价值主要体现在以下四个方面:1. 固有的自然资源方面的价值;2. 基于开发利用资源的人类劳动投入所产生的价值;3. 固有的生态环境功能价值;4. 环境资源中的各要素所具有内在的目的性和不可替代的内在价值。根据角度不同,对环境价值的内涵可以从以下几个方面来辩证理解:整体价值和个别价值、显性价值和隐形价值、使用价值和非使用价值等。(李敏,赵成柏,2013)

与经济价值、社会价值相比,环境价值除了具备一般价值的共性特征,还具备独特的个性特征:(1)整体性。环境价值的客体具有整体性,环境价值是各种环境因子之间互相联系、互相影响、互相作用的结果,是自然环境的整体效用;环境价值的主体是人类整体,而不是某一个人或某一群人,环境价值所作用和影响的对象是人类整体,因而很容易被个体人和群体人为了本位私利而忽视。(2)长远性。自然环境的变化对人类产生的作用和影响是长远的。环境治理的行动发生在近期,而环境治理产生的环境效益却发生在远期,环境破坏的行为发生在近期,而环境破坏带来的影响却可能一直延续到远期,因而使环境价值具有长远性。(3)不可替代性。环境价值不可用其他任何一种价值来代替,经济价值代替不了环境价值,环境价值的各种组成部分和表现形式之间也不可完全代替,我们不能用晴朗的天空来代替潺潺的流水,也不能用安静的声音环境来代替污浊的空气环境,更不能用一定金钱来衡量原始森林的全部价值,因此,环境价值的弹性系数很低甚至为零。(4)不易度量性。环境价值不像经济价值那样显而易见,它对人类生存发展的作用和影响具有隐匿性。近年来很多组织机构、专家学者在研究"绿色GDP"、"绿色核算"、"真实储蓄"与可持续发展指标体系(ISD)等问题,都是对环

境价值的度量进行尝试,但都不能真实、全面地反映和度量自然环境的全部价值。(胜栋,2007)

二、发展历程

西方发达国家的历史经验已经表明,无视环境保护的社会发展潜在着致命的危险,自然环境的人为破坏所造成的严重后果在未来某一时刻可能就将是不可逆转的。这为广大发展中国家的现代化选择提供了前车之鉴。因为倘若离开了对生态环境利用、改造的正确价值引导,就会不可避免地重蹈西方发展道路的覆辙。正是在这个意义上,人类社会普遍面临的环境保护与经济增长的两难处境,更凸显了环境价值研究的重要性和迫切性。这就要求我们在实践方一向努力探索一个不同于传统工业化模式的经济价值上。环境价值相同步的持续发展模式,也要求我们变革传统观念中不适于人与环境关系本真面目的各个方面,形成富有民族特色和时代特征的环境价值观。这正是人与环境价值关系的一种当代求解。(方巍,2004)

在重塑经济和社会发展模式的过程中,必须引入新的价值参照系即环境价值的参照系,以确立人与自然的新型关系,维持其和谐统一。(方巍,2004)

对传统经济学进行反思,把环境资源全面纳入经济学分析的研究始于20世纪中期。二战结束后,西方国家经济快速发展,生产水平不断提高;同时,由于资源过渡开发利用和污染物大量排放造成的生态环境破坏日趋严重,生态灾难事件大量增加。到了60年代中后期,环境危机蔓延,西方各国为此付出了沉重代价,传统经济学的思想遭到理论界的反对,新的环境资源稀缺理论和环境价值观应运而生。(蔡剑辉,2003)

三、理论构成

1. 外部性理论

外部性是指一个经济主体对其他经济主体的非市场性附带影响,外部性将产生不能进入私人成本的社会成本。外部性可分为外部经济性和外部不经济性。森林经营者在经营森林过程中产生的森林生态产品(森林生态效益)具有公共物品的非排他性,即经济主体对森林生态效益的消费(享受),不影响其他主体对其消费(享受),且付费与否都不能将主体从这一消费中排除出去,因此经济主体不会为森林生态效益的消费(享受)而付费。

2. 环境价值核算理论

环境经济核算又称资源环境经济核算、绿色国民经济核算、综合环境经济核算(联合国有关文献使用的概念是 Integrated Environmental and Economic Accounting)等,是在原有国民经济核算体系基础上,将资源环境因素纳入其中,通过核算描述资源环境与经济之间的关系,提供系统的核算数据,为可持续发展的分析、决策和评价提供依据。(冯俊,2009)

根据环境价值其自身的特点,多年以来国内外经济学家、环境学家进行了广泛研究,提出了多种价值评价体系。目前国内外有关环境价值的评估方法大多从环境影响经济的角度出发,多是研究环境污染和生态破坏造成的经济价值。综合评价各种环境价值估价方法,从环境资源价值核算与国民经济核算相连接的角度,环境价值估价的首要思路是以市场交易价格为基础,寻求估价方法,即沿用国民经济核算的估价方法。

3. 环境价值补偿理论

从经济学的角度,生态环境补偿是利用政策或法律手段,将生态保护外部性问题实现内部化,让消费生态物品的消费者承担生态产品的成本,支付相应费用,使生产或提供生态物品的制造者能够获得相应报酬和利润;或者通过设计制度,消除生态物品消费过程的"搭便车",扩大或激励公共物品供给量;也可以通过制度创新,增加对生态投资的投资者的合理回报,让对生态环境保护的投资能够获得生态资本增值。因此,经济学认为生态环境补偿实质是生态效益的补贴机制,借助制度设计给生态物品(服务)提供者的生产成本或机会成本的补偿。(师红聪,2013)

生态环境补偿实质上是人类社会的各个成员在享用生态环境资源过程中,应该支付的对应成本,也是生态环境保护的责任和生态利益的重新配置过程。生态环境补偿的实现,需要具体的措施和手段,譬如,支付生态环境补偿费,对生态环境进行养护、修复、建设等具体的行动,以及政府所采取的激励性的税收优惠政策,同时要求对生态环境保护提供技术扶持和奖励措施等。生态环境补偿是实现生态外部性"内部化"有效的途径和方式。(师红聪,2013)

四、与林业绿色经济联系

1. 森林环境福利理论

森林环境福利指某些森林资源在提供资源价值的同时,还向社会其他经济主体提供环境服务,实现生态效益。这部分价值在传统核算体系中作为无偿提供,没有考虑其价值,因此称为全体社会成员的环境福利。森林环境福利价值在数量上大致等于期内森林生态效益价值减去期内政府或社会生态环境补偿后的余额。(张长江等,2009)

　　马克思商品使用价值理论是森林具有福利效益的立论基础。环境稀缺论是森林福利效益被纳入经济学研究框架的前提。公共物品理论为森林福利效益确立了科学的经济地位。经济外部性理论为森林福利效益的持续发挥提供了科学方法。(张德成,2009)

　　森林的福利效益是通过森林的功能发挥,对居民的文化、健康、住房、收入、就业等福利关键指标产生影响,这一过程中的作用机制是复杂的,其中有的存在重复,福利指标受到多种森林功能的影响,同时有的森林功能具有多种福利效益,如图2-3所示。(张德成,2009)

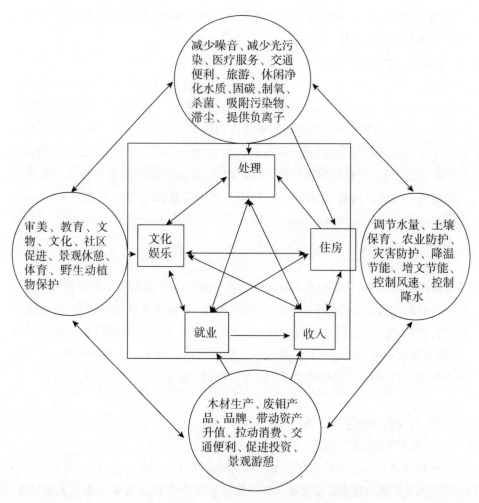

图2-3　森林与居民福利之间的关系

2. 森林的外部性

森林作为陆地上最复杂的生态系统,为人类提供自然环境条件和效用,不仅提供林木、林副产品等有形经济产品,还提供诸多森林生态服务效益。这些森林生态效益如果得不到经济主体或社会的合理付费(或补偿),便形成外部性(见表2-2)。(张长江,温作民,2009)

表2-2 森林生态效益外部性的表现

类型	具体内容	受体	产权界定
保育土壤	提让费力维持、较少土壤侵蚀	农业	可以
涵养水源	稳定水温、调节径流、防洪、补贴	水库、水电站、河流下游居民	可以
固碳释氧	吸收 CO_2、释放 O_2	区域、跨区域居民	很难
净化环境	净化空气、组织飞尘、杀灭病菌、消减噪音、净化水质	区域居民	很难
森林防护	改善小气候、防风固沙	沿岸(堤、带)居民	较难
森林游憩	森林旅游、观赏、娱乐、休闲	旅游企业	可以
生物多样性	物种保护、教育、学习	全人类、受教育者	较难

森林作为环境的一部分,具有生态环境服务价值或效益,且具有正的外部性,能够产生森林环境福利。这不仅属于环境价值理论研究范畴,也是林业绿色经济的研究领域,此外,注重环境价值同样是发展林业绿色经济的核心理念之一。

第九节 可持续发展理论

一、概念

可持续发展的概念最初是由世界环境与发展委员会提出的。1987年,在其报告《我们共同的未来》中,世界环境与发展委员会第一次对于可持续发展的概念进行了具体阐述,并获得了国际社会的广泛共识。它认为,可持续发展是指既要满足现代人的需求,又不以损害后代人满足其自身的需求作为条件。具体地,可持续发展就是指一国在经济、社会、资源和环境保护等四个方面实现协调稳定的发展，他们是不可分割的整体，不但要发展经济，而且要保护好人类赖以生存的自然资源环境，包括大气、森林、土地、淡水和海洋等，使人类子孙后代能够实现永续发展和安居乐业。江泽民同志曾经提出的"决不能吃祖宗饭，断子孙路"是对可持续发展的精辟注解。可持续发展与环境保护是相互联系又相互区别的两个概念，可持续发展的一个重要方面是环境保护，但可持续发展的核心在于发展，不仅要包括经济和社会的发展，而且包括严格控制人口，提高人口素质，以及保护环境，最终实现人类对于资源的永续利用。（庄莉，2013）

二、发展历程

传统的发展理论及其指导下的发展实践，大量地消耗了地球上的不可再生的资源和能源，不仅造成了自然生态系统的失衡，而且也破坏了人类生态系统的平衡，直接影响到了人类自身的生存和维系。更为严重的是，20世纪以来的人类实践活动对自然生态系统和人类生态系统所造成的破坏，带有不可逆转的性质，因为人类对于自然界的损害和污染，已经大大超过了自然界自身的净化活动能够解决的程度。（陈向义，蔡元，2003）

对传统发展方式的反思，最初表现为对环境、资源等问题的关切与思索，因而可持续发展理论最早是由环境学家和生态学家提出来的。到了20世纪70年代以后，对传统发展方式的反思又深入到了广泛的社会领域因为仅仅注重经济增长，片面追求国民生产总值和人均生产总值，尽管在经济上给人们带来了财富的增长，但是一系列的社会问题不但没有得到相应地解决，反而造成了更大范围的分裂与动荡；不但没有相应减少贫困人口的数量，反而加大了南北差距，加剧了两极分化。（陈向义，蔡元，2003）

正是出于对生物学和学两方面的发展实践后果的反思，构成了可持续发展理论产生的直接原因。（陈向义，蔡元，2003）

20世纪70年代，可持续发展理论最早由美国世界观察研究所提出，代表作品是莱斯特·布朗的《建设一个可持续发展的社会》一文。1987年，第42届联合国大会上通过了《我们共同的未来》，将可持续发展定义为，"既满足当代人的需要，又对后代人满足其需要的能力不构成危害的发展"。（马丽，2015）

自从1992年里约地球峰会，特别是1997年第11届世界林业大会以来（这次大会以讨论"面向21世纪的林业可持续发展"为议题），林业可持续发展和森林可持续经营问题成为各国林业发展的最基本的时代课题。（许可，2010）

2002年，以"拯救地球、重在行动"为宗旨的可持续发展世界首脑会议在南非约翰内斯堡召开,这是继1992年里约热内卢地球峰会之后,联合国举办的关于全球环境问题最重要的国际会议。会议通过了《可持续发展执行计划》,该计划指出,可持续发展要求改善全世界人民的生活质量,即使增加利用自然资源,也不能超出地球的承受能力。虽然每个区域应采取不同的行动,但为了确定真正可持续的生活方式,我们需要在以下三个关键领域统筹行动:经济增长和公平、保护自然资源和环境、社会发展。(许可,2010)

《中国可持续发展林业战略研究总论》中指出,中国林业在中国可持续发展中具有战略性的地位和作用,主要是:林业是生态建设的主体,承担着维护国土生态安全的重大使命;林业是无可替代的基础产业和新世纪的朝阳产业;发达的林业是社会进步的重要标志;林业是推进人类进步的基石,只有可持续的林业才能赢得这些荣誉,但未来的中国林业,应当具有这样的地位。(侯元兆,2003)

三、理论构成

可持续发展理论是一种战略思想,它不是对经济的增长予以否定,而是对经济增长的方式、途径进行重新的审视和选择。其核心思想在于:不能以破坏生存与发展环境的代价来实现经济的增长,保护资源环境应该与经济发展同等重要,只有实现了保护,才能实现发展。可持续发展可以通过经济干预措施、技术方法和行政、法律手段来实现,其目的是减少资源损耗、加快资源再生。实现资源的可持续发展需要做到以下改变:从单一点的发展转变为全面的发展;资源开发利用要转向高效节能的方向发展;经济发展要注重利益的分配。(马丽,2015)

四、与林业绿色经济联系

林业可持续发展,就是"既满足当代人的林业需求,又不对后代人满足其林业需求的能力构成危害的林业发展"。在这里,前面描述的是林业的可持续性,是对林业发展的属性的界定,其中所强调的"能力",是指林业的自然资源、经济资源和社会资源存量都不随时间而下降。这样来定义林业可持续发展,既包含了发展的含义,又包含了可持续性的含义,同时也界定了发展的部门特性。(侯元兆,2003)

1. 林业可持续发展的指导思想

林业可持续发展追求林业经济增长,规避无发展的增长。林业可持续发展的重要任务仍然是实现林业经济增长,但要达到的是具有可持续意义的经济增长,力避"无发展的增长"。依靠科学技术进步,采取科学的经济增长方式才是可持续的。(侯元兆,2003)

林业可持续发展以森林生态系统为基础。包括林业经济增长在内的经济和社会发展对森林资源的利用,不能超越森林生态系统的承载能力。这里所说的"利用"包括木材生产和各种生态利用。（侯元兆,2003）

林业可持续发展承认森林生态效益的价值。这是与传统的林业经济发展在理念上的根本区别。按照这一新理念,经济和社会对森林生态资源的利用,应当付出成本,林业经营主体应当获得它生产生态效益的经济补偿。（侯元兆,2003）

林业可持续发展谋求社会的全面进步前面已经说明,在人类可持续发展系统中,经济发展是基础,自然生态保护是条件,社会进步才是目的。这个思想同样适用于林业可持续发展。（侯元兆,2003）

2. 林业可持续发展的基本原则

公平性原则:即代内公平和代际公平,要给后代人以公平利用林业资源的权利。（侯元兆,2003）

持续性原则:林业的经济增长必须充分考虑森林资源的承载能力。如果一种经营模式变成了满足需求的能力的约束,就要创造另一种打破这种约束的模式,森林资源的分类经营就是这样提出的。（侯元兆,2003）

公益性原则:森林的生态服务属公共物品,没有区界和国界,因此林业可持续发展需要全流域和全球共同行动。（侯元兆,2003）

需求性原则:林业可持续发展面对的是各类经济需求、各类环境需求和各类社会效益的需求。而且这些需求仍在发生结构上的细化和总量上的扩张。林业可持续发展面对的就是满足这种系统性的需求。（侯元兆,2003）

3. 林业可持续发展的特征和目标

特征是:发展有持久性;发展有动态性;发展有协调性;发展有综合性;发展有可行性。综合性是指这种发展包括林业生态问题、林业经济问题和林业社会问题。动态性是说可持续的林业发展是一个过程,不同的时期有不同的社会经济需求和不同的发展内容。（侯元兆,2003）

目标是:谋求林业经济的增长;改善林业经济增长的质量;满足人类在总量和结构上的林业需求;保护林业的自然资源基础;开发林业的人力资源;把握林业的技术发展方向;协调林业的经济生态决策。（侯元兆,2003）

4. 林业可持续性的分类

沈国舫教授等在《中国森林资源与可持续发展》一书中,对林业的可持续性作了系统的归纳和分类,即林业的可持续性包括4个部分。（侯元兆,2003）

①森林资源的可持续性,主要包括生物资源的可持续性(生物多样性;自然保护区)、天然林保护、森林营造、次生林经营等。

②森林物产的可持续性,主要包括木材培育业、林产业、经济林产业、薪炭林

产业等。

③森林环境产出的可持续性,主要包括生态工程建设。

④森林社会功能的可持续性,主要包括生态游憩、森林保健、森林文化、城市森林、净化环境等。

可持续发展理念是对传统发展方式的反思,强调经济、社会、资源和环境保护等四个方面实现协调稳定的发展。林业可持续发展既是可持续发展理念在林业中的具体体现,也是实现绿色经济发展的重要途径。二者均在追求经济增长的同时注重生态效益、公平及可持续地发展。因而,推动林业绿色经济发展可以更好地促进林业的可持续发展;反之,亦然。

第十节　循环经济理论

一、概念

循环经济本质上是一种生态经济,是遵循生态学和经济学原理及其基本规律,按照"减量化、再利用、再循环"的原则(简称"3R"原则),运用系统工程的方法,实现经济发展过程中物质和能量循环利用的一种新型经济形式。它是以与环境友好的方式利用自然资源和环境容量,保护环境和发展经济,以更小的代价、更高的效率,实现经济活动的生态化。通过提高资源利用效率,进而提高环境效率和经济发展质量,达到经济、社会、环境效益的共赢。(王志山等,2006)

循环经济概念的内涵,包括三个层次的基本含义(王志山等,2006):(1)社会经济系统对物质资源在时间、空间、数量上的最佳运用,即在资源减量化优先为前提下的资源最优利用。(2)环境资源的开发利用方式和程度与生态环境友好,对环境影响尽可能小,至少与生态环境承载力相适应。(3)在发展的同时建立和谐与生态环境互动关系,即人类社会既是环境资源的享用者,又是生态环境建设者的关系,实现人类与自然的相互促进、共同发展。

二、发展历程

循环经济是对传统线性经济的革命。循环经济一词是对物质闭环流动型经济的简称。1990年以来,在可持续发展战略的旗帜下,人们越来越认识到,当代资源环境问题日益严重的根源在于工业化运动以来以高开采、低利用、高排放为特征的线性经济模式,为此提出人类社会的未来应该建立一种以物质闭环流动为特征的经济模式,即循环经济,从而实现可持续发展所要求的环境与经济双赢,即在资源环境不退化甚至得到改善的情况下实现促进经济增长的战略目标。(王志山等,2006)

目前学术界公认的早期的循环经济萌芽出现在20世纪60—70年代环境保护思潮兴起的时代。美国经济学家鲍尔丁(Kenneth E. Boulding)的"宇宙飞船理论"指出,我们的地球只是茫茫太空中一艘宇宙飞船,需要靠不断消耗自身有限的资源而生存,人口和经济的无序增长迟早会使船内有限的资源耗尽,而生产和消费过程中排出的废料将使飞船污染,毒害船内的乘客,此时飞船会坠落,社会随之崩溃。唯一使之延长寿命的方法就是实现宇宙飞船内的资源循环,将分解出的尚存营养成分的物质再利用,尽可能少地排出废物。同样的,地球虽然拥有更丰富的资源,也会因资源的全部消耗而面临毁灭。因此,必须改变原始的经济增长方式,要从"消耗型"改为"生态型";从"开环式"转为"闭环式",实现对资源循环利用的循环经济,地球才能得以长存。(刘旌,2012)

1968年4月,意大利的"罗马俱乐部"提出了人类经济增长的极限问题。《循环经济发展的理论基础、运行模式及障碍》《增长的极限》第一次提出了地球的极限和人类社会发展的极限的观点,对人类社会不断追求增长的发展模式提出了质疑和警告。当时正是世界经济特别是西方社会经历了"第二次世界大战"以来经济增长的黄金时期而达到这一轮增长的顶峰,也正处于"石油危机"的前夜。《增长的极限》一书的问世正是对人类行为的警告。然而,随之而来的更多是各种批判和质疑,经济学家们更是对此大加鞭挞。即便是石油危机的爆发和随后西方世界经济增长的放缓,也没有被视为《增长的极限》一书的证实,经济学家们更愿意根据其主流经济学的逻辑做出解释。其实,当时作者们只是指出人类社会发展可能会达到这样一种极限状态,并且对达到极限和增长终结的时间也做出了估计。如果当时人们能够对增长的极限观点更多的重视,也许能有效地缓解目前的资源和环境问题。(刘旌,2012)

20世纪70年代,康芒纳(Commoner)《封闭的循环》把人类对循环经济的认识引向深入。康芒纳强调运用生态学思想来指导经济和政治事务,摒弃现代社会的线性生产过程,而主张无废物的再生循环生产方式;强调追求适度消费而不是过度消费,要求人们"以俭朴的方式达到富裕的目的",这种富裕不是纯粹物质生活的富裕,更重要的是精神生活的高度充实。但是,在20世纪60、70年代,循环经济的思想更多地还是先行者们一种超前理念,并未得到世人积极的响应。(刘旌,2012)

世界经济的发展在20世纪70年代之后放慢了脚步。当时的世界开始出现了一些令人担忧的危险征兆,例如粮食短缺、气候变暖、臭氧层被破环等。正是这些因素的影响,1992 年在巴西里约热内卢召开第一次全球环境与发展峰会,通过了《里约宣言》和《21 世纪议程》,正式提出走可持续发展之路。而循环经济采取的是"低开采、低消耗、低排放、高效率、高利用",把经济活动组成一个"资源投入—产品生产和消费—再生资源"的反馈式的高级物质循环型的发展模式,实现人与自然的和谐,它符合可持续发展的理念,是最终实现可持续发展的必要道路。(刘旌,2012)

三、理论构成

1. 熵定律与经济过程

熵是一个物理学上的概念,是对不可利用的能量的一种度量。按照熵定律,无论是价值循环和物质循环都需要来自外界持续不断的能量来源的支持,否则是不可能持久地运行下去的。作为第一个系统地阐明经济过程如何受到熵定律限制的经济学家,尼古拉斯·乔治斯库－罗根认为人类经济奋斗的中心是比经济学中的李嘉图的土地更稀缺的环境中的低熵,经济过程中所有的物质转化和循环利用活动最终要受到可用能量的和熵定律的限制。免费的重复利用是没有的,因此,从可耗竭的矿物能源向太阳能转变是人类长期存在和发展的必然选择。(周纪昌,2012)

2. 经济过程中的物质平衡原理

基本假设前提是在一个封闭的、没有物质净积累的经济系统中,排入自然环境中的残余物质质量必然大致等于作为投入物进入系统中的所有原材料和能源的质量。基于该假设,从物质形态上,构建一组物质平衡方程。在这一组方程中进入生产和消费领域的各种资源和服务的投入数量和最终的产出和消耗数量构成了一个等量关系。因此,经济活动中的废弃物的排放和处理是生产和消费过程中正常的、不可避免的一部分,从长期而言,进入和流出系统的物质是平衡的。对于如何从根本上减少废物的产生和污染问题,一方面从源头上减少原料的投入;另一方面提高经济过程物质的利用效率,特别是提高经济系统中物质循环使用率。

四、与林业绿色经济联系

林业是中国社会经济发展的重要组成部分,但是长期以来,中国林业走的是传统的粗放型经济增长道路,依靠大量资源的消耗来推动经济的增长,使得林业面临的资源与环境方面的压力越来越大,经济增长潜力已接近极限,此时将循环经济发展思路引入林业产业,为中国林业的发展指出了一条新的道路。循环型林业体系的建立能够有效缓解林业产业发展与资源、环境之间的矛盾,同时对实现林业的可持续发展也具有重要的意义。(付强,苏立维,2007)循环型林业是将循环经济理念引入到林业产业发展的过程中,是循环经济思想在林业产业建设中的应用。循环型林业以资源消耗低、环境污染少、经济效益高为目标,追求林业的可持续发展,按照"3R",原则即减量化(Reduce)、再利用(Reuse)、再循环(Recycle)原则,通过优化林业产业由生产至消费的整个产业链结构,实现物质材料的多级循环利用和生产性活动对环境的危害最小的一种林业产业经营模式。其实质就是要发展环境友好型林业,充分、合理利用自然资源和环境容量,实现林业经营活动的生态化。这就要求林业产业、与其他类型工业产业共同形成基于全社会的大循环,使林业产业及其相关产业的经济活动形成"资源——产品——再生资源"的闭路循环,所有投入的原材料和资源在这个不断进行的循环回路中都能得到最合理的利用,进而使得整个林业产业链的活动对自然环境的危害减少到最低程度,同时也可以获得最大的经济效益。在保护生态环境的同时兼顾经济效益正是林业产业发展循环经济的内涵,将生态环境保护与林业产业建设融为一体,克服了以往生态林业发展中侧重环境保护而忽略了经济效益的问题,有利于缓解目前林木使用量的急剧增加与自身资源短缺、生态恶化的尖锐矛盾,对实现资源环境的永续利用,实现林业的可持续发展具有重要的指导意义。(付强,苏立维,2007)

1. 林业循环经济的发展目标

林业发展循环经济的目标是在林业生产过程中以及林产品的生命周期中,尽量减少林业资源的投入量和废气、废水、固体剩余物的排放量,提高资源的利用效率,加大对废弃物资源的回收再利用,提高整个林业产业系统的生产效率,实现林业产业发展与生态环境保护并举,促进林业可持续发展。(付强,苏立维,2007)

2. 林业循环经济的参与主体

林业循环经济的参与主体是指在发展循环型林业、建立林业循环经济体系的过程中的具体实施者。根据实施者的实行范围可以建立一个由小到大的参与层面:企业层面—生态园区层面—社会层面。(付强,苏立维,2007)

第一,企业层面。单个林业企业在生产过程中要尽量节约原材料、减少浪费,增加自身产品的技术含量,提高产品附加值,同时也要通过清洁生产合理配置林业资源,最大限度地减少对自然环境有不良影响的废水、废气等污染物的排放,另外,对于可回收的资源也要尽量转化为产品,以实现整个生产过程中的闭路循环。(付强,苏立维,2007)

第二,生态园区层面。生态园区应该以生态理论为指导,尽力模仿自然环境,使得材料和能源在整个产业系统中能够循环使用,上游企业的废弃物能够成为下游企业的原料和动力,让各种资源都能够充分的利用起来实现资源共享,共同发展。园区内的各个产业部门应该按要素需求耦合共生、相互依存,各个产业链交织成网,从而形成一个比较完整的生态产业网络,使得各种资源得到最佳的配置、废弃物都得到合理的利用、环境污染降到最低水平。(付强,苏立维,2007)

第三,社会层面。整个社会以及各级政府部门应加强可持续发展的意识,鼓励、监督、指导各企业发展清洁生产,控制污染排放,努力引导公众在整个社会意识形态中形成循环经济思想,为循环经济的发展奠定社会基础。(付强,苏立维,2007)

3. 林业发展循环经济的技术及制度支持

先进的生产模式依靠先进的技术来支持,林业要发展循环经济也需要先进的科学技术和生产设备,也需要科学的方法来管理。必须充分利用当今现代化的科学技术为林业的可持续发展提供保证。在制度上,政府需要通过财政等手段鼓励开展促进环境保护和合理利用资源的各种活动。通过政策的引导,比如:提供补贴、减免税收、投资建设等手段促进循环型林业体系的建立。还要充分利用市场机制,如:建立排污权市场等。由政府建立允许排污量并将总量分配到各个地区,以此明确排污单位对资源和排污容量的使用权,并允许排污权在市场上交易,依靠市场的供求关系来实现环境容量资源的优化配置,排污权会通过市场从治理费用低的污染源转移到费用高的污染源,从而使社会以最低的成本实现污染物排放的减少。同时还要完善各种相关法律法规的建立,为循环型林业产业体系的发展提供法律支持,也可以使政府、企业及群众强化自身责任意识,自觉地规范和约束自身的行为,从而更加有效地推动林业循环经济体系的发展。(付强,苏立维,2007)

4. 林业循环经济特点

林业循环经济有其经济和生态作用双重特点。发展林业循环经济,使得森林资源加工生产后转化为产品,创造经济价值,而后变为废弃物得到再次循环利用,再次创造经济价值,在此过程中森林生态系统吸收废气创造氧气,创造了生态价值,而资源的循环再利用,减少了废弃物对环境的污染,也创造的生态价值(图2-4),因此林业自身具有双重性。(张珑晶,2014)

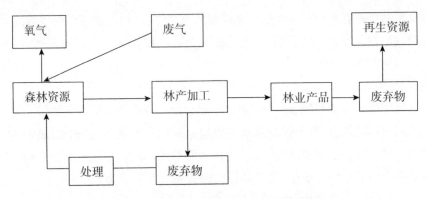

图 2-4　林业循环经济生态和经济循环特性

循环型林业以资源消耗低、环境污染少、经济效益高为目标,追求林业的可持续发展,通过优化由生产至消费的整个林业产业链结构,实现物质材料的多级循环利用和生产性活动对环境危害最小化。这种林业产业经营模式体现出林业绿色经济中循环发展、高效节约的绿色理念,通过发展林业循环经济,可以高效节约利用资源,降低资源消耗,减少对环境的危害,更加绿色、环保地发展林业经济,也是林业绿色经济发展的重要路径和模式。

第十一节　能源经济理论

一、概念

近年来,大量事实表明中国的能源增长不能满足国民经济发展的需求,能源消费总量明显地受到储存量约束,能源短缺与高能耗的粗放经济增长方式,以及由能源消费所带来的环保影响,成为国民经济发展的"瓶颈"。能源经济学是研究分析能源在开发利用过程中的各种经济现象及其演变规律的一门科学,主要解决能源资源问题和能源商品问题,包括企业和消费者供应、转换、运输和使用能源资源的行为或动机,市场及其规制结构,能源利用的经济效益,能源开发和利用导致的分配和环境问题。在能源经济学中,能源与经济增长(增长率和增长结构)及社会发展的关系、能源与环境污染关系及能源资源的优化配置问题都是其研究的主要内容。(张慧敏,2004)

二、发展历程

能源是人类生活的必需品，人类文明的进步和发展离不开他，尤其是表现在促进经济发展的方面。进入 21 世纪，能源的战略性和全球性显得越来越重要，在国家的发展中意义重大，也是经济建设的基础和关键。经济发展的同时，对能源的需求也不断上升，目前，我国的能源结构中，主要是以石油、天然气和煤炭三大能源为主，但是这些常规能源也是有限的，并不是可以无限开发，而且其对环境的污染也是比较严重的。而且这些有限的能源资源是和人们的多项活动都是有相关的。人类的欲望是导致资源过度开发的重要因素，也是经济学中固有的矛盾之一，经济学中有很多这方面的研究，并且也是核心的研究对象，能源资源的有限性和人类欲望的无限性呈现出矛盾关系，正是由于这种矛盾使人们普遍注意到能源与经济的发展，也引发了很多经济学者对此的关注。（高明花，2015）

自从 19 世纪工业革命以后，能源资源的大量使用，尤其是煤炭资源、石油资源等不可再生能源资源的大量使用，促进了工业化国家经济的飞速增长。国民经济的发展对能源资源的依赖越来越强，特别是 1973 年全球性的石油危机的爆发，使发达国家的经济发展受到严重的影响，西方国家也不得不重视能源和经济的关系问题，开展能源经济学这门科学的研究。（卢庆华，2005）

自 20 世纪 80 年代以来，世界各国对能源、环境和生态问题越来越重视，利用现代新能源技术开发生物质能源、发展替代化石燃料的可再生能源备受各国关注，并实施如日本的阳光计划、印度的绿色能源工程、巴西的酒精能源计划等生物质能源开发研究计划，生物质能源开发利用占相当大的比重。国外许多生物质能利用技术与设备已达到了商业化应用的程度，实现了规模化产业经营。美国在林木生物质利用方面处于世界领先地位。（徐庆福，2007）

进入 21 世纪，发展以生物质能为代表的可再生替代能源已成为世界各国能源发展战略的重要组成部分，许多国家和地区如美国、欧盟和日本都制定了各自的生物质能源发展战略。（徐庆福，2007）

国家林业局 2005 年成立了林木生物质能源领导小组办公室，四川等省林业部门相继成立领导机构。2006 年 1 月 1 日，《可再生能源法》实施。林木生物质能源是可再生能源，是未来能源的重要补充，可加快绿化步伐，提高森林质量，是林业发展的新方向、新领域、新的增长点；为农民开辟新的就业渠道，繁荣农村经济，实现城市支持农村、加快农村小康社会建设的有效途径。（吴志文，2010）

三、理论构成

能源经济学是研究能源资源的配置及社会生产与消费过程中的能源转化等问题的一门科学。能源经济学研究能源与环境污染、与循环经济的关系,也研究能源的需求弹性、能源密度、能源与工业结构、能源与劳动力供给、能源消费的微观行为研究、能源的国际贸易等一系列问题。林业生物质能源也是能源经济的重要研究对象。

1. 林业生物质能源特性

目前,国内能源供应的紧缺和对环保的关注,迫切需要发展绿色环保可再生的替代能源。(吴志文,2010)依据生物质能的定义,林业生物质能(forestry bioenergy)是指林业生物质直接或间接地通过光合作用,把太阳能转化为化学能后固定和贮藏在林业生物质体内的能量。这种能量是太阳能的一种表现形式,是一种可再生的能源。(徐庆福,2007)

林业生物质能分为一次能源和二次能源两大类。一次能源是指林业生物质资源作为薪柴直接燃烧用做农村或林区的生活用能。这种传统利用的林业生物质能热转换效率很低,一般在15%—20%之间。二次能源是指林业生物质资源经过热化学、生化、化学、物理等方法将其转换为热量、电力、固体燃料(木炭或成型燃料)、液体燃料(生物柴油、生物原油、甲醇、燃料乙醇、植物油等)和气体燃料(氢气、生物质可燃气和沼气等)等高品位能源产品。这类能源户品的开发利用是国内外林业生物质能源产业的发展方向。(徐庆福,2007)

1. 林业生物质能源的特点

林业生物质作为有机燃料,是多种复杂的高分子有机化合物组成的复合体,主要由纤维素、半纤维素、木质素、淀粉、蛋白质、脂质等构成,并且含有 C,H,N,S 等化学元素,是空气中的 CO_2、水和太阳能通过光合作用的自然产物。其挥发性高、炭活性高、硫、氮含量低,灰分低。因此,林业生物质能源与煤炭、石油、天然气等化石能源相比,具有以下特点。

(1)具有可再生性。人类使用的煤炭、石油、天然气等化石能源是不可再生能源。据测算,全世界煤炭、石油、天然气分别开采使用220年、40年和60年。如果不发展可再生能源,不采取有效的节能措施,人类将面临严峻的能源危机。而生物质能由于通过植物的光合作用可以再生,与风能、太阳能等同属可再生能源,而非一次性能源。但是如果利用不当,利用量超过其再生量(生长量、固定量),就会造成林业生物质资源枯竭。据统计,全球可再生能源可转化为二次能源约185.55亿吨标准煤,相当于全球油、气和煤等化石燃料所消耗的2倍,其中生物质能占

35%,位居首位。

(2)具有可储存性和替代性。因为生物质是有机资源,所以对生物质原料本身或其二次转化的液体、气体、燃料产品进行储存是可能的。利用现代技术可以将生物质能通过热转化、化学转化和生物转化等方法,转化成替代化石燃料的生物燃料,如生物质直接燃烧气化成可燃气或固体燃料可替代煤、天然气发电、供热和供气;生物质液化制取生物柴油和燃料乙醇可替代燃料油等。

(3)分布广泛,资源丰富。我国生物质能资源种类多,分布广泛,资源丰富,专家初步估计,我国仅现有的农业废弃物约合7.4亿吨标准煤(实物量为15亿吨),可开发量约合4.6亿吨标准煤。据测算,全国每年可利用的林木生物质能资源约有3亿t,如果能全部转化利用,可替代2亿吨标准煤或替代9000万吨原油。

(4)二氧化碳和有害气体排放较少,环境友好。生物质能在使用过程中几乎没有CO_2产生,因为生物质能燃料燃烧所释放出的CO_2大体上相当于其生长时通过光合作用所吸收的CO_2,所以应用生物质能时CO_2的排放可以认为是零,不会破坏地球上的CO_2平衡,有利于减轻全球气候变暖,这是煤、石油、天然气等化石能源无法比拟的。此外,生物质是一种清洁的低碳燃料,其含硫和含氮都较低,同时灰分含量也很少,燃烧后SO_x、NO_x和灰尘排放量比化石燃料小的多。因此,生物质能是一种清洁的环境友好的绿色能源,有利于生态环境保护和治理。(吕文等,2005;方升佐,2005;徐庆福,2007)

2. 木材能源生产的经济价值

任何活动对经济(例如对GDP)的贡献都是由该部门生产的增加值来衡量的,即该部门的总产值(产量乘以价格)减去从其他部门购买并用于生产的产品和服务(如燃料、工具和机器)的价值。木材燃料生产很少涉及从其他部门购买产品和服务,尤其在发展中国家,用于木材燃料生产的投入主要是劳动力(在计算增加值时,劳动力不计入成本),所以,木材燃料生产的总产值近似等于它的增加值。(王立群,石春娜,2007)

目前,发达国家的木材燃料价格大约为5—25美元/立方米,而发展中国家大约为1—10美元/立方米。然而,发展中国家的大部分木材燃料是为自身消费而生产,并不是为了销售。对此,估计未能在市场交易的木材燃料产值有几种途径:一是计算这部分产量的替代成本(即用购买木材燃料或其他能源的成本来代替用于自用能源的价值),但这往往导致高估产值;另一种途径是将采集木材燃料所消耗工时价值算作木材燃料产值(产值至少要等于工时成本,否则就不可能获得木材燃料),但是这种方法很可能导致产品价值量的低估。(王立群,石春娜,2007)

考虑到这些不确定性因素,市场价格可以作为对木材燃料产值的粗略估算。

因此,全球每年生产的18.85亿立方米木材燃料(假定其中发展中国家约占75%,发达国家约占25%),其总产值为40亿—260亿美元,约占全球GDP总量的0.01%—0.06%。其他类型的木材能源(如造纸黑液等)未计算在内,所以这些数据估计偏低。然而,这些数据仍可表明木材能源对国民经济的直接贡献可能相当小。(王立群,石春娜,2007)

3. 木材能源使用的外部性

木材能源的正面外部影响主要表现在其取代化石燃料对碳平衡的影响及通过木材能源生产增加的就业上;而其负面外部影响则主要表现在获取木材燃料所造成的森林减少和退化的环境成本上。(王立群,石春娜,2007)

在现行的碳量测算方法中,生物碳量的减少被计入森林生物存量变动的一部分,因此,为避免重复计算,木材能源利用并未算作是造成CO_2排放的活动。而事实上,木材能源利用确实导致CO_2的排放。(王立群,石春娜,2007)

木材能源导致碳平衡实际变动的可能性取决于其来源。如果木材燃料产自以可持续方式经营的森林,木材能源对化石燃料的替代将会导致净碳平衡的实际减少,因为这种森林经营方式下,持续增长的林木蓄积增量能弥补已采伐的木材量。类似地,如果木材采伐和加工残留物用作能源生产而非弃之不用,那么这也会产生净的积极作用。(王立群,石春娜,2007)

然而,如果木材燃料是通过森林皆伐这样一种不可持续方式生产出来的,木材能源替代化石能源将不会对碳平衡有积极的影响,甚至会比使用化石燃料更糟糕。例如,低效的干燥炉在生产木炭过程中释放出大量的CO_2,导致生产单位能源的CO_2排放量很高。(王立群,石春娜,2007)

在就业方面,木材燃料生产是劳动密集型的,是农村家庭重要的收入来源和就业渠道。木材燃料生产需要投入大量的劳动力。增加就业所带来的收益还取决于用于生产的劳动力的价值。例如,在农村失业率较高的情况下,增加就业可以看作是正面外部影响;但是如果劳动力有其他就业选择,情况或许就不同了。(王立群,石春娜,2007)

在对碳平衡的影响方面,木材能源利用的环境成本也取决于木材燃料的来源。如果木材燃料来自于可持续经营的森林,从其对环境的影响看,可能会带来正面外部影响;如果木材燃料生产采用的不可持续采伐的森林,很可能会导致负面的环境成本。(王立群,石春娜,2007)

四、与林业绿色经济联系

林业作为可再生能源重要生产部门,在国家能源战略中具有举足轻重的作用。林业生物质能资源种类多,生物量大,燃烧值高,资源丰富,且具有可再生性和可持续性,但开发利用率低,产业发展潜力巨大。因此,促进林业生物质能源产业可持续发展,缓解能源危机,保障能源安全,减少环境污染,推进新林区建设,具有重要的理论价值和现实指导意义。(徐庆福,2007)

以森林资源为基础的林业生物质能源是生物质能源的重要组成部分,是高效、无污染、最安全的能源,是具有巨大发展潜力的生物质能源。"大力发展可再生能源,加快开发生物质能,建设一批秸秆和林木电站,扩大生物质固体成型燃料、燃料乙醇和生物柴油的生产能力",列入《国民经济和社会发展第十一个五年规划》。因此,林业生物质能源作为可再生能源,尤其是生物质能源的重要组成部分,也是我国替代能源发展战略的重要组成部分。大力发展林业生物质能源,不与农业争地,不与人争粮,又可以加速绿化进程,促进农民增收,推动新农村(新林区)建设,还能减少温室气体排放,是实现能源、环境、林业多赢的战略举措,对于保障能源安全,实现能源结构多元化,改善生态环境,推动林业两大体系建设,调整农村产业结构,建设社会主义新农村、新林区具有举足轻重的地位和作用。(徐庆福,2007)

能源经济理论为发展林业绿色经济提供有效的实现途径。相对于化石燃料,林业生物质能源不仅清洁、可再生、减少碳排放,而且有助于加速绿化进程,促进农民增收,推动新农村建设,因此发展林业生物质能源是林业绿色经济的有效实现形式。

第十二节　低碳经济理论

一、概念

低碳经济是指以低能耗、低污染、低排放为基础,以高效能、高效率、高效益为特征的绿色生态经济,是人类社会继农业文明、工业文明之后的又一次重大进步。森林既是吸收碳汇,也是排放源,在应对气候变化中具有减缓和适应双重功能。保护森林,减少毁林,提高森林质量,推动森林可持续经营,促进现代林业发展是低碳经济发展的重要选择。林业部门在其中起着举足轻重的作用,因此需要深入学习挖掘林业在低碳经济中的作用,促进林业低碳经济的发展。(吴满船,2011)

二、发展历程

协调好人与自然的关系,实现可持续发展是人类社会永恒的主题。随着世界社会、经济的迅速发展,人口的持续增长,资源消耗、环境保护、经济发展之间的矛盾形势日益严峻。特别是环境污染、气候变暖与经济增长之间的矛盾问题的凸现,已经严重地影响到经济、社会和环境的可持续发展。因此,为应对全球气候变暖对人类生存和发展的严峻挑战,尤其在全球化和国际金融危机的双重背景下,从1987年世界环境与发展委员会在《我们共同的未来》报告中,首次提出"可持续发展"的概念,到1992年6月,联合国环境与发展大会通过的《21世纪议程》,再到哥本哈根会议提出的"低碳经济",就不仅是各国实现经济可持续增长的政策选择,更是人类实现经济、社会和环境"多赢"的必然选择,从而使人类最终实现由工业文明向生态文明的转变。(陈端计,杭丽,2010)

低碳经济的发展涉及到能源、交通、建筑、工业、农业、林业和废弃物处理等众多领域。(王春峰,2008)林业作为生态环境建设的主体,具有生态、经济和社会三大效益,是集一、二、三产业为一体的基础性产业和社会公益事业。林业可持续经营的主体——森林,是最大的陆地碳库,具有强大的碳汇功能,且森林作为生物类材料具有环保性,是一种低碳经济材料。(铁铮,2009)因此,发展林业低碳经济,制定完善的林业低碳经济发展政策体系,有利于我国建立比较完备的林业生态体系和比较发达的林业产业体系,培育林业新的经济增长点,实现林业可持续发展战略。(张秋根等,2010)

"低碳经济"最早见诸政府文件是在2003年的英国能源白皮书《我们能源的未来:创建低碳经济》,其总体目标是2050年将二氧化碳的排放量在1990年的基础上削减60%,从根本上把英国变成一个低碳经济国家。(靳俊喜等,2010)

2006年,前世界银行首席经济学家尼古拉斯·斯特恩牵头作出的《斯特恩报告》指出,全球以每年1% GDP的投入,可以避免将来每年5%—20% GDP的损失,呼吁全球向低碳经济转型。(靳俊喜等,2010)

2007年7月,美国参议院提出《低碳经济法案》,表明低碳经济的发展道路有望成为美国未来的重要战略选择。同年12月,联合国气候变化大会制订了应对气候变化的"巴厘岛路线图",要求发达国家在2020年前将温室气体减排25%至40%。"巴厘岛路线图"为全球进一步迈向低碳经济起到了积极的作用,具有里程碑的意义。(靳俊喜等,2010)

2008年,联合国环境规划署确定该年"世界环境日"的主题为"转变传统观念,推行低碳经济"。(靳俊喜等,2010)

　　林业在发展低碳经济、应对气候变化中的独特作用是显而易见且得到了国际公认的。我国政府也十分重视林业在应对气候变化中作用,在 2007 年发布的《应对气候变化国家方案》中已将林业作为减缓气候变化的重要措施之一。2007 年,胡锦涛在亚太经合组织第 15 次领导人会议上,提议建立"亚太森林恢复与可持续管理网络",倡导通过共同促进亚太地区森林恢复和增长,增加碳汇,减缓气候变化,引起了国际社会积极反响。(王春峰,2008)

三、理论构成

　　低碳经济主要以低能耗、低污染、低排放和 高效能、高效率、高效益为基础,以低碳发展为发展方向,以节能减排为发展方式,以碳中和技术为发展方法的绿色经济发展模式。其主要原则:一是政府主导和企业参与相结合;二是自主创新与对外合作相结合;三是近期需求与长远目标相结合(孟德凯,2007)。

　　国务院发展研究中心应对气候变化课题组(2009)研究认为低碳经济应有以下特征:经济性、技术性、目标性;杜飞轮(2009)认为低碳经济的特征为:低碳的生产方式、低碳的能源供应和消费体系、低碳的生活方式;章宁(2007) 则通过对丹麦的能源模式进行研究归纳的特征:低碳经济内涵源于全球气候变化和二氧化碳减排;低碳的经济也意味着高技术,高投入和高成本的经济;低碳经济代表了部分工业化国家的未来期望;低碳经济的技术基础是绿色能源和环保技术。

　　毛玉如等人(2008)研究认为我国推进低碳经济发展,可以从 4 个层面来考虑:区域层面、产业层面、机制层面、技术层面;而万宇艳等人(2009)在运用物质流理论研究低碳经济的过程中,认为可以分别从国家层面、区域层面、企业层面三个方面研究低碳经济。

　　当前,国内外学者并未提出系统地衡量低碳经济发展的评价体系,但仍然取得了研究成果。如刘传江等人(2009) 依据生态足迹理论,从人口规模、物质生活水平、技术条件和生态生产力来论证低碳经济发展的合理性;运用脱钩发展理论来分析经济发展与资源消耗之间的关系,并论证低碳经济发展的可能性;依据"过山车"理论(EKC 假说),通过对人均收入与环境污染指标之间的演变模拟,说明经济发展对环境污染程度的影响,来论证低碳经济的发展态势。此外,人口、人均 GDP、单位 GDP 能源强度和能源结构(碳强度)等指标也被纳入评价指标体系内。

四、与林业绿色经济联系

　　林业低碳经济基本内涵是在不影响林业经济和林区社会发展的前提下,通过技术创新和管理制度创新,降低林业经济发展对生态系统中碳循环的影响,尽可能最大限度地增加森林碳汇和减少温室气体排放,从而减缓全球气候变暖,实现林业经济和社会的清洁发展与可持续发展。其基本特征是:在林业生产的全过程中实现经济活动低碳化;其实质是通过源头和过程控制,增强森林碳汇功能,降低林业碳源效应,发展林业生物质清洁能源,提高能源效率和追求绿色经济,维持地球生物圈的碳平衡从而维持全球的生态平衡;其目标是通过积极有效地利用现有或开发、应用新的低碳技术,在保护森林资源的同时,获得更多的林业经济产出,从而实现减缓气候变暖和促进林业可持续发展。(张秋根等,2010)

1. 林业低碳经济在应对气候变化、促进经济发展中的作用

林业低碳经济所发挥的作用主要包括以下几个方面:(1)植树造林增加碳汇,改善人居环境,促进生态文明;(2)加强森林经营、提高森林质量,促进碳吸收和固碳;(3)保护和控制森林火灾和病虫害,减少林地征占用,减少碳排放;(4)大力发展经济林特别是木本粮油包括生物质能源林,其产品生产过程就是吸收二氧化碳的低碳过程;(5)森林作为生态游憩资源,其形成过程就是增汇、固碳的过程,为人们提供了低碳的休闲娱乐场所;(6)使用木质林产品,延长其使用寿命,可固定大量二氧化碳;(7)保护湿地和林地土壤,减少碳排放。此外,森林固碳具有工业减排不可比拟的低成本优势,能够增加绿色就业、促进新农村建设等;还有保护生物多样性、涵养水源、保持水土、改善农业生产条件等适应气候变化的功能。(李怒云等,2010)

林业产业的行业性质,决定了其本质上就是一种低碳产业,如:(1)植树造林,森林经营等,在提高森林质量和蓄积量的同时,直接增加了森林碳汇,促进了对二氧化碳的吸收和固定。因此,围绕着森林培育和经营展开的生产活动,是低碳活动;(2)经济林特别是木本粮油包括生物质能源林的培育和经营,既是碳汇形成的过程,又是为可再生性能源、清洁能源生产提供原料的过程,因此也是低碳活动;(3)发展自然保护区经济,保护湿地和林地土壤,保护生物多样性,是增加碳汇的重要途径;(4)保护和控制森林火灾和病虫害,发展森林旅游产业,是林业产业低碳特征的重要体现;(5)发展木质林产品,扩大木质林产品的消费,是固定二氧化碳的重要途径;(6)森林作为生态游憩资源,其形成过程就是增汇、固碳的过程,为人们提供了低碳的体闲娱乐场所。(宋维明等,2011)

2. 发展林业低碳经济的举措

根据专家分析,我国现有森林植被的碳贮量只占潜在贮碳量的44.3%,陆地生态系统仍有很大的碳汇潜力,因此,从发展低碳经济、应对气候变化的角度,今后还应从以下方面进一步充分发挥林业作用。(王春峰,2008)

第一,进一步加大植树造林力度,扩大我国森林面积,增加碳吸收。我国现在仍有 5700 万公顷无林地和近 3 亿公顷的沙地荒地,增加森林面积仍具有很大空间。按照《全国生态建设规划》,到 2050 年,我国森林覆盖率将达到 26% 以上,届时我国森林年净吸收 CO_2 的能力将比 1990 年增加 90.4%,从而会进一步提高我国森林碳汇能力。(王春峰,2008)

第二,加强森林管理,提高现有林分质量,增强我国森林生态系统整体的碳汇功能。我国现有森林蓄积量平均每亩 5.2 立方米,为世界平均水平的 78% 左右;我国林木平均生长率为 3.98%,每公顷林分平均年生长量仅 3.36 立方米,为林业发达国家的 50%;全国林分平均郁闭度为 0.54,而发达国家平均达到 0.7 以上。因此,生物量密度较低的次生林在我国森林中占有很大比例,这些次生林平均固定二氧化碳约为每公顷 91.75 吨,大大低于全球中高纬度地区森林每公顷固碳 157.81 吨的平均值。通过对水分、土壤、火灾和病虫害进行管理与控制、实施林分抚育管理等措施,将能够进一步提高现有森林质量,较大程度地增强我国森林生态系统整体的碳汇功能。(王春峰,2008)

第三,加大湿地和林地土壤保护力度,有助于减少碳排放。全国湿地调查结果表明,全国现有 3800 多万公顷湿地(不包括水稻田),但只有 40% 得到较好保护。湿地保护不力,将会加速湿地中贮存的有机碳的分解,导致 CO_2 大量排放。同时,根据专家预测,我国森林土壤贮碳量为 150 亿吨左右。在 1980—2000 年间,我国毁林排放达到 8.3 亿吨碳,其中土壤碳排放为 3.8 亿吨碳。因此,应加大对湿地和林地土壤保护力度,减少湿地开垦,实行退田还湖,恢复湿地功能;减少森林土壤裸露,保持土壤肥力和结构,减少土壤流失,预防因毁林和森林火灾而导致林地的退化。在森林采伐过程中,采用环境影响小的方式,减少对林下土壤的干扰,保留林下枯落物等。(王春峰,2008)

第四,大力开发与森林相关的生物质能源。研究表明:用立方米木片取代等量煤炭燃烧可减排 160 千克碳。我国现有的部分宜林荒山荒地以及部分难以利用土地,都可用来营造木质和油料能源林,用于生产木质成型燃料、生物柴油和部分替代化石能源。(王春峰,2008)

第五,加大对森林火灾、病虫害和非法征占用林地的防控力度,减少因森林保护不力导致的碳排放。(王春峰,2008)

第六,适度增加木材使用,开发延长木材使用周期的技术,有助于增加木质林产品贮碳量。研究表明,木质类材料在生产和加工过程中所消耗的能源,大大低于铁及铝等金属材料,可以抑制化石燃料(石油和煤炭等)的消费。据英国的一项研究,用 1 立方米木材代替 1 立方米红砖,可减排 1100 千克碳。如果以木质林产品部分替代能源密集型材料,不但可以增加陆地碳贮存,还可以大大减少生产这些材料过程中化石燃料的温室气体排放。虽然部分木产品中的碳最终将通过分解作用返回大气,但森林的可再生性可将部分排放的二氧化碳重新吸收回来,避免化石燃料燃烧引起的净排放。(王春峰,2008)

如前文所述,林业低碳经济基本内涵决定了林业低碳经济是林业绿色经济的重要组成部分,发展林业低碳经济既能主动降低对环境的破坏,又能改善生活质量,实现清洁环保的发展。

第十三节　智慧经济理论

一、概念

智慧经济是指在以人类的智慧为主导要素,优化配置与集约使用人口、知识、文化、资本、技术、资源等竞争要素,实现经济快速发展与公平分配,使经济发展与人口、资源、环境、社会、文化、道德等和谐发展的战略性、创新性经济形态。(陈邦鑫,2012)

二、发展历程

对智慧经济的关注,最早可追溯到 1996 年经济合作与发展组织(DECD)发表的《以知识为基础的经济》报告。该报告富有创见性地提出了"以知识为基础的经济"(The Knowledge – based economy),即"知识经济"。与智慧经济关联最为紧密的,是 2008 年 11 月 IBM 提出的"智慧地球"理念,其实质就是将物联网、计算机系统、云计算、大数据等各种信息技术整合起来,使人类的生产和生活能够更加精细化、自动化,最终实现"智慧"的状态。

智慧经济已经得到我国政府的高度重视。2007 年,中共十七大报告提出"大力推进信息化与工业化融合",发展智慧经济成为推动"两化融合"的题中之义;2011 年 4 月,工业和信息化部、科技部、财政部、商务部、国资委联合印发了《关于加快推进信息化与工业化深度融合的若干意见》,把"智能发展,建立现代生产体系"作为推动信息化与工业化融合的基本原则之一;同年 11 月,工信部发布的《物联网"十二五"发展规划》中提出发展"智能工业";2012 年 6 月发布的《国务院关于大力推进信息化发展和切实保障信息安全的若干意见》提出"加快重点行业生产装备数字化和生产过程智能化进程";2014 年 12 月,国务院总理李克强在国务院常务会议上强调,"过去我们在全球产业链上一直是给别人'出力',现在不光要'出力',还要'出智慧'";2015 年,国务院先后颁布《中国制造 2025》和《积极推进互联网＋行动的指导意见》,标志着我国产业结构调整迈向新阶段,互联网的创新成果将与经济社会各领域深度融合;同年 7 月,工信部印发了《关于进一步促进产业集群发展的指导意见》,明确要实施"互联网＋产业集群"建设行动,建设智慧集群。(白力民,2016)

随着信息技术的快速发展,我国林业信息化的发展经历了十多年数字林业的过程。2013 年 8 月,国家林业局出台了《中国智慧林业发展指导意见》,标志着我国林业信息化由"数字林业"步入"智慧林业"发展新阶段。这为我国林业现代化进一步指明了方向,明确了林业工作的新任务、新要求。深刻认识智慧林业不仅是林业现代化的内在要求,也是建设美丽中国的必然要求,研究与拓展我国智慧林业的实际内涵,切实解决当前发展智慧林业中存在的问题,与时俱进地推动智慧林业的建设任务与目标的实现,对于我们深入贯彻落实党的十八大"新四化"和"五位一体"战略部署具有重要的现实意义。(张扬南,2013)

三、理论构成

智慧经济内在驱动力——人。人是积累知识、创造智慧的载体,在将智慧经济化的过程中,逐步将智慧内化到人类的生产生活中,改变人的思维活动和生活方式,推动人类经济社会活动由以物质和服务等有形产品生产为主转变为以智慧生产、创造为主要内容的新的生产活动,从而实现经济智慧化。(李向荣等,2010)

智慧经济外在推动力——教育力。教育是启迪、开发人的智慧的前提条件,而教育培养模式是否适应智慧经济时代的发展要求,是发展智慧经济的关键,而且智慧经济发展涉及智慧培养途径、环境、转化等方面,因而,教育是推动智慧经济的外在动力(李向荣等,2010)。

智慧经济主要特征包括:(1)主要资本是智慧资本。智慧经济中,智慧资本是第一资源,人是智慧资本的载体。智慧资本发挥作用主要通过品牌资源、概念创新、知识产权、创意发展、智慧的再创新和再消费进行。(2)消费对象主要是智慧的消费。智慧经济时代的消费,本质上就是消费智慧、运用智慧的新型消费模式,也就是消费智慧、观念、创意等精神财富的过程。(3)资源配置的主要对象是智慧的分配。主要通过市场机制进行科学、合理、综合、集约的配置,而不像工业文明时代对土地、石油等短缺资源的配置。(4)主导产业主要是思维、观念等产业。在智慧经济时代,主导产业不仅涵盖以往产业中的智慧创新,还涵盖了创意等产业、与智慧生产相关的服务业,以及思维产业、观念产业等全新的新型产业态。(5)竞争主要是培养智慧人才模式的竞争。

四、与林业绿色经济联系

据《中国智慧林业发展指导意见》中对智慧林业的解释,其基本内涵是指充分利用云计算、物联网、移动互联网、大数据等新一代信息技术,通过感知化、物联化、智能化的手段,形成林业立体感知、管理协同高效、生态价值凸显、服务内外一体的林业发展新模式。(张扬南,2013)其本质为是以人为本的林业发展新模式,不断提高生态林业和民生林业发展水平,实现林业的智能、安全、生态、和谐。智慧林业主要是通过立体感知体系、管理协同体系、生态价值体系、服务便捷体系等来体现智慧林业的智慧。(牛庆国,2013)

智慧林业的本质智慧林业的核心是利用全新的现代信息技术,建立一种智慧化发展的长效机制,实现林业高效高质发展;智慧林业的关键是通过制定统一的技术标准及管理服务规范,形成互动化、一体化、主动化的运行模式;智慧林业的目的是促进林业资源管理、生态系统构建、绿色产业发展等协同化发展,实现生态、经济、社会综合效益最大化,导致林业资源感知体系更加深入、林业政务系统上下左右通畅、林业建设管理低成本高效益、林业民生服务智能更便捷、林业生态文明理念更深入等。(左家哺,邓平,2014)

智慧林业包括基础性、应用性、本质性的特征体系,其中基础性特征包括数字化、感知化、互联化、智能化,应用性特征包括一体化、协同化,本质性特征包括生态化、最优化,即智慧林业是基于数字化、感知化、互联化、智能化的基础之上,实现一体化、协同化、生态化、最优化,如表2-3所示。

智慧林业是构建生态文明体系、建设美丽中国的关键支撑,是创新林业发展模式、统领林业工作的重要指南,是输出林业发展经验、引领智慧发展的典型示范。(牛庆国,2013)

智慧林业在坚持统一规划、统一标准、统一制式、统一平台、统一管理基础上,注重整合资源、共享协同,注重融合创新、标准引领,注重统筹协调、管理提升,注重服务为本、推动转型,注重循序渐进、重点突破。(牛庆国,2013)

智慧林业建设目标如下:到2020年,智慧林业框架基本建成,泛在化的信息基础设施高端完善、智能化的管理服务系统协同高效、最优化的生态价值全面显现、一体化的综合保障体系完备有效,生态、经济、社会价值大幅提升,有力支撑林业改革发展。具体目标包括林业立体化感知体系全覆盖、林业智能化管理体系协同高效、林业生态化价值体系不断深化、林业一体化服务体系更加完善、林业规范化保障体系支撑有力。(牛庆国,2013)

表 2 - 3 智慧林业的基本特征及内涵

特征体系	基本特征	内涵
基础性	数字化	林业信息资源数字化,林业信息实时采集、快速传输、海量存储、智能分析、共建共享
	感知化	林业资源相互感知化,利用传感设备和智能终控,市林业系统中森林、湿地、沙地、野生动植物等资源可相互感知,能随时获取需要的数据和信息,实现林业客体主体化
	互联化	林业信息传输互联化,建立横向贯通、纵向顺畅,遍布各个末梢的网络系统,实现林业网信息传输快捷通道,交互共享便捷安全
	智控化	林业系统管控智能化,利用物联网、云计算、大数据等方面的技术,实现快捷、精准的信息采集、计算、处理等,应用系统管控方面利用各种传感设备、质控终端、自动化装备等实现管理服务的智能化
应用型	一体化	林业系统运转一体化,将林业信息化与生态化、产业化、城镇化融为一体,使林业成为一个更多的功能性生态圈
	协同化	林业管理协同化,市林业规划、管理、服务等各功能单位之间,在林权管理、林业灾害监管、林业产业振兴、移动办公和林业工程监督等林业政务工作的各环节实现业务协同,以及政府、企业、居民等各主体之间更加协同
本质性	生态化	林业创业发展生态化,是利用先进的理念和技术,进一步丰富林业自然资源、开发完善林业生态系统、科学构建林业生态文明,融入整个社会发展的生态文明体系之中
	最优化	林业融合效益最优化,是形成生态优先、产业绿色、文明显著的林业体系,实现投入更低、效益更好,展示综合效益最优化的特征

资料来源:左家哺,邓平. 林业发展的新模式:智慧林业的评述,湖南生态科学学报,2014

综上所述,智慧林业把林业看成一个有机联系的整体,运用遥感技术、互联互通技术和智能化技术使得这个整体运转得更加精准、高效,从而进一步提高林业产品的市场竞争力、林业资源发展的持续性以及林业能源利用的有效性,可以实现资源更加充分精准有效的配置,从而提高生产效率,节约和保护森林资源,实现更多的绿色福利。这为林业绿色经济提供新的发展思路。

第十四节 共享经济理论

一、概念

共享经济是新兴商业模式,但到现在为止,各位学者在定义上未能达成一致。共享经济的概念已经在各个领域的活动和组织中得到不同程度的发展。它建立在"社会经济生态系统,关于人与物的资产共享"的理念基础上。它涉及不同的人员和组织,并实现创新共享、生产共享、分配共享、贸易共享、消费共享以及服务共享。因此,"共享经济"用来描述一种商业模式,建立在个体资源共享的基础上,通过对等经济、协同消费等模式,实现需求对接,使消费者可以按照个人需求获取物品资源或服务(赵斯惠,2015)。

共享在社会经济的发展过程中无时不在、无处不在,成为一种普遍的社会现象,它以不同的形式贯穿于社会发展的各个历史阶段。从整个人类社会发展过程来看,共享使用权比私人占有具有更大的优势。特别是在"互联网+"的新时代,共享是不可抵挡的潮流,从线上到线下渗透到我们生活的每一个角落。共享是清洁的、有生机的、人文的、后现代的生活方式,传统的私人占有是落后、自私的、对社会发展不利的生活方式。共享的最高境界是"各尽所能""按需分配"的共产主义社会。(董成惠,2006)

《中共中央关于制定国民经济和社会发展第十三个五年规划的建议》(以下简称《十三五规划建议》)指出,共享是中国特色社会主义的本质要求。必须坚持发展为了人民、发展依靠人民、发展成果由人民共享,要通过更有效的制度安排,使全体人民在共建共享的发展中有更多的获得感,增强发展动力,增进人民团结,朝着共同富裕方向稳步前进。可见,坚持创新发展、协调发展、绿色发展、开放发展、共享发展,是关系我国发展全局的一场深刻变革。(董成惠,2006)

二、发展历程

共享经济的概念最早由美国得克萨斯大学社会学教授马科斯·费尔逊(Marcus Felson)和伊利诺伊大学社会学教授琼·斯潘思(JoeL. Spaeth)共同首次提出,他们以"协同消费"(Collaborative Consumption)描述了一种新的生活消费方式,其主要特点是:个体通过第三方市场平台实现点对点的直接的商品和服务的交易。1984年美国社会学者保罗·瑞恩提出了"LOHAS"(Lifestyles of Health and Sustainability)理念,倡导爱健康、爱地球的可持续性生活方式。但受限于当时的客观条件,其所倡导的"更环保、更便捷、更和谐"的生活理念难以付诸实践。随着互联网平台的出现,通过网络技术整合线下闲散物品或个人服务并以较低价格提供给使用者,进而通过"物尽其用""按需分配"构建一个环保、便捷、和谐的生活方式便成为一种可行的新的商业模式。2010 年美国学者雷切尔·博茨曼(Rachel Botsman)提出了互联网时代协同消费的理念和发展模式,并将其分为若干阶段。第一阶段是代码共享。如 Linux 主要是通过互联网向用户提供信息,但信息流是单向的,用户不能参与其中进行评论和交流。第二阶段是生活共享或是内容共享。如脸谱、微博、QQ 空间等。随着互联网 web2.0 时代的到来,各种网络论坛、社区开始出现,用户通过网络平台向陌生人分享信息、表达观点,但其分享形式局限于内容或信息分享,不涉及实物交易,一般也不存在金钱报酬。第三阶段是离线资源的共享。即线上的分享协作渗透和延伸至线下,并由此改变了我们的文化、经济、政治和消费世界。(董成惠,2006)

共享从纯粹的无偿信息分享走向以获得一定报酬为目的、向陌生人暂时转移私人物品使用权或是提供个人服务的共享商业模式,实现了从共享到共享经济的蜕变。2010 年前后 Uber 和 Airbnb 等互联网共享网络平台出现,Uber 在租车市场上、Airbnb 在民宿租赁市场上的商业运作开启了共享经济时代,它们不仅启蒙和引领着全球共享经济的发展,而且为共享经济的商业模式提供了理论依据。(董成惠,2006)

三、理论构成

关于共享经济的基本要素,有学者提出包括共同享有的理念、闲置产能、爱批判的社会群体及陌生人之间的信任。也有学者提出共享经济包括三个要素。一是闲置资源。网络平台通过技术整合过剩产能并将其转化为可以交易的产品或服务。二是共享网络平台。这是共享经济的核心,网络平台通过网络技术对闲置资源进行分销和推广。三是众多参与者。每个参与者都各取所需地对共享经济进行创新,从而实现定制化和个性化。(董成惠,2006)

共享经济一般可分为三种类型。一是为产品服务系统(Product Service Systems)。旨在暂时获得某物的使用权,如借用、租赁等。二是再分配市场(Redistribution Markets)。主要是对旧货、废弃物的再次利用,如二手货市场。三是协同式生活的方式(Collaborative Lifestyles)。指共同分享或是互换使用权,如拼车、物物互换等。但笔者认为共享经济的类型还应该包括技能或服务共享系统(Skillsor Services),即对特殊技能和个体劳动力的共享。如厨师、美容师的上门服务等。

（董成惠，2006）

共享经济的基本理念是"协同"和"合作"，强调"我的就是你的""我的就是我们的""我帮助别人""别人帮助我"的价值观。通过重复利用产品，充分利用每一个产品的价值，减少新产品的消费，达到"去物质化"。强调产品设计应该在个人消费需求与集体利益两者之间找到一个健康的平衡点，其实质是使用权的共享。对剩余物资或服务的分享，使闲置资源再利用，是共享经济的本质特征，也是共享经济之协作消费的核心价值。（董成惠，2006）

共享经济是的本质是消费者真正需要资产的使用权，而非产权，因而共享经济是人们直接分享免费或收费的闲置资源或服务服务的经济系统，其主要特征为（1）无论是否以营利为目的，释放未使用或未充分使用资产的使用权；（2）坚持透明、人性和真实原则；（3）资源或服务的提供方应受到充分的重视、尊重和授权；（4）基于某种交易平台，需求方只要支付一定费用，就能更高效地获得资产和服务的使用权而不是所有权并从中受益；（5）供求双方基于分散的市场或网络建立联系，形成互利互惠的共同体。（李永明，2007）

四、与林业绿色经济联系

1. 社区分享林业

社区林业从其形成到发展，始终强调它是在农村（山区）社区发展中，以林业为对象，以农民为主体，吸引广大农民参与到森林资源管理中来的一种社会组织形式。其目的是促进农村经济发展，改善农村生态与环境，提高农民生活水平，最终实现农村社会的可持续发展。（徐国祯，2006）

由社区林业的定义可知，社区林业特别强调当地人的参与，这是其最主要的原则、最本质的特征。这种参与并不等同于一般意义上的"发动群众"，而是导向最终完全自主的参与，参与的目的、最终目标是自主性。自主性首先是"自我意识"，也就是当地人民自己意识到在发展中面临的困难和机会，认识到自己的局限和潜力，认识到所处的社会、自然条件，认识到通过努力所能达到的境界；其次是"自决"，当地人民自己决定发展方向和目标以及发展的策略、措施；第三是"自主控制"，即自主经营和管理另外，自主性还意味着权利和责任感。一般来说，人民群众对自然资源的控制权越大，就越有保护这种资源的责任感况且从林业自身的特点来看，林业是与农村发展息息相关的，农村是林业的主战场，农民不仅是林业的主力军，也是林业的直接受益者。只有发动当地农民的积极性，才能建设更可靠的生态屏障，确保生态系统的良性运行。所以说，社区林业将当地人作为林业建设的主体是有利于实现生态良好这一目标的。（胡延杰，施昆山，2001）。

社区林业是在生态优先的基础上,使森林的三大效益能够得到协调发挥的一种森林资源的综合经营模式。首先,各国社区林业都把林地林木资源开发和管理与提高当地人民的生活水平联系在一起,并且充分利用当地的一些传统营林技术(如农林混作系统等),积极发挥森林的多种效益。其次,通过采纳国际上一些简单明了、直观准确、便于操作、容易接受的农村调查分析方法,如乡村快速评估、参与性评估与监测等的同时,利用一些易于被当地群众接受和早已使用的传统方法,动员广大村民参与到项目实施和管理工作中,以确保在林业建设的过程中能够提高当地人的素质和自我发展能力。此外,社区林业还十分重视社会边缘群体的参与,如妇女、少数民族、无土地者、最贫困者等,以便为收益的公平分配奠定基础,这就确保了林业社会效益的充分发挥,同时也减少了森林资源管理中的冲突,协调了当地人与森林之间的关系。再次,社区林业提倡多样化,目的是建立更稳定的生态系统,降低风险,同时满足当地人民的多种需求和生产条件的千差万别,如由村民自己决定造林树种,自主决定庭院种植结构等。这样不仅可提高生态系统的稳定性,也有利于林业发展的持续性。最后,从实质上可以将社区林业看作一种协调人类与森林之间相互关系的新机制。该机制注重了解当地的基本条件,掌握村民的需要和动机;培养群众的自力更生精神和能力;协调林业部门及其他政府部门与当地社区的利益关系。因此,社区林业的实施必将使经济更加发展,社会更加平等,生态环境更加好转,人民生活水平和生活质量更加提高,人类更加文明,而这些都是与生态良好完全吻合。(胡延杰,施昆山,2001)

社区林业的目标可以概括如下:(1)促进人力资源的利用,鼓励经营退化的和边缘的土地,以阻止森林的破坏过程,因为当地人小范围的森林开发,与那些经特许的大范围的商品材开发相比,更有利于实现森林的可持续经营,更能够实现森林利用和自然资源保护之间的平衡;(2)通过提供就业机会制度建设和提高农林业产出,促进乡村社区社会经济的综合发展;(3)满足乡村居民对林产品及森林服务的多种需求;(4)促进乡村居民对森林和树木资源经营的参与,并以此作为提高其自我依靠自我管理能力的方式;(5)解决乡村人口中特殊弱势群体的需求,例如妇女群体和贫民;(6)社区经营应保护土著居民的文化整体性,并赋权于土著社区使其管理自己的传统资源。不难看出,这些目标都是符合生态良好的要求的。因此可以说,通过社区林业的实践可以促进生态良好的实现。(胡延杰,施昆山,2001)

2. 林业产业融合经济

林业产业融合是指与林业具有紧密联系的产业或同一林业产业内部的不同行业之间,原本各自独立的产品或服务在同一标准元件束或集合下,通过重组完全结为一体,从而发展出新的产业或合成产业的动态发展过程。产业融合的最大作用在于通过融合不仅能发挥原来各自产业的优势,而且突破了产业间固定化边界的产业限制,打破了传统林业生产方式纵向一体化的市场结构,塑造出新型横向结构,产生信息型林业、观光型林业、标准化林业与林业加工业、林产品物流业、综合型林业等边缘、交叉产业,形成新的经济增长点。同时,通过产业融合,拉长林业产业链条,聚集并能释放出林业产业内部所具有的潜力,产生"1+1>2"的效果。此外,产业融合带来的经营管理模式、运行机制的变革和创新、市场要素的重新配置,使得工业的技术手段、林业的资源、农村劳动力等各种要素能够更好地结合,实现经济的快速发展。(李碧珍,2007)

　　林业产业融合经济动因分为以下五点:(1)林产品需求的发展是林业产业融合的根本驱动力;(2)产业特性是林业产业融合的内在驱动力;(3)技术的创新和进步是林业产业融合的重要催化剂;(4)合作竞争是林业产业融合的主导力量;(5)经济管制的放松是林业产业融合的重要制度条件。(李碧珍,2007)

　　社会林业基于当前人类面临的一系列生态问题和人类社会可持续发展问题而产生。它把解决农村贫困、森林可持续管理与生态保护作为战略性目标性考虑,具有深远战略性。发达国家在发展社会林业上其主要目标更重视环境的保护与森林多功能效益的发挥。不论发达国家和发展中国家,从发展社会林业的目标看都是与可持续发展的战略紧密联系。(何丕坤,何俊,2004)

　　以社区为基础的林业发展方式,不仅关注森林资源,同时也注重社区中的人与森林之间的关系,重视社区和群众在林业管理中的作用。并且社区林业从参与主体、实践内容,到科研与管理、发展目标都与生态良好的指标性态系统的稳定性、复杂性和人与自然关系的协调相吻合,因此可以说,社区林业提供了一条确保林业发展与生态良好完美结合的途径。(胡延杰,施昆山,2001)而强调公平参与利益分享也是林业绿色经济的重要内涵和目标,社会林业分享模式和林业产业融合共享理论促进了林业资源的公平配置和高效利用,为林业绿色经济发展提供了重要的理论基础和发展模式。

第十五节　包容性经济理论

一、概念

　　"包容性增长"的概念最早由亚洲开发银行首席经济学家艾弗兹·阿里2007

年提出。国外学者普遍认为公平是和谐发展的基石,要确保经济繁荣所带来的好处能够惠及百姓,应把关注的重点从应对严重的贫困挑战转变为支持更高和更为包容性的增长,促进社会的包容性,减少和消除社会机会不均等的产生。(李玉山,2011)

包容性增长实质上就是一种在经济增长过程中通过倡导和保证机会平等使增长成果能广泛惠及到所有民众的发展理念和理论体系,其基本要义为:经济增长、权利获得、机会平等、成果共享。(朱春燕,陈燕芽,2011)

新绿色经济的社会包容性,要求发展林业保障民生和改善民生。绿色经济的包容性建立在自然资本公平利用和合理分配的基础上,尤为关注消除贫困,创造"包容性财富"(inclusive wealth),帮助贫困地区人群改善民生。我国生态和民生林业建设,"必将创造规模巨大的'包容性财富'",促进自然资源和财富公平分配,有利于在山区林区加强民生保障和促进民生改善,实现绿色经济所强调的包容性。(吴柏海,2012)

在可持续发展和消除贫困的背景下,国际社会倡导发展新绿色经济,林业受到了前所未有的关注。"里约+20"峰会强调林业/森林在发展绿色经济中具有重要积极作用,联合国环境署认为林业在发展绿色经济中处于"基础地位",联合国粮农组织坚持并倡导把林业纳入绿色经济的"核心内容"。各种理论和思潮也不断涌现出来,让我们对绿色经济的认识不断深化,不断丰富。在"里约+20"峰会成果文件《我们希望的未来》和联合国环境署《迈向绿色经济》等文件中,新绿色经济展示出新维度——安全性和包容性。(吴柏海,2012)

面对时代要求和形势发展,我国林业建设发展作出了积极而科学的回应,通过加强林业生态和民生建设促进绿色增长。2011年12月召开的全国林业厅局长会议主题是"提升多种功能,促进绿色增长,把现代林业建设不断推向前进",提出新时期林业建设要加强生态建设和关切民生改善。安全性和包容性的绿色经济理论让我们对绿色经济的认识不断深化和丰富,为生态和民生林业建设提供了一定的理论支持,为认识新时期我国林业可持续发展提供了新的视野。(吴柏海,2012)

二、发展历程

2009年11月,胡锦涛在亚太经济合作组织会议上发表题为《合力应对挑战推动持续发展》的重要讲话,强调"统筹兼顾,倡导包容性增长"。时隔不到一年,2010年9月,在第五届亚太经合组织人力资源开发部长级会议上,胡锦涛发表了题为《深化交流合作实现包容性增长》的致辞,再次强调"包容性增长",指出:"实现包容性增长,根本目的是让经济全球化和经济发展成果惠及所有国家和地区、惠及所有人群,在可持续发展中实现经济社会协调发展。"这一理念引起了各界广泛关注。(朱春燕,陈燕芽,2011)

为充分发挥林业对社会主义现代化建设的重要支撑和保障作用,适应绿色经济发展的要求,我国理论界和实践领域提出了民生林业发展战略。如,2012 年 7 月全国林业厅局长会议提出建设生态林业和民生林业,为以发展林业为主的生态文明建设注入强劲活力;2012 年 12 月全国林业厅局长会议提出发挥生态林业和民生林业的优势与潜力,全面提升林业经济发展水平。(林红,吴国春,2015)

三、理论构成

国内学者对包容性增长的内涵研究并不多,其中对于蔡荣鑫(2009)指出"包容性增长"核心内涵是消除贫困者所面临的社会排斥,实现机会平等和公平参与,使包括贫困人口在内的所有群体均能参与经济增长,为之做出贡献,并由此合理分享增长的成果。范永忠等(2010)认为包容性增长的核心涵义是从治理贫困的角度出发,强调机会的平等、公平的获得和参与增长的机会,合理共享增长成果,拒斥穷者愈穷和富者愈富的两极分化发生。

包容性增长包括两方面含义,一是增长,二是包容。增长强调的是效率和效益,包容强调的是公平、合理、平等与和谐。通过帮助提升最广泛群体参与的能力,消除参与经济发展,分享经济发展成果方面的障碍,提供参与发展的平等机会,公平合理地分享增长成果"促进经济、社会和环境协调发展、可持续发展。(范永忠等,2010)

四、与林业绿色经济联系

1. 林业与扶贫

林业扶贫是当地政府为消除贫困,调动农民积极参与,充分利用山区丰富的森林资源,发展林业项目,调整林业产业结构,保护和改善生态环境,增加农民就业机会与家庭收入,建立林业主导型山区综合开发与生态环境保护相结合的发展模式,走可持续林业道路所采取的一系列措施。(熊显权,2007)

多年来,林业扶贫以解决贫困人口温饱问题和稳定已脱贫人口为目标,以改善连片生态贫困地区生态环境为重点,采用行业扶贫、定点扶贫、各级政府扶贫多种形式,发挥山区优势,增强当地农民与林场职工经营林业的动力,发展林业生产力,增加林业产出,实现生态与产业共赢。(宁攸凉等,2015)

林业扶贫有多种模式和多个层次,按发展动力和运行机制可分为:政府推动模式、市场推动模式、品牌和龙头企业拉动模式等;按政府组织行为可划分为:招商引资模式、政策扶持模式等;依据生产要素可划分为,资源型发展模式、科技型发展模式、文化型发展模式。这些模式往往代表了林业产业发展阶段的不同形态,在很多情况下都是相互兼容的。(赵荣,2014)

2. 林业与减贫

林业减贫作用机制框架主要围绕政府、涉林企业、农户三大主体为中心进行展开,通过林产品销售收入、涉林劳务收入、林业生态补偿收入、林地租金收入、林业衍生产品收入等途径,实现农民增收致富,达到林业减贫的目标。而农户的五大收入受到多方面的影响,要实现农户增收致富要综合协调各方面因素(刘璐,2016),如图 2-5 所示。

改革开放以来,我国林业建设经历了以经济建设为主向生态优先转变,再到生态经济并重的螺旋式发展过程。林业重点工程建设的起点是 20 世纪 80—90 年代中国经济的起飞。这一时期林业建设的主要任务是为国民经济建设提供木材和资本积累,为改善人民生活提供资源和收入。

林业重点工程实施区与我国集中连片特殊困难地区高度重合,减轻贫困是生态建设工程面临的最大难题。工程建设十多年来,在中央财政投资支持下,工程不仅有效地保护和恢复了森林资源,还增加了农户和林业职工的家庭收入,工程区短期内摆脱生态破坏与贫困加剧相互交织的陷阱,为区域社会经济发展奠定长期资源环境基础。

林业重点工程通过安排公益林建设、森林管护、森林抚育等建设任务,以及发展林下经济等特色产业,直接和间接拉动了工程区社会就业,逐步解决了天然林禁伐、木材产量调减后的富余职工安置和退耕还林后农村剩余劳动力问题,维护了工程区的社会稳定。(林业重点工程社会经济效益监测项目组,2014)

3. 民生林业

民生是林业发展中的重要问题。在林业的发展过程中,要考虑到林农的生计情况,包括基本生活保障、基本住房条件等。要着力改善林区民生,抓好林业基础设施建设,要切实提高林业职工收入。积极吸纳林区建设资金,促进民生林业的发展,关注人民群众多种层面的不同需求,提升人们的生活幸福指数。林业建设回归到人的建设中来,是一种进步。林业税费政策给予适当的调整,减轻了林业生产经营者的负担,使广大农村生态公益林经营者的生产和经营得以持续和健康发展。(尹锦珊,2015)

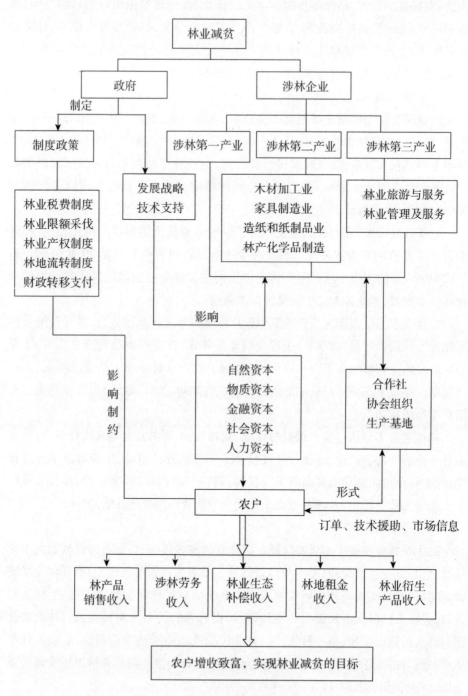

图 2-5　林业减贫机制

民生林业是个较为宽泛的概念,它既属于时间范畴,也属于社会建设范畴。就时间范畴而言,民生林业发展战略反映林业发展开始进入一个新的历史时期;就社会建设而言,发展民生林业的重中之重是保障和改善民生、建设健康和谐的生活环境。民生林业也是一个动态概念,在不同发展阶段其内涵有所不同,会随着人类对林业的需求、认识及相关科技水平的提高而具有不同内涵。现阶段,可从以下几方面理解民生林业:民生林业以可持续发展理论为指导,以保障和改善民生为重点,以保护和培育森林资源为前提,以产业化发展为动力,满足人类日益增长的民生需求,实现发展成果更多更公平惠及全体人民,以建立"和谐林区"与"和谐林业"为最终目标。(林红,吴国春,2015)

如前文所述,绿色经济的包容性建立在自然资本公平利用和合理分配的基础上,尤为关注消除贫困,创造"包容性财富",帮助贫困地区人群改善民生。而林业绿色经济同样以人为本,关注于保障和改善民生,减轻贫困,提高生活质量,因此,二者具有共同的发展目标。包容性经济理论为林业绿色经济发展提供了重要的理论支撑。

第十六节　林业绿色经济基础理论的关系梳理

林业绿色经济发展有三个重要的目标:一是优化林业资源配置;二是显著降低森林生态环境的稀缺性,三是提升林业社会福利。因此,本书特别围绕这三大目标对前述的基础理论加以归类梳理,如图2-6所示。这些基础理论有力地支撑了林业绿色经济的发展。

另根据前文的理论梳理,可以进一步总结出林业绿色经济基础理论的发展及演化路径,如图2-7所示。林业绿色经济是由绿色经济、低碳经济、生态经济和可持续发展这四个基础理论发展而来,通过绿色增长和绿色转型融入到林业中,进而演化为林业绿色经济。两山理论是根据习近平总书记的讲话梳理总结出来的,代表着党和国家对于绿色林业的期望和政策,进一步推动了林业绿色经济发展。两山理论既为理论基础,又是最终目标。而自然资本的增长、生态价值的核算,以及循环经济的利用,都是林业经济的实践路径。资源与环境经济学和能源经济学的外部性观点和福利的增加等内容则是林业绿色经济的重要内容体现。智慧经济学、共享经济学是由一种商业理念演化出来的思路,他们运用到林业绿色经济中,能起到用新视野优化布局的作用,包容性经济理

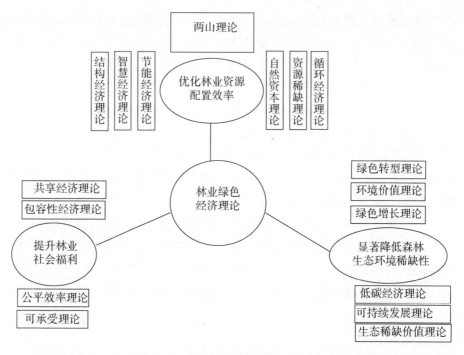

图2-6　林业绿色经济基础理论关系

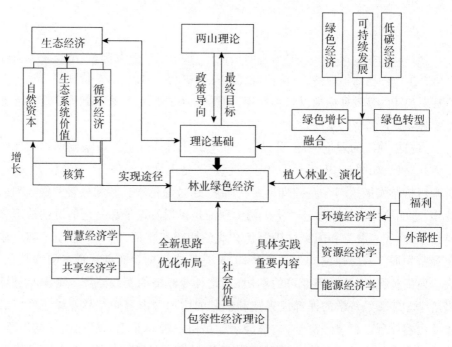

图2-7　林业绿色经济基础理论演化

论则是考虑到了社会福利问题,解决一些就业和贫困的问题,起到维护社会公平和谐的作用。

总之,基于当前研究,本书较为系统地梳理了林业绿色经济的基础理论。今后,随着林业绿色经济理论研究和实践探索的不断推进,林业绿色经济基础理论体系还将不断完善,日臻成熟。

第三章

林业绿色经济的实践探索

第一节　林业绿色经济的主要实践模式

一、林业低碳经济模式

在全球气候变暖的严峻背景下,发展低碳经济有利于促进社会可持续发展,而林业在低碳经济发展中起着举足轻重的作用。所谓林业低碳经济,是指在林业经济活动过程中,通过科学管理和技术创新,增加森林碳汇,减少林业碳源,从而以较少的温室气体排放获得较大产出的新的林业经济活动。(江泽慧,2010)

促进中国林业发展低碳经济稳步发展的因素有四个方面:第一,要提高中国的资源能源利用效率;第二,要开发利用可再生的资源能源;第三,要引导广大消费者的消费行为;第四,利用国际碳汇贸易来发展新技术。(郭万达等,2010)在中国,想要持续良好地发展林业低碳经济,第一,需要调整林业产业的布局,使林业产业成为低碳产业,限制高碳产业发展甚至从市场中剔除,防止其重回市场;第二,使林业工业低碳化,提高能源的开发利用的效率;第三,构建低碳城市,在居住空间方面,要低碳环保,在公共交通方面,要广泛使用环保交通设备和设施;第三,增加碳汇量,主要手段有重视植树造林活动、进行生物固碳等。(任力,2009)在我国有多个省市已开展了林业低碳经济的模式实践,例如黑龙江省、内蒙古自治区。

黑龙江省是林业大省,利用黑龙江省的资源环境优势,发展林业低碳经济有利于促进全省低碳经济发展,实现经济增长方式的转变,林业低碳经济发展模式的实现可以有效的将黑龙江省的资源优势转变为经济优势,促进黑龙江省经济良好健康的发展,实现社会、经济可持续发展。(王建,2012)尤其是在黑龙江国有森工林区发展低碳经济是实现生态林业的必然选择,这是从保护生态环境的角度出发以促进林区的发展。另外,在森工林区开发新能源、采用低碳模式进行生产经营可以为整个黑龙江地区带来新的经济增长点。森林的生态化培育、林产工业的低碳化发展,产业结构的低碳化调整,清洁能源的开发和利用等都将推动林区经济低碳化发展,推动林区经济向低消耗、低排放、低污染的高效增长方式转变。这些都是实现可持续发展战略的重要的环节,极大地推动了黑龙江国有林区的可持续发展,实现经济和生态双赢战略。(李婷婷,2012)

内蒙古自治区地处我国北部边疆,生态区位十分重要,林业用地面积和森林面积均居全国第一位,既是森林资源大省区,也是荒漠化大省区,生态保护和建设任务艰巨、责任重大。林业作为典型的资源依赖型产业,不但具有较高的经济效益,同时还承担着保护环境、造福社会的生态效益和社会效益。当前,面临着诸多问题:第一,如何在保障林业产业经济效益不降低甚至有所提高的前提下提高其生态效益和社会效益;第二,如何在传统林业产业的基础上促进其他林业加工利用产业的发展、优化林业产业等。以上都是低碳经济视角下内蒙古林业在未来发展中面临的棘手问题。(麦拉苏,2014)

二、林业循环经济模式

在走林业低碳经济模式的道路过程中,林业循环经济是另一重要的驱动力。循环经济是指"资源—生产—消费——资源再生"的反馈式流程(见图3-1),主要有"减量、再用、循环"这三大基本原则,简称"3R"原则。林业循环经济指的是在林业生产经营活动中,按照"3R"原则,通过优化林业产品生产到消费整个产业链的结构,实现物质的多级循环利用,使产业活动对环境的危害降低到最小。用"资源—产品—再生资源"的反馈式流程取代传统的"资源—产品—废物"的单程式经济发展模式,实现林业生态效益、经济效益和社会效益的统一。

我们从微观、中观和宏观层面上来探讨林业循环经济。从微观层面来说,企业是构成林业产业生态化主系统的核心个体,属于微观层面,基于循环经济的产业生态化过程主要在企业内部进行。主要分为链条延伸模式、技术驱动模式和市场驱动模式。链条严实模式是指延伸产品链条或者是生产链条的模式。要实现产业生态化,首先考虑向排放物"开刀",把它变成新资源,延长产品链条或生产链条;技术驱动模式是指通过技术创新和技术改造来实现企业生态化,通过大力发展相关的生态化技术,降低企业对资源和能源的消耗,减少废弃物排放,提升产品档次和技术含量,从实质上实现企业生态化;市场驱动模式是指在企业与市场之间建立一种沟通协调机制,如建立中介组织机构来加强企业与市场之间的信息沟通与共享,使企业能够第一时间识别市场需求,并对市场需求作出快速反应,满足

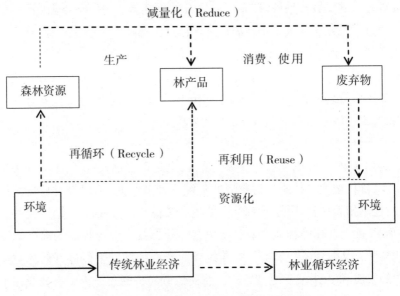

图 3 - 1　林业循环经济的"反馈式"流程图

市场需求。中观层面主要指的是循环型产业模式和联合经营模式。前者是充分发挥龙头企业在生产经营及市场主导等方面的强势地位和快速响应能力，以龙头企业为核心逐步形成产业集聚或产业集群。后者是在主体独立经营的基础上，利用企业之间签订协议的方式将两个或两个以上独立利益主体变成一个虚拟的利益主体，共同实现企业的生态化。而在宏观层面上，循环型社会模式分为点线互动模式，即在林区中选择一些具有带动作用的点——中心城镇、乡镇、林场，通过这些点来推动林区产业结构调整。此外，森林碳汇交易模式也是循环型社会模式的一种。由于森林是自然界中吸收二氧化碳的主要载体，森林资源能够有效地降低温室气体存量和二氧化碳浓度。因为林区拥有较多的碳排放权，而其他地区则缺乏碳排放权，林区可以将其拥有的富裕碳排放权拿出来进行交易，从而解决林业产业生态化过程中面临的资金瓶颈。

从林业产业特性角度来看，发展林业循环经济的潜力很大。林业既有内部经济，又有外部经济，并且外部经济远远大于内部经济。（李怒云，宋维明，2006）因此，林业产业是一个环境友好型产业，是循环经济的主体和支柱，是实现林业可持续发展的必然选择。（谢煜，张智光，2009）从木材供需角度来看，发展林业循环经济是缓解木材供需矛盾的重要途径。根据中国现阶段的经济特点，对于木材的需求量大大增加，因此导致了木材供需缺口持续加大。而通过发展林业循环经济，减少木材的消耗量，提高资源利用率，加大废弃木材回收利用，可以在一定程度上缓解木材供需矛盾。很多国家都已把废弃木质原料的回收利用作为充分利用自然资源、保护环境的重要政策。（魏殿生,2006）从林业企业的角度来看,发展循环经济可以促进企业发展。林业企业通过实施清洁生产、企业间协作和回收利用木质废料,可减少污染治理费用,降低能耗和物耗,从而降低生产成本。因此,实施循环经济是林业企业提升竞争力的重要手段。（谢煜,张智光,2009）发展循环林业经济是在林业资源不足的情况下,实现我国林业经济效益和生态效益双赢的重要举措。（朱玉林,陈洪,2007）

我国有部分地区在林地立体开发模式中已初步形成产业经济的雏形,并且取得了比较明显的效益。吉林省林业局已经探索了林笋立体开发模式,以延长笋竹产业链。主要的过程是:在建设笋竹产业经济的过程中,实施麻竹笋用林繁育、栽培、加工综合技术研究,麻竹笋加工剩余物为原料在麻竹林下栽培食用菌的研究,麻竹产业化培育技术标准研究,有力地带动了全县林笋立体开发。根据这个原理,将麻竹笋加工剩余物转化为食用菌、将食用菌下脚料转化为有机肥的生物转化技术和麻竹林下立体栽培丰产模式研究成果,获国家发明专利,循环经济发展初显巨大效益。

三、生态林业经济模式

生态林业就是要按森林生态系统生长、发育规律来经营森林。生态林业经济模式是根据"生态利用"原则而组织起来的森林经营利用制度。它运用生态经济学原理和生态过程方法,充分利用当地自然条件和自然资源,在促进林产品持续发展的同时,为人类社会的当代和后代的生态和发展创造最佳状态的环境。生态林业经济模式运行的自然动力机制是指对对林业生态经济复合系统能够产生影响的所有自然条件所构成的,并且能够促使生态经济协调发展的力,其核心就是自然生产力。该生产力是由资源要素、人力要素、科技要素、科技要素、投资要素、制度要素和文化要素这六大要素所构成。（贺景平,2010）生态林业经济系统具有一切大系统共有的特征,即系统性、有序性、互补性、整体效益最优率控制。（孙兴志,2001）林业生态经济系统作为一个复合系统,具有三个特点。一是它的双重性。它是由森林生态系统和林业经济系统复合形成的,因此其运行同样要受林业经济规律和森林生态规律的制约。二是它的结合性。在林业生态经济系统这复合系统的运行中,对于人们发展经济来说,森林生态系统与林业经济系统两个子系统的地位和作用是不相同的。林业生态经济系统的建立,体现了森林生态与林业经济两个系统的结合,同时也体现了自然规律与林业经济规律两种规律作用的结合。三是它的矛盾统一性。即在其内部,森林生态和林业经济两个子系统的运行方向既是矛盾的,又是能够统一的。这是因为,一方面,林业经济系统本身的要求是对生态系统"最大的利用",而森林生态系统对自身的要求则是"最大的保护",因此两者在林业经济发展中是会产生矛盾的。但是另一方面,从长远来说,人们对于森林生态系统,不但要求目前的利用,而且也要求长远的利用,因此也需要对之进行保护。这就使林业经济和森林生态两个方面的要求得到了统一,从而也就使得两者的矛盾统一能够实现。(诸大建,2008)

全国各地的发展模式不尽相同,在江西省鄱阳湖林区内,公益林区域林业生态经济发展模式分为江西省"一大四小"工程中的林业生态经济发展模式、以天然林培育及保护为主的生态优先型林业生态经济发展模式、以生态重建与生态移民为主的林业生态经济发展模式和以生态旅游为主的林业生态经济发展模式。在商品林区内,则主要是采用了林农复合型林业生态经济发展模式、资源综合利用型林业生态经济发展模式以及林工一体化林业生态经济发展模式。(周莉荫等,2012)

四、社会林业经济模式

在发展中国家,人口增加、贫穷和粮食需求、社会经济的压力使得森林的破坏远未停止,人口和贫困对资源的破坏和环境的压力有增无减。在地球的某些地区,正以牺牲后代的利益来换取眼前的温饱。显然,林业问题不仅仅是个经济问题、生态问题,同样也是一个重大的社会问题。人类的活动,社会的发展,既受制于自然,又影响着自然,自然的演化也随着人和社会行为的作用而日益明显与迅速。因此,林业问题已是超越国界和全球战略的重要内容之一。于是在20世纪60年代末,人们对林业及其发展中作用的认识产生了飞跃性的改变,其主要标志是产生了社会林业的概念和基本思想,并且在许多发展中国家,社会林业的实践蓬勃开展起来。由104个国家的近2000名林业工作者在1978年签署的雅加达宣言,明确提出"森林为人民"的林业指导思想,使社会林业的思想在全世界的传播起了强有力的推动作用)。社会林业的定义可分为广义与狭义两种。广义的社会林业是指以保存生物基因,协调全国、大区域的生态环境为目标的社会林业。主要类型有两种,一种为保存生物的基因的社会林业,如自然保护区;另一种为协调大区域人类生存、生产环境的社会林业,如防护林体系、面积广袤的大林区即天然林区。广义的社会林业目标远大,关系到国家、民族的长远利益,所以,由国家设立专业机构进行科学经营管理。而狭义的社会林业是指森林的社会功能在特定的社区发挥作用,由社区组织林业活动,社区和参与者直接受益。主要分为3类:第一类是乡村社会林业,即包括平原、山区、林区林业,以改善乡村生态环境,为村民提供薪材、饲料、食物和经济收入为宗旨;第二类是城市林业,包括城区和郊区林业,以美化、绿化城市环境,净化空气,为居民创造优良的生活、生产、工作环境为宗旨;第三类是特殊社区的社会林业,包括工厂、矿区、军营等特殊社区的林业,以改善本社区生活、生产、训练环境为宗旨。还有些学者认为:社会林业运用的主要技术手段是农林复合经营等,参与主体是群众,群众在参与森林经营管理的各项林业活动中,从林产品、林副产品中获取自身利益的来源,保护环境,促进农村社会持续发展。(刘思慧,李云梅,1998)另外还有一些人认为:社会林业是由社区组织的林业活动,参与对象是人民群众,是为解决其自身生存和发展所需的林业实践活动,是在特定的社区发挥森林的社会功能的作用,改善了农村生态环境,促进农村社会的综合、协调与持续发展,直接受益者为社区和参与者。(刘晓春,2003)无论是采用何种定义,在社会林业的内涵和作用上,人们有着共性的认识。

我国福建省已经对社会林业经济发展模式进行了探索。其主要的技术手段是农林复合经营。根据科学规划、经营目的将林业与农业、养殖业等多种产业有机地联合在一起,组成一种综合型的人工复合型生态系统。农林复合生态系统对于保护乡村自然环境、促进乡村经济发展、提高农民收水平具有不容忽视的作用,同时兼顾林业的三大效益,使土地与资源可持续发展。(钟昌福,2007)福建省主要的发展模式为村民自发型发展模式、政府主导型发展模式和林业企业组织领导型发展模式,这三种模式各自有其利弊。(陈丽敏,2012)

第二节　林业绿色经济的主要实践组织形式

一、家庭林场

2013 年中央一号文件首次出现"家庭农场"概念,鼓励和支持承包土地向专业大户、家庭农场、农民合作社流转。林业作为大农业下的一部分,与之相应的"家庭林场"也应运而生。在集体林权制度明晰产权、放活经营、规范流转、减轻税费的改革背景下,制度安排与家庭农场相类似的家庭林场也在全国各地蓬勃发展起来。家庭林场是以家庭为基本经营单位,进行以林业为主的商品生产的经济主体,是在林业承包责任制的基础上发展起来的一种林业生产经营形式。(何得桂,朱莉华,2013)家庭林场有固定的生产基地,达到一定的经济规模;有较高的经营管理水平,趋向科学化、集约化、丰产化、林工商一体化经营,而且贯穿于营林的全过程。家庭林场的造林有规划、有设计、标准高、措施新,造林质量也有强有力的保证。(邹继昌,2013)在林业产业结构中,除了家庭林场,还有林业专业大户、林业专业合作社,但是后两类经营方式与家庭林场还是存在显著的不同的。家庭林场是以家庭为单位来进行林业商品生产的,劳动力主要是家庭成员为主的一种小型化的经营方式,基本不需要额外的雇佣工人。林业专业大户的经营规模比家庭林场大,需要长期依靠雇佣工人进行休业商品的生产和林场的管理。林业专业合作社则是由来自不同家庭的林农自发联合形成的一种组织化经营方式,分散的林农联合起来,由合作社统一安排生产和经营。(马汉金,2014)

　　家庭林场承包经营有诸多优点,这种经营模式最突出的优点,不仅在于适应了市场内在的经营和激励机制,能够充分调动营林主体的生产经营积极性,激发人力资本的创新活力,更在于这种经营模式内涵丰富的生态文明价值理念,以林业为发展载体的家庭林场要想实现可持续发展,客观上要求生产经营者树立尊重自然、顺应自然、保护自然的可持续发展生态文明价值观,提高对自然环境和生态资源保护的责任意识,在生产经营过程中以自然资源和生态环境为价值取向,尽量避免对生态环境带来不利的影响或破坏。(张驰等,2015)与此同时,家庭林场能够极大地发挥林业所带来的经济、社会以及生态效益。经济效益最直接的表现在了促进林农增收上。家庭林场的经济收益由五部分组成:第一是进行植树造林、森林抚育维护所得的政府补贴;二是开展林下种、养殖业务(如蘑菇、木耳、中药材、竹木编制品、家禽家畜养殖等)获得的收益;三是依法按规采伐获得的木材销售和果林、油树产品(如水果、坚果、茶油、棕榈油、橄榄油等)销售收益;四是开展林业旅游与休闲服务获得的收益;五是参与林业碳汇交易获得的收益。社会效益则表现在很大程度上解决了农村劳动力短缺的问题。与此同时,也能带来一系列的促进家庭感情、解决留守儿童和空巢老人的正外部性。生态效益与林业所发挥的生态价值相一致,促进人与自然、人与社会和谐发展,促进全社会绿色发展。(林嘉维,2016;张驰等,2015)

二、林业生态园

　　林业生态园是以某类(种)具有经济价值、文化内涵的植物树种为主体的,以林业生产为基础,以产品加工为支撑,结合自身的资源、人文、区位优势以开发林业景观、田园景观和旅游服务为依托的,集林业生产、生活与生态三位一体的综合性主题生态园,在经营上表现为集产、供、销及旅游、休闲、服务等三级产业于一体的林业产业发展形式。(孙银银,2013)

　　林业生态园是以某类(种)具有经济价值、文化内涵的植物树种为主体的,以林业生产为基础,以产品加工为支撑,结合自身的资源、人文、区位优势以开发林业景观、田园景观和旅游服务为依托的,集林业生产、生活与生态三位一体的综合性生态园,在经营上表现为集产、供、销及旅游、休闲、服务等三级产业于一体的林业产业发展形式。特色林业生态园是一种以林业生产为基,将林业和旅游业相结合的一种新型的、生态的、可持续的现代林业发展模式。(肖嘉欣,2016)在这种模式下,采用机械化、标准化、集约化的生产流程,以市场为导向,挖掘开发林业资源并调整优化林业结构,带动相关产业发展,保护和改善生态环境,促进生态林业的可持续发展。同时特色林业生态园作为生态旅游园区,具有艺术性和观赏性,其形成的园林景观能够满足人们感官需求与心理需要。具有产业的复合性、景观的多样性、发展的可持续性、开发经营模式的多元性四个特点。(孙银银,2013)

三、林业观光园

林业观光园区是以林产品生产基地、森林环境为基础,配备相应的服务设施,为居民提供观光、生产实践、教育、休闲度假等森林生态旅游活动的场所。(张建国等,2006)在林业观光园内,除了各地结合自己的林业特点、自然资源等先天基础以外,可以引进一些优良品种或者是进口一些稀有花卉蔬果供公众进行观赏。园内除了提供给游客观赏、游览以外,也可以提供一些无污染的绿色无公害的林产品,最终形成一个独具特色的科技示范园。林业观光园有以下 7 个特点:第一,以保护生态环境为主要目的,其中主要是为了保证当地的林业符合生态环境的发展,实现生态环境有效统一,同时在生产林业时要低于自然资源的再生能力;另外在当地发展林业时也有效地维护了生态的平衡能力。第二,林业观光园将自然景观与当地的文化有效地融合。第三,林业观光园有着独特的地域性和地域文化。第四,林业观光园具备着高度的可塑性,可以在继承当地的传统文化的同时,也将现代社会新的文化有效地体现出来,从而具备了鲜明的时代特色,有着本身不可磨灭的可塑性。第五,林业观光园是将生态化和科学化进行有效的统一,在保护林业经济的基础上利用科学技术,在传统的技术上有效地利用新型技术,以此来提高林业观光园的经济效益以及生态效益。第六,林业观光园可以供人们游玩,从而具备着娱乐性和参与性等特点。第七,林业观光园具备着可持续发展的特点。林业观光园是站在生态经济的基础上尊重自然生态的发展规律,从而在此之上建立林业观光园。因此,其在最大程度上具备着可持续发展的特点。(王小亚,鲍海波,2013)林业观光园,一个可游、可憩、可赏、可居的综合活动空间境域,是作为我国一条使林业既可以发挥其复合功能,又能维持林业经济、资源、环境可持续发展的道路,各地区有必要结合本地区特点对林业观光园做一个详细构想,为开辟有特色的生态观光园打下基础。

四、国家森林公园

近年来,我国社会经济水平发展迅速,人们的生活水平和生活质量也得到了显著的提升,在闲暇时间不变的情况下,公众所的追求也有所转变。公众从追求物质生活向追求精神生活转变,休闲为主的外出旅游则成为了人们体验异样的生活和放松身心、寻找精神寄托的最佳方式。随着旅游市场对旅游休闲的追求膨账,对旅游休闲产品的要求就越来越高。对于如今短促的闲暇周末时间,旅游者更希望在离居住地较近的休闲场所游玩,正是如此促成了城郊型的、带有优质的自然风景和悠久的文化底蕴特征的公共公园的引人注目。(尤佳,2015)发展森林旅游业是林业部门按照森林多功能经营和生态经济学原理转变观念、探索森林经营思路的重要举措。森林旅游业的发展弥补了森林资源限制性开发的背景下林业经济效益的损失,是林业经营过程中生态效益、社会效益和经济效益同步发展的有效结合方式。(何丹,2012)森林公园则是森林旅游业发展的主要载体,国家森林公园(National Forest Park),这一提法主要用于中国大陆地区,是各类别森林公园中的最高级。中国的森林公园分为国家森林公园、省级森林公园和市、县级森林公园等三级,其中国家森林公园是指森林景观特别优美,人文景物比较集中,观赏、科学、文化价值高,地理位置特殊,具有一定的区域代表性,旅游服务设施齐全,有较高的知名度,可供人们游览、休息或进行科学、文化、教育活动的场所,由国家林业局作出了准予设立的行政许可决定。截至2015年底,共有森林公园826处,面积10845491.71公顷。我国的国家森林公园发展是伴随着改革开放而出现的新兴事物,是一种有别于传统城市的空间的生产模式。(罗芬,保继刚,2013)森林公园作为以树木为主的生物群落与其周围环境所组成的生态系统,也是一种自然旅游生态系统。它除了具有一般森林生态系统的提供林木产品和林副产品、森林游憩、涵养水源、固碳释氧、养分循环、净化环境、土壤保持和维持生物多样性等生态服务功能,森林公园还具有良好的保健和疗养功能。(汪朝辉,2012)

山区、林区是我国旅游业提质升级的主阵地,在促进旅游投资和消费中发挥着重要作用。森林公园大多位于经济相对落后的大山区、大林区,这些地区通过发展森林旅游获得了显著的经济效益。森林公园以自然景观为主导,以森林生态环境为依托,集生态产业与生态文化于一体,为广大游客提供了休闲度假、回归自然、调理身心的理想之地。当今,健康养生的生活方式,已成为人们追求的目标。作为健康养生重要领域的森林公园,只有不断提升品质,才能为这一新兴生态产业进入市场作好充分准备。

森林公园建设的初衷,就是要保护与合理利用我国的森林风景资源。森林公园的建设不仅使我国林区一大批珍贵的自然资源和文化遗产得到有效保护,还有力地促进了国家生态建设和自然保护事业的发展。截至 2015 年年底,全国已有国家级森林公园 826 处、国家级森林旅游区 1 处;省级森林公园 1402 处,县(市)级森林公园 1005 处。在全国各级各类森林公园中,总数超过 100 处的省份有广东、山东、浙江、福建、江西、河南、山西、四川、湖南、江苏和河北共 11 个。其中,广东省森林公园总数位居首位,达到 615 处,已经成为生态文明建设的重要载体。

五、林业生态经济园区

林业生态经济园区是以"充分保护自然环境、充分利用生态资源、充分体现生态园特色、充分发挥最大效益"的基本原则来规划景观,以达到景观组合自然得体,项目丰富多彩、吸引力强;休闲度假安静、舒适,服务周到;娱乐观光内容充实、富有创新、超前意识,刺激性强的极品景点。伊春市金山屯区林业生态园人文景观与自然景观巧妙结合,体现出人与自然的和谐统一。自然景观主要集中在"峰岩泉"周围。峰岩泉,位于此旅游区西侧的上部,泉水常年保持摄氏零上 8 度,喝一口全身顿感无比舒畅。山泉上方的悬崖上,生长着一棵百年青松,如同山泉的忠诚卫士日夜恪尽职守。山泉南侧有一条沟,巨石从山顶排到山脚,游人观赏需跳着走,故称"跳石林"。跳石林南侧,有刺嫩芽景区、五味子景区和成排的石人阵。状如人形的石人阵,似出兵、似布阵,景观奇特,气势磅礴。人文景观有矿泉水"金水山泉王"生产车间,由透明玻璃与外界隔断,纯天然矿泉水从海拔 2700 米的山顶顺管道引来,游人可从玻璃墙外看到各式作间的生产过程,这样的"透明"生产,令游人感到新鲜有趣。广场的草坪不怕践踏,其中设有 5 处篝火点燃点,供游人夜间狂欢之用。北侧有木制别墅供游人留宿,每个单间内设施简朴而舒适。山下峰岩湖,湖水平稳如镜,可游泳、划船、钓鱼。这里冬天还可滑雪、溜冰、观雪景、打雪仗。金山屯区林业生态正在逐步发展中,林业园正在向旅游区的打造而发展,植被保护及野生动物的保护法规完善。目前金山屯区正在致力于建设绿色小镇,而林区生态园的建设在其中属于重点建设部分,在保护生态园的基础上适当进行开发,吸引游客,为建设旅游生态园而努力。

六、林下经济园区

"林下经济"是近年来林业生产领域涌现的新生事物,也是一项新兴的富民产业。中央明确指出,发展林下经济,既可促进农民增收,又可巩固集体林权制度改革(翟明普,2011);同时加快林业经济转型升级,提高林业综合生产能力和质量效益也是当前各级林业主管部门和广大林业经营者共同面临的重要课题。(王宗星等,2013)大力发展林下经济,充分挖掘和利用现有的林地林木资源,是我国在新时期根据林业发展的现状提出的加快林业向纵深发展,向可持续发展、循环发展、绿色发展、环保发展的重大战略转移。通过发展林下经济,可以充分调动广大林农爱护林业、投身林业的积极性。(李艳国等,2014)林下经济园区的建立与发展对于发展林下经济,推动林业产业不断壮大和转型升级、稳定和进一步保护林业生态建设成果有着十分重要的意义。林下经济分为林下种植、野生动物驯养繁殖、林下采集及产品加工、森林旅游这四种。主要的模式有林药模式、林草模式、林禽模式、林经模式、林菌模式、林蝉模式、林菜模式等。

广西省浦北县坚持以林为主、保护生态、突出特色的原则,因地制宜发展林下经济。县委、县政府把林下经济纳入"特色农业提升工程"建设,制定了《浦北县"十二五"林下经济发展规划》,出台了《浦北县林下经济发展扶持办法》。通过政府扶持、部门支持、企业带动、示范促动,推动林下经济园区化、基地化发展。2011年,浦北全县已建立了百万亩林下经济产业区,建成了初具规模的七大产业基地。即是:林下藤芒原料基地30万亩;林下红椎菌产业基地15万亩;林下中药材和金花茶等名贵花卉产业基地1.2万亩;林下养鸡产业基地5万亩;林下养蜂产业基地40万亩;林下养畜产业基地20万亩;以五皇山森林旅游为主,带动农家乐旅游的森林旅游产业基地。通过这几年的发展,浦北县林下经济产业呈现由散到聚,由聚到大,由大到优的发展格局,形成特色明显,辐射力强,多业发展的良好态势,促进了农民的增收,产生了较好的效益。

七、城市林业管护经济

林业发展除了经济效益之外,还有巨大的社会效益和生态效益。林业资源比较丰富,是自然资源非常重要的组成部分,其直接关系到人类生产生活、社会的可持续发展。森林管护工作是一种国有林区生产和管理的一种综合性工作方式,是始终以国有林区的健康持续发展为基础的一种管理工作方式。自从国家实施天然林保护工作以来,森林管护工作越来越发挥出其重要作用,成为林业生产的关键所在。在森林管护工作中,其通常都是围绕林业的生态化建设、生态安全以及文明一体生产的总体要求,使得森林企业能够从工作思想上发生根本的转变,从而给林业的持续健康生产提供保障依据。通过林业管护工作的开展,可以有效转换林业经营机制;责任是经营机制的重要内容,通过责任区的划分,能够将工作人员、群众等开展林业管护工作的积极性调动起来,同时,林业经济效益、社会效益及生态效益也可以得到有效提升。通过林业管护工作的开展,能够有效保护林业资源,积极采取现代管理技术和管理手段,构建完善的管护责任体系,对林木病虫害有效防治,避免灾害破坏到林业资源。同时,通过林业管护工作的开展,也可以有效提升林地生产力,能够促使人们复层利用林地资源,充分开发底层空间,促使林下经济得到发展,林地综合生产能力得到提升,增强林业产业的综合竞争力。(王淑芳,2016)

林业资源是我国经济发展的重要战略资源,复合式林业经济的发展不仅要求我们要重视林业的经济效益,更要重视林业的生态效益,加强林业管护,加快林业发展,是实现林业经济复合发展的重要手段。通过对林业管护的分析和探索,不仅能为广大林地覆盖地区的居民带来现实的经济实惠,也能为整个地区的生态环境创造价值,因此,我们在不断发展林区经济的同时,更要注重森林资源的管护,这样才能保证林业建设的综合效应,走出一条林业经济复合式可持续发展的新路子。(郭东,2016)

八、林家乐经济模式

我国乡村旅游现在已经进入全面发展时期,呈现出了良好的发展态势。(江山,邹志荣,2008)林家乐是继农家乐、渔家乐之后出现的乡村旅游新形式,属于休闲旅游的高端产品。与其他乡村旅游形式相比,林家乐对于环境的要求会更高,要求具有浓郁的绿色森林环境、优良的空气质量及较高的空气负氧离子含量,这也是林家乐区别于农家乐、渔家乐的核心特征。(程仁武等,2013)尤其是近年来,公众的工作和生活压力倍增,特别是白领阶层的娱乐时间受工作时间限制,对于大多说人来说假期基本等同于周末。由于周末仅有两天,他们又渴望得到心灵的净化,因此近郊出行成为主流趋势,城市白领阶层尤其偏爱可以为他们提供物美价廉农家院、林家院的服务。另外,对于来自农村的城市居民来说,农家、林家是儿时的记忆,那有一片片绿草地,种着很多菜、有许多漂亮的小野花。而常年居住于城市中的居民认为,他们盼望逃离城市这个车水马龙的世界,期待返璞归真。在农家乐、林家乐之中,依山傍水的环境让他们享受自然的拥抱,游客不但可以实现普通林家院惯有的垂钓采摘,亲手获取美味,还可以在体验田中体验种植的乐趣。

目前来说,林家乐正处在一个建设初期的阶段,呈现出一种朦胧状态。作为继农家乐、渔家乐之后提出的建设模式,现阶段的林家乐与农家乐、渔家乐等都市乡村旅游模式的差异并不明显,具有都市乡村旅游模式的共性。由于所依托的自然环境质量高、占地规模大、旅游产品独特,林家乐在三者中处在较高端的位置,所提供的也是较高端的休闲产品。林家乐未来的发展必然是进一步充分发挥森林、水体、空气等自然优势,深度挖掘森林休闲游憩、康体养生主题,开发具有森林特色的参与性、体验性系列活动,形成有别于农家乐和渔家乐的特色产品。从长远来讲,随着都市居民对绿色休闲。森林养生需求的不断增长,对高端定位的林家乐诉求将越来越大,对于林家乐的发展也就有了一个更大的潜力。(程仁武等,2013)林家乐将会成为带动农业产业结构调整、促进农民增收致富、提升当地形象与知名度的"民心工程"。(徐睿,张军涛,2013)

九、乡村庭院经济

随着农村劳动力的转移和农村住宅建设的快速发展,抛荒的自留地、四旁空隙地面积大大增加。为了能够持续增加林农的收入,建设绿色生态村庄,推进社会主义新农村建设,发展庭院林业经济是一个良好的选择。

庭院林业经济的主要模式有以发展经济林果为主体的经济收益型庭院林业、以发展用材林和高大风景树为主的商品用材型庭院林业和以绿化美化庭院居住环境为主的生态环境型庭院林业。(施玉书等,2001)发展乡村庭院林业经济不仅可以持续增加农民收入,而且是村庄"五化"的主体内容。只要突出特色,不仅可以成为休闲林业、乡村旅游的主要支撑和载体,而且还是降低农业风险、调整种植产业结构,防御自然灾害的生态调控措施。因此,大力发展乡村庭院林业经济不仅是推进社会主义新农村建设的重要内容,而且可以充分发挥林业在推进社会主义新农村建设中的重要作用。

第三节 典型地区的林业绿色经济实践

一、黑龙江林业绿色经济实践状况

黑龙江省森工林区作为我国重点国有林区,是林业经济发展的重要组成部分,更是全省乃至全国生态建设的主力军之一。现有的林业生态经济发展模式大多从森林分类经营角度,将森林划分为公益林与商品林,分区域有针对性的构建发展模式,在东北国有林区林业生态经济发展模式主要有:在公益林区构建以天然林保护及培育为主的生态优先型林业生态经济发展模,生态重建与生态移民为主的林业生态经济发展模式以及森林生态旅游为主的林业生态经济发展模式;在商品林区构建林农复合型林业生态经济发展模式,资源综合利用型林业生态经济发展模式以及林工一体化林业生态经济发展模式。该地区形成了"一个基础,两个方向"的林业生态经济发展模式,第一是森林资源培育模式,黑龙江省森工林区的森林资源培育在过去很长的一段时间内由于围绕林业生产木材的这一单一目标,其内容仅仅是培育木材,随着林业建设目标的转变,即由木材生产为主转变为生态建设为主,森林资源培育的内容也从培育木材转变为了保护和改善生态环境,促进人与自然的和谐相处与可持续发展。森林资源培育不只是对林产品等直接资源的培育,还有对间接资源,如森林景观和人文资源的培育。第二是木质资源接续产业共生循环模式,即在延续资源利用的基础上改变资源利用方式的发展模式,主要以林产工业为代表。林产工业是以木质资源为基础,是林区的主导产业,并且对生态环境威胁最大,林产工业的生态化是林区产业生态化的关键环节。第三是林下经济发展模式。森工林区的林下经济具有较好的生态位发展态势,目前已经形成较为丰富的经营模式:林菌、林草、林药、林菜、林油、林粮、林牧等以及两种或两种以上方式相结合的复合经营模式。第四是森林旅游布局。黑龙江森林旅游产品丰富且特色鲜明,具有很强的季节性,冬季有滑雪与雾凇、冰雕、雪乡等景观项目,夏季有漂流、森林公园等项目,而丰富的植被类型及地质类型使得林区在秋季也有很强观赏性,湿地、湖泊风景独特。立足丰富的旅游资源,从以下两个角度进行合理布局。第四是建立林业生态经济模式保障机制,利用绿色财政与金融工具,从制度改革、融资机制、人才机制、科技研发及监管机制多层面建立较完善的运行保障机制。(齐木村,2015)

专栏 3-1 伊春市林业绿色经济实践状况

近年来,伊春始终高扬生态保护旗帜不动摇,秉持"林业经济林中发展、林区工业林外发展"的理念,坚持走绿色化发展之路,开启了全面建设美丽富庶、文明和谐、健康、幸福新伊春的征程。除了加大对森林的管护之外,伊春市乌伊岭林业局的榛子林改培也开展的如火如荼。在该局林场的一处山上,几十个家庭的男女老少,忙碌在自家承包的榛子林间。去年,他们每户承包了200亩榛子林,后年每户可见效益3万元,大后年可见效益6万元,这以后,每年每户的效益将在2万元以上。

2010年,伊春在全国国有林区率先停止主伐,变"吃山"为"养山",全力发展林下经济,成功探索出一条林业经济可持续发展之路。伊春市倾注全力发展林下项目,打造出"红蓝黑"三项产业,分别指红松、蓝莓、黑木耳产业。由于全市食用菌生产规模持续扩大,产品产量和质量不断提高,食用菌年生产规模达6.7亿袋,其中黑木耳6.4亿袋,产量2.7万吨,约占全国产量的7%;建成五营九天公司、朗乡营林中心、带岭林科所3个蓝莓种苗繁育基地,蓝莓组培苗木繁育能力达到4000万株,友好林业局建起万亩蓝莓基地,蓝莓、蓝靛果等小浆果种植面积达4.9

万亩,成为全国最大的蓝莓苗木繁育和种植基地;营造和改培红松果林2.27万亩,红松子年采集量1万吨以上,就地加工转化率达40%。

伊春市大力发展药材生产和特色养殖及榛子林改培,推动了林业经济的可持续发展,实现了林农的持续增收。目前,药材种植面积达13.1万亩,榛子林改培面积30.8万亩,野猪饲养量达到4.5万头,各类林下种植养殖基地发展至235个。另外,壮大现有龙头企业,整合企业资源,打造本地绿色产业谷。利用科技创新增添发展动力,建立产学研相结合的技术创新体系,与省内外相关院校、科研院所建立合作关系,不断推广培养技术,逐步形成了近万人的不同层次的技术队伍,为林下经济快速发展提供了技术和智力支撑。

伊春市按"群众自愿、民主管理、风险共担、利益共享"的原则,引导扶持专业合作社健康发展。在乌马河林业局成立了绿谷香菇生产合作社,以"公司+合作社+经营户"的形式,组织合作化生产,实行产供销一条龙服务,合作社把菌袋发放给林场职工,全程提供技术服务,产品生产出来后再回收菌袋成本;翠峦林业局探索"公司+协会+带头人"的发展模式,组建起多种经营产销服务公司,在种养环节提供新技术,在产品上市前提供市场信息。通过建立各类专业合作社有效扩展了林下经济的发展规模。

作为国务院确定的全国唯一林业资源型城市经济转型试点市,伊春始终将优化发展环境作为促进经济社会发展的重中之重,全力建设宜居宜业宜游的现代化森林城市,努力营造以人为本、经济可持续发展的良好社会氛围。

(资料来源:人民论坛网,2018年10月10日)

目前,国内林业绿色经济的发展实践活动正在如火如荼地开展中,实现了从无到有的发展历程,并取得了一定的成效,带动了当地生态、经济和社会的全面发展。但客观地说看,现阶段的林业绿色经济实践仍处于起步阶段,有些甚至算不上完全意义上的绿色经济实践。同时,实现绿色经济发展,促进绿色经济实践的技术体系的建设,产业链的构建,以政府引导、市场导向的经济发展环境的优化及相关法律法规的完善等亟待进一步探索和完善。林业绿色经济发展实践任重而道远。

二、福建省林业绿色经济实践状况

福建省素有"八山一水一分田"之称,是我国南方重点集体林区,也是海峡西岸重要的生态屏障。林业是福建省的一大优势、一大保障、一大潜力。一方面,林业担负着建设和保护森林生态系统、管理和恢复湿地生态系统、改善和治理荒漠生态系统、维护和发展生物多样性的重要职责,在推进生态文明先行示范区建设中发挥着不可替代的作用。另一方面,林业也是福建国民经济的重要组成部分,更是山区林区农民增收致富的重要渠道之一,在扶贫开发、吸纳就业、统筹城乡发展等方面都发挥着重要的积极作用。(黄朝法等,2016)

1. 林下经济发展现状

随着集体林权制度改革不断深化,福建省林下经济发展成为绿色富民新亮点。福建省林下经济的发展长期处在群众自发利用的初级状态,随着改革开放的推进、市场经济的逐步形成以及林权制度改革的实施,林下种植、养殖以及林下休闲旅游等逐步发展。近些年福建省各地通过自主发展林下经济,积累了具有区域特色的发展林下经济的成功经验,并总结出适合于一定区域发展,成熟的林下经济模式,主要有:林药模式,即不同郁闭度的林中种植不同耐荫度的中草药;林菌模式,即充分利用森林环境,在郁闭的林下种植香菇、木耳等食用菌,或者利用林下原有的如红菇等菌群,做好菌群基地管护工作,适时采摘收获;林游模式(森林人家),即利用森林生态景观开发森林休闲旅游;林蜂模式,即利用森林里丰富的蜜源植物,饲养蜜蜂,发展养蜂业,获取蜂蜜资源;林禽模式,即在林下透光性、空气流通性好等环境条件,充分利用林下空间及林下丰富的昆虫、杂草等资源,放养或圈养鸡、鸭、鹅等禽类。

2. 智慧林业经济发展现状

作为国家发改委授牌4G智慧林业的首个应用示范单位,福建金森林业股份有限公司于2012年6月在深交所上市,是全国首家纯林业种植型上市公司,是全国最大规模单细胞种苗繁育中心,是全国最大规模新品种、标准化紫薇产业园,也是我国南方面积最大商品林国际森林认证单位。现有森林资源面积72万亩,森林蓄积量583万立方米,是中国生态环境建设十大贡献企业和福建省农业产业化龙头企业。

近年来,福建金森公司应用物联网技术在森林气象监测、林区智能烟火识别、单兵系统、苗圃智能化管理、无人飞行器森林资源航拍等方面取得了良好成效。福建金森在信息化建设中开发了软硬件应用平台,整合智能苗圃、森林资源管理大数据平台、林区智能管理系统、森林资源并购评审等数据资源所涉及的关键技术都是林业领域的行业发展瓶颈技术,通过项目的示范,将推动整个行业的信息化技术发展。通过"智慧林业"建设,福建金森在实现现代林业发展目标的同时,有效地解决好资源分布在哪里、林子造在哪里、效益体现在哪里等问题,彻底改变了林业向来"无围墙企业、露天仓库、粗放管理"的被动局面,打造出阳光、透明、规范、精准的经营管理新模式。

3. 集体林权制度改革创新——林业互联网金融产品

2003 年,福建省全面启动集体林权制度改革,并于第二年在永安发放了全国第一笔林权抵押贷款。到 2014 年,三明启动新一轮深化林改工作,把林业金融创新作为深化林改的切入点,取得了积极成效。三明针对林业生产经营周期与原有林权抵押贷款期限短的矛盾,以及贷款难、担保难、贷款贵、品种单一、手续繁琐等问题,积极探索、大胆实践、扎实推进林业金融创新,在全国首推林权按揭贷款,林权流转支贷宝、林业互联网金融 P2P 等新品种。(张扬南,2013)目前,全市累计发放林权抵押贷款总额 80 多亿元、余额 40 多亿元,占全国林权抵押贷款总额的约 1/10,占福建省林权抵押贷款总额的约 50%。林权按揭贷款产品是由三明市政府主导,兴业银行三明分行、邮储银行三明分行、三明农商银行与中闽林权收储公司共同推出的林业金融创新品种,具有期限长、利率低、用途广等特点,解决了林业生产投资周期与贷款期限严重不匹配的问题。

林业金融服务 P2P 平台于 2015 年 10 月在三明市注册成立,注册资金 5000 万元,作为全国首创的专注于林业领域的互联网金融平台,实行线上与线下相结合的经营发展模式。该平台结合全球惠普金融发展趋势与互联网技术创新,不仅更加多元化,多渠道地满足林业企业、林业经营组织和林农的融资需求,也为社会投资者提供专业、可信赖的投资服务,实现财富增值。其具体创新点见表 3 - 1,具体流程见图 3 - 2。

表 3 - 1　林业金融服务 P2P 平台主要创新

产品创新	对经营竹林、油茶、果树、苗木以及林下种植、林下采集等,对新造商品林、采伐林木、收购林权、在长期按揭贷款中的短期融资需求等,均可以申请,实现林业全产业链贷款需求的全覆盖
服务创新	贷款申请网上办理,手续简便;免评估,时效快; 用款方便,还款灵活,随贷随还; 授信期限长,一次授信,常年有效
安全创新	实行三重安全盾保护投资者本息安全; 林权足额抵押; 三明中闽林权收储有限公司提供全额本息担保; 资金全程由第三方银行存管,平台不直接接触资金; 风险低,收益稳定

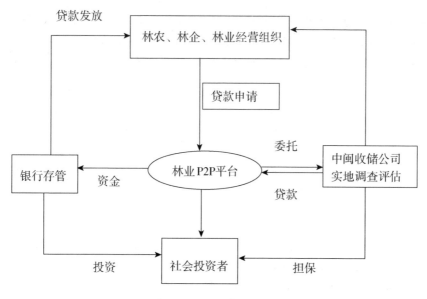

图 3-2 P2P 贷款流程

三、北京市林业绿色经济实践状况

改革开放以来,北京市全面贯彻党中央、国务院关于加强北京市生态建设的重要指示,把植树造林作为改善生态环境的战略措施,有力地促进了林业发展。全民生态意识不断加强,义务植树运动深入开展,全社会办林业、全民搞绿化的积极性不断提高。近年来,北京市相继实施了山区、平原、城市绿化隔离地区三道绿色生态屏障等一批重点林业生态工程。目前,全市三道绿色生态屏障基本形成,林业生态体系、产业体系和森林资源安全保障体系基本建成,生态环境质量明显改善,城市面貌显著改观,林业在首都经济社会发展中发挥着越来越重要的作用。北京市发布了"十三五"时期绿色发展规划,该规划指出,实现发展目标,破解发展难题,厚植发展优势,必须牢靠树立和贯彻落实创新、协调、绿色、开放、共享的新发展理念。在规划中明确了绿色发展的重要地位,提出了几十项有关绿色生产、消费等指标,绿色是永续发展的必要条件和人民对美好生活追求的重要体现。必须坚持节约资源和保护环境的基本国策,坚持可持续发展,坚定走生产发展、生活富裕、生态良好的文明发展道路,加快建设资源节约型、环境友好型社会,形成人与自然和谐发展现代化建设新格局,推进美丽中国建设,为全球生态安全作出新贡献。林业在北京市绿色发展中具有重要作用。

为深入落实科学发展观、加快转变发展方式、改善首都生态环境、推动首都生态文明建设、提升城市宜居环境和幸福指数,2012 年北京市市委、市政府作出实施平原地区造林工程的重大战略决策。几年来,全市上下齐心协力、众志成城,截至 2015 年年底,共完成造林 105 万亩、植树 5400 多万株,平原地区百万亩造林工程建设任务超额完成。平原造林工程在建设规模、造林速度、质量水平、景观效果等方面均创造了北京平原植树造林新的历史。工程建设得到了各级领导的肯定、社会的赞誉、农民的拥护。平原造林工程建设成效显著、影响深远。(首都绿化委员会,2016)统筹林业发展和耕地保护,优先使用建设用地腾退、废弃砂石坑、河滩地沙荒地、坑塘藕地、污染地实施生态修复和环境治理 36.4 万亩。在完成百万亩平原造林工程的同时,2015 年还重点推进了四环至六环之间的绿化隔离地区绿化。北京市启动第一道绿化隔离带建设已有 20 多年,至今仍有 28 平方公里没有实现绿化,第二道绿化隔离地区也有很大面积没有实现规划建绿。本着"拆除一块、绿化一块"的原则,2015 年,北京市对绿化隔离地区已经拆迁腾退、满足绿化条件的地块全部实施绿化,城乡结合部 50 个重点村、昌平六环内拆迁腾退地、海淀"三山五园"、朝阳一道绿化隔离地区 6 个试点乡、大兴西红门镇是实施重点,绿化面积达 1.4 万亩。

2014 年 9 月,北京顺义区碳汇造林一期项目作为北京市首个碳排放权抵消项目在北京环境交易所挂牌;同年 12 月,承德丰宁千松坝林场碳汇造林一期项目在北京挂牌并成功实现交易;2015 年 5 月,我国第一个碳汇造林 CCER 项目——广东长隆碳汇造林项目获得签发。这都是林业项目借助碳市场进行融资的有益尝试,也为盘活林业经济、促进市场化生态补偿机制发展提供了重要参考。目前,已进入项目审定阶段的林业碳汇项目已达 20 余个。

森林文化是"生态文明"的组成部分,森林文化是生态文明的组成部分,与生态文明建设相辅相成。森林文化承载并丰富生态文明,生态文明蕴含并提升森林文化。森林文化是"五个之都"的抓手。推动森林文化建设、保持良好生态环境、提升公众生态文明素质,实现"社会主义先进文化之都"和建设"和谐宜居之都"的抓手和途径。森林文化水平是世界城市建设的重要指标之一,积极吸收国际大都市森林文化建设的成功经验,打造以森林文化为特色的绿色名片,对推动北京世界城市建设具有十分重要的意义。

专栏 3 - 2 北京森林文化促进和示范工程

为了落实十八大提出的弘扬生态文明、建设美丽中国目标,北京市率先在 4 个国家级森林公园和自然保护区开展了森林文化促进和示范工程。

(1)八达岭国家森林公园——以长城脚下的山地森林体验中心和森林大讲堂为特色。森林体验中心包括:建设集森林历史沿革、森林多功能性、森林保护和森林产业等内容的不同室内展示区,并通过空间、影像和实物体现森林文化;森林户外体验包括:在户外设置大本营、森林小木屋、森林树屋和讲解步道等设施,以便于公众进入森林中有效地了解和认识森林;森林室外植物展示基地包括:建设专业的自然观察路径和讲解牌,便于公众了解树木的功能和不同季节的不同形态。

(2)松山国家级自然保护区——以森林医疗、森林探险和自然学习为特色。森林医疗即将医学和森林的多功能性相结合,建立全国第一家森林医院;森林观察体验即在保护区内规划自然观察路径和森林体验区域,引导公众进入森林、了解森林;建设一处自然学校,由专业的自然讲解师在室内外带领公众认识森林、动植物、地质水文现象等。

(3)百望山森林公园——以红色革命与绿色文化教育有机结合为特色,进行爱国主义教育和生态文明教育。红色革命教育:通过公园内的"黑山扈抗日战斗纪念碑"为基点,建设为全市红色革命教育活动基地;绿色文化宣传:借助公园内的首都绿色文化碑林,大力宣传我国生态建设的步伐和成就;亲子森林体验:在园内开展亲子活动,如笔记大自然、自然观察、自然游戏等森林体验活动。

(4)西山国家森林公园——以近郊城市森林休闲健身和森林音乐会为特色。森林音乐会:将音乐会引入到森林中,将音乐、森林有机结合,展现森林艺术;森林健身拓展:在森林公园内规划不同年龄层的健身、长走、骑行等活动区域,吸引更多的公众走入森林;森林大讲堂:通过森林课堂,森林摄影、绘画及笔记大自然等活动,使更多的公众发现、了解和宣传森林的多功能性。

(资料来源:笔者根据百度搜索网站材料整理)

四、广西省林业绿色经济实践状况

从发展来看,广西地区林下经济的产业模式主要有林下生态—经济—旅游模式、林—禽产业模式、林桑产业模式、林草产业模式、林药模式、林花产业模式及其他类型。目前,广西林下经济产业结构需要进一步优化配置,增加林菌产业、林禽产业等新兴产业的规模和比重。广西林下经济建设使林地空间资源得到有效利用,且对特色林业产业开发、农民增收、地方经济发展有机结合,调整了项目区农村产业结构,并且展开了农村复合经济的发展,提供了大量就业机会给农村剩余劳动力,促进地方经济发展。广西通过林下经济建设,保证了当地生态系统不被破坏,并且能够将丰富的林地资源充分利用,有效的节约林地资源,推动了新农村经济发展,为农民增收具有重要的意义。(赵文东,2015)

五、重庆市林业绿色经济实践状况

实施森林工程,建设生态文明,是时代赋予重庆的光荣使命。但是,森林资源总量不足、林分质量不高、森林结构不尽合理、林业市场化程度不高、制度机制不够完善,仍然是制约城乡绿化的突出问题,林业基础在重庆市国民经济中还相对薄弱。重庆市作为全国统筹城乡综合配套改革试验区和三峡库区所在地,具备大面积造林绿化的地理、气候条件,有实现山区农民兴林致富的现实要求,有统筹城乡林业发展的迫切需要,有创建国家森林城市的广泛社会需求。贯彻落实胡锦涛总书记对重庆发展作出的"314"总体部署,要求全市各级各部门务必高度重视生态建设,加快推进城乡绿化,拓展森林生态系统的容量和空间,确保长江上游和三峡库区腹心地带生态安全,促进经济社会更好更快发展。

2016 年,重庆市林业局实施 6 大举措建设长江上游重要屏障,具体如下:(1)编制重庆建设长江上游重要生态屏障林业规划纲要,积极融入国家和全市发展战略大局。(2)严守林业生态红线,全面停止天然林商业性采伐,加强生物多样性保护,试点建设国家公园。(3)以退耕还林为重点大力实施生态修复,退耕还林经济林占比 70% 以上,启动森林质量精准提升工程。(4)编制产业发展规划,重点发展森林旅游、木本油料、笋竹等特色产业,促进农民增收致富。(5)深化林业改革,全面实施国有林场改革,探索林地承包权有偿退出和横向森林生态效益补偿。(6)推动市域、流域共建共享,争取长江上游重要生态屏障建设上升为国家战略。(中国林业网,2016)

2017 年重庆市林业局在市林业科技创新大会上表示,将重点加强天然林资源、消落带湿地和岩溶性石漠土地生态系统优质经营与高效修复关键共性技术研究,集成优化森林质量精准提升技术;加强珍稀濒危野生动植物和典型地带性植被等生物多样性保育技术研究。鼓励建立特色效益林业科技示范基地,支持产学研牵头发展特色效益林业技术联盟和龙头企业牵头建立特色效益林业研发平台,打造一批林业科技示范区和生物产业基地。优化林业科技成果服务库,探索"科技+"协同创新型林业科技推广服务模式,建成 O2O 林业技术推广服务网络。(中国林业网,2017)

六、浙江省林业绿色经济实践状况

浙江是"七山一水两分田"的省份。全省土地总面积 10.18 万平方公里,山地、丘陵占总面积的 70%。林业用地面积 9911 万亩,占全省土地总面积的 64%,全省森林覆盖率 60.58%。浙江省坚持兴林富民,推动林业产业转型升级。

在坚持生态优先、注重森林资源保护的同时，通过机制创新、政策引导、开拓市场、资金扶持，激活各类林业生产要素，推动了林业产业的快速发展，形成了木业、竹业、花卉苗木、森林食品、野生动植物驯养与繁殖、森林旅游等六大产业，涌现了一批林业经济强市强县，临安、安吉、江山等林业经济强县农民收入的60%以上来自于林业。为推进林业产业转型升级，启动了现代林业园区建设，公布了三批246个省级现代林业园区创建点，建设规模达到239万亩，总投资50.7亿元。另外，森林生态休闲旅游业发展迅猛，野生动植物驯养繁育产业在政策激励下显现出新的增长势头。在发展林业产业中，注重长期效益和短期效益相结合，大力发展林下经济，引导农民利用承包的林地，规模化发展林药、林菌、林果、林花等林下种植业，以及家禽、家畜、野生动物等林下养殖业，同时发展以森林景观为主体的休闲旅游业，实现近期得利、长期得林，以短养长、长短协调的森林培育与农民增收相互促进的良性发展机制。坚持规模经营，培育林业经营主体。广大林农和各类经营主体积极参与林业建设是推进林业产业发展的主导力量和活力源泉。在深化集体林权制度改革和促进林业产业经营过程中，我们积极培育专业大户、林业合作社和龙头企业等生产经营主体，有力地推动了林业产业的规模化发展。积极培育林业专业大户。坚持深化配套改革，优化森林资源配置

规模化经营是林业产业化发展的必然要求。为了解决林改后"有人无山经营、有山无人经营"的问题，我们积极深化林权配套改革，推进森林资源流转，既确保了林业生产要素的合理流动，又维护了广大林农的合法权益。一是健全流转制度。制定了《浙江省森林、林木和林地流转管理办法》《浙江省森林资源资产抵押管理暂行办法》等政策性文件，初步明确了物权和债权的各自范围及其管理方式，规定相关部门的管理职责和林权流转程序，为规范林权有序流转提供了制度保障。二是加强流转服务。积极开展林权管理机构、森林资产评估机构、森林资源收储中心等组织机构建设，开展林权登记、信息发布、森林资产评估、林权流转、林权证抵押贷款、林业保险、林业法律咨询和林业科技服务。坚持大力扶持，创新林业金融服务。金融是现代经济的核心要素。发展林业产业，需要大量的资金投入。浙江省创新林业金融服务体系，大力推进林权抵押贷款，通过盘活森林资源资产推进林业产业发展。一是创新林业金融产品。创新银林合作模式，与建行浙江省分行共同打造"林贷通"网络银行融资平台，推出林业企业联贷联保等四款绿色融资产品。二是完善林业金融服务。推进林权信息管理系统建设，庆元、龙泉等地通过建设"林权IC卡"，将林权信息、森林资源资产评估数据与金融系统实现对接，有效破解林权抵押贷款工作中的"评估难""耗时长"等问题。坚持强林惠农服务，构建公共服务平台。市场经济条件下推进林业产业发展，仍然离不开政

府的政策引导和资金扶持。各级政府高度重视集体林权制度改革和林业产业发展，不断完善强林惠农的各项政策措施。

现在浙江的林业主导产业有致富百万农民的竹产业、快速发展的野生动植物驯养繁育产业、低碳和循环利用的木材加工业、生态高效的森林食品。主要是山核桃、香榧。二者为我国特有的珍稀干果业，集果用、材用和保健等多种用途于一体，结果寿命长，经济效益高，是浙江省最具地方特色和市场潜力的林业产业资源。此外，还有欣欣向荣的花卉苗木和多种模式的林下经济。作为一个林业资源小省，浙江更加重视通过提高林地利用率和生产力，来实现林兴民富。多年来，浙江一手抓生态、一手抓产业，推行立体经营和复合经营模式，发展林下养殖业和种植业，实现近期得利、长期得林，远近结合、协调发展的森林功能效益。目前，全省林下经济经营面积 2200 多万亩，主要有林 + 草、林 + 菜、林 + 苗、林 + 茶、林 + 菌、林 + 药、林禽、林畜等模式，每亩林地平均增收 2100 元，实现林下经济效益 826 亿元。近几年，随着经济社会的快速发展，以走进森林、回归自然为特征的森林旅游业正成为社会的消费热点，也逐步发展成为富民惠农的林业新兴支柱产业。

第四章

传统林业绿色经济产业

第一节　林业绿色经济产业概述

一、绿色产业概述

1. 界定

"绿色产业"这一概念的提出,是来源于1989年加拿大环境部长提出的"绿色计划"一词。它第一次从宏观层次上把"绿色"同整个社会经济的发展计划结合起来,并在20世纪90年代初得到12个工业发达国家的认同,即把绿色计划作为推进各国社会经济可持续发展的重要战略。目前,绿色产业一词在国外通常定义为:从狭义的角度是指与环境保护相关的产业;从广义的角度是指各种对环境友好的产业。(曾建民,2003)

在我国,绿色产业的概念提出于20世纪90年代初期,特别是近几年来常见于媒体及政府的文件之中。目前理论界和政府部门对绿色产业这一概念有多种多样的定义,具有代表性的有三种。第一种观点认为:绿色产业从广义上说,不仅涵盖生物资源开发、无公害农业、花卉等,而且包括没有污染和少污染的产业。第二种观点认为:广义的绿色产业包括第一、二、三产业全部;狭义的绿色产业包括粮食作物、畜牧、水产、果品、食品深加工、饮料、食品包装、无公害农业生产资料和人类其他生活用品等。(胡援东,揭益寿,2001)第三种观点认为:绿色产业也称为环保产业,是国民经济结构中以防治环境污染、改善生态环境、保护自然资源为目的所进行的技术开发、产品生产、商品流通、资源利用、信息服务、工程承包、自然生态保护等一系列活动的总称。(刘小清,1999)

2. 产生

20世纪90年代里有12个工业化国家提出了20多项"绿色计划"。虽然各个工业化国家已提出的绿色计划不尽相同,但有一个是共同的,即绿色计划是实现可持续发展的一项重要战略。西方学者如萨得列等人认为,绿色计划简单地说是指与社会可持续发展有关的广泛的计划与战略方面构想的具体化,其中也包含着不同国家在这些方面交流信息相互借鉴决策经验的国际性网络。

总体上看,绿色观念的兴起是对工业化进程的一种历史性反思。自从18世纪英国发生产业革命以来,人类依靠科学技术的进步创造了前所未有的辉煌,征服自然和改造自然的能力得到迅速的提高,生活水平提高到了前人难以想象的程度,但同时也为此而付出了高昂的代价。其中最令人忧虑的问题之一是生态环境恶化。根据联合国环境署的一项统计,20世纪90年代初,世界每年排入大气中的有害气体达10亿吨以上,有1800万公顷的森林从地球上消失,600万公顷土地变成沙漠,1000多种鸟类和哺乳类动物、10%的植物正濒临灭绝的危险,数以百万的人死于因环境污染而导致的疾病……如果人们还不懂得要还地球以绿色的面貌,前景将非常令人担忧。

绿色观念给市场经济的运行带来了强烈的冲击,直接导致了绿色产业在国际上尤其是在发达国家的兴起。所谓绿色产业,是相对于历史上传统产业发展特征相对而言的。(陈飞翔,石兴梅,2006)

3. 发展历程

1989年,加拿大环境部长提出了"绿色计划",这是世界第一次在政府官方文件中使用"绿色"一词,也是第一次在宏观层次上把"绿色"同整个社会经济的发展结合起来。联合国教科文组织(UNESCO)解释,"绿色(Green)"意味着自然的、无污染的状态。"绿色计划"的实施促进了"绿色理念"的形成与发展,进而直接导致了"绿色产业"在发达国家的兴起。该理念传到我国为20世纪80年代末,"绿色"是来源于大自然草木的颜色,富有朝气生命力和环保,是一种形象、生动、直观的称呼。"产业"则给它赋予了特定的经济学含义。绿色产业的提出标志着人们对过去传统产业给环境造成的巨大破坏开始有了认真的反省。(陈健,2008)

我国已初步建立起适合我国国情的绿色产业相关的法律、法规体系,先后修订和制定了《矿产资源法》《土地管理法》《水污染防治法》等6部环境保护法律,9部自然资源管理法律,30多部环境保护与自然资源管理行政法规,整个绿色产业已基本做到了有法可依、有章可循。经过几十年发展,也开发了一些具有竞争力的绿色新产品,并且我国的绿色认证有了相应的发展。1996年底,我国已开始进行ISO14000国际环境标准体系认证试点;1997年4月1日我国开始采用

ISO14000 系列标准,海尔冰箱率先通过认证,接着上海巴斯夫、厦门 ABB、科龙、大连三洋制冷等企业也相继通过认证。(吴秀云,卫立冬,2005)

二、林业绿色产业理论分析

1. 内涵

2011 年 2 月,联合国环境规划署(UNEP)在理事会暨全球部长级环境论坛的开幕式上发布了《迈向绿色经济——通向可持续发展和消除贫困之路》的报告。该报告中确定对绿色经济全球化至关重要的 10 个经济部门,包括:农业、建筑业、能源供给、渔业、林业、工业(含能源效率)、旅游业、交通运输业、废弃物管理和水资源。由此可见,绿色产业涵盖许多方面,而其中最具代表性的产业应为最具绿色经济特点、与绿色联系最为突出的农林产业部门。林业符合绿色经济构成要素特征和发展要求,是国际社会公认的对支撑绿色经济发展具有战略作用的基础产业。(张升等,2012)

按照产业的定义,林业产业可定义为"依托森林资源从事各种生产和服务的企业组成的集合"。林业产业也可按照三次产业分类法分为第一、二、三次产业。(李微等,2013)按照以上的划分方法,结合绿色经济的特征,本书主要对以下几个具有代表性的林业绿色产业进行介绍:林下经济产业、林业生物质能源产业、森林碳汇产业、森林休闲产业等产业。根据绿色经济产业兴起的时代差异、发展的新兴程度和未来发展态势,大致分为传统林业绿色经济产业和新兴林业绿色经济产业。

2. 特征

林业绿色产业具有绿色产业的一般特征:

(1)使用绿色生产力。绿色产业的劳动力、劳动工具、劳动对象都必须具备绿色品质。劳动者对绿色生产力的发展有相关的科学知识和劳动技能技巧,具有良好的健康标准和生活、工作习惯,在形成和生产绿色产品的过程中不会做出任何违背绿色的事情和污染产品;劳动工具的绿色性是绿色产业重要的物质条件和基础。不能使用淘汰出局的非绿色机器设备和技术手段,必须有利于产品的绿色标准和生产过程的绿色标准及生态环境的保护。随着科学技术的进步,劳动工具要不断更新;要生产绿色产品首先取决于劳动对象的绿色性,取决于其绿色性的质量和数量。(吴秀云,卫立冬,2005)

(2)生产过程和经营管理具有绿色品质。生产过程本身和生产方式方法都要具有强烈的绿色品质,不能产生废气、废水、废渣和强烈的噪音、失控的电磁频率等,或者产生的"三废"要在本企业内部消化转化;生产经营管理是生产力的运筹性因素,对生产过程和产品的绿色性品质具有很重要的作用。如果生产经营水平不高,绿色品质不强,生产力要素在质上不成匹配,在量上不成比例,其生产过程就不可能为绿色,其产品也就不可能为绿色产品。或者说产品生产出来了,也有可能造成第二次污染,达不到绿色品质的要求。(吴秀云,卫立冬,2005)

(3)生产的必须是绿色产品或者提供绿色服务。绿色产品和绿色劳务是绿色产业的核心和最终标志。绿色产品应该是"无污染、安全、优质"的,在生产它们的时候无污染,在使用和消费它们的时候既舒适、安全和方便,又不会产生污染和其他负作用,使用消费完了以后其残骸便于处理,容易回收转化,也不会污染环境。在绿色产品的设计、生产、使用和回收以及信息处理、服务诸环节,都要以节省资源、减少污染、保护环境和有益健康为导向。(吴秀云,卫立冬,2005)

(4)符合保护生态环境的要求。绿色产业必须是在没有污染的自然环境中进行生产或提供劳务。其生产力要素的来源必须取自没有污染的环境,如果本身来源于有污染的环境,就没有办法形成绿色生产力,就不可能生产出绿色产品和提供绿色劳务。(吴秀云,卫立冬,2005)

第二节　林业绿色经济企业概述

一、绿色企业概述

1. 界定

由于绿色企业的提出和研究历史很短,其概念和内涵尚处于探索阶段,至今还没有统一的定义。综合现有文献,绿色企业的基本内涵可描述如下:绿色企业是指以制造和销售"无害环境"的产品即绿色度高的产品或符合标准和法规要求的产品为前提,运用绿色高新技术,开发清洁的生产工艺,推出"三废"较少并通过治理的产品企业。(马军,马京生,2003)绿色企业涉及的问题领域包括三个部分:(1)制造领域,包括产品生命周期全过程;(2)环境领域;(3)资源领域。绿色企业就是这三大领域内容的交叉和集成。企业各项活动中的人、技术、经营、物能资源和生态环境以及信息流、物料流、能量流和资金流有机集成,并实现企业和生态环境整体优化,从而达到产品上市快、质量高、成本低、服务好、环境影响小的功能目标,使企业赢得竞争,获得长远的可持续发展。

绿色企业是一个整体的、系统的概念,它以追求环境效益、社会效益与经济效益的兼顾为目标,借助于文化、组织、管理的支撑,力图通过企业自身在采购、设

计、制造、营销、服务等环节以及人员、资金、技术、信息等要素的变革,实现企业全方位"绿化"。(张太海,2005)

绿色企业应该具备以下几个条件(图4-1)。

(1)生产绿色产品。从设计、制造、销售到回收处置的全过程中对环境无害或危害较少,符合特定的环保要求,有利于资源再生的产品。

(2)使用绿色技术。绿色技术是指能够节约资源、避免和减少环境污染的技术。绿色技术是解决资源耗费和环境污染产生的主要办法,它既可以为企业带来效益和增强竞争力,又可以在不牺牲生态环境前提下发展,是建设绿色企业的关键。

(3)开展绿色营销。绿色营销即企业在市场调查、产品研制,产品定价、促销活动等整个营销过程中,都以"维护生态平衡,重视环保"的绿色理念为指导,使企业的发展与消费者和社会的利益相一致。绿色营销应包括收集绿色信息,发展绿色技术,开发绿色产品,实行绿色包装,重视绿色促销,制定绿色价格,选择绿色渠道,树立绿色形象,提供绿色服务等,将资源的节省再生与减少污染的环保原则贯穿营销活动的始终。

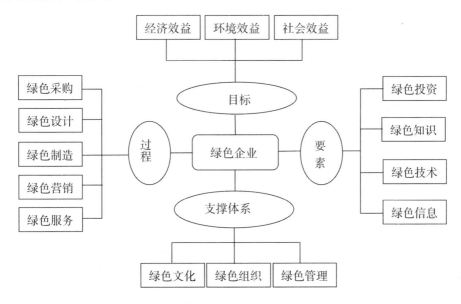

图4-1 绿色企业应具备的条件

可见,绿色企业的主要特征是把生态过程的特点引申到企业中来,从生态与经济综合的角度出发,考察工业产品从绿色设计、绿色制造到绿色消费的全过程,以其协调企业生态与企业经济之间的关系,主要着眼点和目标不是消除污染造成的后果,而是运用绿色技术从根本上消除造成污染的根源,实现集约、高效 无废、无害、无污染的绿色工业生产。绿色企业比一般企业能更高效地利用资源和能源,以较少的物耗、能耗生产出更多的绿色产品并能使在一般企业中被排出厂外的废弃物和余热等得到回收利用,可大大提高绿色企业的循环经济综合效率,而非单纯的经济效率或生态效率。

2. 产生

1972 年,罗马俱乐部出版了影响深远的著作——《增长的极限》,为人类描绘出一幅无限制消耗资源所导致的可怕景象。同年,联合国召开了第一次人类环境大会(斯德哥尔摩会议),人们明确提出了社会发展同环境、生态相协调的问题,会议秘书长 M. Strong 针对《增长的极限》提出的问题,最早提出了"生态发展(Eco development)"的概念。斯特朗从过去和现在的人口增长率、资源的可获得性和环境污染的可扼制程度等资料中推断,人类未来社会的发展必须保持"动态的自然平衡",这为可持续发展思想的提出奠定了基础。(李长松等,2005)

近几年来,各国政府对环保的意识越来越强,并通过立法和执法,惩罚企业污染环境和过度利用资源的行为,使不采取绿色管理的企业成本逐渐提高,甚至招致刑事处罚。在消费者和政府的双重压力下,企业要想实现可持续发展,绿色企业模式是必然选择。

3. 发展历程

欧美、日本等发达国家绿色企业的发展走在世界的前列。原因在于发达国家较早建立了庞大的工业体系,消耗了大量的自然资源进行大规模的生产活动,对国内造成了严重的环境污染,这种状况引起了社会公众的普遍不满,政府也开始对污染企业采取越来越严厉的限制措施。外部环境的变化迫使这些国家的企业改变对环境问题的态度,逐步探寻和改变企业的发展路径,实施绿色的企业经营,逐步发展成为绿色企业。

(1)绿色企业在日本的发展情况

日本在战后为了快速实现经济增长,企业实行了大量生产、大量消费和大量废弃的经营形式。其结果是日本社会长久以来形成的勤俭精神被抛弃,社会到处充斥着垃圾。在经历了 20 世纪 80 年代到 90 年代的"平成景气"之后,日本社会系统存在的环境问题开始暴露出来,以大企业为中心的日本式经营方式和日本式企业社会受到了严厉的质疑。20 世纪 90 年代以后,日本国内环境保护意识更加高涨,日本的企业组织——经团联在 1991 年提出了该组织的《地球环境宪章》。随后,日本产业界各大企业也相继提出了自己的环境宪章。同时,日本的政府也加紧进行环境立法。《资源再循环法》《废弃物处理法》等相继出台和修订。这一时期,几乎所有的企业对环境问题的重要性和采取长期对策的必要性有了一定的认识,并有相当多的企业建立了环境保护机制,在公司内部采取减少工业废弃物,在生产过程中节省资源和能源以及办公用纸再利用等措施。但是真正改变经营方针等涉及企业全局性变革的并不多。在 1996 年,国际标准化组织发布了 ISO14000 环境管理系列标准,日本个别企业即在同年 10 月开始实施。此后很多属于出口型的企业相继获得了 ISO14001 环境管理体系认证。日本企业绿色战略的另一方面是"零排放"运动的兴起。废弃物"零排放"首先是由日本联合大学于 1994 年提出的。这个提议得到了很多企业的支持并取得具体成果。日本 1998 年度环境白皮书提出的主题是"构建面向 21 世纪的循环型社会"。2000 年 5 月日本通过了《循环型社会基本法》,该法旨在减少废弃物,彻底实现废弃物的循环利用。特别规定了生产者的责任,即规定从产品制造到作为废弃物处理的全过程,生产者都要担负责任。经过长期的努力,在日本企业中出现了一些在实施绿色经营方面取得很大成就的企业。

(2)绿色企业在美国的发展情况

在美国,从 20 世纪 50 年代到 60 年代,企业经营活动而引起的环境污染事件越来越多、越来越严重,引起了美国消费者团体及环境保护团体的严厉批判和抗议,要求追究企业的环境责任。特别是 20 世纪 80 年代中期,绿色消费者活动兴起,对企业环境责任的追究也更加严厉。近年来,企业由于其环境责任,支付高额赔偿金和清理费用的案例增多。于是银行和投资者便逐渐远离这些污染企业,消费者团体及环境保护团体也会给污染企业贴上"轻视环境"甚至"无视环境"的标签,使企业的形象遭受很大的损失。

1989 年 3 月,埃克森石油公司的大型油轮巴尔蒂斯号在阿拉斯加海湾触礁,原油大量泄露,造成大约 100 万海洋动物死亡,该事件成为历史上最大的海洋污染事故,震惊了整个世界。当年 9 月,美国的环境保护团体及投资团体组成联合组织 CERES,公布了要求企业承担环境保护责任的《巴尔蒂斯原则》(1992 年改称《塞里兹(CERES)原则》)。他们提出"企业的利润追求应在保持地球的健康状态的限度内进行。决不允许企业有侵害世代人生存的必要条件的权力"。在这个理念的基础上,他们提出了作为企业行为规则的 10 条原则。包括:①自然资源的可持续利用;②保护生物圈;③废弃物的削减和处理;④节约能源;⑤降低风险;等。此后,该原则逐渐成为美国企业环境行为规范,对美国企业的环境行为具有很大的影响力。通用汽车公司是经营范围横跨世界 50 多个国家、有 38.8 万员工的世界最大的汽车制造公司。公司很早就提出了名为 WECARE 的环境保护基本理念。该理念的全称是 Waste Elimination and Cost Awareness Reward Everyone,意思是:废弃物消除和成本意识将回报于每个人。通用汽车公司的全体员工按照该理念的精神,在各工作场所开展了资源循环利用、减少废弃物等广泛的环境保护活动。

2010 年,绿色产业投资同比增加51%,达340 亿美元。其中,风电产业吸收了近50% 的投资,45 亿美元主要投资给中小项目。2011 年,美国清洁能源投资较2010 年增长42%,达到481 亿美元,位列 G20 国家之首。

(3)在我国发展情况

随着绿色企业的发展,我国颁布了一些有关发展绿色企业的法律法规,制定了一系列促进企业节能、节材、节水和资源综合利用的政策、标准和管理制度。1997 年颁布了《节约能源法》,1998 年颁布了《资源综合利用认定管理办法》,2002 年颁布了新修订的《中华人民共和国水法》,2002 年颁布了《环境影响评价法》,2002 年颁布了《清洁生产促进法》,标志着我国进入依法推行和实施清洁生产的新阶段。2006 年由国家发展和改革委员会、财政部、税务总局共同对原来的《资源综合利用认定管理办法》进行了修订,并于 2006 年 9 月 7 日正式颁布了《国家鼓励的资源综合利用认定管理办法》,进一步鼓励开展综合利用,加快循环经济的发展。另外,某些省市也根据各地情况制定了地方性法规,如辽宁、贵州、北京、天津、浙江等省市制定节约用水地方法规;陕西、辽宁、江苏等省以及沈阳、太原等市制定了地方清洁生产政策和法规。(赵倩,2008)相比日本和美国主要绿色企业的发展情况看,我国的绿色企业的发展存在较大的差距。我国只有少数的几个大型国有企业比如首钢、莱钢等在环保方面真正贯彻实施环保方案。而且我国生产企业对"绿色"的理解目前还普遍停留在产品阶段,绿色价值观还只是表现在绿色产品所能带来的利润上,并没有深入到生产经营者的经营理念中去。在这些经营者看来,开发生产绿色产品与否主要看这种绿色产品所带来的利润能否超过普通的产品。企业对"绿色"理解的广度和深度存在很大的差距,还不能在企业的经营管理上融入可持续发展观念,并把它上升为一种经营理念和经营哲学。(张梅,2009)

二、林业绿色企业理论分析

1. 内涵

林业是国民经济的基础产业,也是国家生态环境建设的重要力量。林业企业是现代林业产业体系的主体,并同时具有经济性质和社会性质,在追求经济效益的同时,对社会各利益相关者特别是生态环境建设也承担着一定责任。林业企业以森林资源为主要经营对象。狭义上的林业企业是指像国有林区的森工企业、林场苗圃等以生产木材、营林为主的企业。而广义上的林业企业则涵盖了包括第一、第二、第三产业在内的与林木资源经营利用相关的多种经营企业。包括林木种植企业、木材加工及木、竹、藤、棕制品业、林产化工企业、家具生产等从上游林木培育到下游的林产加工企业,并且上下游界限日益模糊。

林业绿色企业在满足绿色企业的基本要求的基础上,又有其特殊性。林业企业以森林资源及其产品为经营对象,经营对象的特殊性决定了林业企业绿色化的重点在于对森林资源合理地保护、开发与利用。林业绿色企业的要求是:在维护森林资源生态功能的基础上,开发绿色产品,提高产品的竞争力,占领绿色消费市场,增加企业盈利能力,促进可持续发展。具体做到:

(1)采用绿色技术生产和盈利,生产林产品过程注重环保。

(2)产品在生产、加工、运输、消费全过程对人体、环境无损害或损害很小。

(3)充分利用资源和能源,最大限度减少污染物产生排放。

(4)实行绿色营销、绿色管理、绿色会计核算。

就林业企业具体分类来说:

(1)森林培育企业:经营树种的选择配置,人工集约经营措施的科学规定以及采伐作业的设计,森林及木材的病虫害防治及检查,防止因树种单一或配置失调而降低生态系统的功能,水土流失,地力衰退及森林病虫害的泛滥,达到森林资源的可持续。

(2)木材家具企业:绿色产品设计、绿色包装和营销、承担生态环境责任,通过环境认证(ISO14000 环境管理体系认证,森林认证包括森林可持续经营认证和产销监管链认证等)。

(3)森林化工企业:资源综合利用,减少污染有害物质排放,使用易降解或可回收产品的设计,用天然胶替代化学合成胶生产"绿色人造板"等。

(4)林业多种经营:森林养生休闲服务业发展布局与林区社会经济发展规划有效结合,利用现有林分,结合森林抚育改造,按照不同树种、不同自然条件,尽快形成风景林、负离子林等,形成一定规模养生林,从而有效保护森林资源。

2. 特征

赵倩(2008)提出作为一个低消耗、低污染的现代化的企业,绿色企业具有以下显著的特点:(1)强调持续改进和污染预防,要求企业实施全面管理,尽可能把污染消除在产品设计、生产过程中,并注重进一步改进提高。(2)强调管理体系,要求企业采用结构化、程序化、文件化的管理手段,保证体系的完整。(3)强调管理和环境问题的可追溯性,要求企业对产品进行全过程分析和环境行为的监控。(4)实行全面的绿色质量管理。(5)建有绿色会计和绿色审计制度。

因此，林业绿色企业应具备以下特点：

(1)注重发展绿色经济。无论是企业文化还是企业生产、设计、采购、营销、运输等过程中，一直贯穿绿色发展的理念，注重保护生态环境，降低对环境的损害，提供绿色的产品或者服务，实现企业自身利益、消费者利益和环境生态利益统一，实现企业的绿色化发展。

(2)依靠绿色技术。绿色技术就是指根据环境价值并利用现代科技的全部潜力，最大限度地实现环境与经济双重目标的技术。采用这种新的技术形式是创建绿色企业，实现现代企业经济可持续发展的关键因素。只有实现从有害生态环境生产技术向无害生态环境生产技术的根本转变，才能真正成为绿色企业。

(3)实行绿色管理。无论是在管理制度的构建，还是企业文化的塑造，林业绿色企业都应充分体现绿色管理，建立完备的绿色管理体系，并且注重公平，体现人文关怀，实现经济效益、生态效益和社会效益的协调统一。

第三节　林木栽培种植经济产业

林木种苗是林业可持续发展的基础，是确保造林绿化质量的关键。我国林木种苗事业经过多年的努力已经取得了长足发展，为保障林业和生态建设的顺利进行，保证生态建设的需要，作出了重要贡献。（刘建功，刘勇，2006）林木种苗生产、经营、使用已开始步入法制化轨道，特别是观赏绿化苗木的生产呈现出社会化、产业化、市场化的趋势，发展种苗业具有重要的生态效益、社会效益和经济效益。（高捍东，2005）综观全球，任何国家或地区的植物种苗产业化程度通常是与花卉产业发达程度相伴随的。在一些传统的花卉产业发达国家，如美国、日本、意大利、荷兰、哥伦比亚，往往也是全球种苗生产大国；而一些著名的森林国家，如丹麦、德国、荷兰、加拿大等其花卉生产也十分先进。（郑勇平，2004）因此，将从苗圃花卉产业、经济林种植产业、用材林种植产业和竹子培育产业对林木栽培种植经济产业进行分析。

一、苗圃花卉产业

1. 基本界定

苗木，是园林景观所用的栽植材料。具有完整的苗干和根系，苗圃中培育的树苗，不论年龄大小，在未出圃前都称为苗木。苗木是园林景观应用中重要的生产资料和物质保障，优质苗木更是园艺行业跨越式发展的重要保证。

苗木产业是整个林业建设最为基础的环节,也是林业尖端技术最为密集的集合体,肩负着促进林业发展、建设美丽中国、增加林农收入的重要职责。(李娟等,2014)

花卉产业是集花卉产品的种植、花卉产品的初步加工和深加工、花卉产品的运输、花卉产品的营销为一体的产业。指将花卉作为商品,进行研究、开发、生产、贮运、营销以及售后服务等一系列的活动内容。

花卉产业是物质文明和精神文明结合的产物,它包括以种植、培育为主的物质生产活动和以观赏、美化、陶冶情操的精神产品的生产。

2. 产业体系构成

(1)苗木产业

根据不同分类标准苗木产品可分为:植物新品种、濒危珍稀植物和普通植物。

植物新品种,是指经过人工培育的或者对发现的野生植物加以开发,具备新颖性、特异性、一致性和稳定性并有适当命名的植物品种。高产优质的植物新品种,即可提高农业、园艺和林业的质量和生产能力,又能降低对环境的压力。

中国地域辽阔,植物资源丰富,但近 30 年来,由于经济快速发展、人口迅速增长、环境破坏严重、植被萎缩等压力,中国现有野生植物物种中约有 6000 种植物处于濒危或濒临绝灭的状况,并且已有 100 多种植物面临极危或濒危,有相当大一部分的种质资源在野外已经不存在,如珙桐。

(2)花卉产业

花卉产业可分为:切花切叶(含鲜切花、鲜切叶、干花)生产、盆栽植物(含盆花、观叶植物、盆景)生产、观赏苗木生产、食用与药用花卉生产、工业及其他用途花卉生产、草坪生产、种子用花卉生产、种苗用花卉生产、种球用花卉生产。(陈耀华,2007)

①切花切叶类。切花通常是指从植物体上剪切下来的花朵、花枝、叶片等的总称。传统的四大切花为:月季、菊花、香石竹(即康乃馨)、唐菖蒲(即剑兰)。切花切叶类在花卉出口额中占主要部分。干花加工技术和化学保色技术日益加强,种植技术和销售机制也会日渐成熟。一些特色切花产品将走销,如梅花切枝、腊梅切枝、栀子花切枝、桂花切枝和桃花切枝等木本花卉的切花产品将在特定季节热销。

②盆栽类。盆花、盆景开始向小型化发展,便于包装和运输。这些盆花、盆景多注重创意,观赏价值和艺术品位都有所提升。名贵的盆花有蝴蝶兰、大花蕙兰等。主要出口地集中在广州、上海和北京。出口的大宗产品主要有观叶植物类的富贵竹、龙血树、虎皮兰、金钱树,盆景类的人参榕、微型盆景、大规格盆景、苏

铁等。

③观赏苗木类。观赏苗木因其利用的性质不同,其分类应在系统分类的基础上,兼顾其观赏特性和美化绿化的用途,目的为便于识别和应用。常用的分类方法有按生长性状分类者、按观赏性状分类者、按实用方式分类者等。经过大规模全国城市绿化建设后,全国观赏苗木需求空间开始缩小。我国的观赏苗木生产主要集中在江苏、浙江、河南和四川等地,生产能力比较高。

3. 国内外发展概况

(1)国内发展概况

目前,我国绿化苗木种植行业的生产经营存在一定的区域性,不同区域所经营的优势品种存在差异,苗木的跨区域销售以"新、特、奇、优"特色品种为主。

从全国范围来看,绿化苗木行业内的竞争主要体现在以同一产销区域内的企业竞争为主。我国绿化苗木种植业的发展存在区域不平衡,不同省份之间由于起步时间不同产业化发展水平、规模有较大差异。

我国形成了绿化苗木种植业的四大主要产销中心,分别为:一是以浙江、江苏为主要生产区域,其主要市场为长江三角洲地区;二是以河南、山东为主要生产区域,其主要市场为北京、天津地区;三是以广东、福建为主要生产区域,其主要市场为珠江三角洲地区;四是以四川、江西、云南为主要生产区域,其主要市场为西南地区。

随着我国经济高速发展,城市和新农村环境建设提高到前所未有的重要地位,园林苗木需求旺盛,许多省市将园林绿化苗木产业作为农村产业结构调整的重要方向,园林绿化苗木面积不断增加,产值持续上升。特别是中华人民共和国住房和城乡建设部要求全国各省市县创建生态园林城市与生态园林县,以及十八大报告要求建设美好乡村与美丽中国梦,这为苗木种植行业的进一步发展起到很大的推动作用。

①产销量剧增。随着国内生态环境建设和城乡绿化的发展,近些年来园林绿化苗木产销量持续增长。截至2016年,生产可供造林绿化林木种子3500万公斤,苗木410亿株,其中林木良种1100万公斤,良种苗木130亿株,全国经济林面积达3588万公顷,花卉种植面积129.2万公顷。

②个体差异明显。常规树种、小规格苗、低品质苗木产品准入门槛低,因此近年全国苗木种植面积迅速扩张,整体数量供大于求,严重结构性过剩。市场对大规格苗、高品质苗、耐盐碱苗、抗性强的乡土苗木等特色树种需求量很大,但因其培育周期长、资金投入大、管理技术要求较高,散户缺乏资金投入、市场需求信息渠道及市场预测能力,使这几类苗木生产量严重不足。

③经营主体多元化。园林绿化苗木生产主体格局发生了实质性转变。经营主体由过去的以国营林场、国营苗圃为主,转向国有、集体、个体共同参与的多元化格局,私有苗圃产能已成为主导。

④区域特征明显。我国苗木产业基本可分为四大产销区域:长三角区域、京津区域、珠三角区域和西南区域。前三大产销区分别包围着我国的三大经济圈,西南地区因"森林重庆"等重点工程推动,已成为苗木业发展的新增区域热点。

我国花卉产业的发展相比于发达国家起步较晚,1978 年以前更是让花卉产业的发展停滞不前。1978 年党的十一届三中全会决定将社会主义现代化建设作为工作重点,花卉产业的发展也步入了一个新时期,许多院校恢复或新开设了园林专业、观赏园艺专业或风景园林专业,国内相继成立了各级园林花卉科研机构,花卉生产恢复很快并有所发展,特别是一批新的花卉生产基地的建立,一批花卉图书、报刊、专著的问世,对花卉产业的发展起到巨大的推动作用。《花卉生产是大有前途的事业》一文于 1984 年 7 月发表,中国花卉协会于同年 11 月成立,使花卉的生产、教学和科研工作获得了新的动力。从 2006 年开始,我国已成为世界上花卉种植面积最大的国家,2012 年我国花卉种植面积已达 112.03 万公顷,销售总额 1207.71 亿元,花卉出口总额 5.33 化美元。建立了由 3276 个市场、近 8 万家花店、2000 多个网站构成的流通网络;完善国家、省地相结合的教学科研体系;丰富花卉文化内涵。具有中国特色的现代化花卉产业雏形基本形成。花卉产业已经成为一项新兴产业,前景广阔,在调整和优化农业产业结构、增加农民收入和改善人民生活质量等方面发挥出重要作用。(江泽慧,2005)

我国花卉产业具有地域特色的产业集聚区已经初步形成,如盆景生产区主要集中在广东、江苏、浙江、福建、四川和湖北等省;苗木和观叶植物生产区主要以四川、山东、广东、江苏、浙江、福建、海南和台湾为主;鲜切花生产区主要以云南、上海、北京、广东、四川、河北和台湾为主;种球种苗生产区主要以四川、云南、上海、陕西、江宁、甘肃和台湾为主。(张瓣瑞、付洪冰,2014)

近年来,我国许多省市都十分重视花卉产业的发展,把其作为"支柱产业",制定了本省(市)级的花卉产业发展规划,出台扶持花卉产业发展的意见,从各方面加大对花卉产业的扶持与支持。如福建省人民政府于 2012 年出台《关于扶持花卉苗木产业发展的意见》,明确从 2013 年开始,省级财政先期安排 3 年预算,每年 1000 万元,专项用于花卉苗木品种引进和研发创新。(华新,2012)济南市人民政府于 2013 年出台《关于加快花卉苗木产业发展的意见》,从基础设施建设、品种选育等方面加大对花卉苗木生产的扶持力度,比如新建种质资源圃、采穗圃、种子园、花卉制种场等 10 亩以上的,每亩扶持 1000 元;新增智能温室面积 10000 平方米以上的,每平方米扶持100元;选育拥有自主知识产权优良新品种的,每个品种扶持10万元等等。海南省政府2011年6月下发了《关于加快热带花卉产业发展的指导意见》,明确了本省发展热带花卉产业的措施和相关扶持政策。(张孟锦、罗金环等,2012)

(2)国外发展概况

早期花卉生产和消费主要集中在欧美发达国家,直到上个世纪下半叶,花卉产销格局随着发展中国家花卉生产的崛起才有了较大的变化。目前,在世界花卉产业强国中,有荷兰这样经济发达的国家,也有哥伦比亚、肯尼亚这样的发展中国家。总体上,发达国家主要依靠雄厚的品种繁育和技术研发能力、完善的产品质量保障手段及运转灵活高效的市场营销体系等,通过重视花卉产业链各环节的紧密衔接,不断提升花卉产业的整体科技水平,形成核心竞争力。如日本采用有效的规范和标准进行花卉产品开发培育、市场交易等等。发展中国家则利用气候条件、地理位置和相对丰富而又廉价的劳动力资源等,或确定主打产品和主攻市场,只求"一花独放",如肯尼亚,重点发展切花月季,以出口欧洲市场为主。

亚洲已经成为最主要的花卉生产基地,占世界花卉产业总产值的53%。世界各国花卉产业发展也各有侧重,如荷兰花卉产业起步早,科技创新实力强,生产技术先进,资材设备供应充足,有成熟的拍卖和发达的物流。美国主要生产的是花坛庭园植物、盆花和观叶植物;日本推行花卉标准化专业化生产;丹麦盆花自动化生产和运输处于世界领先地位;哥伦比亚、肯尼亚在温带鲜切花生产方面已经实现专业化、规模化生产。(秦云泽,2012)

世界花卉产业发展的趋势是花卉栽培面积与规模不断扩大,大型花卉基地逐渐向人力资源相对丰富的地区和发展中国家转移:切花市场需要逐年增加,国际市场对月季花、菊花、香石竹、满天星、唐菖蒲、六出花以及相应的配叶植物,还有球根类的种球、小型盆景和干花的需求有逐年增长的趋势;由于城镇居民生活水平的提高,室内观叶植物越来越受到人们的欢迎,借助植物来美化净化生活环境逐步被重视;通过种质资源的调查,将获得的观赏价值高的花卉或直接引种栽培,或用作育种亲本,丰富花卉产品种类;利用各种有效的手段,培育开发新品种,以满足各种不同的要求;温室花卉生产不受季节干扰成为许多国家培育花卉的重要手段。(鲁涂非,2003)

4. 相关产业政策状况

(1)花卉产业政策

关于花卉产业,主要是《国花卉产业发展规划(2011—2020年)》。《规划》中,首先阐述了花卉产业发展的主要成就,当前已经实现产业规模稳步发展、基本形成生产格局、加强了科技创新等。未来,要将花卉产业作为促进绿色增长的战略性新型产业进行培育,以促进农民收入增长,发展花文化。

谈到发展目标时,《规划》指出,着力推进现代花卉业建设,着力提升花卉质量效益,花卉品种创新和技术研发能力显著增强,先进实用配套技术得到广泛应用,产业结构和布局更趋合理,市场流通体系基本健全,花文化体系初步构成,基本实现花卉生产标准化、经营规模化、发展区域化、服务专业化。并对华北、东北、华南、西南、西北、和青藏高原七个区域进行生产规划,例如,青藏高原花卉产区重点发展百合、唐菖蒲、郁金香等种球和切花、高山杜鹃、报春花和龙胆花等高山花卉;鼓励发展虎头兰、绣球花、大百合花等盆花;因地制宜发展雪莲花等药用花卉。同时对各个花卉市场、研发中心进行了规划。

在发展战略上,《规划》要求从花卉种质资源、品种等入手,保证质量、争取创新,并加强生产和加工技术,通过现代花卉产业示范园、花卉龙头企业来推动花卉销售与经营,建设花卉品牌,打造全国性的现代花卉物流体系。在服务支撑体系上,要为花卉产业搭建现代化的信息平台,加强花卉标准和认证。同时要继承和发扬我国传统花文化,丰富花文化内涵,密切花卉与人们生活的内在联系,提升花卉产品的内在价值,引导花卉消费。

《规划》不仅对于国家花卉有战略上的引导,也重视因地制宜,为不同省市制定了相关的发展规划,重点关注花卉良种、种植加工技术,注重花卉认证和花卉市场,加强了对于花卉产业的服务和花文化示范基地的建设。

(2)苗木产业政策

国家近年来陆续出台了多项政策文件,大力支持苗木种植行业的发展,如《林业发展"十二五"规划》《林业产业政策要点》《关于积极发展现代农业扎实推进社会主义新农村建设的若干意见》等,都推动了苗木种植产业的发展,提供了有力支撑。

《国务院关于加强城市绿化建设的通知》中指出:"全国城市规划建成区绿地率达到 35%,绿化覆盖率达到 40% 以上,人均公共绿地面积 10 平方米。"要实现上述目标,全国城市公共绿地平均每年需增加约 2 万公顷。

二、经济林种植产业

1. 基本界定

我国《森林法》规定,"经济林是以生产干鲜果品、食用油料、饮料、调料、香料、工业原料和药材等为主要目的的林木"。

经济林产业是指以获取经济效益为主要目的导向的营林活动、经济林木产品加工、营销等经济活动的耦合。随着我国林权制度改革的深入实施,经济林成为促进广大林农增收的重要渠道,也是林业产业结构调整的主要方向。(徐湘江等,2013)

2. 产业体系构成

经济林分为木本油料、木本粮食、木本纤维、木本药材、工业原料、干鲜果品等7大类。随着社会的发展,生物能源原料植物将逐渐崛起。我国幅员辽阔,资源丰富,已知的高等植物有3万多种,现经发掘利用,有经济价值的大约有2400多种,分属于170余科,其中经济林木不少于1000种,而广为栽培利用的有100余种。(岩务等,2015)

3. 国内发展概况

在我国这个资源丰富的大国里,有着很多经济林资源。通过调查发现,已经被发现的具有一定经济价值的树种有2500多种,被广泛栽培利用的就有1200多种。所谓的经济林产业,一般来说就是在发展林业的过程中又能够获得一定的经济效益,其中经济林种植的种类一般包括:生产油料、果品、药材等。通过不断发展,我国的经济林种植面积不断扩大,其中总面积已经超过了3200万 hm^2 ,占林业产值的60%,所产生的经济价值位于世界的首位。在我国中西部地区退耕还林中,经济林的发展起着非常重要的作用。近年来取得较好发展成效的产品主要有:灵武长枣、灵武黄杏、金冠苹果、大青葡萄等,深受人们的喜爱,有利于促进农民增收。随着我国经济林产业不断发展,很多问题也被逐渐暴露了出来,比如说,重视力度不够、经济林树种结构不合理、栽培管理措施不科学等,严重阻碍了我国林农的生产积极性与经济林产业的发展。(徐敏剑等,2013)

4. 相关产业政策状况

(1)《全国优势特色经济林发展布局规划(2013—2020)》

《规划》提出,重点选择木本油料、木本粮食、特色鲜果、木本药材、木本调料五大类30个优势特色经济林树种,分为优势经济林和特色经济林两类。其中,优势经济林包括油茶、核桃、板栗、枣、仁用杏5个树种,确定的优势区域为804个重点基地县,占规划所有县的74.8%。特色经济林包括油橄榄、榛子、香榧、杜仲、蓝莓等25个树种,确定的优势区域包括271个重点基地县。按照资源条件良好、生产规模较大、市场区位占优、产业化基础强、发展环境较佳等布局条件,分别确定不同的重点发展区域,优先规划布局,重点予以扶持,以期到2020年,初步形成科学合理、特色鲜明、功能健全、效益良好的优势特色经济林发展格局,实现优势产品供给能力、粮油安全保障水平、生态富民增收效果显著增强的发展目标。

《规划》指出优势特色经济林发展要以提高农民收入为根本目标,按照"生态建设产业化、产业发展生态化"的要求,积极调结构、转方式,大力推进布局区域化、栽培品种化、生产标准化、产品特色化和经营产业化。在新形势下发展经济林,要能带动生态总量增长,能有效改善民生,能充分利用山区资源,能增加有效供给,是刺激和拉动消费。综合考虑自然林地条件、资源分布状况和社会发展水平,按照合理区划、分类指导、突出重点的要求,将全国划分为五大优势特色经济林片区,即东北中温亚寒带片区、西北大陆性温带片区、华北黄河中下游暖温带片区、南方丘陵山地亚热带片区和西南高原季风性亚热带片区。

《规划》要求各地要按照"突出特色,统筹规划,科学引导,分步实施,重点扶持"的发展思路,重点实施好培育推广优良品种、建设优质高产示范基地、推行标准化生产、提升产业化水平、强化科技支撑五项任务。

(2)加快特色经济林产业发展的《意见》

《意见》主要从品种、科技、产业化经营、服务支撑体系和保障措施几个方面来指导经济林产业的发展。《意见》提出:到2020年,初步形成布局合理、特色鲜明、功能齐全、效益良好的特色经济林产业发展格局,实现我国特色经济林资源总量稳步增长,产品供给持续增加,质量水平大幅提高,木本粮油产业发展取得突破,经济林产业综合实力明显提升,富民增收效果显著增强的发展目标。

重点发展具有广阔市场前景、对农民增收带动作用明显的特色经济林,形成一批特色突出、竞争力强、国内知名的主产区,培育一批以特色经济林为当地林业支柱产业,产业集中度较高的重点县;建设一批优质、高产、高效、生态、安全的特色经济林示范基地。力争到2020年,特色经济林新增种植面积810万公顷,经济林总面积比2010年增加24%,达到4100万公顷;新增产量5000万吨,其中,木本粮食新增1350万吨,木本油料新增1100万吨,总产量比2010年增长40%,达到1.76亿吨,木本油料占国内油料产量比重提高到10%;实现总产值在2010年基础上翻一番,达到1.6万亿元以上;良种使用率达到90%以上,优质产品率达到80%以上;重点县农民来自经济林收入大幅增加,累计提供就业机会40亿个工日。

三、用材林种植产业

1. 基本界定

用材林(timber production forest)以培育和提供木材或竹材为主要目的的森林,是林业中种类多,数量大,分布普遍,材质好,用途广的主要林种之一。可分为一般用材林和专用用材林两种。前者指培育大径通用材种(主要是锯材)为主的森林;后者指专门培育某一材种的用材林,包括坑木林、纤维造纸林、胶合板材林等。

培育用材林总的目标是速生、丰产和优质。速生是缩短培育规定材种的年限;丰产指提高单位面积上的木材蓄积量和生长量;优质主要包括对干形(通直度、尖削度)、节疤(数量、大小)及材性(木材物理—力学特性、纤维素含量和特性等)等方面的要求。集约经营用材林有可能缩短培育年限的一半,但仅在部分条件较好、生产潜力较大的林地上采用。对这部分集约经营的森林(以人工林为主)称为速生丰产用材林。经营速生丰产林的业务称为高产林业或种植园式林业。

2. 产业体系构成

用材林是以生产木材或竹材为主要经营目的的乔木林、竹林、疏林。主要有:短伐期工业原料用材林;速生丰产用材林;一般用材林。也可分为一般用材林和专用用材林两种。前者指培育大径通用材种(主要是锯材)为主的森林;后者指专门培育某一材种的用材林,包括坑木林、纤维造纸林、胶合板材林等。主要用材林有桉树林、杨树林、泓森槐林、马尾松林等。

3. 国内外发展概况

(1)国内发展状况

改革开放以来,林业部门积极探索市场经济条件下用材林的发展道路,建设了一些重要树种的定向培育基地,摸索出一系列用材林建设管理办法和经验,总结出一批科研成果,指导用材林建设。1989年以来,在用材林培育、利用、管理机制等方面又有所创新;用材林的科技支撑、运行机制、管理体制也有了新的发展。

用材林基地建设是保护天然林资源、改善生态环境和建立林业产业体系的需要。根据《第八次全国森林资源清查(2009—2013)》数据表明,近年来中国人工林快速发展。人工林面积从原来的6169万公顷增加到6933万公顷,增加了764万公顷;人工林蓄积从原来的19.61亿立方米增加到24.83亿立方米,增加了5.22亿立方米。人工林面积继续居世界首位。

国家在主要生态脆弱地区和重点治理区实行天然林禁伐,加强生态环境建设,用材林在保障木材供给、保障生态环境建设顺利实施方面更为重要了。长期靠进口木材弥补木材缺口不符合国情和国际潮流,应立足于国内解决木材供给。认真借鉴国外发展人工用材林集约经营的成功经验。新西兰、智利、委内瑞拉、澳大利亚、阿根廷等国发展人工用材林取得了极大成功。他们利用很小部分条件好的林地通过高度集约经营人工林,不仅解决了国内木材供应问题,而且还变成了主要的木材出口国。我国提高人工林林地生产力水平和扩大用材林造林面积潜力很大。

(2)国外经验

许多国家对发展人工用材林都有自己的长远规划,并都配有相应的鼓励政策,国家投资、财政补贴、优惠贷款、税收政策等是各国鼓励发展人工林普遍采取的措施。巴西 1966 年实施的造林税收激励法案,使全国桉树人工林的发展,由此前的不足 20 万 hm^2,猛增到 1967 年的 36.4 万 hm^2,1985 年的 301.6 万 hm^2,1987 年的 500 万 hm^2。这个法案的主要内容是向造林者提供低息贷款、造林免税、降低林产品出口税等,其本质是利益驱动,正向激励,让人工林经营者有利可图。另外,大胆开放,放手发展国际合作。阿拉克鲁兹及冠军公司都是国际合资公司,巴西拥有股份。像阿拉克鲁兹公司,挪威占股 26%,美国烟草公司占股 26%,巴西银行占股 26%,社会集资占股 19%,其他占股 3%。

智利 1974 年通过的 701 号法令(林业振兴法)奠定了该国人工林成功发展的基础。该法的主要精神是:①规定划为林业用地的土地不进行土地改革(不会出现产权变动);②政府对造林、修枝提供 75% 的补贴金,但同时规定发放补贴的条件是,必须由国家林业部门(CONAF)批准其经营方案,并严格执行,否则就收回补贴金;③减免林业税收,如免收人工林继承、转让、赠与等税,减征木材采伐税 50%。1976—1995 年间,共造林 158.69 万 hm^2,政府实际补贴标准是 118 美元/hm^2,管理费 4 美元/hm^2,打枝费 28 美元/hm^2,固沙造林补助 203 美元/hm^2。另外,智利还在出口税率方面给予优惠。

印尼人工林发展的迅速成功得益于有力的造林激励政策。按照这个政策,印尼各省林业局造林,国家用造林基金提供 100% 的资助。这种造林基金取自原木采伐税。企业造林,国家提供 35% 的资助,另外还可向造林基金贷款 32.5%,其余 32.5% 从政府指定的银行申请低息贷款。民间造林(与国家合营),国家提供 14% 的资金,另外可从基金及银行分别贷款 32.5%,其余 21% 自筹。

日本的人工林发展,主要始于 20 世纪 50 年代。二战后,由于经济高速增长,日本连续制定了 3 个人工林发展法规,即 1946 年的《森林资源造林法》,1950 年的《造林临时措施法》,1952 年的《造林 10 年规划》,正是在这 3 个法规的支撑之下,日本不但于战后及时恢复了森林资源,而且使人工林比重由 1956 年时的 23%,增加到了 1990 年时的 41%,这期间,日本最多时一年造林 40 万 hm^2,就连陡坡也造上了柳杉人工林。(朱乾坤,2000;侯元兆等,2000;马花如,2009)

4. 相关产业政策状况

以速生丰产林为主:(1)20 世纪 50 年代后期提出营造速生丰产林的发展目标,研究制定速生丰产林基地规划。(2)20 世纪 80 年代是速生丰产林基地建设实施阶段。主要包括:2606 项目工程,1988 年国家计划委员会批准《关于抓紧一亿亩速生丰产用材林基地建设报告》;1989 年国务院批准实施《1989—2000 年全国造林绿化规划纲要》。(3)20 世纪 90 年代是速生丰产林基地建设全面推广阶段。这一阶段主要是以世界银行贷款为契机,充分利用国内外资金扶持,高质量、高标准地营造 390 万 hm² 的速生丰产林。(4)《国家林业局关于加快速生丰产用材林基地工程建设的若干意见》提出,在速生丰产林基地工程建设中,要坚持培育与利用相结合,推进产业一体化经营,同时加强科技水平。全部基地建成后,每年可提供木材 13337 万立方米,可支撑木浆生产能力 1386 万吨、人造板生产能力 2150 万立方米,提供大径级材 1579 万立方米。(5)《林业十三五规划》中指出:在东南沿海地区、长江中下游地区、黄淮海地区、西南适宜地区、京津冀地区、东北地区 6 大区域,集约培育速丰林、珍贵树种和大径级用材林 1400 万公顷。(6)《林业十三五规划》中表明,加快开展人工林经营。大力推进人工商品林集约经营,提高森林经营强度,积极改造低效退化林分,提高森林质量和林地产出。在自然条件适宜地区,建设一批集约化、规模化森林经营基地。推进人工公益林近自然经营,优先选择乡土树种、深根系树种作为目标树,大力培育混交、复层森林结构,根据林分生长状况和自然分化情况科学实施抚育经营,适时调整林分密度,促进林木生长。(7)探索推进百万亩人工林基地建设项目化管理。按项目建立营造林模型,按模型开展作业设计,按作业设计足额投入并组织实施,按设计目标监督考核。建立百万亩人工林基地建设投资标准与物价变化联动的动态调整机制。探索实行工程项目、技术标准、支持政策"三位一体"的生态修复管理模式。

四、竹子培育产业

1. 基本界定

竹产业是指包含并以竹资源培育为基础,以竹为主要原材料的产品加工和相关服务产业的综合,涵盖国民经济一、二、三产业,主要包括了竹林培育、竹材生产与加工、竹工艺品、竹家具、竹板、竹加工和相关生态旅游等方面。竹产业不仅是资源消耗型产业,还兼具生态、资金和技术密集等产业特点,它的开发能够促进生态与经济的综合发展,带动旅游业和文化的繁荣。近年来,随着竹资源面积和立竹量的不断上升、竹加工产业规模的逐渐扩大,竹产业已成为带动竹产区农民增收致富和区域经济发展的支柱产业。

2. 产业体系构成

竹子是生态、经济和社会效益结合最好的林种,具有生命力旺盛、成材周期短、无性繁殖能力强、经济价值高、可持续发展能力强的生物资源。竹子有多种用途,竹产业也有多种相关分类。竹子的利用已突破了传统的利用领域,被应用于农业、食品、环保、轻工、建筑、造纸、家居、包装、运输、旅游、纺织、医疗、电子、国防、航天等行业领域之中。竹产业体系包括:

（1）建材、工艺品类。竹制品可加工为竹材,建筑、装修、水利工程、运输、手工制品、文体用具等,还可制成竹家具,以及使用竹浆造纸。

（2）食品类。竹笋,鲜笋、笋干、笋罐头,竹汁饮料。

（3）竹炭、竹醋产业。竹炭、竹醋及其深加工产品在工业、农业、电子、国防、医疗、生活起居、生态环境和建筑装修等有广泛的应用。竹炭能够吸附有害气体,调节空气湿度,食物保鲜、消毒净化的功能。竹醋是天然的植物酸性液体,有200多种有用成分。

（4）竹纤维产业。竹纤维成为低碳经济时代的宠儿。竹纤维是一种有机的再生纤维素纤维。代表产品为天竹纤维,具有抑菌性、抗紫外线的功能,目前广泛应用于竹制服装领域,如毛巾、袜子、内衣、毛衫等。（杨开良,2012）

3. 国内外发展概况

（1）国内现状

中国是世界上最主要的产竹国,竹类资源、竹林面积、竹材蓄积、产量以及竹产品对外贸易量均居世界首位,素有"竹子王国"之誉。我国的竹产品涉及竹建材、竹日用品、竹工艺品、竹材人造板、竹浆造纸、竹炭、竹家具、竹纤维、竹笋加工品、竹子提取物等10大类,数千个品种。据统计,2015年,全国竹材产量32.559亿根。

（2）国外发展

世界有竹类植物70余属,1200余种,按地理分布可分为亚太竹区、美洲竹区和非洲竹区三大竹区,我国是世界上最主要的产竹国,素有"竹子王国"的美誉。

①日本的竹产业。日本竹产业发展同中国一样历史悠久。中国文化传入日本后,日本吸收了中国竹文化,并有着较好的传承与发展,与日本固有的竹文化结合在一起,形成了独特的日本竹文化。日本竹文化是日本文化的重要组成部分,日本人用竹制作的折扇,在宋朝的中日贸易中,是最主要的交易商品之一,深受中国人的喜爱。日本每年向外国大量进口竹材和竹产品,尤其是笋食品。为了维护竹产业的发展,日本加强高科技支持竹产业的发展,在竹材利用技术开发上注重科技投入,开发了竹炭、竹醋液、竹纤维、竹炭纤维等高科技竹产品。日本的竹产业是有着浓郁的竹文化与高科技内涵,引领世界竹子的加工利用方向。

②印度竹产业。竹材在印度有"穷人的木材"之称。印度前总理瓦杰帕伊称竹子为"绿色黄金",并表示印度将把大力发展竹产业作为推动农村经济发展的火车头。2005年1月25日,印度总统阿卜杜勒·卡拉姆提出.发展竹产业是印度2020年成为世界强国的十大国家行动计划之一,为此印度政府将投入5.65亿美元实施"国家竹子发展计划"。2006年,印度开始在东北部最大的竹产区米佐拉

姆邦省建造两座以竹子为燃料的新型环保电厂。

③美国竹产业。美国原产的竹子资源并不多,原产的竹子也只有几种,除大青篱竹及其两个亚种外,没有乡土竹种,19世纪末期就开始引入竹子。20世纪初期,美国农业部组织对竹子制浆进行了研究,从世界各地进行了较大规模的竹种采集和引进。种植在美国各地的植物引种站,竹种引进取得了较大进展。美国人对竹子产生较大兴趣,把它作为景观利用、防治侵蚀、制作工艺品的原材料和食物。20世纪70年代末,美国成立了"竹子协会",开展了大量竹子教育、宣传和引种工作,为竹子在美国的普及和推广及美国竹业发展作出了很大贡献。

国际竹藤中心于2016年12月13日与韩国全南国立大学进行了学术交流,8月开办了加纳竹藤制品开发与加工技术培训班,2016年还接待美国、埃塞俄比亚的林业部门相关负责人来访,其中,埃塞俄比亚打算打造"中非竹子中心"。

由此可以看出,中国依靠竹产业优势,通过竹产业积极与世界各国交往,以此为媒介加强与世界各国的经济、文化交流。(郑友苗,2014;滕波明,2011;许传德,1998;苗艳凤,2015)

4. 相关产业政策状况

《全国竹产业发展规划(2013—2020)》首先分析了竹产业发展的况和面临的形势、需求。竹产业发展的基本原则:坚持兴竹富民、改善生态、合理布局、突出重点、适度规模、提升品质、科技支撑、示范辐射、政策扶持、市场导向的原则。

该规划总目标是:按照绿色经济、低碳经济的发展要求,通过一、二、三产业的协调发展,力争到2020年竹产业实现跨越式发展,为实现竹资源大国向竹产业强国转变奠定基础。2015年竹产业总产值达到2000亿元,比2011年增长66.5%;2020年竹产业总产值达到3000亿元,竹产业直接就业人数1000万人,竹区农民竹业收入2100元,占农民人均纯收入的20%以上。

该《规划》重点分析了竹产业的建设任务,主要包括:

(一)资源培育工程:竹林基地建设,竹种苗木繁育基地建设,竹区道路建设。

(二)竹加工产业建设:竹笋加工业应在现有的基础上,一方面要精深加工传统产品,提高其品味和附加值,另一方面要积极开发新产品,以适应不同区域或不同国度人群饮食习惯的需求,开发不同风味的即食型竹笋产品,以适应社会生活节奏快的需求,扩大国内外市场。各产竹区应因地制宜,大力开发不同竹种的竹笋加工产品,拓展竹笋资源的利用领域。同时,要积极开发利用竹笋加工产生的废料,变废为宝,提升竹笋加工业的效益。

(三)竹文化建设:在传承竹文化精髓的基础上,深度挖掘和弘扬竹文化,举办"竹文化节""笋文化节"等活动,开发建设竹文化博物馆、竹工艺品博物馆,大力宣教竹文化的历史文化内涵及其高尚的人文情操,让世界关注中国,让中国走向世界。此外,积极申报竹产品和竹炭产品原产地地理标志,以竹产品和竹炭产品原产地地理标志使用为载体,强化竹文化产业建设,促进国际竹文化研究、竹产品和竹炭产品企业及客商向中国集聚,使产业与文化相得益彰,互添风采。

(四)规划实施支撑体系建设:科技支撑体系,原材料、产品交易市场支撑体系,产品标准制定与产品质量检测体系,现代竹产业经济园区体系,竹产业信息化系统。

第四节　森林管护保护经济产业

森林管护和保护一般包括森林管护、绿地养护、病虫鼠害防治、修枝、抚育看护等,病虫鼠害防治、修枝、抚育看护等工作可以被纳入到广义的森林管护中,而绿地养护,在我国又主要是指城市绿地养护,与森林管护在概念内涵与具体实践中都具有极大的差异,难以纳入到同一体系进行论述,故而下文将围绕森林资源管护和城市绿地养护两个方面来介绍森林管护保护经济产业。

一、森林资源管护

1. 界定

森林资源管护,一般认为就是对森林进行管理和保护。森林资源具有调节气候、涵养水源、保持水土、防风固沙、美化环境、减少自然灾害的重要作用,一旦遭到破坏,不但农业生产受到影响,生态环境也将恶化。加强森林资源管护对于保护生态环境,促进可持续发展,具有重要意义。(蒋丽华,2011)

在我国,森林资源管护还未形成独立的产业,无论发展何种森林经济产业,对森林进行日常的管理和保护都是必不可少的,因而其往往被纳入到其他森林产业中,成为发展其他森林产业的必不可少的条件。

2. 产业体系构成

一般认为,森林资源管护主要包括:对森林进行抚育管理、开展森林病虫害防治、开展森林防火、保护森林枯落物、保护森林物种多样性等。

(1)对森林进行抚育管理

森林的抚育管理是根据林分生长发育、自然稀疏规律和森林培育目标,适时采取松土除草、施肥、割灌、扩堰、定株、修枝、间伐等人为干预措施,提高幼林的成活率和保存率,调整树种组成和林分密度,改善林木生长发育的环境条件,以充分

发挥其生态效益、社会效益和经济效益。(蒋丽华,2011)

(2)开展森林病虫害防治

森林病虫害防治是保护森林工作的重要任务之一,林木在生长发育过程中,常常会遭受病害或虫害,无论种子、幼苗、幼树或者成林,都有可能发生病虫危害,不仅会影响林木的生长量、结实量和木材质量,而且会使成片的森林死亡。(蒋丽华,2011)

林病虫害产生的原因主要有两个方面,自然方面的原因和人为方面的原因。自然原因方面,害虫可以依靠自身强大的繁殖能力,迅速、大量的传播到自然环境中,对森林、树木造成严重的影响。人为方面,随着社会经济的不断发展,人们对自然环境的破坏日趋严重,环境的污染为害虫提供了繁殖的便利,这些害虫通过环境的变化而出现不同程度的变异,导致病虫害爆发时人们可能无法及时找到相应的应对手段。(杨婕、沈伟、冯春苔,2015)

森林病虫害的种类繁多,危害部位各异。要做到有效地防治,就要研究各种病虫害发生发展的规律,研究各种有效的防治技术和方法。现代林业科学的发展,要求从森林生态系统的高度,研究病虫害防治的理论,尽可能地采用营林和生物防治的先进技术。

(3)开展森林防火

火灾是森林的大敌,一场火就可能把大片的森林化为灰烬。引起森林火灾有自然因素和人为因素两种,而人为活动是造成森林火灾的主要原因,所构成的危险性最大。森林火灾一旦发生,不仅烧毁林木,而且在扑救中耗费大量的人力和财力,所以必须十分注意防火工作。防火的关键在于杜绝火源,因此必须坚决执行森林防火条例,严禁一切没有安全措施的野外用火。(蒋丽华,2011)防止森林火灾要贯彻"预防为主,积极消灭"的方针。在预防火灾的同时,还要搞好扑火灭火的组织和设施的建设。要建立准确而严密的监测系统,及时地发现火情。要有先进的扑火技术和设施,一旦发现火情迅速扑灭,防止成灾。做到"早发现、早报告、早扑灭"。

(4)保护森林枯落物

森林枯落物层由林分植物落下的茎叶、枝条、芽、鳞、花、果实、树皮等凋落物及动植物残体分解而成。在土壤形成过程中,枯枝落叶层是土壤有机质养分的重要来源。林地枯落物层一般可分为上、中、下三层。上层为未分解层,在被人破坏的情况下,它的厚度因树种、生长状况和当地气温、湿度不同而异;中层为半分解层,其有机残体已被分解,但原形依然可辨;下层则为分解层,它对增加土壤有机质,改善土壤结构起着直接的作用。下层疏松多孔,空气和水分条件均较好,是低等动植物和微生物活动最活跃的场所,它所造成的海绵状吸水体较一般土壤有更大的孔隙率和持水力,吸收和渗透降水的能力很大。枯枝落叶层是森林结构中重要的组成部分,是森林地表的一个重要覆盖面,形成森林水分效应的第二活动层。(蒋丽华,2011)因此,保护好森林枯落物意义重大。

（5）保护森林的物种多样性

生命系统是一个等级系统,包括多个层次水平。基因、细胞、组织、器官、物种、种群、群落、生态系统、景观。每一个层次都存在着丰富的变化,都存在着多样性。但在理论与实践上较重要、研究较多的是物种多样性。物种是一级生物分类单元,代表一群形态上、生理上、生化上与其他生物有明显区别的生物。当今世界面临的严重问题之一就是森林面积在逐步减少,森林植物和动物物种在不断灭绝。因此,建立森林自然保护区,保护森林种质资源也是森林保护的重要内容和任务。

3. 相关产业政策状况

（1）天然林保护工程森林管护制度

天保工程区森林管护实行森林管护责任协议书制度。森林管护责任协议书应当明确管护范围、责任、期限、措施和质量要求、管护费支付、奖惩等内容。

根据国家林业局制定的《天保工程森林管护管理办法》,森林管护人员的主要职责包括:①宣传天然林资源保护政策和有关法律、法规。②制止盗伐滥采森林和林木、毁林开垦和侵占林地的行为,并及时报告有关情况。③负责森林防火巡查,制止违章用火,发现火情及时采取有效控制措施并报告有关情况。④及时发现和报告森林有害生物发生情况。⑤制止乱捕乱猎野生动物和破坏野生植物的违法行为,并及时报告有关情况。⑥阻止牲畜进入管护责任区毁坏林木及幼林。⑦及时报告山体滑坡、泥石流、冰雪灾害等对森林资源的危害情况。

（2）国家林业局近年出台的有关森林管护的规范性文件

国家林业局出台的有关森林管护的专门性政策文件并不多,通过国家林业局网站的规范性文件查询系统,可以查阅到相关文件。可以看出,近些年来,国家加大了对森林管护工作的重视程度,尤其在 2012 年以后,相关政策文件的出台更加密集。如《天然林资源保护工程森林管护管理办法》(2012)、《国家林业局关于严格保护天然林的通知》(2015)、《三北防护林体系建设五期工程百万亩防护林基地建设管理办法》(2016)等。

二、城市绿地养护

1. 界定

城市绿地的概念有狭义和广义之分。狭义的城市绿地是指城市中人工种植花草树木形成的绿色空间;广义的城市绿地是指以自然植被和人工植被为主要存在形态的城市用地,主要包括以下两层含义的内容:一是城市建设用地范围内用于绿化的土地,二是城市建设用地之外,对城市生态、景观和居民休闲生活具有积极作用、绿化环境较好的区域,也就是对被植物覆盖的土地、空扩地和水体的总称。城市绿地可分为永久性绿地和园林绿地两类,前者指农耕地和天然绿地,后者指分布在城市地域范围内、人工种植、养护的绿地。由此可以将城市绿地理解为位于城市范围以内包括城区和郊区的所有绿地或者是城市中专门用以改善生态、保护环境、为居民提供游憩场地和美化景观的绿化用地。各国的法律规范和学术研究有着不同的解释,两方城市规划中称为开敞空间。我国许多城市所作的绿地规划赋予城市绿地的含义只包括有树木花草等植物生长所形成的绿色地块,如森林、花园、草地等和植物生长占用的地块,如城市花园,自然风景保护区等这两个方面,但不包括城市范围的农地,即狭义的城市绿地。(马锦义,2002)

城市绿地养护则是园林建设的再生产和再加工工艺,是研究如何按照设计意图,保证植被按照其固有生长规律,通过修剪、移植调整、施肥、病虫害防治、灌溉等人工进行的良性干预,使各层次的植物保持其各自的生态位,形成互惠互利、层次分明、色彩调和的外貌,最终形成一个合理稳定的复层植物群落的过程。(蒙琼,2010)

2. 产业体系构成

在我国城市绿地养护也未形成独立而专业的产业体系,虽然早有研究人员呼吁要推进城市绿地养护的市场化改革(陆广潮,2006),但就目前情况来看,更多的仍是将城市绿地养护作为城市的公共产品,由各级政府部门提供,主要形成了如下三种模式。

(1)事业单位管理模式

目前我国大部分城市采用事业单位管理模式,目前大部分城市仍采用,即城市园林绿化养护是由政府部门下属的绿化队全面负责,采取的是"以费养人"的事业单位管理模式。(陆广潮,2006)

(2)双轨制管理模式

由于体制和经费问题,作为改革的过渡阶段,对新建绿地实行市场化管理,而对原有的绿地仍然按照事业单位管理模式。

(3)市场化管理模式

即实行企业化承包、专业化管理的办法。绿化养护实行作业层和管理层分开,管理层为绿化主管部门,仍为政府机构,行使绿化养护的管理、指导和监督职能。将作业层的工作(浇水、施肥、清除杂草、防治病虫害、修剪等)直接推向社会,养护单位由有资质的园林绿化养护企业通过投标方式决定,按投标中标价支付经费,养护工人由承包公司雇佣管理。目前只有深圳、上海等少数城市完全实行了绿化养护市场化管理。

陆广潮(2007)认为,在公共绿地养护中引入竞争机制,走向市场,进行市场化管理,这一管理模式的推行,收到了良好的效果,主要表现在:①节约了经费。如上海市浦东新区的道路绿化在实行社会招标养护后,节约的绿化养护经费为5～10%。②在养护企业间形成了竞争,提高了养护质量。绿化养护实行社会招标后,对中标养护企业实行合同管理,明确养护标准和要求,细化考核标准,对养护质量差的企业进行相应的处罚,而对养护质量好的企业进行奖励。如上海市采取了对养护质量不合格的养护企业进行淘汰。③精简压缩了园林绿地养护人员的编制,提高了政府经费的使用效果。深圳市从1998年开始在城市公共绿地管养中全面推行市场化管理后,精简压缩了园林绿化养护人员的编制,使政府所投入的经费最大限度地用于绿化养护上,提高了政府经费的使用效果。(朱伟华、丁少江,2000)

3. 产业相关政策

当前,各地方有关部门,根据当地的实际情况,因地制宜地制定了城市绿地建设的相关准则。如2015年,北京市印发了《北京市公共绿地建设管理办法》。同年,上海市组织《上海海绵城市绿地建设技术导则》编制工作并于2016年出台了《上海市城市绿化条例》。

第五节 非木质林产品采集经济产业

一、基本界定

根据联合国粮农组织(FAO)的定义:非木质林产品(Non–wood Forest Products,缩写为NWFPs)是从以森林资源为核心的生物群落中获得的能满足人类生存或生产需要的产品和服务,可划分为:木本植物、木本油料、食用菌、森林药材、香料、饲料、竹藤制品、野味和森林旅游。(张爱美等,2008)具体包括植物类产品如野果、药材等;动物类产品如野生动物的蛋白质、昆虫产品(蜂蜜、紫胶);服务类产品如森林旅游类。(卢萍、罗明灿,2009)李超等(2011)认为适合我国森林认证的非木质林产品定义,是以健康的森林生态环境为依托,除木材以外的其他森林资源及其衍生资源,如植物及植物产品、动物及动物产品、菌类和生态景观及生态服务等。

根据汉典(zdic.net),"采集"意为收集材料或实物。根据《辞海》,"采集经济"指原始社会前期以采集天然生长植物为生的经济。在原始群阶段,人们只能使用棍棒和石块等原始的生产工具,无力猎取大的动物,主要靠采集植物的茎叶、果实或根为生。

根据以上定义,非木质林产品采集经济产业可以简单界定为依靠采集非木材的植物类为主的林产品而维持人类生存和发展的经济形式。这些林产品主要包括蘑菇、山野菜、野果、薪柴、蜂蜜、枯落物等。

二、产业体系构成

(一)非木质林产品分类

李超等(2011)依据非木质林产品的定义和非木质林产品认证的基本思想,即非木质林产品是否来源于可持续发展的森林为基本准则;以我国非木质林产品生产市级为基础,借鉴国际通用非木质林产品分类标准,以非木质林产品的实际用途为基本依据,提出适合我国具体国情的非木质林产品分类体系,并在此基础上,对类型较为复杂和运用极其广泛的植物及植物产品类划分为干果、水果、山野菜、茶和咖啡、林化产品、木本油料、苗木花卉、竹及竹制品、药用植物(含香料)、珍稀濒危植物、非木质的纤维材料和竹藤、软木及其他纤维材料等 12 个二级类,如图 4-2 所示。(二)非木质林产品产业类别

张雨竹等(2016)以黑龙江省为例对非木质林产品行业的发展进行了研究,基本上勾勒出了林业中非木质林产品产业体系:林业的第一产业中非木质林产行业主要有水果、茶及其他饮料作物,中药材、森林食品、花卉及其他观赏植物,陆生野生动物、林产化学产品、林业旅游与休闲服务以及林业生态服务等(赵静,2014);林业第二产业中包含的非木质林产品产业有林产化学产品制造和非木质林产品加工制造业;林业第三产业中包含的非木质林产品产业有林业旅游及休闲服务和林业生态服务。而非木质林产品采集产业若根据采集内容可划分为食用菌采集产业、薪材采集产业、药材采集产业、山野菜采集产业等等。

三、国内外发展概况

1992 年联合国环境与发展大会(UNCED)在 21 世纪议程中明确地指出,"森林和林地作为发展的一种重要资源,巨大潜力尚未得到充分认识。森林管理的改善可以增加产品和服务的产量,尤其是木材和非木质林产品的产量,从而有助于增加就业和收入,林产品加工和贸易的增值,增加外汇和投资利润。森林是可再

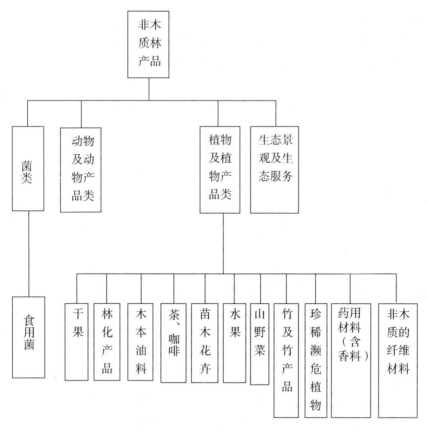

图 4 - 2 非木质林产品分类

生资源,所以应采用与环境保护相适应的方式,实行森林可持续经营",并强调指出,各国政府应对非木质林产品的开发和利用进行科学调查;对木材和非木质林产品的特性及其用途进行研究,以促进其更佳利用;提倡和扶持非木质林产品的加工,提高其经济价值和效益;宣传和推广非木质林产品研究,促进其发展。

(一)国内

我国有极其丰富的非木质林产品资源。根据不完全统计,我国林区仅木本植物就有 1900 种,其中芳香植物有 340 多种,可开发利用的食用植物 120 多种;药用植物约 400 种,经济植物 100 多种;蜜源植物 800 多种。此外,还有野生动物 500 多种。这些丰富的资源不仅为我国人民提供了大量的生活用品来源和就业机会,而且为国家创造了极大的经济产值和外汇收入。

以新疆为例,新疆有重大经济价值的非木质林产品,诸如新疆紫草、雪莲、一枝蒿等,在新疆山区都曾有很大的天然分布面积。并且一些非木质林产品得到开发利用,如新疆紫草为新疆四大支柱药材之一,由于其高效的药理活性和紫草色素含量最高,为商品紫草的主要来源,产量占全国紫草产量的70%,行销全国并出口,但是其生物学特征和人工种植技术等的研究,目前尚属空白。野生雪莲由于几十年来的无计划采收,使其自然更新困难,种群数量越来越少,以至不能满足市场的需求,因此我们要利用其资源优势,进行人工种植研究。

通过资料查询和实地调研发现我国当前非木质林产品资源开发利用主要呈现以下几个特征。

(1)我国已开发利用非木质林产品的种类较多、数量庞大。我国已开发利用的非木质林产品种类较多,其中的食用、工业用和药用等类型产品,对社会经济发展及人民生活贡献较大。同时我国非木质林产品产量较大,截至2005年,可食用类非木质林产品产量我国约占世界总产量的75%,工业用非木质林产品产量更是占世界比重的70%。

(2)我国非木质林产品资源主要分布于林区,涉及人口数量较大。不同非木质林产品的生长环境差异性较大,对林分的要求亦不同。我国森林资源绝大部分的分布于各类山区,尤其是森林资源较为丰富的区域,是我国非木质林产品开发利用的重点区域。

(3)经营管理方式较为粗放。我国大部分林区的非木质林产品的经营管理处在同森林木材一同经营管理的水平,未能区别对待,甚至部分地区为了林木生长进行"清林"对非木质林产品的灌木和草本等进行清除,极大地降低了森林生物多样性,减少了森林中非木质林产品资源的潜在利用价值。

(4)开发利用方式较为简单,主要采用"采集－出售"的方式。对非木质林产品的采摘方式较为粗放,部分林区居民为当前利益对非木质林产品进行破坏性采摘,缺乏必要的管理和相关培训。一直以来,我国林区居民以"采集—出售"为主要方式参与非木质林产品开发利用。如此一来,林区居民由非木质林产品的开发利用中获取的收益很低。为了能够获得更大利益,当地居民自然会加大采集力度,无法顾及当地森林生态系统的实际承载力,最终可能导致该地区生态系统非木质林产品产量的减少甚至某些森林资源的衰竭。

(5)企业规模较小,缺乏深加工。与日本、法国等非木质林产品利用较发达的国家相比,我国非木质林产品的企业规模一般较小,未能整合资源优势,实现从产地到市场的经营—管理—生产—销售整体品牌优势。大部分非木质林产品的加工流程较为简单,产品种类较为单一,未能深加工,挖掘出其更深层次的价值。

(二)国际

随着科学技术的发展和人们对森林生态效益和社会效益要求的提高,非木质林产品在促进当地社区的经济发展、保护生态环境和促进林业可持续发展方面的作用日益突出，主要体现在：

1. 非木质林产品已成为当今人们生活的重要组成部分。非木质林产品种类多，从食品、药品、保健品、建材到森林旅游，覆盖面广，已成为人们生活中重要的组成部分。据报道，热带国家非木质林产品的种类繁多，在非洲干旱和半干旱地带可食用的植物种类达 800 多种，印度和泰国有 150 多种。据世界健康组织估计，在发达国家有 80% 的人利用非木质林产品是出于健康和营养需要。韩国游憩林从 1989 年开始设计与建设，10 年间建成了 60 多个，截止到 2000 年，已有 100 余家。

2. 非木质林产品在经济发展中发挥了重要的作用。非木质林产品经济发展中的作用体现在增加税收和出口创汇方面。据联合国粮农组织调查，1996 年全球仅中草药这一项的交易就达到 14 亿美元，1997 年全球非木质林产品交易额近 90 亿美元，欧洲是非木质林产品交易的最大市场，占世界交易额的近一半，亚洲其次，占 36%。1998 年美国仅中草药的销售就达 3.97 亿美元。东南亚诸国如印尼、马来西亚每年藤条出口超过 3 亿美元。20 世纪 50 年代末印度的非木质林产品年均收入约 1 亿卢比（250 万美元），到了 20 世纪 90 年代增加到 200 亿卢比（50000 万美元），现在印度的非木质林产品贸易额达 10 亿美元。非木质林产品占印度林产品出口的 70%，1990—1991 年印度非木质林产品出口占全国出口额的 13%。林业专家对亚马逊热带森林资源评估时指出，热带森林资源的价值远远大于以前所估计的价值，非木质林产品的价值比木材林产品的价值大得多，非木质林产品的税收是木材产品的 23 倍。

3. 非木质林产品对林区周边家庭的生活和就业有重大影响。森林中的非木质林产品资源丰富，特别是在热带森林中，开发利用非木质林产品不仅可满足人们日常生活的需要，还可以提供就业和收入，对许多发展中国家的农村经济起到了决定性的作用。印度许多贫困地区 90% 以上的人是依靠非木质林产品生存的，非木质林产品产业为生活在林区或林区附近的人提供了 5 亿次就业机会，非木质林产品的收入占印度某些农村家庭收入的 50%—60%，是维持生计的主要来源。孟加拉国 Sundarba 地区非木质林产品产业每年为林区周边地区的人提供 50 万个就业机会。

四、相关产业政策状况

森林所提供的非木质林产品主要包含两大类：一是以发展林下经济为主提供实际非木材产品；另一类为发展旅游、健康养业为主提供碳汇、休闲游憩等无形产品。当前，为促进非木质林产品产业健康、快速发展，国家有关部门出台了各项措施。

2011年,国家林业局、国家旅游局联合发布了《关于加快发展森林旅游的意见》,旨在深入贯彻落实《中共中央国务院关于全面推进集体林权制度改革的意见》(中发〔2008〕10号)和《国务院关于加快发展旅游业的意见》(国发〔2009〕41号),进一步挖掘我国森林旅游的发展潜力,提升发展水平。

2014年5月,为深入贯彻落实《国务院办公厅关于加快林下经济发展的意见》和《国家林业局关于加快推进森林认证工作的指导意见》,推动林下经济发展,转变林业经营模式,提高林下经济(非木质林产品)附加值和社会认知度,促进森林可持续经营,国家林业局决定开展林下经济(非木质林产品)认证试点工作。

2015年1月,国家林业局发布并开始实施《全国集体林地林下经济发展规划纲要(2014—2020年)》。该《规划纲要》对林下种植、林下养殖、相关产品采集加工和森林景观利用进行了总体布局,提出力争到2020年实现林下经济产值和农民林业综合收入稳定增长,全国发展林下种植面积约1800万公顷,实现林下经济总产值1.5万亿元的目标。

《2016年中央一号文件》指出,要大力发展休闲农业和乡村旅游。依托农村绿水青山、田园风光、乡土文化等资源,大力发展休闲度假、旅游观光、养生养老、创意农业、农耕体验、乡村手工艺等,使之成为繁荣农村、富裕农民的新兴支柱产业。

《2017年中央一号文件》大力发展乡村休闲旅游产业。充分发挥乡村各类物质与非物质资源富集的独特优势,利用"旅游+""生态+"等模式,推进农业、林业与旅游、教育、文化、康养等产业深度融合。

第六节 林下种养殖经济产业

一、基本界定

关于林下经济产业的概念,学界尚未有统一的定义。目前主要从两个角度对其进行定义:从系统的整体性和主体功能性方面,翟明普(2011)将其定义为以林地资源为基础,充分利用林下特有的环境条件,选择适合林下种植和养殖的植物、动物和微生物物种,构建和谐稳定的复合林农业系统。张佰顺(2008)认为林下经济是以生态学原理为基础,遵循技术、经济规律建立一种有多种群、多层次、多序列、多功能、多效益、低投入、高产出的高效、持续稳定的生产系统。另一方面则从生产经营活动方面对其进行定义:顾晓君等(2008)从农业经营的角度对其定义为"林下经济是借助林地的生态环境,利用林地资源,在林冠下开展林、农、牧等多种项目的复合经营"。李丹等(2013)认为"林下经济是充分利用林下土地资源和林阴优势从事林下种植、养殖等立体复合生产经营,从而使农林牧各业实现资源共享、优势互补、循环相生、协调发展的生态农业模式"。

综上,我们认为林下经济产业林下经济主要包括以下几个方面:第一是以森林为主要空间的经营活动,第二是以生态学、经济学为理论基础,第三是以获得经济、生态和社会效益为目的。

在现有研究的基础上,本书将林下经济定位为:以生态学、经济学原理为基础,以林地资源和森林生态环境为依托,遵循经济规律,发展林下种植、林下养殖等农业生产经营活动,以实现经济、生态、社会效益的统一。

二、产业体系构成

我国国土面积辽阔,各地区气候环境差异较大,经济状况不同,造成林下经济发展模式呈现多样化特点,一些省份已经形成了具有鲜明地方特色、典型的林下经济发展模式。目前,林下经济产业大致可划分为林下种植产业、林下养殖产业、林下种养殖复合模式三大类。林下种植模式包括林草、林药、林油、林菌等模式;林下养殖模式包括林禽模式、林畜等模式,如图4-3所示。

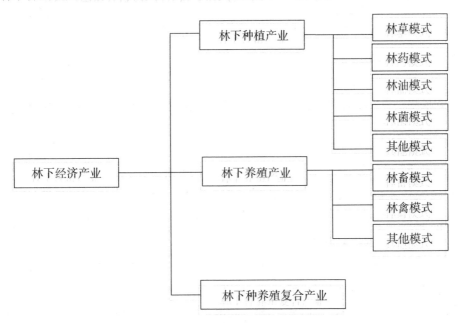

图4-3 林下经济产业体系构成

1. 林下种植产业

林草模式:在林下套种诸如多花黑牧草、紫花苜蓿等耐阴性牧草,不仅可以在幼龄林下套种,也可在郁闭的中龄林、近熟林下套种,在一些相对高大的速生林下种植牧草,方法简便易行。(刘新波,2007)

林药模式:是在未郁闭的用材林、经济林、竹林等林下种植较为耐阴的药材。通过间作,林木为药材提供隐蔽条件,防止夏季烈日高温伤害,同时林下间作药材采用集约化的精耕细作,有利于改良土壤、增加肥力,促进林木生长。可以种植诸如贝母、玉竹、玄参、半夏、草珊瑚、金银花、金线莲、杭白菊、何首乌、绞股蓝以及霍山石斛等药材。(刘志武,2013)

林油粮模式:在一些耕地利用已经饱和的地区,可在林下发展大豆、花生等油料作物种植,由于油料作物属浅根作物,通常情况下不与林木争夺水、肥,有利于实现作物与林木共同生长;也可种植诸如小麦、谷子等农作物,由于该类作物会与林木争夺水、肥,使作物产量和林木生长量均受到一定程度的影响。(李娅,2013)

林菌模式:即充分利用林荫下空气湿度大、氧气充足、光照强度低、昼夜温差小的特点, 在郁闭的林下种植平菇、双孢菇、鸡腿菇、毛木耳、金针菇、鲍鱼菇等食用菌,其主料为麦秸、玉米秸等农作物废料,一次搭棚下料,可多茬轮种,技术成熟,市场潜力大,收益高, 是荫蔽林地种植的首要模式。林下发展草菇,原料成本低,可以循环利用,种草菇后的培养基废料可作林地肥料,促进林木生长。(海渤,2010)

2. 林下养殖产业

林禽经营模式:是在林下采用放养或圈养鸡、鸭、鹅等禽类(海渤,2010),一方面能够提供给家禽以林下昆虫、小动物及杂草植物等,对杂草、害虫起到抑制作用;此外家禽还能提供给林木生长所需的有机肥料。

林畜模式:主要是在林间种植牧草并养殖肉用牛、奶牛、肉兔、肉用羊等畜类。一些如速生杨等林木的叶子,种植的牧草及树下可食用的杂草都可用来饲养牛、羊、兔等。养殖牲畜所产生的粪便又能为林木提供大量的有机肥料,促进林木的生长。(张惠敏,2016)

3. 林下种养殖复合模式

复合模式即包括以上几个综合的模式,形成立体或者循环种养模式。如利用林下种植的牧草,作为奶牛、羊、鹅等草食性动物饲料, 放牧鹅等动物;利用修剪的林木枝条粉碎作为种植食用菌的袋料,利用食用菌生产的袋料废弃物作为林下牧草或林木生长营养, 也可作为水产的饲料来源。(顾晓君,2008)

4. 产业特点

一是坚持生态优生,确保生态环境得到有效保护。森林资源培育是主要的,林下种养植只是一种副业,不管林下种植何种作物,保护生态都是最重要的。林下种植以不破坏生态环境为前提,实施后有利于有效保护生态环境,提高林地的综合效益。(刘志武,2013)

二是林下种养植解决了因退耕还林所导致的农林空间利益冲突问题,将双赢的理念运用到林业资源的优化配置上,既满足当前农林经济发展,长远上又形成和谐生态环境的良性局面,实现了林业的可持续发展。

三是极大提升了林地的使用价值和附加值,为山区、山林以及经济林的种植户开辟了一条快速增收致富的理想道路,具有较强的适应性。(赵峰,2013)

三、国内外发展概况

1. 国内发展概况

我国林下经济产业主要是在近 10 年才大力发展起来的,但在早期以形成了包含林下经济思想的林业立体经营形式,结合其他学者研究成果,认为我国林下经济发展沿革大致可分为初步发展阶段、转型发展阶段、探索发展阶段以及全面发展阶段。

初步发展阶段(20 世纪 80 年代初至 90 年代末)。该阶段是我国林业理论探索最为活跃的时期,各种林业相关理论层出不穷,包括森林永续利用理论、林业分工理论和生态林业理论等。此阶段林下经济的发展尚处于初期阶段,数量、规模均较小,一些地区出现林粮间作、林渔、林鸭、林参、林蛙、林菌等林下经营模式。

转型发展阶段(1998—2003 年)。自"南北洪涝灾害"后,林业所具有的重要生态效应日益显现,国家启动了天然林保护工程,一些重点传统林区的"木材经济"受到较大制约,过去依靠"木材求生存"的观念,已不能适应林业发展需求,林区经济开始变型转轨,林产多种经营和林下经济得到较快发展。这一时期,发展重点集中在东北林区和西南林区。

探索发展阶段(2003—2009 年)。2003 年 6 月,伴随着《中共中央国务院关于加快林业发展的决定》出台实施,以可持续发展理论为基础的现代林业思想日臻成熟。具体表现在,林业产权制度改革进一步落实,非公有制林业蓬勃发展;林业"六大重点工程"全面展开,林业规模化步伐明显加快;防沙治沙、退耕还林后续产业迅速发展,林下资源产业化开发伴随成长,一批典型模式相继孵出。这一时期,北京、吉林、黑龙江、辽宁、山东、江苏、广西、云南、贵州等地林下经济发展较快。

全面发展阶段(2009 年至今)。全国各林区相继实施林权改革后,农户成为林地经营的主体,在生态环境必须得到有效保护的前提下,如何更好地实现森林资源的经济价值,促进当地农户增加收入是各级职能部门、学术界急需解决的问题之一。因此,各省份大力发展林下经济,并对其发展模式进行了大量有益探索,以此来缓解经济发展和生态保护之间的矛盾。未来林下经济发展将面临着空前有利的政策环境,这有利于各地发展经验在全国范围内全面推广,林下经济将进入全面快速发展时期。

2. 国外发展概况

虽然林下经济为近年来林业新的发展方向,但其理论基础却来源于很早就提出的农林复合经营原理、生态经济学原理、循环经济学原理等,其主体和内涵为农林复合经营。农林复合经营,人们又称之为农用林业、混农林业或农林业,其名称有多种,但其基本内涵没有多大区别。1969 年联合国粮农总干事 King 首次提出混农林业这一术语,并且将其定义为"在同一土地单元内将农作物生产和林业、畜牧业生产同时或交替结合起来,使土地总生产力得以提高的持续性土地经营系统"。1982 年,《Agroforestry System》创刊,使农林复合经营成为一门独立的学科。1980 年联合国粮农组织(FAO)林业委员会提出:林业的发展应与农业、畜牧业结合起来,与解决贫困化结合起来。(王宗星,2013)

由于发展中国家以农林业经济为他们的主要经济形式,所以国外的林下经济活动主要以发展中国家为主。因为发展中国家的人力资源充裕,农民也是"靠山吃饭",所以他们完全可以依靠这个经济模式获得经济收益。而到了发达国家,他们更多的是注重森林旅游的研究,以及社会、生态等方面的协同发展。国外现有的几个国家发展林下经济的实践实例。

在非洲,当地学者开发了一种新的造林方法——屏蔽造林法,也就是把一些树木不规则地种植在田地里,这种方法也能够有效的防止沙化,起到了保护农作物的作用,且对于增产也有一定的帮助。(竺肇华,1988)

在南美洲,农民将核桃或者杨树这些高大抗风沙的树种作为防护林,中间部分为经济林和粮食间作,例如在苹果树或者葡萄树这些果树中间种植粮食。这种做法很好地提高了林地的利用率,一方面增加了粮食及果树的产量,一方面保证了这些经济作物不会被风沙所破坏。

在北美洲,专家推出了各种形式的间作模式,例如把咖啡、可可、果树及牧草巧妙的结合在一起,这种模式在当地获得了巨大的收益,在保证可可咖啡等作物收成的同时,解决了农民放牧的问题,农民可将此牧草作为牛的饲料或者直接在此放牧。

在澳洲,根据他们当地实际情况,国家国情的需求开展林牧模式,也就是在桉树或者银合欢等树种内放牧。这种模式不仅能为畜牧业的发展提供很好的饲料来源,时间周期拉长,此时还能提供大量的薪柴。（苏潇,2016）

四、相关产业政策状况

新时期,林业逐渐从以木材生产为主向以生态保护为主转变,在木材采伐受到严格限制的大环境下,为增加农民收入、巩固集体林权制度改革和生态建设成果、加快林业产业结构调整,国家和地方制定了相关的林下经济发展的相关政策。

近年来党中央和国务院高度重视林下经济发展。自2010年以来,有三年的中央一号文件明确提出要鼓励和支持林下经济发展。（表4-1）

表4-1 中央一号文件中的林下经济发展内容

名称	内容
2010年中央一号文件	因地制宜发展特色高效农业、林下种养业,挖掘农业内部就业潜力
2012年中央一号文件	支持发展木本粮油、林下经济、森林旅游、竹藤等林产业
2013年中央一号文件	完善林木良种、造林、森林抚育等林业补贴政策,积极发展林下经济
2016年中央一号文件	优化农业生产结构和区域布局,大力发展旱作农业、热作农业、优质特色杂粮、特色经济林、木本油料、竹藤花卉、林下经济

资料来源:笔者根据文献和网上资料整理

2011年9月,时任国家主席胡锦涛在首届亚太经合组织林业部长级会议上指出,森林承载着潜力巨大的生态产业、可循环的林产工业、内容丰富的生物产业。发挥森林多种功能,要充分发挥森林在经济、社会、生态、文化等方面的多种效益,实现平衡发展,发展林业产业,壮大绿色经济。2011年10月,全国林下经济现场会在广西南宁召开,时任国家林业局局长贾治邦在会上指出,发展林下经济,事关生态建设的成败,事关生态建设,事关农民增收,事关林业长远,意义十分重大。2012年7月,国务院办公厅发布了《关于加快林下经济发展的意见》,鼓励各地区大力发展以林下种植、林下养殖、相关产品采集加工和森林景观利用等为主要内容的林下经济,进而增加农民收入、巩固集体林权制度改革和生态建设成果、加快林业产业结构调整步伐。2013年,国家林业局通过《全国林下经济林药、林菌模式发展实施方案》。2014年初,国家林业局制定并发布了《全国集体林地林下经济发展规划纲要(2014—2020)》。

为促进林下经济发展,在相关已建议的政策指引下,我国制定了相应的林下经济及相关林下经济产业的发展规划。林下经济相关的发展规划作为一种战略性、前瞻性、导向性的公共政策,对我国林下经济的发展具有十分重要的引领地位,归纳起来如表4-2所示。

表4-2 林下经济相关规划

规划名称	制定单位
《全国油茶产业发展规划(2009—2020)》	国家林业局
《全国特色经济林产业发展规划(2011—2020)》	国家林业局
《国务院办公厅关于加快林下经济发展的意见》	国务院办公厅
《全国优势特色经济林发展布局规划(2013—2020)》	国家林业局、发改委、财政部
《全国集体林地林下经济发展规划纲要(2014—2020)》	国家林业局
《全国林下经济林药、林菌模式发展实施方案》	国家林业局

资料来源:笔者根据文献和网上资料整理

为促进林下经济发展,除了以上部门发出的《意见》及相关产业发展规划外,我国还进行了财政补贴、产品认证、示范基地等试点工作(表4-3)。

表4-3 林下经济发展相关试点内容及政策文件

试点	政策文件
林下经济补贴试点	《国家林业局关于做好林下经济草本中药材种植补贴试点工作的通知》
林下经济认证试点	《国家林业局办公室关于开展林下经济(非木质林产品)认证试点工作的通知》
林下经济示范基地试点	《国家林业局办公室关于公布首批国家林下经济示范基地名单的通知》 《国家林业局办公室关于推荐认定2014年国家林下经济示范基地的通知》

资料来源:笔者根据文献和网上资料整理

1. 林下中药材补贴

目前国家林业局启动了林下经济中药材种植补贴试点工作,在广东、江西、黑龙江、四川等省份开展试点,2015年中央财政对林下种植中药材补助试点资金3.8亿元,各地补贴标准不一,基本在100元/亩~500元/亩之间。

河南省扶持对象:注册2年以上的农民林业专业合作社、家庭林场、国有林场,且从事林下中药材及其他种植业2年以上。林下种植基地规模不少于300亩,带动农户数不少于30户。补助资金:每个项目申请省财政补助资金额度不超过20万元。

广西省扶持对象:从事林下经济的专业大户、家庭农(林)场、农民专业合作社、农(林)业产业化龙头企业、林场企业、良种繁育场(站)、相关科研单位。补助标准:先建后补项目,不超过核定的合理投入金额的40%,总额最高不超过80万元。新建项目:不超过核定的合理投入金额或实际投入金额的30%,总额最高不超过50万元。

甘肃省扶持对象:从事林下经济发展的林业合作社、家庭林场、林业龙头企业、专业大户等新型林业经营示范主体和农户(农户实施项目须以乡镇或村申报)。扶持范围包括林下种植、林下养殖、林产品采集加工和森林景观利用等林下经济发展。补贴标准:每个项目申报省级财政资金不超过30万元。

2. 林下经济认证试点

林下经济认证是通过第三方认证机构,以中国森林认证体系为标准,对林下经济产品的生产过程进行评估,以证明其生产经营的可持续性。国家林业局科技发展中心副主任王伟介绍,今年6月,国家林业局发布了关于开展林下经济(非木制林产品)认证试点工作的通知,目前经过森林认证的林下经济产品市场前景看好,产品增值可达到8%。

3. 林下经济示范基地试点

为进一步发挥各地林下经济先进典型的示范带动作用,结合全国林下经济发展现状和各地推荐情况,经专家评审和网上公示,国家林业局确定了首批国家林下经济示范基地。

首批示范基地包括天津市静海县、辽宁省本溪市、安徽省黄山区、福建省武平县、江西省武宁县、山东省蒙阴县、河南省栾川县、湖南省靖州县、广西壮族自治区浦北县、海南省儋州市、贵州省毕节市等。

此外,不同地区也根据自身区域特点,制定了相关的林下经济发展政策,如2010年,广西壮族自治区人民政府办公厅发出了《关于大力推进林下经济发展的意见》(桂政办发〔2010〕191号);2012年,江西省人民政府下发了《关于大力推进林下经济发展的意见》(籍府发〔2012〕10号);山东省人民政府办公厅发出了《关于贯彻国办发〔2012〕42号文件进一步加快林下经济发展的意见》;2013年,贵州省出台《关于加快林下经济发展的实施意见》。这些地方性的针对林下经济发展相关政策有利地促进了当地林下经济产业的发展。

第七节　森林食品饮品经济产业

一、基本界定

1. 森林食品界定及特点

森林食品是浙江省率先在全球提出的食品新概念,是继有机食品、绿色食品、无公害食品之后,更直观诱人的可食林产品。森林食品指的是自然、安全、优质的食用类林特产品及其加工产品。它有别于无公害、绿色、有机食品,是颇具特色、最具生态和文化内涵的品牌。关于森林食品的定义,有多种版本。但有几点是肯定的:一是,森林食品的生产必须遵循森林可持续经营的原则,以森林自然环境为前提;二是,生产需要采用国际先进标准,按照特定的"森林食品"生产方式;三是,经有关部门授权的认定委员会认可,经允许使用统一的"森林食品"标志。经国家林业局同意,浙江省自 2003 年初开始开展与国际森林认证接轨的森林食品基地建设和森林食品产品认定(认证)试点。试点以国际森林管理委员会的《森林认定原则和标准》为原则,参照国际有机农业运动联合会《有机农业和食品加工的基本标准》展开。目前,浙江省已制定了森林食品系列标准,出台了森林食品基地管理办法,初步构建起了森林食品生产的技术支撑框架。(陈红,张志刚,2006)

森林食品是区别于"无公害食品""绿色食品""有机食品"的,它有着独特的自然属性和文化属性,是一种新的食品概念,是由浙江省率先提出来的,森林食品产地和产品的认证试点也是由浙江省在国家林业局指导下,按照国际规范来开展的,此项研究使我国森林食品认证领域的空白被填补。目前,国内已陆续出台了一部分管理森林食品基地的法规,探索出了适用于我国森林食品的一系列标准,这一认证即将在国际和国内开始推广。关于森林食品的定义,依照我国林业行业标准《森林食品总则》,森林食品是指:遵循森林可持续经营原则,在优良的森林生态环境下,按照特定的生产方式生产,经专门机构认证,许可使用森林食品标志,无污染、安全、优质的食用类林产品,包括森林蔬菜、果品、木本粮油、藻类、菌类等。(宋阳,2008)

(1)生态性:森林在生态因子中举足轻重,其衍生产品——森林食品,长在优良环境中,未经污染,基本原生态。

(2)安全性:由于森林食品具有无公害、纯天然、无污染的特性,这就确保了森林食品食用的安全性。

(3)营养性:森林食品的食物原料都是源自于黑土地上的大森林,营养价值高,口感新鲜。像已经颇具知名度的森林山野菜,非但风味口感新颖,营养价值也是相当丰富,普遍高于或者远远高于其他普通蔬菜,内富含多种矿质元素和氨基酸,还有蛋白质、膳食纤维、维生素等。

(4)认证性:森林食品要由专门认证机构认证才能称之为森林食品,这是对非木质可食林产品质量的一种认定和评价。

(5)可持续性:森林食品的生产必须要立足于可持续发展的要求,要在维系森林可持续经营的前提下,绝不能牺牲森林的生态功能,尽快实现森林可持续发展与森林食品产业可持续发展的双赢。(白高平等,2009)

2. 森林食品经济产业

从广义上说,是指那些生长在森林中可供人类直接或间接食用的植物、动物以及它们的制成品。根据森林植物资源的经济用途,并结合有关文献资料,可将森林食品分为以下几类:森林蔬菜、森林粮食、森林油料、森林饮料、森林饲料、森林药材、森林蜜源、森林香料、其他种类。(刘正祥,张华新,刘涛,2006;陈红,张志刚,2006)

(1)森林蔬菜

森林蔬菜,也称山野菜、长寿菜,是指生长在森林地段或森林环境中,可作蔬菜食用的森林植物,主要包括某些植物的根、茎、叶、花、果和菌类,是一类重要的可食性植物资源。

(2)森林粮食

森林粮食是指森林植物体的某个部分包括果实、种子、根、皮、叶、花等含有较多淀粉、单糖、低聚糖或者蛋白质,能代替粮食食用的植物,如大枣、柿子、被群众称为"木本粮,铁杆庄稼"的板栗、被世界卫生组织认定为"长寿果"的山杏等等。

(3)森林油料

森林油料植物是指森林植物体内果实、种子或茎叶含油脂8%以上或在现有条件下出油率达80%以上的植物。我国木本油料有多种,含油量在、石的有多种,在、的有多种,已广泛栽培提供油料的有多种,已知栽培的木本油料树种只是极少部分,还有大量的野生资源有待发掘和进一步开发利用。

(4)森林饮料

森林饮料主要是指利用森林植物的果、叶、花或花粉、汁液等为原料加工制成的具有天然营养成分、无污染兼有药用价值的天然饮料。近年来,随着人们保健意识的增强和不同消费者的特殊需要,饮料的种类也发生了重大变化,碳酸饮料比重逐年下降,天然饮料却呈上升趋势。特种饮料和保健饮料则是从无到有,发展速度强劲。

（5）森林饲料

森林饲料是重要的饲料资源。在许多国家,特别是在南亚、东南亚和非洲,森林饲料在畜牧业中占有重要地位。木本饲料是指木本植物的嫩枝叶、花、果实。

（6）森林药材

森林药用植物是指生长在森林中,具有特殊化学成分及生理作用,并有医疗用途的植物,即中草药中的植物性药材,是极其宝贵的天然药物种质资源库。

（7）森林蜜源

森林蜜源植物是指具有蜜腺,能分泌甜液并被蜜蜂采集、酿造成蜂蜜的森林植物,是养蜂生产的物质基础。

（8）森林香料

森林香料植物是指那些含有芳香成分或挥发性精油的森林植物,这些挥发性精油可能存在于植物的全株或植物的根、茎、叶、花和果实等器官中。而食用香料植物则是指在饮食业中进行加香调料而用的植物性原料。

（9）其他种类

除上述几种以外的各种森林食品都归此类,如森林肉食、森林添加剂等。森林是各种动物种群的栖息地,森林肉食主要有两大类,一类是野生禽兽,产量最大的有野兔、野禽等,另一类是昆虫食品。作为改善营养、色、香、味,以及防腐和加工工艺而加入到食品中的添加剂,如天然的抗氧化剂、防腐剂、杀菌剂等,不仅赋予食品良好的色、香、味,而且具有一定的保健作用。

绿色食品商品的生产、流通、交换、分配、消费等活动的总称为绿色食品经济,是以绿色食品产业为中心,依托其他相关产业而形成的新的经济类型。绿色食品经济是食品生产经济发展到一定历史阶段的产物。当绿色食品产业发展到一定水平和规模,其领导作用、经济价值、带动效果都会远远超越其产业本身界限范围,从而形成支柱型、主导性、先导性产业,构成现代社会经济体系的重要组成部分,而且直接影响国民区域经济结构和经济结构组成。（张凤珍,2012）森林食品产业是指依托于良好、天然的自然环境和能够持续利用的森林资源这些先天优势,能够为社会和人们生产森林食品、提供相关服务的这类产业,涵盖国民经济多产业多门类。（刘海方,2015）

由于缺乏文献资料对森林食品经济进行相关定义,基于学者对绿色食品经济的有关定义,本书认为森林食品经济是森林食品产业发展到一定水平和规模,其领导作用、经济价值、带动效果超越产业本身界限范围,从而形成支柱型、主导性、先导性产业。

二、产业体系构成

由于没有文献总结森林食品产业的产业体系构成,本书从绿色食品产业入手,以便进一步归纳总结出森林食品产业构成。

韩东鹤(2013)认为绿色食品产业涵盖的范围比较广泛,绿色食品农业,包括种植业、渔业、畜牧业等;绿色食品加工制造业,主要指农产品、畜产品、水产品加工企业;绿色食品配套企业,其中包括肥料、农药、饲料及其添加剂、食品添加剂等生产企业;绿色食品商业,包括绿色食品专业批发市场、零售专门店、超市、农贸市场等;绿色食品科技部门,包括科技开发、科技推广和科技教育机构技术监测部门,主要指绿色食品产品质量检测和环境检测部门;绿色食品管理部门,主要指各级政府中从事绿色食品管理的机构。刘学锋(2007)认为根据绿色食品产业发展的特点和要求,它应该是由以下内容组成的综合体:(1)绿色食品农业生产。这是绿色食品产业的基础,其中包括种植业、畜牧业、水产业等。(2)农产品加工。包括农产品初加工业、农产品深加工业以及加工器械制造业。(3)生产资料生产。包括农药、肥料、预混料、饲料及饲料添加剂、兽药、渔药、食品添加剂生产等。(4)绿色食品技术开发。其中包括技术研究、培训和推广。(5)质量监测检测。包括产前原料基地的环境监测、成品半成品的质量检测以及包装物的检测,市场监测等。(6)产品认证与标志管理。指产品必须获得专门机构——中国绿色食品发展中心的绿色食品认证,并且服从绿色食品管理。(7)绿色食品销售。主要指绿色食品专业市场和零售企业以及其他涉及绿色食品销售的各商业领域。

对于森林食品产业的产业发展来说,刘正祥等(2006)归纳出森林食品资源的开发利用可为3个层次:一级开发,是通过基础性研究摸清我国现有的森林食品资源,保存、扩大种质资源的数量(特别是濒危物种资源),提高它们的质量,为更深层次的开发打下物质基础;二级开发,是开发各类森林初产品和制剂,即实现森林食品的初级产业化,其目的在于将森林食品资源再加工为产品;三级开发,是深层次的产品开发,建立完备的加工体系,应用先进的科学技术,使其走上规模化生产、系列化开发之路,其目的是开发特色森林食品,提高产品附加值和市场竞争力。目前,我国森林食品资源开发现状为:一级开发已全面展开;二级开发刚刚起步,初显规模;三级开发有待探索。

从具体种类的角度来划分森林食品产业,经过数十年的发展,目前我国的森林食品加工应用领域异军突起,建立起了一批从事森林食品开发的单位和企业,生产由原料性生产逐步转向原料—成品—销售一体化生产经营。同时森林蔬菜资源的开发利用已由原来的农民自采自食阶段转向农民采集、工厂收购加工、产品批量销售的阶段。我国开发利用较早的森林食品有"超级水果"中华猕猴桃、沙棘果汁"沙维康"、黑龙江的"桦叶小香槟"、"桦叶啤酒"、"椰子汁"、"杏仁露"等。在近10年中,我国生产的森林饮料投放市场的有越桔、竹汁、沙棘、猕猴桃等30多种;森林药材提取物有银杏叶提取物(黄酮内脂)、枳实提取物(辛咈灵)、干草提取物(干草酸)、人参提取物(人参皂甙)、绞股兰提取物等;野生中草药保健茶系列产品有苦丁茶、绞股兰茶、野菊花茶等;利用森林药材创制了不少抗癌药,如三尖杉碱、高三尖杉酯碱、喜树碱、长春花碱、紫杉醇等;森林蔬菜有保鲜菜、野菜干、小菜制品、罐头制品、盐渍品、野菜汁、速冻食品、速干食品等;利用蜂花粉生产花粉饮料、花粉药品及化妆品等,如北京第六制药厂生产的"复方花粉王精""花粉人参蜂王精口服液"、"花粉健美片",北京第三制药厂生产的"北京蜂王精胶囊"等。(赵丛娟,2015)

三、国内外发展概况

1. 国内发展情况

我国是多山国家,山区(丘陵和高原)面积,占国土面积的69%左右,山区森林覆盖率较高,森林食品蕴藏量较大,为森林食品产业的发展提供了大量的资源。在森林食品产业化进程中,还需要注意以下问题。近些年由于森林食品价格上扬,如野生刺嫩芽、薇菜等,山民以折枝、挖地等掠夺方式采收,致使资源濒于灭绝,生态环境遭到破坏,因此在开发过程中要注意资源的保护和培育。此外,森林食品产业链较长,其中加工环节尤为重要,应避免让低水平加工损害山野可食资源的有机属性,提高森林有机食品原料利用率,防止加工污染。(赵丛娟等,2015)

由表4-4可以看出,2007-2013年我国大部分森林食品的产量都呈现逐年递增的总体趋势,只有木本药材历年波动明显。其中,2013年苹果、桃子和梨等水果年产12661万吨,较2007年增长了30.2%;2013年核桃和板栗等干果产量达到了1089万吨,是2006年产量2.3倍;研究期间,林产饮料(干重)、林产调料(干重)、竹笋食用菌山野菜(干重)、木本药材和木本油料5类森林食品的产量分别增长了72.8%、49.9%、42.2%、31.4%和90.2%。各类森林食品产量的逐年增加为我国森林食品产业的发展壮大奠定了良好的原材料基础。(赵丛娟等,2015)

表4－4 2007—2016年我国森林食品产量情况表（万吨）

类别	2007 年	2008 年	2009 年	2010 年	2011 年	2012 年	2013 年	2014 年	2015 年
水果	9721	9815	11182	11030	11471	12227	12661	13511	14612
干果	480	534	673	743	927	987	1089	1148	1044
林产饮料	107	133	143	139	159	184	185	210	216
林产调料	40	43	47	50	59	58	60	65	67
竹笋食用菌山野菜	230	282	263	256	293	308	328	340	424
木本药材	106	95	153	117	144	130	139	171	245
木本油料	97	105	122	113	155	177	185	212	560

注：数据来自2007—2016中国林业统计年鉴。

由表4－5可见,2007—2015年经济林产品的种植与采集,无论是产值总量,还是四个子项目的产值都是逐年增长,且增长速度都在10%以上,其中2010年经济林产品种植与采集产值较上年增长了32.2%,同年林果的产值增长率也达到了最高,为37.7%。此期间,陆生野生动物方面,由于野生动物保护等方面的原因,狩猎和捕捉的产值变化不大,在2010年前还呈现下降趋势。但野生动物饲养方面产值增长较快,2013年陆生野生动物饲养的产值是2007年的4.3倍,2008年增长最快,较上年增长了42.6%,2011年增长最慢也达到了27.9%。总体来看,2007—2013年间,陆生野生动物的繁育与利用的总产值是以年增长率30%的速度逐年增长。（赵丛娟等,2015）

表4－5 2007—2016年我国森林食品产值变化情况表

（单位：亿元）

类别	2007 年	2008 年	2009 年	2010 年	2011 年	2012 年	2013 年	2014 年	2015 年
1. 经济林产品种植与采集	3069	3456.3	3903.2	5158.2	6319.9	7751.9	9240.4	10728	11948.8
其中:林果	2011.2	2290.9	2548.7	3510.1	4155.2	5044.2	6056.9	7234.4	7958.1
饮料作物	284.4	323.9	369	426.7	552.1	718.6	864	996.2	1098.6
中药材	189	211.2	237	272.6	408.8	507.8	597	684.6	839.1
竹笋食用菌、山野菜	343.2	385.1	451.4	542.4	677.3	893.4	1722.6	1812.9	2053
2. 陆生野生动物繁育利用	95.8	130.8	173.6	226.1	281.5	392.4	507.4	535.2	551.1

类别	2007 年	2008 年	2009 年	2010 年	2011 年	2012 年	2013 年	2014 年	2015 年
其中：狩猎和捕捉	9.9	8.3	11	16.3	13.2	21.1	—	—	—
饲养	85.9	122.5	162.6	209.8	268.3	371.3	—	—	—

注：数据来自 2007—2016 中国林业统年鉴中未统计数据

2. 国外发展情况

在联合国粮农组织（FAO）1995 年出版的《影响非木质林产品国际贸易的贸易限制》一书中，森林食品与其他 16 类产品构成了非木质森林产品 NWEP 的大家族，它主要包括坚果（如巴西坚果、松子、欧洲五针松的可食松子）、果实类（如枣、银杏等）、食用菌（如羊肚菌、块菌、松菇等）、蔬菜类（如竹笋、石芯、棕榈芯）等、淀粉类、燕窝、油料等。

在国外，森林食品因其是在森林中采集的，在生产过程中没有使用化肥或农药，通常被看作是有机食品，被纳入有机食品的范畴。"有机"标签有严格的标准及规则，必须要通过严格的认证。森林食品通过有机食品认证除了必须通过社会认证、有机认证、产品质量认证外，还需要通过国际森林认证。到目前为止，世界上有 31 个国家已经颁布并实施有机食品法规、标准。

美国 1990 年通过了有机食品生产法案和标准，2000 年，颁布了"国家有机食品计划"，并于 2002 年 10 月实施。欧盟于 1991 年颁布了《关于农产品的有机生产和相关农产品及食品的有关规定》，该法规对有机食品有着明确的法律定义，对欧洲成为世界最大的有机食品市场起到了积极的作用。在日本，农林水产省 2000 年 6 月发布了有机食品检查和认证标准，于 2001 年 4 月开始实施，在日本市场上销售的有机食品必须统一标识"日本有机食品标志"。在国际层面，国际有机农业运动联合会（IFOAM）于 1980 年制定了《有机食品生产和加工基本标准》，1996 年，联合国食品法典委员会发布了《有机食品生产、加工、标识及销售指南》，对有机作物生产作了规定。（张润昊，2011）

四、相关产业政策状况

在国外，森林食品是没有被独立出来分析和认证的，他们将其分在有机食品范畴内进行认证。2007 年国家林业局颁布的国家林业行业标准《森林食品总则》（LY/T1684 – 2007）将森林食品定义为：来自良好的森林生态环境，遵循可持续经营原则，符合《森林食品总则》标准要求，具有生态、安全、优质、营养特性，经专门机构认证的可食林产品及其初加工产品。除此以外，国家林业局还颁布了《森林食品质量安全通则》(LY/T1777 - 2008)和《森林食品产地环境通用要求》(LYT1678 - 2006)两个行业标准。《森林食品质量安全通则》限定了森林食品本身的内容,如内涵、质量要求。《森林食品产地环境通用要求》则对森林食品生产产地作出了特别明确具体的规定,如产地的空气、水、土壤的质量。(宋阳,2008)

依照等级分类,森林食品标准可以分为国家森林食品标准、行业森林食品标准、地方森林食品标准和企业森林食品标准四个等级,形成了以国家和行业标准为骨架,地方和企业标准作为补充,基本上涵盖森林食品生产全过程的标准体系框架。按照标准的类别分类,这些标准又可分为基础标准、质量标准、方法标准、技术规程和物流标准。(俞秀玲,2010)我国对于森林食品的监管主要依据《食品安全法》。

中国林业生态发展促进会2015年6月发布森林食品认证标准,首次界定了森林食品的概念、主要种类,以及森林食品的认证规范和程序。森林食品认证是除无公害、绿色、有机之外,中国建立的第四个食品认证体系。根据认证标准,森林食品是以森林环境下野生或人工培育(含养殖)的动物、植物、微生物为原料,不经加工,或经过加工的各类食品。森林食品主要包括蔬菜、水果、干果、肉食、粮食、油料、饮料、药材、蜂品、香料和茶叶等十一类。此次发布的认证标准规定了森林食品的产地环境、生产过程、产品质量以及质量管理体系等要求,覆盖了生产、加工、运输、销售及管理的全过程。森林食品经营单位可以向林促会提出认证申请,通过文件审核、现场审核、检测等环节后,申请单位可获颁中国森林食品认证证书和中国森林食品标志。整个认证过程全免费。林促会将及时公示认证信息,消费者也可通过二维码查询。(新华网,2015)

专栏4-1 黑龙江省建立林业产业投资基金助力林业产业发展

黑龙江省林业产业投资基金合伙人协议日于2017年1月在北京签署,这标志着黑龙江省林业产业投资基金正式成立运营。基金总规模100亿元,首期25亿元。省政府出资设立林业产业基金,其宗旨就是推进供给侧结构性改革,深化投融资体制改革,发挥政府投资导向作用,推进企业直接融资,最大限度吸引社会资本参与黑龙江省林业相关企业的发展和项目建设。

该省林业产业基金主要投向《黑龙江省林业产业发展规划(2016—2020)》规划的食用菌、山野菜、林果、北药、花卉及苗木、森林动物驯养及加工、健康养老、林木加工等9大产业。该省发展改革委按照市场化、专业化原则,顶层设计林业产业基金组建模式,并积极协调基金投资人及基金管理公司利益关系,推进合伙人协议的签署。

第五章

新兴林业绿色经济产业

第一节 森林生物制药经济产业

一、基本界定

生物制药是指运用微生物学、生物学、医学、生物化学等的研究成果,从生物体、生物组织、细胞体液等,综合利用微生物学、化学、生物化学、生物技术、药学等科学的原理和方法制造的一类用于预防、治疗和诊断的制品。

森林生物制药是以森林植物资源为研究对象,加强林源药用资源高效培育与利用的技术研发,培育活性含量高的植物新品种;加强濒危林业药用植物野生驯化技术研究,推广无公害、标准化、规模化生产技术;加强活性物质现代化提取分离技术工程化开发,利用现在生物反应器技术生产高附加值植物提取物;加强新药产品的开发,扩大紫杉醇、黄酮、精细化酶等特色资源加工企业的规模。(伍清亮等,2013)

二、产业体系构成

生物医药产业由生物技术产业与医药产业共同组成。生物技术产业主要包括基因工程、细胞工程、发酵工程、酶工程、生物芯片技术、基因测序技术、组织工程技术、生物信息技术等,涉及医药、农业、海洋、环境、能源、化工等多个领域。而制药产业与生物医学工程产业是现代医药产业的两大支柱。生物医药产业可细分为生物制药产业、化学制药产业、现代中药产业、医疗器械产业和保健食品产业。

以大兴安岭和长白山为例,生物医药发展模式主要有:(1)企业＋药材基地＋

农户模式:该模式由市场需求、政府组织或两者联合组成,综合了中药业资源和企业发展,以企业发展模式中松散的企业联合为主,辅以基地+药农的资源发展模式。既调动了企业和农户的积极性,又降低了药材成本、保证了药材的质量和数量。在一些地区生物制药行业发展的初期,该模式广受青睐,也极大地促进了当地一些生物制药行业的发展。(2)企业+科研机构+销售机构模式。该模式将企业与市场和研发机构联系起来,更符合现代化市场经济的需要,在技术创新的基础上改进生产技术,依据市场需求调控生产品种和规模,使产业的竞争力进一步增强,为当今多数生物制药企业采用的发展模式。(3)药材基地+农户+科研机构+企业+销售机构模式。该模式集中药材种植、研发、生产和销售为一体,是迄今为止绝大多数生物医药产业较为完善的发展模式,符合现代市场经济迅速发展、生产力水平不断提高及各个行业日益紧密合作的发展趋势。(满宏鹏,梅子侠,2016)

三、国内外发展概况

1. 国内发展情况

生物医药具有高科技含量、高附加值、高投入的特点,能源消耗少、污染低、知识密集、经济和社会效益显著。随着广大百姓健康意识的提高及党和国家的日益重视,我国生物医药产业发展迅速,带动了生物医药市场的不断发展壮大。近10多年以来,我国生物医药市场年均增长率达到25%以上,远超过全球生物医药市场10%的增速。据产业信息网发布的《2015—2022年中国生物医药市场全景调研及投资战略咨询报告》显示,截至2014年,我国生物医药产业销售收入已达到2469亿元,同比增长7%以上,远远高于制造业等其他产业。我国有着巨大的且不断扩大的医药需求缺口。人口迅速老龄化、快速改变的生活方式、环境污染等因素导致多种疾病的发病率大幅攀升。生物药可以成功治疗多种疾病,因此生物医药未来的需求量预计还将随着发病率的上升而持续增加。不过我国生物制药市场仍处于起步阶段,仅占全球市场总额的2%,而我国整体医药市场在全球医药市场中的比重已达到7%。

我国的药物资源非常丰富,在我国的森林资源里面蕴含着丰富的药物资源。森林里,药用植物有5000多种,常见的有1000多种,占世界总量10%以上。目前在国内已经形成规模的主要林业药物有30~40种,比如提取抗病毒、治疗心脑血管病的红豆杉等,这些药物效果都很好。丰富的林业资源为开发环保型的新药提供了广阔的发展空间。

我国林业生物医药发展基础良好。这些年来,我国的林业生物医药产业有了很大发展,不仅有资源优势,而且在技术创新方面也有很好的优势,已经形成了完整的体系,建立了规范种植基地,开发了新药注射剂以及一些新药。这些都是拥有自主知识产权的国家发明产品。全球生物药品的销售额在以年均30%的速度增长,预计到2020年,天然药物市场份额将占到世界药品的25%以上,总额将达到2000亿美元以上。国家植物药市场的年销售额在300亿美元以上,而我们的出口额只占5%左右,发展潜力巨大。

按照国家发展的总体思路和规划,以林药资源培育为基础,以科技创新为动力,以产业化、市场化为方向,把林业生物医药产业培育成为林业单产的支柱产业,促进林业经济增长方式的转化,为国民经济的发展及人类的健康作出贡献。

2. 国外发展情况

美国将生物制药产业作为新的经济增长点,实施生物技术产业激励政策,持续增加对生物技术研发和产业化的投入。美国不仅最先制定了生物科技发展计划,而且开展了治疗性克隆的研究、艾滋病研究、基因组测序、干细胞研究等。在此基础上,美国已经批准了117种以上生物技术药品和疫苗的研制,这些药物或疫苗针对200多种疾病而开发,包括各种癌症、痴呆症、心脏病、糖尿病、硬化症、艾滋病等。市场在向美国集中的同时,也形成了大公司垄断的局面。全球51%的药品市场集中在10大制药企业,而83.9%的生物药品市场份额集中在前10大生物技术制药公司。(文淑美,2006)

欧盟科技发展第六个框架将45%的研究开发经费用于生物技术及相关领域,英国政府早在1981年就设立了生物技术协调指导委员会,采取措施促进工业界、大学和科研机构加大对生物技术开发研究的投资。

日本生物技术药物产业的发展居亚洲首位,主要是政府重视,提出了生物技术立国的口号,加大了政府的投入。

印度成立了生物技术部,每年投入6000万~7000万美元用于生物技术和医药研究。(许美婷,杨悦,2013)

如今在生物制药领域,有一些发展水平较高的国家或地区如美国、欧盟、日本、德国、英国、法国、意大利、瑞典、爱尔兰、加拿大、澳大利亚及以色列,还有正致力于生物制药研究开发的一些国家如中国、巴西、韩国、新加坡、俄罗斯、南非、智利及沙特阿拉伯。用于衡量生物制药发展水平有两个经济指标:医药制造业净产值和出口值。(表5-1)

表5－1　各国生物制药发展水平的经济指标

国家或地区	医药制造业净产值		出口值	
	2010年/百万美元	2000—2010年平均变化率/%	2010年/百万美元	2000—2010年平均变化率/%
美国	91903	72.3	44582.9	239.8
欧盟	90418	95.6	295144.4	326.1
中国	63316	718.5	10688.8	497.6
日本	30015	－3.4	4324	58.3
德国	19546	129.7	66937.7	386.7
英国	14744	84.6	34340	218.9
巴西	11683	191.6	1360.4	412.1
法国	11324	49.7	34479.8	229.6
意大利	9379	52.2	17675.8	177
韩国	6813	113.9	1215	260.6
新加坡	6510	274.4	6097.4	503.1
瑞典	5687	86.9	9191.6	134.6
爱尔兰	5035	151.1	32178.1	547.5
加拿大	4215	138.8	5703.6	364.6
澳大利亚	2597	191.1	3584	207.4
俄罗斯	1784	358.6	583	289.2
南非	1439	196.7	167.6	55.4
以色列	949	278.1	6475.1	1409.9
智利	370	70.5	128.3	258.5
沙特阿拉伯	73	82.5	47.7	113.8

资料来源：美国国家科学基金会2012年科学与工程指标医药科学板块、世界贸易组织

　　从表5－1(许美婷，杨悦，2013)可知，2000—2010年医药制造业净产值平均变化率最高并发展最快的国家是中国，美国虽然不是最高的国家但变化率也有72%。其余比较高的国家有俄罗斯359%、以色列278%和新加坡274%。同样的，美国的出口值也并不靠前，相比而言以色列1409.9%成为出口值变化率最高的国家，爱尔兰547.5%、新加坡503.1%、中国497.6%和巴西412.1%紧随其后。

表5-2　各国生物制药创新水平的指标

国家或地区	医药研究出版物发行量		WIPO 授权专利数量		风投基金	
	2010 年	2000—2010 年平均变化率/%	2010 年	2000—2010 年平均变化率/%	2010 年/百万美元	2000—2010 年平均变化率/%
美国	58664	10.6	15932	54.1	8229	5
欧盟	61774	4	10518	47.7	1710	-9
中国	7429	373	856	48.9	491	6649
日本	10666	-20.1	2729	106.3	7	-50
德国	11779	-0.2	3014	31.7	339	-50
英国	12518	-10.6	1897	-2	370	108
巴西	3131	167.4	186	353.7	189	57103
法国	6100	-12.5	1939	73.9	370	108
意大利	7698	22.1	881	75.8	-	-100
韩国	546	7.4	1232	592.1	48	-53
新加坡	521	14.1	162	800	8	-
瑞典	2959	-10.4	534	0.3	2	-
爱尔兰	614	41.5	199	41.4	54	889
加拿大	7356	25	843	1.8	862	87
澳大利亚	4960	29.9	493	44.6	98	-31
俄罗斯	153	-25.1	157	-10.8	-	-
南非	4227	226.5	76	46.2	89	21
以色列	1602	-7.8	1037	141.2	197	8
智利	403	29.2	26	44.4	-	-100
沙特阿拉伯	503	51.5	16	1500	12	-65

资料来源:美国国家科学基金会2012年科学与工程指标医药科学板块、世界贸易组织

　　衡量一个国家制药业发展水平的重要标志还有医药创新能力。创新能力主要体现在:医药研究出版物发行量、WIPO授权的药品专利数量和生物制药相关的风险投资基金,见表5-2。美国在资本建立和基础设施建设方面有很大的优势;在医药研究出版物方面,中国、巴西和南非在过去10年一直注重人类健康的学术研究工作;在获得专利权方面,韩国和以色列增长势头强劲。总体而言在全球生物制药产业中,美国仍处于主导地位,但各国也不甘落后,市场竞争日益激烈,一

些新兴国家如中国、新加坡、巴西、韩国、南非等正在迅速壮大医药产业,同时生物制药产业也相应发展起来,他们的增长势头不容忽视,并且新兴国家越来越重视发展生物制药产业的三个方面:1.建立研发优势并加快科技成果化的速度;2.确保有能力获得风险投资基金;3.吸引并培养一流人才投入到科研队伍中去。

表 5-3 各国生物制药战略的具体实施重点

项目	澳大利亚	德国	以色列	日本	俄罗斯	新加坡	南非	韩国	英国
研发创新和大学研发基础设施的建设	√				√	√	√	√	√
人力资源的开发	√					√		√	
新兴资本投资市场			√			√			
税收政策	√								√
新药研发能力			√			√		√	
研制针对特定疾病治疗的新药或方法		√					√		

注:没有划√的不是没有相应政策,只是不是实施的重点

四、相关产业政策状况

我国生物制药的起步和开发较晚,直到国家“863”“973”高技术计划和国家自然基金等国家科技计划项目的出台,对生物技术的总投资接近 60 亿元。国家发展和改革委员会于 2002 年 2 月发出公告,将在 2002—2005 年期间实施生物技术产业高技术工程。同年 9 月,国家科技部、经贸委、中医药管理局联合颁布了《医药科学技术政策(2002—2010)》,强调积极发展生物制药技术,推动医药产业结构调整,并指出大力发展以基因技术为代表的生物制药技术是今后一项重要的战略任务。一些企业在国家发改委和科技部支持下,分别在北京、上海、西安建立了 3个生物芯片产业化基地。除此之外,北京、上海、天津也分别将生物医药作为本地区的重点发展产业。

2007 年 4 月发布了《生物产业发展“十一五”规划》,这是我国第一次将生物制药产业作为国民经济和社会发展的一个重要战略产业进行整体规划部署,并于2009 年 6 月配套出台了《促进生物产业加快发展的若干政策》,为将生物制药产

业培育为高技术领域的支柱产业从国家层面政策上提供了支持。

2009年12月,为规范国家林业生物产业基地的认定和管理工作,更好地推动林业生物产业健康发展,国家林业局研究制定了《国家林业生物产业基地认定办法》(试行)(林科发〔2009〕275号)。该《办法》明确了产业基地的认定条件:(一)产业基地应当以当地优势林业资源为基础,初步形成生物质能源、生物生态治理、生物质新材料、生物制药、林业生物制剂、林业绿色化学品和竹、藤资源生物利用等1个或多个产业集聚,具有鲜明的区域产业特色。(二)产业基地应当具有明确的区域性,包括核心区和一定的扩展区。核心区是指产业集聚度非常明显或者龙头企业较为集中的区域,扩展区是指核心区之外的具有相当生产规模的区域。(三)产业基地应当已经具备产业化、商品化的开发能力,具有资源供给优势,有一定规模和行业带动性,有较高的市场占有率和较强的盈利能力,具有高成长性和良好的声誉。(四)产业基地所在地的地方人民政府和有关部门应当制定产业基地的发展规划和发展目标,有统筹安排和支持措施,有强有力的组织管理机构;地方人民政府要以一定的资金作为引导资金,吸引金融资本促进产业基地的发展壮大;在管理体制和运行机制上有利于产业基地发展。

此外,该《办法》明确了产业基地的认定评价指标:(一)产业聚集度:产业基地内现有生物产业企业数量(已有企业数、近期拟建企业数),企业销售总收入,核心企业数及销售收入等。(二)创新能力:自主研发机构及人员数,合作研发机构数,研发经费情况,研发成果数量(包括成果鉴定或者认定数、专利申请数、专利授权数等)。(三)产业发展环境:政府重视程度(包括是否成立生物产业发展专门机构、出台相关政策、给予资金支持等);金融机构和中介服务机构;生物资源状况。

2010年10月《国务院关于加快培育和发展战略性新兴产业的决定》正式出台,将生物产业与节能环保产业、新能源产业、新材料产业等列为七大战略性产业,并计划用20年时间使其整体创新能力和产业发展水平达到世界先进水平,为经济社会可持续发展提供强有力的支撑。随着"十二五"规划纲要把生物医药作为战略性新兴产业新的增长点,生物产业是我国政府确定的七大战略性新兴产业之一,而生物医药产业位居生物产业之首,其市场潜力巨大。生物医药"十三五"规划除了对"十三五"期间药物品类的研发和技术发展作出详细部署外,还对整个生物医药产业提出了新的发展目标,即进一步促进整个产业的国际化发展。

《林业发展"十三五"规划》指出要大力培育森林生物制药产业。加快以森林生物制药企业为中心的创新,增强企业创新能力和新药研发能力,提高产业核心竞争力。加快制定森林生物制药产业质量标准和指标体系。

未来林业生物医药产业发展空间广阔,有必要加强林业药用资源高效培育与利用技术研发,培育活性含量高的植物新品种;加强濒危林业药用植物野生驯化技术研究,突出无公害、标准化、规模化生产技术;加强活性物质现代化提取分离技术工程化开发,利用现在生物反应器技术生产高附加值植物提取物;加强植物源新药产品的开发,扩大紫杉醇、青蒿素、喜树碱、银杏黄酮和沙棘黄酮等特色资源加工产品的规模。

专栏5-1 大兴安岭森林药材产业异军突起

被誉为"中国寒温带天然药库"的黑龙江大兴安岭地区,依托丰富的野生中药资源和良好的生态环境,加快中药材保护、种植、加工、研发和营销步伐,推进中药材产业健康发展,取得了显著成效。经过几年来的开发,大兴安岭初步形成了开发思路符合区情、资源底数比较清晰、种植品种基本明确、基地建设初具规模、产品开发初见成效、加工企业有龙头带动的局面。如宛西制药、鑫峰药材公司、瑞星药材公司等大型中草药种植企业,北奇神、北天原药品生产企业和林格贝、越鑫中药提取企业等龙头企业正在迅速发展。同时,随着天然商品林禁止采伐,全地区10个林业局,正在向开展中药材种植转型。全区药材产值由2001年的3920万元,增长为2014年的79768.5万元。

大兴安岭野生中药材资源十分丰富。据统计,中药材储量高达170多万吨,市值约10亿元。全区大气、水体、土壤中的化学污染很少,被环保部命名为国家级生态示范区,因此,其种植的中药材无污染,符合国家中药材标准。

大兴安岭已具有丰富的品牌优势。主要品种有黄芪、防风、柴胡、苍术、赤芍、五味子、桔梗、灵芝(松杉灵芝)等均为省级以上国家级野生药材保护品种,在全国享有一定盛誉。"北奇神"品牌已成为全国著名商标。在加快森林药材种植基地建设上,稳步扩大黄芪、苍术、赤芍、防风和菊苣等中草药规模,引导农民利用农田种植、强化技术指导和投入品管理,确保物种适应性和天然属性。目前,建成了加格达奇林业局和呼玛两个国家级中药材种苗繁育基地。同时,加快加工基地建设。加大对林格贝、北奇神现有龙头企业扶持力度,加强与宛西制药等大型制药企业的合作,推进蓝莓花青素、水飞蓟素等系列产品的精深加工。加快科技研发步伐。鼓励企业加强与知名药企、科研机构的合作,从根本上推动产业快速发展。在建设上与中医药养生养老项目相结合。建成一批规模生态旅游和养生养老基地,基本形成与绿色食品、生态旅游、生物医药等产业深度融合的、链条完整的特色产品种植、加工、销售产业,进一步扩大养生养老品牌影响力,实现中药产业增加值。目前,大兴安岭已被列为全省中医药健康养老产业试点。

　　大兴安岭出台了《大兴安岭地区生物医药产业发展规划》,按照规划,全区重点抓好珍贵野生药材资源保护、药材药源基地、药材精深加工、药材产品研发创新、药材流通五大体系建设。到2020年中药产业产值达到30亿元,努力把大兴安岭地区建设成为资源独特、绿色天然、技术前沿、产品领先、产业集聚的国际寒地生物"产业谷"和中草药保护开发"集散地"。规划明确提出,要加强野生资源保护和抚育,尽力恢复野生中药材资源种群数量,使本地区成为寒温带道地药材种质资源库。充分发挥生态与资源优势,严格按照GAP要求,把地区建设成为北药种植、药食用真菌、药用动物养殖等药材低碳道地药材种植基地群。保护和发掘鄂伦春等少数民族灿烂医药文化,使之成为"鄂药"展示和传承延续的示范区。建设一批具有代表性龙头企业和科技机构,形成动植物保健品、天然植物生物中间提取物、生物农药、生物医药等不同层次的高科技产品,成为现代中药产业的后发地区。

　　(资料来源:焦洋、闫捍江.大兴安岭森林药材产业异军突起 到2020年中药产业产值将达30亿,人民网—黑龙江频道,2017年3月8日)

第二节　林业生物质能源经济产业

一、基本界定

　　林业生物质是指以木本、草木植物为主的生物质,主要包括林木(含经济或能源林、灌木林、薪炭林、抚育间伐材等)、林业"三剩物"(森林采伐、伐区造材以及木材加工剩余物)、林副产品及其废弃物(油料树种果实、果壳、果核等)、木制品废弃物等。(徐庆福等,2006)林业生物质能源是由林木生物质和贮藏的化学能转化而来。(王连茂,2009)

　　林业生物质能源是指林业生物质直接或间接地通过光合作用,把太阳能转化为化学能后固定和贮藏在林业生物质体内的能量。它是太阳能的一种表现形式,是一种可再生能源。(李克金等,2016)"中国林木生物质资源潜力与开发机制研究"课题组(2006)指出林业生物质是太阳能转化的生物量经过林业经营活动而形成的可以成为能源的物质,是林业总生物资源的重要组成部分。林业生物质能源开发利用的方式主要包括直接燃烧、生物质液化、固体燃料、燃料气体和生物质发点等,并将供热、气化发电、生物燃油和燃料乙醇作为开发利用的重点。

二、产业体系构成

1. 能源林种植

能源林是指专门为提供能源而培育的森林,主要用途是提供生物质能源。能源林主要分为油料能源林和燃料能源林两大类。燃料能源林又分为发电原料能源林、薪炭能源林和液体醇类燃料能源林三大类。在我国,薪炭林种植与经营历史悠久,并在"六五""七五""八五"期间得到快速发展。通过大量的研究和实践,目前我国用作薪炭的树种主要有银合欢、刺槐、沙枣、旱柳、杞柳等,效果显著的薪炭林种植 3—5 年即可见效,且每公顷薪炭林可产干柴 15 吨左右。(沈国舫,2001)

生物质能源林主要有两种:一种是富含油的能源树果子,把这类油变成各种混合醇类,生产出生物质柴油,把它加到汽油里可用于发动汽车,这样可以降低城市空气的污染;另一种是发电用生物材,利用生物材发电对环境不会造成很大破坏,也不会增加大气中的二氧化碳含量。相关统计数据显示,我国现有灌木林、薪炭林、林业剩余物,每年可提供发展林业生物质能源生物量为 3 亿吨左右,折合标准煤约 2 亿吨,如全部得到利用,能够减少 1/10 的化石能源消耗;种子含油量在 40% 以上的植物有 154 种。目前,我国液态林木生物燃料生产主要集中在生产生物柴油和生物醇类燃料上。总体来看,生物柴油发展较快,一部分科研成果已达到国际先进水平。包括油料植物的分布、选择、培育等及其加工工艺和设备,取得阶段性成果。但是,生物醇类燃料主要通过农作物秸秆等加工生产,利用林木质方面研究还较弱,原料培育和加工处理技术上需进一步提高。(生物质能源网,2014)

2. 生物柴油

生物柴油是可再生的油脂资源(如动植物油脂、微生物油脂及餐饮废油等)经过酯化或酯交换工艺制得的主要成分为长链脂肪酸甲酯的液体燃料,素有"绿色柴油"之称,其性能与普通的柴油非常相似,是优质的石化燃料替代品(朱建良,2004)。

经济的腾飞带来能源需求上的急剧增长,所以加快柴油生产技术,提高油质,也是缓解经济发展中一大主要矛盾。但近年来,炼化企业的技术仍不能满足消费柴汽比的要求。随着西部开发进程的加快,柴汽比的矛盾将比以往更为突出。因此,开发生物柴油不仅与目前石化行业调整油品结构、提高柴汽比的方向相契合,而且意义深远。

我国南方大面积的冬闲田和边际土地非常适合种植油菜,所以菜籽油是生产生物柴油的稳定原料来源。菜籽油是食用油,而我国食用油短缺,所以开发非食用油作为生物柴油制备的原料具有重要意义。中国要发展此技术,势必要最大程度地减少生产成本,尽早实现规模化、产业化。

木本能源植物不仅提供丰富的油脂,还蕴含大量药用成分、功能性蛋白质和可用作生产生物乙醇的木质纤维素,综合利用这些原料是我国发展生物柴油产业急需解决的关键问题。第二代生物柴油的多产物联产技术正是利用木本植物如文冠果生产生物柴油工艺流程将原料充分利用,使其在医药,肥料,生物等领域皆具有使用价值。副产物甘油通过微生物发酵法转化成1,3-丙二醇,解决了粗甘油出路问题,也降低了生物柴油和1,3-丙二醇的生产成本,具有良好市场前景。若发展油料植物生产生物柴油,走出一条农林产品向工业品转化的富农强农之路,有利于调整农业结构,增加农民收入。生物柴油产业得到了政府部门的支持,已列入有关国家计划。政府对生物柴油领域的重视度也在日益增加。

3. 生物质发电

生物质发电是目前发展最成熟、规模最大的生物质能利用技术,通过利用生物质燃烧或转化技术实现可燃气体的燃烧发电。(蒋大华等,2014)国家发改委发布的《可再生能源中长发展规划》和国家能源局《生物质能发展"十二五"规划》明确指出,到2015年生物质能发电机容量达到1300万kw,力争到2020年生物质发电装机容量达到3000万kw。生物质发电技术的推广应用符合国家能源多元化战略和发展绿色低碳经济的需求,对于推动我国生物质资源规模化。高效清洁利用具有重大的作用。(李忠正,2012)

山东单县秸秆直燃发电采用丹麦BWE公司先进的高温压水冷振动炉排燃烧技术,是我国第一座国家级生物质发电示范项目。在技术引进的同时,以浙江大学为代表的国内科研机构,紧扣国际前沿,结合我国国情,成功研发了基于循环流化床的秸秆燃烧技术和装置,并于2006年在宿迁成功的建设了世界上首个以农作物秸秆为燃料的CFB直燃发电示范项目。阳光凯迪新能源集团有限公司采用自主研发的CFB生物质燃烧发电技术,总装机容量达到57.6万kW,年发电量达到17.2亿kWh。据不完全统计,截至2010年底,我国生物质直燃项目约为200个,投产发电项目约为80个。(蒋大华等,2014)

三、国内外发展概况

1. 国内发展情况

大力开发利用林业生物质能源,促进林业生物质能源产业发展对于应对气候变化、保障能源安全、实现能源结构多元化、促进绿色增长的能力和水平、调整农村产业结构、建设社会主义新农村、带动当地经济发展和群众脱贫致富都具有十分重要的意义。

近几年来,国家林业局按照国家能源总体发展思路,坚持问题导向,通过着力加强顶层设计,健全标准体系,强化基础研究,加强国际合作,采取了一系列措施,不断探索创新,扎实推进林业生物质能源工作。在各级林业主管部门和地方政府的共同引导和大力扶持下,林业生物质能源产业快速发展。目前,林业生物质发电、成型燃料生产均已基本实现了产业化,生物柴油和燃料乙醇转化利用技术已进入产业示范阶段。据不完全统计,截至2015年底,全国共完成能源林以及良种繁育和培育示范基地建设近500万公顷。生物质发电装机容量550万千瓦以上,成功投产运营生物质直燃发电项目超过160个,林业剩余物成为生物质发电的主要原料。林木生物质成型燃料产量达48.51万吨,同比增长30.97%。总体上,我国林业生物质能源建设刚刚起步,虽然取得了可喜成效,积累了丰富经验,但与国家对林业生物质能源的需求和应发挥的作用相比,还有很大差距。具体表现在:对发展林业生物质能源的重视不够、认识不足,能源林建设标准低、开发技术不成熟,相关政策、机制、标准等保障措施不配套、不健全、不规范,支持林业生物质能源企业的资金渠道较窄。

江泽慧(2006)认为发展林业生物质能源是优化我国能源结构、保障能源安全的有效举措;发展林业生物质能源有利于满足农民生产生活用能需求、繁荣农村经济、优化农村环境,从而有利于加快建设社会主义新农村;发展林业生物质能源是改善城乡生态环境的积极手段,有利于实现资源和环境的双赢,改善生态环境状况;发展林业生物质能源是促进林业生态体系建设和林业产业体系建设的有效途径。黄宏平(2012)指出,根据国际能源署以及联合国政府间气候变化专门委员会的统计,生物质能源占全球可再生能源的比例高达77%,其中,林业生物质能源占生物质能源总量的87%。因此,真正可再生的就是林木。费世民(2008)认为发展林业生物质能源产业是我国推动生物质能源发展的基本特色,开发利用现有的森林资源以及在宜林荒山荒地发展能源林,转化为清洁高效的非粮替代油品,发展前景十分乐观,符合国家能源战略。

2. 国外发展情况

近年来,在确保国家粮食安全的前提下,各国大力实施"非粮"生物质能源战略,积极发展林业生物质能源产业,且将开发利用林业生物质能源的技术研究列为国家重点攻关技术和优先发展产业,也得到了学术界的广泛关注。研究主要包括林业生物质能源发展的现状、资源潜力评价、产业发展模式、外部经济性和相关政策等方向。

（1）发展现状

上世纪50年代起，美国开始了对野生油脂植物的开发利用研究，其目的是经过分离、提取、加工等工序，将油料植物转换为石油替代品。1978年美国建立了橡树岭国家实验室，专门从事生物质能源的研究，且在能源林的品种、栽培及转化利用方面取得了关键性的突破。瑞典实施了"瑞典国家能源林计划"（NSEFP），主要树种包括柳树、灰桤木、赤杨及杨树等，这也是瑞典短轮伐期种植的主要树种。之后，瑞典将发展能源林列为一项国策，且提出了"能源林业"概念；法国自1980年起开始实施绿色能源计划，政府带头组织大规模的开发利用工作；英国大力发展能源林；芬兰在上世纪80年代成立了国家能源林委员会；日本制定并实施了林业生物质能源转换计划；巴西大力发展了以桉树为主要树种的薪炭能源林。（Cook J 等，2000）

发达国家始终走在林业生物质能转化利用研究的前列。在生物柴油的转化生产方面启动最早的是美国，发展最快的是欧洲。2007年，世界生物柴油年产量接近900万吨，主要集中在欧盟，其生产原料主要是葵花油、菜籽油和大豆油。美国正在着手进行"柴油树"的研究和开发。美国和巴西在燃料乙醇的研究开发上技术领先，也是世界两大"生物乙醇生产王国"，2007年，美国和巴西两国的乙醇产量占世界总产量的88.6%。（赵江红，2009）在固体燃料发电方面，美国和北欧的开发利用技术较为成熟。

（2）发展模式

构建林业生物质能源产业发展模式是当今世界各国促进产业发展迫切需要解决的重大问题，从已有的文献资料来看，对产业发展模式的研究主要是通过分析借鉴农业产业化发展模式来进行的。

1955年，美国提出了"农业企业"的概念，这是农业产业化概念的雏形。此后，农业产业化在欧美、日本、澳大利亚、加拿大等国得到了广泛应用。各国的农业产业化发展模式多种多样，主要包括以下几种：合作社模式、专业协会模式、企业集团模式、合同制模式。除了以上四种主要的模式之外，还有一些模式也在实践中发挥了良好的效果，如韩国的产、学、管、研一体化模式；泰国的"政府+公司+银行+农户"的发展模式。（费世民等，2009）

（3）产业扶持政策

目前，世界各国十分重视林业生物质能源资源开发和利用，进行促进产业发展的相关政策研究是一项重要的课题。国际能源署、欧盟委员会、联合国粮农组织等国际组织及科研机构对产业扶持政策的制定和实施、政府的角色及政策作用进行了较为深入的研究。

Doug KoPolow 等(2006)对世界各国关于生物燃料的补贴情况进行了研究,进而深入分析了美国生物燃料产业的支持政策和最合适的补贴额度;小宫山宏等人(2005)梳理总结了日本促进林业生物质能源开发利用的法规政策,并且提出了通过放宽管制政策、加大税收优惠力度和增加政策补贴等方式来解决环境成本内部化问题,同时限制化石燃料使用,推进产业的规范化和标准化发展。Joao Martines-Filho(2006)对巴西燃料乙醇的产业发展现状、政策扶持措施等方面展开研究,研究结论认为巴西政府的产业扶持政策对支持巴西乙醇燃料的推广、生产和投资提供了强有力支撑。总体上看,林业生物质能源的相关政策研究基本上还是在生物质能源政策研究的大框架下进行的,未形成系统化的政策体系。

四、相关产业政策状况

从政策文本发布时间的角度看,时间跨度为 2005 年至 2013 年,主要集中在2007 年。随着生物能源和生物化工财税扶持政策、原料基地补助政策的出台,吸引了众多国有大型企业、民营企业以及外资企业进入该产业领域,同时,国家林业局发布的《关于做好林业生物质能源工作的通知》和《全国林业生物质能源发展规划(2011—2020 年)》等政策,极大地促进了产业的快速发展,一度呈现出"井喷式发展"的态势;从政策文本发布部门的角度看,23 份政策文本中共涉及到 9 个部门。其中,发布数量较多的部门分别是国家发展和改革委员会、财政部、国家林业局。这说明国家重视林业生物质能源产业的发展,政府各部门聚合力、出重拳,制定了较为完善的产业扶持政策,如表 5 - 4 所示。

表 5 - 4 林业生物质能源产业政策

序号	发布时间	发布单位	政策文本
1	2005 年	国家发展和改革委员会	《可再生能源产业发展指导目录》
2	2006 年	全国人大常委会	《中华人民共和国可再生能源法》
3	2006 年	国家发展和改革委员会	《可再生能源发电价格和费用分摊管理试行办法》
4	2006 年	国家发展和改革委员会	《可再生能源发电有关管理规定》
5	2006 年	财政部	《可再生能源发展专项资金管理暂行办法》
6	2006 年	财政部、国家发展和改革委员会、农业部、国家税务总局、国家林业局	《关于发展生物能源和生物化工财税扶持政策的实施意见》

序号	发布时间	发布单位	政策文本
7	2007 年	国家发展和改革委员会	《可再生能源电价附加收入调配暂行办法》
8	2007 年	财政部	《生物能源和生物化工非粮引导奖励资金管理暂行办法》
9	2007 年	国务院	《关于印发节能减排综合性工作方案的通知》
10	2007 年	国家林业局、国家发展和改革委员会、财政部、商务部、国家税务总局、中国银行业监督管理委员会、中国证券监督管理委员会	《林业产业政策要点》
11	2007 年	国家发展和改革委员会	《可再生能源中长期发展规划》
12	2007 年	国家发展和改革委员会	《关于 2006 年度可再生能源电价补贴和配额交易方案的通知》
13	2011 年	国家林业局	《林业生物能源原料基地检查验收办法》
14	2013 年	国家林业局	《全国林业生物质能源发展规划（2011—2020 年）》
15	2016	国家能源局	《生物质能发展"十三五"规划》

资料来源：笔者根据相关资料整理所得

第三节　森林碳汇经济产业

一、基本界定

1. 碳汇

按照《联合国气候变化框架公约》和《京都议定书》的规定，产生大量温室气体排放的过程活动和机制是一个"碳源"，其中能够大量将温室气体从大气中移除的过程活动和机制是一个"碳汇"。

李长青等(2012)认为"碳汇"分为自然碳汇和人工碳汇。其中,自然碳汇包括海洋碳汇、湿地碳汇、森林碳汇、草地碳汇、农田碳汇、荒漠碳汇等;人工碳汇指碳捕捉与封存,指的是将化石燃料燃烧所产生的二氧化碳捕获,然后将其泵入海底、沙漠或陆地下面进行封存。

目前国内大部分学者对于碳汇概念理解较为一致,认为碳汇指的是自然界中碳的寄存体,从空气中清除二氧化碳的过程、活动和机制。一般用它来描述森林等吸收并储存 CO_2 的多少,或者吸收并储存 CO_2 的能力。碳汇对降低大气中温室气体浓度、减缓全球气候变暖具有十分重要的作用。森林碳汇正凭借其逐渐成为二氧化碳减排的主要途径。

林业碳汇是通过实施造林再造林森林管理和减少毁林等活动,吸收大气中 CO_2 并与碳汇交易结合的过程活动或机制。林业碳汇更侧重于社会性,森林碳汇更侧重于自然范畴。

碳汇林业是指,以吸收固定二氧化碳,充分发挥森林碳汇功能,降低大气中二氧化碳浓度,减缓气候变化为主要目的的林业活动。而碳汇造林就是开展碳汇林业业务的主要途径之一。

碳汇造林主要是指以减少二氧化碳浓度为目标的造林再造林活动。目前有以下四种类型:清洁发展机制(CDM)造林再造林项目;国际核证碳减排标准(VCS)林业项目;CCER 林业碳汇项目;中国绿色碳汇基金会等公益机构开展的林业碳汇项目。

2. 碳汇经济及碳汇产业

李友华(2008)认为碳汇经济,是指由碳源碳汇相互关系及变化所形成的对社会经济及生态环境影响的经济,即碳资源的节约与经济、社会、生态效益的提高。

李长青等(2012)认为碳汇产业是指以减少温室气体排放和增加吸收温室气体为资源,从事生态资源的保护和利用、节能减排和增加温室气体吸收的产品的研究、开发、生产的综合性的产业集合体。它包括退耕还林还草、农田有机肥料、牧草品种的开发、风力、太阳能和煤气发电等清洁能源生产、碳捕捉封存等。

洪玫(2011)定义森林碳汇产业为:为减少二氧化碳等温室气体排放方面提供造林、再造林、森林保护、森林经营等技术、产品和服务的部门。

二、产业体系构成

1. 碳汇交易服务产业相关概念及构成

碳汇交易市场主要有以下特征:市场价格的变化主要与单个交易有关,而并非由供求决定;项目的投资及由此产生的"碳信用"缺乏流动性;碳汇信用的买方提供整个项目资本,并参与到项目的全过程。

碳市场可分为项目市场和准许市场(图5-1),其中项目市场包括京都规则下的清洁发展机制和联合履行机制,以及非京都规则下的义务减排机制;准许市场包括京都规则下的排放贸易机制(Emissions Trading,简称为 ET)和 EUETS,以及非京都规则下的 CCX 等。

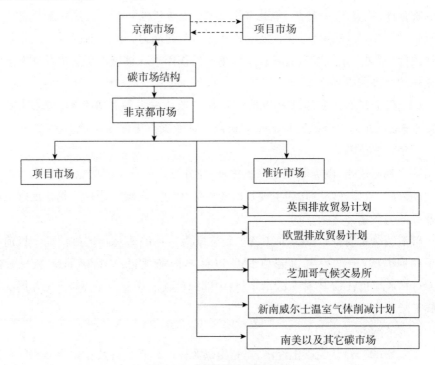

图5-1　国际碳汇市场结构

图片来源:李怒云等《气候变化与中国林业碳汇政策研究综述》(略有改动)

碳汇交易主要分为两类,一是通过政府向 CO_2 排放单位收取 CO_2 排放税,然后补偿给碳汇生产单位;二是建立排碳权交易所,由碳源、碳汇单位直接交易。二者区别在于前者是政府决定碳交易单价,市场决定碳排放量;后者相反,政府决定碳排放量,市场确定碳交易单价。

漆雁斌等(2014)认为,碳汇交易服务行业包括以下主体。

首先是碳汇产品需求者。森林碳汇商品的需求者包括两类,第一类是参与自愿购碳,选择低碳生活或生产实现社会责任的个人团体及企业,他们出于自身的社会责任感或者其他因素,选择自愿购买碳汇;第二类是由于碳排放限额等的实施,而不得不通过使用碳排放权许可方可排放污染物,或其排放量超过排放限额而不得不通过参与碳交易市场获得限额的企业等。

其次是碳汇产品供给者。森林碳汇的提供者通常是森林林权所有者或者经营者。在京都市场上,亚洲及拉丁美洲的发展中国家,例如,中国、印度、阿根廷、马来西亚、墨西哥和巴西等,是森林碳汇的主要提供者。在我国,国有林场集体林场及其他拥有或经营森林资源的个人企业和其他实体,是森林碳汇的主要供给者。

第三是第三方独立认证机构。森林碳汇交易机制较为复杂,项目周期较长,前期需要大量资金投入,项目的合格性以及碳汇信用数量的真实性等难以判断,在发展初期信息不对称的情况下,供给者多选择被动观望,这就需要第三方独立认证机构的介入。

在京都市场上,第三方独立认证机构是由 CDM 执行理事会制定的审议核查机构(DOE),DOE 是具有企业性质的经营实体,主要是对森林碳汇项目的合格性和碳汇信用数量的真实性进行核查。森林碳汇市场产生的碳信用要进入市场交易,就必须经过特定的第三方认证机构认证并出具合格证明。在具体操作方式上,欧洲排放交易体系与英国排放交易体系要求先由企业上报数据,再由经授权的有资质的独立第三方进行核查,从而获得真实可信的基础数据。在非京都市场上,2008 年 5 月 7 日,我国质量认证中心(CQC)经芝加哥气候交易所(CCX)批准授权,正式成为 CCX 温室气体减排额度抵消项目的验证机构。而培养公正独立的本土认证审核机构以及相关从业人员也成为推动我国碳交易市场发展的工作重点。

第四是政府。政府的参与是为了弥补市场失灵,政府的一个重要责任是确定碳排放限额,将碳排减指标分解并落实到具体的企业。

第五是经纪人、投资者和投机者。经纪人作为碳汇需求方和供给方沟通的桥梁,主要作用是解决交易中存在的信息不对称问题,匹配并撮合交易,降低交易成本。

投资者和投机者主要是碳汇市场流动性的提供者。类似于股票和期货市场,碳汇市场要发展,其二级流通市场也必然会发展起来,这样在碳汇信用的二级流通市场就会出现一些专业的投资者和投机者,从正面意义说,他们活跃了市场,为市场提供了一定的流动性。

2. 碳汇交易机制

交易所中,碳汇交易方式以挂牌转让为主协商转让为辅,碳汇交易价格以国际市场碳交易价格为参考基准,直接销售和公开竞标是挂牌转让的两种方式。转让方仅面对一个符合要求的购买意向需求方时,可按照委托价格或以参考价格为基准上下浮动,直接销售 转让方面对多个符合条件的购买意向需求方时,可由交易所组织公开竞标,按照竞拍最高价转让。当交易双方在同一县市同一区域,且仅存在一个符合条件的需求方时,双方可通过协商以不低于参考基准的价格转让,视为协商转让。

具体的交易机制可分为两类:森林碳汇自愿碳交易市场交易机制和森林碳汇约束碳交易市场交易机制。

首先,图5-2是森林碳汇自愿碳交易市场交易机制的运行原理。(漆雁斌等,2014)

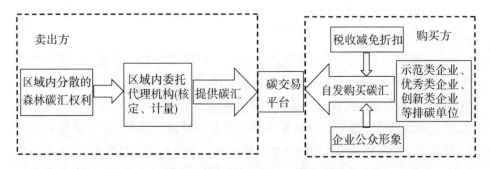

图5-2   森林碳汇自愿碳交易市场交易机制的运行原理

其次,图5-3是森林碳汇约束碳交易市场交易机制的运行原理。

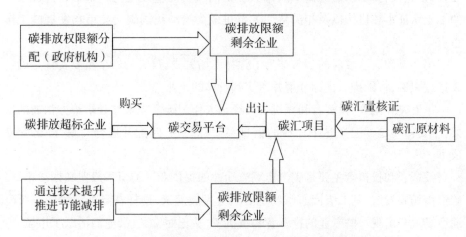

图5-3   森林碳汇约束碳交易机制的运行原理

图片来源:漆雁斌等《我国试点森林碳汇交易运行机制研究》

3. 森林碳汇市场融资机制

漆雁斌等(2014)认为,森林碳汇市场融资机制的建立可以通过拓展林业贷款模式以及设立森林碳汇发展基金等方式逐步开展 在扩展林业贷款模式方面要积极发挥政策性银行的作用。

首先,要制定符合森林碳汇项目的信贷政策和信贷模式:贷款利率更加优惠,加大财政贴息力度;贷款期限延长,还款方式更加灵活,匹配项目周期;贷款方式更加丰富,推动林地使用权抵押,将营林补贴政策与信贷结合等。

其次,可通过国家控股的方式建立专门的碳汇银行,建立专门的碳汇融资平台。

最后,银行可利用自身优势,充当森林碳汇市场的交易中介。

4. 森林碳汇市场监管机制

森林碳汇市场监管机制由政府监管部门、碳交易市场管理机构和交易所3级监管体制构成。

首先,政府监管部门从宏观政策层面对森林碳汇市场进行监管,对碳交易市场管理机构交易所的工作提出建议和要求,并完善相关的法律法规。以国家和地方的环境管理部门为例,可以协助制定并实施科学的碳源监测标准和合理的监测处罚办法等,对碳交易实行管理调控和监督。

其次,碳交易市场管理机构可对森林碳汇项目进行碳信用的计量和核定,对购买方进行碳排放配额调配,以此完成对碳交易执行情况的具体监管。

第三,交易所是交易活动的集合地,所内要建立专门的监管部门,以及时发现和纠正违规操作。

6. 碳汇造林

碳汇造林是指在确定了基线的土地上,以增加碳汇为主要目的,对造林及其林木(分)生长过程实施碳汇计量和监测而开展的造林活动。表5-5较为详细地阐述了不同地区造林碳汇项目的基本信息,表5-6则主要介绍了森林经营碳汇项目的基本信息。

表5-5 各地区造林碳汇项目基本信息

项目名称	项目面积 /hm^2	项目碳汇量 /(tCO$_2$当量 * a^{-1})	年单位面积碳汇量 /(tCO$_2$当量 * a^{-1} * hm^{-2})
奥迪熊猫栖息地多重效益森林恢复造林碳汇项目	335	2484	7.4
北京房山区平原造林碳汇项目	311	3168	10.2
房山区石楼镇碳汇造林项目	1102	7562	6.9

续表

项目名称	项目面积/hm²	项目碳汇量/(tCO₂当量 * a⁻¹)	年单位面积碳汇量/(tCO₂当量 * a⁻¹ * hm⁻²)
大埔县碳汇造林香木	7400	115152	15.6
丰宁千松坝林场碳汇造林一期项目	2675	46250	17.3
广东长隆碳汇造林项目	867	17365	20
江西丰林碳汇造林项目	15234	252736	16.6
内蒙古红花尔基退化土地碳汇造林项目	8349	31194	3.7
内蒙古科尔沁右翼前旗退化土地碳汇造林项目	2248	13187	5.9
顺义区碳汇造林一期项目	680	5978	8.8
云南云景林业开发有限公司碳汇造林项目	7214	59754	8.3
中国内蒙古森工集团根河森林工业有限公司碳汇造林项目	13717	151208	11
黑龙江图强林业局碳汇造林项目	74511	607971	8.2

表5-6　森林经营碳汇项目的基本信息

项目名称	项目面积/hm²	项目碳汇量/(tCO₂当量 * a⁻¹)	年单位面积碳汇量/(tCO₂当量 * a⁻¹ * hm⁻²)
经营方式:抚育伐			
吉林省白石山林业局森林经营碳汇项目	16789	23437	1.4
吉林省和龙森林经营碳汇项目	43642	82818	1.9
吉林省红石森林经营碳汇项目	—	—	
吉林省泉阳林业局森林经营碳汇项目	14406	15788	1.1
黑龙江翠峦森林经营碳汇项目	—	—	

续表

项目名称	项目面积 /hm^2	项目碳汇量 /(tCO$_2$当量 $*$ a^{-1})	年单位面积碳汇量 /(tCO$_2$当量 $*$ a^{-1} $*$ hm^{-2})
黑龙江省兴隆森林经营碳汇项目	34700	15788	0.5
经营方式:森林抚育			
吉林省白石山林业局森林经营碳汇项目	15948	35436	2.2
吉林省和龙森林经营碳汇项目	7527	13795	1.8
吉林省红石森林经营碳汇项目	168725	348123	2.1
吉林省泉阳林业局森林经营碳汇项目	15635	33808	2.2
黑龙江翠峦森林经营碳汇项目	57745	43637	0.8
黑龙江省兴隆森林经营碳汇项目	60693	49857	0.8
经营方式:冠下造林			
吉林省白石山林业局森林经营碳汇项目	62559	196231	3.1
吉林省和龙森林经营碳汇项目	52607	253058	4.8
吉林省红石森林经营碳汇项目	64757	222631	3.4
吉林省泉阳林业局森林经营碳汇项目	—	—	—
黑龙江翠峦森林经营碳汇项目	62518	445127	7.1
黑龙江省兴隆森林经营碳汇项目	—	—	—
经营方式:补植补造			
吉林省白石山林业局森林经营碳汇项目	—	—	—
吉林省和龙森林经营碳汇项目	2310	18705	8.1
吉林省红石森林经营碳汇项目	2257	13036	5.8
吉林省泉阳林业局森林经营碳汇项目	16793	83013	4.9
黑龙江翠峦森林经营碳汇项目	2602	5761	2.2

图片来源:任继勤等《公示的碳汇造林和森林经营碳汇项目比较研究》

　　抚育伐是指为了保证森林健康快速生长和加强森林防护及其他有益的效应而进行的适当的采伐。因抚育伐阶段的树种年龄都偏大,故其固碳能力较弱,其单位面积碳汇量在几种抚育方法中是最低的。森林抚育是指从造林起到成熟龄以前的森林培育过程中,为保证幼林成活,促进林木生长,改善林木组成及提高森林生产率所采取的各项措施。森林抚育的单位面积碳汇量不大,原因是由于森林抚育是在森林原有的基础上进行,很难在很大程度上改善树木的生长环境,对树木的生长影响有限。

冠下造林是指为了伐前更新,或改善森林结构与功能进而提高其质量,或培育需要在林冠遮阴条件下才能正常发育的树种而在已有林分中进行造林的过程。冠下造林的碳汇量是比较高的,并且这种方法可以在已有林地进行,可以很大程度的利用空间和资源,也可以很好地改善树林的森林结构,加速树木的生长,所以各地方都会在冠下造林这一块投入较多,以便有一个较高的碳汇投入性价比。

补植补造往往是各个碳汇项目中单位面积碳汇量最大的一个部分。其原因主要是因为补植补造的树苗成长环境好,人工培育更加彻底,树木生长速度更快。另外树苗从幼龄到成熟一直在进行固碳活动,故其固碳周期相比于其他方式的树林更长,所以在同等面积下,补植补造的总固碳量一般是最大的。

三、国内外发展概况

1. 国内产业发展历程及趋势

在碳汇经济发展方面,1990 年我国设立了国家气候变化协调小组,1998 年签署了《京都议定书》,成为第 37 个签约国,同年设立了国家气候变化对策协调小组。2005 年 12 月正式开通了"中国碳汇网"。为了适应国际森林碳汇市场化的发展并促进中国森林碳汇市场化的建立,中国的许多学者也对森林碳汇的经济问题进行了一些研究。

为了促进中国碳汇市场的建立,王雪红(2001)对中国碳汇的发展潜力进行了研究;李怒云(2002)等对中国林业碳汇的管理现状进行了分析,并对未来的碳汇管理提出了初步设想;林德荣(2005)在对森林碳汇服务市场交易成本的构成特征和大小进行探讨的基础上分析了交易成本对市场规模的影响;王见等(2005)研究了构建非京都规则森林碳汇市场的必要性,以及扩大森林碳汇需求、保证森林碳汇供给和规范森林碳汇市场交易秩序的具体措施;何英(2007)对中国森林碳汇交易市场现状进行客观评价,建议加强对非政府组织的规范管理降低交易成本,促进中国碳汇交易市场的发展。

在碳汇研究方面,贺庆棠(1993)就森林对地球气候系统碳素循环的影响进行了研究;方精云(2000)从全球生态学的角度进全面系统地论述国内外有关碳源、碳汇和碳循环研究的成果,详细论述了中国碳源、碳汇估算的理论和最新研究成果;李克(2000)让从土地利用变化和温室气体净排放与陆地生态系统角度研究了森林碳循环。李怒云,高均凯(2003)从全球气候变化的角度研究了我国森林碳汇的作用,并研究了我国在谈判中林业的立场及对策。魏殿生(2003)等针对全球气候变暖的挑战,系统研究了造林绿化与气候变化的关系,并对森林碳汇进行了初步的估算;武曙红、张小全、李俊清(2005)对清洁发展机制下造林或再造林项目的额外性问题进行了探讨;何英、张小全、刘云仙(2007)对我国森林碳汇交易市场现状与潜力也进行了分析。同时,张维成等(2007)对在全球气候变化谈判的背景下的森林碳汇进行了研究,这些研究对我国森林碳汇的市场化及其碳汇经济的开展打下了一定的基础,并起到一定的促进作用。

在碳汇经济发展方面,目前,我国正在建立和发展森林碳汇交易市场,如在云南、四川、辽宁、河北开展林业碳汇示范项目,并探索建立正式的碳汇项目。截至2014年底,北京、上海、天津等城市的7个碳排放权交易试点已经初步建立。同时,在我国目前的自愿减排市场上,林业碳汇项目出现了供不应求的局面,主要是因为:一是我国企业和个人环保意识、社会责任意识增强,购买碳汇需求增加;二是随着国内外碳交易市场的进一步开放,国内外的金融机构也在积极寻求合适的投资项目;三是我国本土林业碳汇虽然在林业合格性上有所放松,但其额外性、基准线审核仍然十分严格,可以上马的项目较少。

在碳汇研究方面,当前国内学者主要是从清洁发展机制下对碳汇项目有关问题的认识、造林和再造林碳汇项目的相关规则及政策选择、优先发展区域选择、管理现状、评价指标体系以及气候变化与中国林业碳汇政策研究等方面探讨中国清洁发展机制下如何发展碳汇项目,把握机遇,促进中国林业的发展。国内学者对碳汇市场方面的研究仍停留在定性的描述分析,主要集中在森林碳汇的市场化基础产权政策激励以及森林碳汇市场的特征潜力和发展现状等方面,因此我国学者在进行森林碳汇及其市场的相关研究时有必要增加定量分析。

中国CDM管理机构为国家气候变化协调领导小组,并由国家发改委、科技部、外交部等7部委负责成立国家清洁发展机制项目审核理事会,负责对国内CDM项目的审核管理。据联合国清洁发展机制执行理事会EB网站统计,截至2013年3月31日国际上共有6663个CDM项目成功注册,中国注册CDM项目3518个,占东道国注册项目总数的52.8%,预计产生的二氧化碳年减排量共计7.85亿吨,占东道国注册项目预计年减排总量的61.8%,这说明中国CDM项目在国际上无论是在数量上是在年减排量上都占有绝对优势。但CDM项目中的森林碳汇项目则很少,截至2013年3月21日发改委批准的项目达4799个,绝大多数是关于可再生能源的CDM项目,造林再造林碳汇项目只有5个,预计年碳汇清除量总计为 15. 76 万吨二氧化碳。

　　结合我国历次森林资源清查结果和中国统计年鉴相关数据来看,我国森林碳汇容量在不断增加,中国森林碳汇功能在不断加大。根据每年造林情况可得出国家对林业问题的重视程度不断提高,我国长期以来进行的营林工作取得了巨大进展,这也是森林碳碳汇容量增加的有力保证。

　　方精云院士(2000)在中国森林碳汇现状及潜力预测研究项目进展情况汇报中也表示,通过对我国过去 20 年森林生态系统碳汇变化情况进行的进一步研究、核算和对到 2050 年我国森林碳汇变化趋势进行预测,可得出近 20 年中国森林碳库均在增加。我国森林是一个相当可观的温室气体吸收汇,在未来 30—40 年我国森林仍将具有较大的碳汇潜力。中国的森林碳汇虽然潜力巨大,但相对于中国的排放总量仍显有限。在过去的半个多世纪里中国每年投入了大量的资金人力造林,但森林覆盖率只提高了 4% ,而且这些造林地段的自然条件可能还比较好,而我国有 1/3 的沙漠和 1/3 的高原土地。

　　洪玫(2011)认为,从长期发展趋势来看,随着国际社会持续加大投入力度,提供了越来越强有力的技术支持,市场交易规则逐步完善,计量标准越来越准确,使得森林碳汇交易的不确定性逐渐降低,交易规模逐步扩大,将有力推动我国森林碳汇产业的发展。

　　2008 年 8 月以来,上海环境能源交易所、北京环境权益交易所、天津排放权交易所相继挂牌之后,武汉、杭州、昆明等交易所也相继成立。2009 年 11 月,深圳联合产权交易所、深圳国际能源与环境技术促进中心及香港 RESET 公司也宣布联合发起成立亚洲排放权交易所。此外,大连、贵阳、河北、山西等交易所也在筹备之中。但这些交易所只是个别小规模交易的平台,所做的工作很多为中介性质,还谈不上实质意义上的交易,中国国内碳交易仍不具备明确的法律框架或政策。比较而言,目前中国的碳交易市场还主要集中在项目层次上,而欧洲国家已经处在商品层次上,美国更是跃升到碳金融市场阶段。距离欧美真正的碳交易和碳金融市场的路程,还有相当大的距离。

　　2. 国外产业发展状况及借鉴

　　1992 年,UNFCCC 联合国气候变化框管公约成立,专门负责各国的工业温室气体的清单调查。

　　1997 年,UNFCCC 各国签订《东京议定书》,第一次以法规形式限制温室气体排放。

　　2005 年 2 月 26 日《京都议定书》正式生效,《京都议定书》被公认为是国际环境保护的里程碑,是一个具有法律约束力的旨在限制全球气候变暖要求减少温室气体排放的条约。它对签约的发达国家排放的 CO_2、CH_4 等 6 种温室气体的消减量作了明确的规定,如不履行承诺将面临惩罚。随着《京都议定书》的出台和签署,森林碳汇才进入议定书规定的清洁发展机制(CDM),碳汇的经济问题、贸易问题才被国际社会所重视。

1991 年,法国的研究表明,法国森林固碳总量为 20 亿吨,其中森林生物固碳 8.6 亿吨,林地固碳 11.4 亿吨。

日本在计算森林的碳汇效益时,采用森林年度 CO_2 吸收量乘以火力发电站回收 CO_2 的成本计算森林吸收 CO_2 所产生的生态效益。

1996 年芬兰对森林采伐产生的大量废弃物的利用进行了研究。研究表明,如果把欧盟各国森林采伐剩余物的三分之一作为燃料发电,就可以使欧盟的 CO_2 排放量减少 4—6%,而产生的发电量几乎可以满足爱尔兰、芬兰或者丹麦每年消耗的电量。

荷兰从 20 世纪 90 年代初开始成立了森林碳吸收(简称以 CE)基金会,并开展了大规模造林吸收 CO_2 项目。截至 1999 年已造林 $5400hm^2$,项目总期限为 99 年,总投资 3820 万美元,累计固碳 268.2 万吨,碳汇价格达到 14.25 美元/吨碳。试点结果表明,该项目不仅带来森林碳汇的经济效益,还为项目试验区带来巨大的社会效益和环境效益。

2001—2005 年,丹麦、英国、澳大利亚、挪威、美国、加拿大等分别引入或成立国家级 CO^2 减排的碳汇交易体系,极大地促进了森林碳汇市场的发展。

另外,厄瓜多尔、捷克、荷兰和乌干达等地也开展了森林碳汇项目。印度尼西亚、马来西亚、阿根廷、俄罗斯、巴西、智利、墨西哥等许多国家在发达国家资助下,都开展了 CDM 森林碳汇项目,带来了巨大的社会、经济和环境效益。

发展至今,在欧洲等地已建立了一套成熟的碳减排交易体系及多个碳减排交易所(如 ECX),CDM 项目减排量(CERs)是其交易的主要产品之一,类似的还有亚洲碳交易所、CLIMEX 交易所、北方电力交易所、未来电力交易所、欧洲能源交易所,以及加拿大、日本、俄罗斯市场。此外,还有如美国芝加哥气候交易所(CCX)等自愿减排市场(VER)。

因此,在国外,从最初的森林碳汇的评价,CDM 碳汇项目的开展,到碳汇项目的市场化和碳汇的初步贸易已有一段时间,并有一定的规模,在某些地区并有逐渐向碳汇经济发展的趋势。

四、相关产业政策状况

1992 年 6 月 11 日中国政府签署了 UNFCCC。1998 年 5 月中国政府签署了

《京都议定书》成为第37个签约国并于2002年8月正式核准了该议定书。

2006年,国家林业局颁布《国家林业局造林司关于开展清洁发展机制造林项目的指导性意见》和《国家林业局关于开展林业碳汇工作若干指导意见的通知》。

2007年发改委颁布《应对气候变化国家方案》。

中国政府于2007年6月发布的《中国应对气候变化国家方案》,明确了到2010年中国应对气候变化的具体目标基本原则、重点领域及其政策措施。

2008年国家林业局颁布《国家林业局造林司关于加强林业应对气候变化及碳汇管理工作的通知》。

2009年11月国家林业局发布了《应对气候变化林业行动计划》,明确提出中国林业应对气候变化的基本原则、阶段性目标、重点领域和主要行动,把林业纳入中国减缓和适应气候变化的重点领域。

2009年中央"一号文件"《中共中央国务院关于2009年促进农业稳定发展农民持续增收的若干意见》中明确指出,建设现代林业,发展山区林特产品、生态旅游业和碳汇林业,将碳汇林业建设作为现代林业的重要内容提到了新的高度。

2010年国家林业局颁布《国家林业局林业碳汇计量与监测管理暂行办法》、《国家林业局办公室关于贯彻落实应对气候变化林业行动计划的通知》、《造林绿化管理司关于开展林业碳汇计量与监测体系建设试点工作的通知》、《国家林业局办公室关于开展碳汇造林试点工作的通知》、《国家林业局办公室关于印发《碳汇造林技术规定(试行)》和《碳汇造林检查验收办法(试行)》的通知、《国家林业局关于林业碳汇计量与监测资格认定的通知》。

2011年国家林业局颁布国家林业局造林绿化管理司气候办关于印发《全国林业碳汇计量监测技术指南(试行)》的通知、国家林业局办公室关于印发《造林项目碳汇计量与监测指南》的通知、国家林业局办公室关于印发《关于坎昆气候大会进一步加强林业应对气候变化工作的意见》的通知、国家林业局办公室关于印发《林业应对气候变化十二五行动要点》的通知、国家发改委颁布《清洁发展机制项目运行管理办法(修订)》。

2014年国家林业局发布《关于推进林业碳汇交易工作的指导意见》,指出要按照建设生态文明、应对气候变化的目标要求,根据国家构建碳市场的总体部署,加快生态林业和民生林业建设,努力增加林业碳汇,积极推进林业碳汇交易,为实现2020年我国控制温室气体排放行动目标作出贡献。

第四节　森林旅游观光休闲经济产业

一、基本界定

生态旅游的概念自上世纪80年代初由国际自然保护联盟特别顾问、墨西哥专家谢贝洛斯·拉斯喀瑞首次提出后,在全球范围内引起了巨大的反响。人们开始对大自然进行关注,尤其是喜爱到偏远地区自然环境和传统文化保护较好的地方进行旅游。随着保护环境运动和和旅游者受教育程度的提高,以保护生态环境和提高人们对大自然认识的新兴旅游形式开始盛行。1993年国际生态旅游协会把其定义为:具有保护自然环境和维护当地人民生活双重责任的旅游活动,即生态旅游。在众多的生态旅游景点中,95%以上是森林公园、自然保护区和湿地保护区,其旅游资源中以森林旅游资源所占比重最大。

美国学者格雷戈里首先提出了后来广为接受的森林旅游的概念,森林旅游是指任何形式的到林区从事旅游活动,这些活动不管是直接利用森林还是间接以森林为背景都可称之为森林旅游。其实,早在森林旅游的概念正式提出之前,随着森林旅游开始关注其经济和社会价值以及旅游对森林环境的影响,研究者已经开始关注其经济和社会价值以及旅游对森林环境的影响。森林旅游是以良好的森林景观和生态环境的主要旅游资源,利用森林及其环境的多种功能开展旅游活动。马建章(1998)认为森林旅游有广义和狭义之分。王兴国,王建军(1998)认为森林旅游属于生态旅游。王永安(2003)认为不能把"森林旅游"和"森林生态旅游"混淆,将"森林生态旅游"定位为"森林旅游"的形式之一,森林旅游是生态旅游的一种主体形式,是一种非大众化的特殊旅游,生态旅游大部分就是森林旅游。张华海等将森林旅游、森林游憩和生态旅游予以区分。

目前一些研究者或学者就把森林旅游等同于森林生态旅游,例如江西财经大学李向明在《近年来我国森林旅游研究综述》中就认为森林旅游就是森林生态旅游。虽然两者都是依托森林风景资源而发生的旅游,但两者从产生的时间背景和效果是不同的。首先,森林旅游产生的时间早于森林生态旅游。森林旅游资源不仅有经济价值,而且还有无法衡量的生态价值。最初一些经济条件相对落后的地区为了快速发展当地经济,改善当地居民生活水平,在国家防止乱砍乱伐的情况下开始想到发展森林旅游。但是在森林旅游的过程当中,人们会带来垃圾,对当地造成噪声污染、空气污染,甚至有些游客破坏珍惜树种。在这种情况下,人们开始提出要在旅游的同时保护我们珍贵的森林资源,森林生态旅游也就应运而生了。其次,从效果上看,森林旅游是基于具有美感的森林旅游资源基础上进行的一种享乐主义旅游,而森林生态旅游是基于保护我们宝贵的森林旅游资源在森林旅游资源可持续发展的前提下进行的一种边旅游边保护的新兴旅游活动。

为此中国林业局的但新球、吴南方等人在《对森林生态旅游的认识》中认为森林旅游是一种以森林景观、森林环境为依托的旅游行为。在我国,现阶段到林区、森林公园、自然保护区和以森林为主体的风景区进行游览、观光、狩猎、度假、娱乐等公务与义务之外的活动都可归入森林旅游的范畴。而森林生态旅游可以简单地理解为"符合生态旅游守则的森林旅游可称之为森林生态旅游",也就是说到林区、森林公园、自然保护区和以森林为主题的风景区进行游览、观光等以保护森林生态环境为目的的旅游活动,而非进行狩猎娱乐等破坏生态环境的活动。

总之,森林旅游是一种在森林环境里从事的旅游活动,但学者们对这种旅游活动的性质尚存在不同理解。我认为森林旅游是利用森林所特有的环境、奇丽的景观和美学价值为社会提供服务,为人类提供享受,同时为林业部门提供社会效益和经济效益的旅游行为,是指在被保护的森林生态系统内,以自然景观为主体,融合区域内人文、社会景观为对象的郊野性旅游。旅游者通过与自然的接近,达到了解自然、享受自然生态功能的好处,产生回归自然的意境,从而自觉保护自然、保护环境的一种科学、高雅、文明的一种旅游产业。

二、产业体系构成

为了充分满足旅游者的消费需求,由旅游目的、旅游客源地以及两地之间的联结体的企业、组织和个人通过各种形式的结合,组成了旅游生产和服务的有机整体,这个有机整体被称为旅游产业。

森林旅游产业是旅游业的一部分,目前理论界对它还没有一个十分确切的、公认的定义。

从森林旅游活动过程来看,森林旅游业范围所涉及的相关行业有 3 方面的内容:一是有关森林旅游"准备"的行业,如办理森林旅游咨询和预定业务的旅行社、出售旅游用品的商业、传播森林旅游及目的地信息的信息业等;二是有关森林旅游"移动"的行业,如铁路、航空、汽车、轮船、自行车、雪橇等;三是与森林旅游"逗留"的行业,如饮食业、旅馆业、娱乐业等。

从森林旅游活动的组织和经营管理角度来看,森林旅游业的范围更加广泛,涉及到许多经济部门和非经济部门:一是直接与森林旅游有关的企业,如旅行社、饭店、交通;二是辅助性服务行业,如商场、食品店、洗衣店等;三是开发性组织如政府旅游机构、旅游协会、森林旅游培训机构等。

通过以上分析可以认为,森林旅游业是以森林旅游资源为凭借以旅游设施为基础,为森林旅游者的旅游活动创造便利条件并提供所需商品和服务的综合性行业。从定义不难看出,森林旅游资源、旅游设施和旅游服务是森林旅游经营管理的三大要素。森林旅游资源的开发利用为满足森林旅游者的需求提供了可能,是森林旅游业生存和发展的凭借和依据,而旅游服务体系是旅游经营者借助旅游设施和一定手段向森林旅游者提供便利的活动,为利用和发挥森林旅游资源的效用创造了必要条件,并通过一定的旅游经济实体和森林旅游政策的实施,为森林旅游活动提供服务而实现其旅游、保护、扶贫及环境教育四大功能。

三、国内外发展概况

1. 国内发展情况

近年来,随着改革开放的深化和我国旅游业的不断发展,森林旅游开发日益受到重视。森林公园这个概念也在发展中逐渐被人们所认知,森林旅游这种方式慢慢的被广大百姓所接受。现在的都市人由于生活节奏快,在忙碌过后都需要一个安静的地方、需要一个充满趣味的地方,在美景中调整心态、在活动体验中放松身心。森林公园以其良好森林景观和生态环境以及多功能的服务性正好可为人们提供一个游览、度假、休憩、放松的场所。我国森林公园的建设是在上世纪80年代起步的。1982年我国建立了第一个国家森林公园"张家界国家森林公园"。山合水易机构经过总结将我国的森林公园建设大致分为以下了三个阶段。

第一阶段:1980年8月原中华人民共和国林业部发出"风景名胜区国营林场保护森林和开放旅游事业的通知"。1981年6月,国家计委在北京召开国家旅游局等有关单位参加的开展森林旅游座谈会,积极倡导林业部门开展森林旅游。从1982年至1990年,以我国第一个森林公园——张家界国家森林公园的建成为标志的第一阶段。特点为:(1)每年批建的森林公园数量少,9年中总共只批建了16个,其中包括大家熟知的张家界、泰山、千岛湖和黄山国家森林公园等。(2)国家对森林公园建设的投入相对较大。(3)行业管理较弱。这个阶段我国森林用于旅游开发的较少,用于砍伐的林木和原始林居多。已投入开发的森林公园以观光游览为主,森林公园的发展并未步入休闲度假阶段。

第二阶段:从1991年开始,特点是:(1)森林公园数量快速增长,从1991年至2000年的10年时间里,共批建国家森林公园328个。(2)国家对森林公园的投入减少,主要通过地方财政投入、招商引资、贷款及林业系统自身投入等方式进行建设。(3)行业管理加强,开始走向法制化、规范化、标准化。这个阶段我国已建成多个森林公园,人们的旅游方式从观光游览到休闲度假开始逐渐转变,森林旅游这个概念逐渐被人们所认知。

1992 年 7 月,原林业部成立了"森林公园管理办公室",各省(市、区)也相继成立了管理机构;1994 年 1 月,原林业部颁布了《森林公园管理办法》;同年 12 月,又成立了"中国森林风景资源评价委员会",规范了国家森林公园的审批程序,制定了森林公园风景资源质量评价标准。1996 年 1 月,原林业部颁布了《森林公园总体设计规范》,为森林公园的总体设计提供了标准。

第三阶段:是从 2000 年后,属于森林旅游体系基本建立阶段。这一阶段主要特点是:森林旅游区数量剧增,森林旅游体系架构基本形成;在发展理念方面,强调了生态理念、持续发展理念和人本主义理念,改变了中国规划界或多或少存在的重视物质规划、忽视人本关怀的偏向,处处体现自然保护、生态旅游和可持续旅游思想,这一阶段也是我国森林旅游开发的黄金期。

森林旅游作为旅游业中一种独具特色的旅游产品,越来越引起人们的重视。伴随着世界旅游业迅猛发展的大趋势,我国旅游业正处于蓬勃发展的大好时期。据世界旅游组织预测,我国将在 2020 年成为全球最大的旅游目的地。走向大森林,回归大自然,正在成为当今世界旅游发展的新趋势、新时尚。我国的森林旅游业,在改革开放的大潮中起步,经过二十余年的发展,如今已取得长足进步,在西部大开发的战略中,森林旅游业作为西部地区主要开发内容之一。

目前我国的森林景点有 3100 多个,旅游形式中的生态旅游已越来越受大众青睐。2015 年,生态旅游群体已占到全国出游总人数的四分之一,且以 15%—20% 的年增速在递增。森林旅游已成为我国旅游休闲产业中最具发展活力和前景的领域之一。如今,以森林公园、湿地公园、自然保护区为主体,以观光园、树木园、野生动物园、沙漠旅游区等为辅助的森林旅游多元化格局已基本形成。据国家林业局统计,截止 2015 年底,全国共建立森林公园 3234 处,国家级森林公园 826 处,国家级森林旅游区 1 处,省级森林公园 1402 处,这极大地推动了森林旅游的发展。据有关机构估计,2015 年全国林业旅游人次已超过 20 亿人次,林业旅游的快速增长推动了森林康养的发展,使林业经济进入木材、林下种养、森林旅游之后的森林康养时代,激活了相关产业的经济活力。

2. 国外发展情况

森林是人类最后一块净土,是珍贵的天然资源,其自然功能十分突出,将森林与人类健康结合起来,具有重大社会意义。森林康养起源于德国,流行于美国、日本、韩国等国家,在国外,被誉为世界上没有被人类文明所污染与破坏的最后原生态。森林康养是以森林资源开发为主要内容,融入旅游、休闲、医疗、度假、娱乐、运动、养生、养老等健康服务新理念,形成一个多元组合,产业共融业态相生的商业综合体,是我国大健康产业新模式、新业态、新创意。

美国——在保护的基础上进行森林旅游开发利用,通过开发利用,使人们进一步的认识到森林旅游的经济,社会和生态效益。

美国的林地约占美国土地面积的40%,拥有林地并提供森林旅游的主要组织和机构是联邦机构、各州及地方政府,还有一些私有林主,其中联邦机构是最大的森林旅游活动经营者,每年吸引游客达15亿人次以上。

美国森林旅游四部曲:(1)保护:1960年通过了"森林多功能经验及永续生产条例",从而结束了以木材为主要生产目标的主要林业目标。通过森林多效益经营模式,充分发挥森林旅游的各大效益,从而进一步保护了森力资源。(2)重视:①美国林业局把森林经营划分为五大目标,森林旅游居于首位,给美国林业带来了巨大的生机。②美国通过了资源规划条例,户外旅游资源居于首位。③水土保护基金条例,又叫LWCF条例,规定为发展森林旅游提供资金。④成立了户外旅游总统委员会,该委员会可以直接向总统和国会汇报工作。(3)满足多样化需求:1987年制定并实施了"美国伟大的户外游憩战略",满足游客多样化的需求,森林游憩活动成为户外游憩活动的最大组成部分。(4)普及:美国的国有林业经营者有4000多个野营地,配有良好的设施,如热水、沐浴器、桌椅、火炉、帐篷、活动房屋,多用篷车等,一律收费不贵,而且近一半营地免费提供。

英国——在森林资源紧缺的情况下,合理使用林地以取得更大的经济效益:英国是个少林国家,其森林资源主要分布在英国北部及中西部山区,国家公园的土地并非全是国家的土地,有51%是私有土地,英国在人工造林中非常注重景观规划设计,强调人工林在提供木材的同时还为公众提供休憩旅游和娱乐的场所,并把它放到重要的位置。

其森林旅游开发分为保护和盈利两个环节:(1)保护:①英国成立国家林业委员会,主要任务是保护和扩大英国的森林资源,提高森林资源的经济价值,保护森林资源的生物多样性等。②公园内设有几个环境教育中心,向游客宣传环境教育。③英国议会通过了新的《国家公园保护法》,旨在加强对自然景观、生态环境的保护。(2)盈利:①为使私有土地所有者不开发这片土地,并允许公众能进入开展活动,除了要让土地所有者了解保护区的重要意义之外,还需要使他们能取得一定的利益,因此公园的日常运作费的75%由国家下拨,其余部分由公园自筹。②公园是可收门票的,其收入主要来源为第三产业,如开设旅馆、饭店、出售纪念品,收取停车费等。每个公园均有一个由各方代表组成的管理委员会进行经营管理。

瑞典——通过建设国家森林公园,保护园区自然环境的原生性和生物资源的多样性,并为旅游观光和户外活动提供场所。森林休闲现状:森林是人们开展自然旅游的重要资源,一般的瑞典老百姓都把在森林野营和旅行作为最主要的消遣方式之一。瑞典森林休闲为何如此受青睐:(1)森林资源丰富:瑞典不仅是先进的工业国,而且是世界闻名的"森林之国",森林覆盖率高达60%,共有20处国家公园,700多个森林旅游协会。(2)闲暇时间较多:其《雇佣法》规定每周工作40小时,每年至少有5周休假期,所以至少有一半的居民每两周进行一次森林旅游活动。(3)国家大力支持:贯彻实施《森林法》等法律法规;全国35万个林场主提供咨询服务,发放林业补贴等;举办林业教育培训,每年利用森林节,向国民特别是中小学生介绍森林资源、生态环境和生物多样性的作用,增强国民的环保意识。

四、相关产业政策状况

经国务院同意,印发《〈国务院关于促进旅游业改革发展的若干意见〉任务分解表》,并要求各地区、各部门结合《国务院关于促进旅游业改革发展的若干意见》(国发〔2014〕31号)认真贯彻落实发展森林旅游、海洋旅游。

2015年10月,由国家林业局、湖北省人民政府共同举办的"2015中国森林旅游节"在湖北武汉举办。37个列入首批"中国森林氧吧"榜单的国家森林公园、湿地公园和自然保护区在湖北武汉亮相。国家林业局副局长张永利为上榜单位授牌。

2016年1月,国家林业局下发《关于大力推进森林体验和森林养生发展的通知》。《通知》提出,加快森林体验和森林养生发展,有助于推动森林旅游的创新发展和绿色发展,有助于发挥林业在弘扬生态文明、改善民生福祉中的巨大潜力。

2016年1月,国家林业局印发《全国城郊森林公园发展规划(2016—2025年)》。《规划》从发展城郊森林公园的必要性、我国城郊森林公园发展成效和挑战、城郊森林公园发展的总体思路、发展布局、主要建设内容和保障措施共6个方面进行了编制。城郊森林公园是森林公园的重要组成部分,是新型城镇化建设的重要基础设施,是宜居城市建设、提升百姓福祉的重要需求,也是弘扬生态文化、全方位发挥森林生态功能、提升民众森林文化素养、推进生态文明建设的重要载体。

2016年2月,国家林业局森林公园管理办公室下发《关于启动全国森林体验基地和全国森林养生基地建设试点的通知》,标志着林业主管部门推动的全国森林体验基地和全国森林养生基地(以下简称"两个基地")试点建设工作正式启动。

2016 年 4 月,国家林业局下发《关于省级以下森林公园审批有关事项的通知》。《通知》要求把省级以下森林公园审批作为本地区森林公园建设发展工作的重要环节,认真抓实做好,确保省级以下森林公园审批的公开、公正、透明开展。

2016 年 4 月,国家林业局印发《中国生态文化发展纲要(2016—2020 年)》。《纲要》要求全国森林公园总数由 2015 年的 3000 处增加至 4400 处、建设 76 个国家湿地保护与合理开发利用、湿地生态文化服务体系建设示范区、扩建一批国家沙漠公园,初步建立起国家沙漠公园网络体系等。

2016 年 5 月,国家林业局印发《林业发展"十三五"规划》提出,"十三五"时期,我国将加快建设京津冀生态协同圈,打造京津保核心区并辐射到太行山、燕山和渤海湾的大都市型生态协同发展区,增强城市群生态承载力。京津冀区域将建成国家级森林城市群。

2016 年 7 月,国家林业局印发《全国森林经营规划(2016—2050 年)》。《规划》针对我国森林经营理论和技术滞后的突出问题,吸纳借鉴国际先进森林经营理念和技术,结合我国森林分类管理和森林经营生产实践,确立了多功能森林经营理论为指导的经营思想,树立了全周期森林经营理念,明确了培育健康稳定优质高效森林生态系统的核心目标,是相对于传统森林经营方式的重大变革。

2016 年 8 月,66 处试点国家湿地公园通过国家林业局验收,正式成为"国家湿地公园";21 处试点国家湿地公园未通过验收,限期整改;3 处试点国家湿地公园取消其试点资格。

2016 年 9 月,国家林业局下发《国家林业局关于着力开展森林城市建设的指导意见》。《意见》指出到 2020 年,森林城市建设全面推进,基本形成符合国情、类型丰富、特色鲜明的森林城市发展格局,初步建成 6 个国家级森林城市群、200 个国家森林城市、1000 个森林村庄示范,城乡生态面貌明显改善,人居环境质量明显提高,居民生态文明意识明显提升。

2016 年 9 月,《长江经济带发展规划纲要》印发。《纲要》以生态优先、绿色发展为统领,提出到 2020 年,长江经济带生态环境明显改善,水资源得到有效保护和合理利用,河湖、湿地生态功能基本恢复,水质优良(达到或优于Ⅲ类)比例达到 75% 以上,森林覆盖率达到 43%,生态环境保护体制机制进一步完善等生态发展目标。

2016 年 9 月 28 日,国务院批复同意新增部分县(市、区、旗)为国家重点生态功能区。国务院批复提出,地方各级人民政府、各有关部门要牢固树立绿色发展理念,加强生态保护和修复,根据国家重点生态功能区定位,合理调控工业化城镇化开发内容和边界,保持并提高生态产品供给能力。

2016 年 10 月 23 日,中国森林氧吧论坛在北京人民日报社举办,现场公布了安徽皇甫山国家森林公园等 47 家"中国森林氧吧"名单。

第五节 森林养生、康养及保健经济产业

一、基本界定

1. 森林养生

森林养生是指充分利用森林环境和林产品,科学地发挥森林保健效果,让到访者置身于森林之中,吸收天地精华,并根据森林环境及自然资源、文化等特点,有针对性地强化五感体验,开展静养、运动以及保健教育等项目,必要时辅以医疗保健人员的指导,从而达到预防疾病和增进身心健康的作用。

2. 森林康养

森林康养是依托丰富多彩的森林景观、优质富氧的森林环境、健康优良的养生环境、味美安全的森林食品、深厚浓郁的生态文化等森林生态资源,配备相应的养生休闲、健康运动及医疗服务设施,开展以修复身心健康,延缓生命衰老,实践健康生活为目的的森林游憩、度假、疗养、保健、养老等服务活动。(杜朝云,蒋春蓉,2016)

3. 森林保健

森林保健,是指森林作为重要的生态系统,除了发挥涵养水源、净化环境等基本环境功能外,能够对人体健康产生直接的较为积极的影响,包括影响人们的生理属性健康、心理属性健康和社会属性健康。具体可以解释为:(1)改善环境的保健功能;(2)调节人类生理、心理健康状况的保健功能;(3)促进社会和谐、增进社区认同感等的保健功能。(张志永等,2014)

森林保健资源,则是指森林环境中具有保健功能的生物和非生物因子,包括空气负离子、植物精气、空气质量、微生物含量、地表水环境、天然辐射水平、森林小气候优势、声学环境优势、生物种群优势、视觉环境保护因子、触摸类植物保健因子、森林食品及其他林内保健因子。(王小婧,贾黎明,2010)

二、产业体系构成

1. 森林养生产业体系构成

森林养生主要是利用森林环境、森林产品、森林文化,配合运动、食疗、中医、

气脉、禅修等方面使人达到身心和谐。主要方式如下:

(1)森林环境及景观养生:利用森林自然环境包括空气负离子、植物精气、阳光等自然要素提供养生服务。主要项目包括森林浴场、负离子保健场、植物精气养生、森林日光浴等。

(2)森林产品养生:利用森林中物质资源包括温泉、水域、林产品、养殖产品等提供养生服务。主要项目包括温泉浴、食疗、茶疗、水疗等。

(3)森林人文养生:利用森林人文景观、森林文化展示体验等要素提供养生服务。主要包括森林中人文景观、文化遗址等游览,学习实践儒道释的养生方法,如太极拳、瑜伽类、禅修类等。

(4)森林综合养生基地:利用森林环境、产品、人文资源提供森林养生服务。指综合利用以上几种情况,以森林环境为基础达到明显提升相关行业服务效果的目的,如森林医院、森林养生养老、森林美容美体等。(赵敏燕,2015)

2. 森林康养产业体系构成

一般来说,森林康养产业依托国家森林公园进行发展,充分利用地区气候条件、自然资源和党政政策等因素,涉及土地、房产、旅游、税收、交通、医疗、保险、文化、休闲、娱乐等多个行业,是一个庞大的产业集群。这一战略性新兴产业可有效促进区域林业发展,是支撑国有林区和国有林场改革的重要途径之一,是未来我国林区生态经济相融的可持续发展模式。以下,通过分析四川森林康养产业概况,具体阐述该产业体系构成。

四川是森林大省,拥有自然保护区 123 个,森林公园 123 个。2015 年,空山国家森林公园被评为四川首届"森林康养最佳目的地",开启了空山森林公园森林康养产业建设的道路。空山森林公园将园区分为游览型、参与型和体验型森林养生旅游基地三大区域,完善道路住宿、医疗保健光纤网络,建立核桃、板栗干果生产基地,准确定位"文化 + 运动 + 养生"的模式,狠抓"养生"和"红军文化"两大品牌,并通过传媒、促销等方式提升森林康养的知名度。

空山国家森林公园根据游客在旅游活动中的参与程度将康养基地分为三大功能区,第一部分是开展以红军文化为主线的游览型森林养生活动,第二部分是以生活体验为主,包括生态农业采摘、休闲探险活动等参与型森林养生旅游,第三部分是以医疗保健为主,打造以森林浴为基础的体验型森林养生旅游基地。另外,在基地内修建艺术喷池,附加喷淋设备,增加空气负离子浓度,增加森林的疗养功能。

应该说,四川省的森林康养产业实际上是森林保健、森林养生、森林旅游等一系列产业的综合体,其主旨是发挥森林本身的养生功能,将生态功能和经济功能有机结合,创新产业发展机制,从而有效利用自然资源,发挥森林的生态与经济效应。

3. 森林保健产业体系构成

中国国土面积辽阔,森林资源丰富,可利用的保健功能十分丰富。但是由于相关部门和国内学界对于该方面的价值认识较晚,对于森林保健的研究尚不成熟。因此,森林保健产业尚处于起步阶段,产业体系并不成熟。鉴于日本森林保健产业开发较早,也较为成熟,因此该部分以日本为例,介绍日本森林保健产业。

日本森林保健产业以森林浴为主体,并进行进一步发展。森林浴起源于德国的"气候疗法""地形疗法"和"自然健康疗法",是空气浴的一种,主要是利用森林环境的小气候。空气负离子和芬多精的功效,使人放松身心,从而提高身体素质。1986年,为了推广森林浴,日本林野厅和绿文明学会、地球环境财团共同开展了"适合森林浴的森林100选"。2004年,日本成立"森林疗法研究会",之后制定出详细的森林浴基地评价标准和审查标准。同时,日本全面推广森林浴基地及步道建设。2009年开始,日本更是推出"森林疗法检定考试",重视森林保健疗养专业人才培养,而这一举动也得到了民众的响应。

日本森林浴产业的最大助力是政府。政府首先认识到森林保健的巨大经济和生态效应,通过一系列政策措施使民众了解这一产业,并辅以学术界研究助力、各大媒体宣传,使得森林浴产业得到民众认同,成为民众生活的重要部分。森林浴以及衍生出的森林疗法也成为重要的旅游方式。

三、国内外发展概况

1. 森林养生国内外发展概况

国内对于森林养生的研究与开发还处于初级阶段,森林养生项目更多是概念的运用,针对森林养生旅游产品的系统开发还比较匮乏。国内的森林养生旅游产品以森林度假村、森林疗养院、森林浴、民俗养生、食疗养生等为主,缺乏具有特色的森林养生旅游产品。谢哲根、刘安兴(2000)根据旅游资源利用方式、旅客旅游行为和产生的效果,将森林公园旅游产品分为九大类。唐建兵(2010)从林木资源组合分类的角度,认为森林养生旅游产品包括宗教文化养生、山泉养生、气候气象养生、洞穴养生、森林花草养生、森林滨河养生等六大类。汪俊芳、袁铁象(2015)以游客在旅游活动中不同的参与程度为划分标准,将森林养生旅游产品分为游览型森林养生旅游产品、参与型森林养生旅游产品和体验型森林养生旅游产品。

国外森林养生的研究以及实践应用均较为成熟,不仅在森林环境对人体健康效应的研究取得突破性进展,而且从实证研究转变到以科学量化数据为基础的循证研究,并形成了有关人类生理和心理测量及评估指标体系。

日本在 2008 年 3 月,由政府、学术界及民间组织组合成立了"森林疗法协会(NPO)",制定了全国性、地区性的"森林疗法向导资格认证"和"森林理疗师资格认证"。日本在之后制定"森林疗法基地与步道"准入标准,重点考察森林环境对改善人类生理及心理保健功能水平、森林环境利用设施水平、森林环境及配套设施水平,以及为地方政府创造经济效益、森林植被恢复状况评价等标准。日本森林养生基地建设从 2005 年开始,以森林浴场为主。截至 2015 年 3 月,共认定 60处"森林疗法基地与步道",分布于全国 35 个都道府县,森林养生产业迅速发展。

韩国建立了比较完善的森林养生基地标准体系,具有完善的森林讲解员和理疗师森林疗养服务人员资格认证、培训体系。韩国政府更是主动引进森林养生领域技术,为推进韩国养生产业的发展提供了科学支持与技术指导,实现了良好的产业应用转化。

美国则注重开展森林环境、社会、生理和心理健康功能的研究,将森林养生融入国民生活的方方面面。据统计,美国国民收入的 1/8 用于了森林养生,年接待游客超过 20 亿人次。(程希平等,2015)

2. 森林康养产业国内外发展概况

(1)国内情况

我国森林康养产业目前还处于起步阶段,2012 年北京率先引进森林康养概念,湖南、四川较早响应,并开展实践。湖南在 2012 年建立起全国首个由林业部门、企业集团和知名医院长期合作的森林康养基地——湖南林业森林康养中心,并争创首批国家森林康养示范基地。但是总体来讲我国森林康养事业主要还停留在以满足感官体验为主要形式的初级阶段,虽然一些地方开始规划建立了森林浴场,但整体规模小,模式单一,产生的影响有限。

从现有市场情况看,中国森林康养开发运营主要包含两种模式:

①政府性经营管理模式:政府负责基础设施建设,引进专业投资商作为度假类项目的一级运营商和战略合作伙伴。或政府负责统筹管理和进行开发引导,并相应的成立管理机构和开发公司,引进多家投资商进行高端养生项目的自主开发。

②市场性经营管理模式:将所有权和经营权分离,即政府将经营权不断的拍卖出去,真正把森林康养旅游作为一项产业来对待,并将其作为独立的主题推向市场。

（2）国外情况

森林康养的概念最早起源于 20 世纪 40 年代的德国。德国人为治疗"都市病"，利用水和森林创造了"自然健康疗法"，并在巴特·威利斯赫恩的小镇创立了世界上第一个森林浴基地。德国于 20 世纪 80 年代开始森林康养，重点在医疗环节的健康恢复，并且成为一项国策：德国公务员强制性地进行森林医疗，最终德国公费医疗费用下降 30%，每年节约数百亿欧元的费用，公务员生理指标明显改善，健康状况大为好转。目前，德国共有 350 处森林疗养基地，公民到认证的森林疗养基地消费已纳入国家公费医疗范畴。

上世纪 90 年代以来，美、澳等发达国家日益重视森林的多功能利用，寻求森林生态效益、经济效益和社会效益的平衡点和增长点，森林疗养逐渐成为林业发展趋势。荷兰每公顷林地接待森林康养参与者达千人。

日韩的森林康养产业发展相对成熟。日本 1982 年从森林浴起步，截至 2013 年，共认证了 57 处、3 种类型森林康养基地，每年近 8 亿人次到基地进行森林浴。韩国也是 1982 年开始提出建设自然康养林，截至现在，营建了 158 处自然休养林、173 处森林浴场，修建了 4 处森林康养基地和 1148 公里林道；也有较为完善的森林康养基地标准体系，建立了完善的森林讲解员和理疗师森林康养服务人员资格认证、培训体系。（杜朝云，蒋春蓉，2016）

3. 森林保健产业国内外发展概况

国内来说，森林保健产业的实际应用还不成熟，还主要是学术研究为主，集中在森林保健养生的功能和森林保健因子的测定及评价。李盛仙等学者（2001）研究发现森林植物能分泌杀菌物质，森林氧气含量高，空气负离子含量高，可以降低噪音。邵海棠、贺庆棠（2000）对森林健康保健因子——森林空气负离子的测定及评价指标等做出一系列研究，认为森林空气负离子含量每立方厘米高达 700—3000 个，而城市空气负离子含量每立方厘米低于 700 个，因此肯定了森林的保健养生作用。但是，尽管大多数学者认同森林具有空气质量好、细菌含量少、负离子浓度高、气候舒适期长等环境优势，但是对于森林保健资源具体应包括哪些因素，缺乏明确界定。（王小婧，贾黎明，2010）

对于森林保健市场的研究，集中在温泉养生旅游与老年人养生市场的研究。聂福源（2006）指出温泉养生旅游产品要考虑潜在需求，以需定产，产品核心应该是经营健康美丽。孙铭明、徐天英（2003）重点关注老年人旅游市场，提出老年人旅游市场内注重养生保健旅游项目设计。但是目前的研究对于森林保健产业与市场的相容度、消费者认知和消费意向缺乏比较系统的研究。

因此，国内森林保健产业发展较为初步，还有很长的路要走。国外来说，由于经济发展较快,相应的健康问题更早被人们意识到,因此,森林的保健功能也开发得较早。对于森林保健的研究主要集中在森林保健旅游方面的可行性和有利方面。许多国家发展森林健康旅游设施,以古巴和印度开展最为成功,通过这些设施帮助人们治疗皮肤病和精神类疾病等(Huff 等,1998)。德国的"气候疗法""地形疗法""自然健康疗法",法国的"空气负离子浴"等都是森林保健产业发展的实例。进一步发展的日本森林浴更是将森林保健产业进行了细分,研究开发了一系列"森林浴"相关项目,并投入使用。

四、相关产业政策状况

目前尚缺少专门针对森林保健产业的政策体系,下面重点介绍森林养生产业政策和森林康养产业政策。

1. 森林养生产业政策

2014 年 12 月 25 日,浙江省林业厅和浙江省旅游局联合出台的《关于加快森林休闲养生业发展的意见》指出,要充分发掘利用当地自然景观、森林环境、民俗风情、休闲养生等资源,通过试点示范、综合协调、产业融合,开发建设度假、游憩、疗养、保健、养老、娱乐等旅游休闲养生产品,打造进森林氧吧、品森林美食、赏森林美景的森林旅游养生品牌,打造一流的森林休闲养生福地,实现市民进森林、农民增收入。并提出到 2020 年,全省建成 100 个森林旅游休闲养生区,森林旅游总收入超过 1000 亿元,森林旅游总人数超过 2 亿人次。

2015 年 11 月,浙江省金华市磐安县尖山镇出台森林休闲养生旅游业发展扶持政策,在七个方面予以奖励,促进森林休闲养生旅游产业发展。

2016 年 1 月,国家林业局下发《关于大力推进森林体验和森林养生发展的通知》,推进森林体验和森林养生发展。两个月时间各地推荐"两个基地"试点建设单位共 82 家,其中 44 家申请开展全国森林体验基地建设试点,38 家申请开展全国森林养生基地建设试点。

2016 年 8 月 16 日,辽宁召开"辽宁坚定不移推进供给侧结构性改革"主题系列新闻发布会,提出到 2020 年建成森林体验基地 5 处、森林养老养生基地 5 处。

2016 年 9 月,中国林业产业联合会推荐公示 17 个"中国森林体验基地、中国森林养生基地、中国慢生活休闲体验区、村(镇)"。

江西鼓励森林体验和森林养生产业发展,指出"十三五"期间,江西省每年将开展国家和省级森林体验基地和森林养生基地建设试点申报工作,并建立基地建设试点项目库。国家和省级森林体验基地及养生基地建设试点单位将从项目库中择优推选,并给予政策支持。

2. 森林康养相关产业政策

2013 年,国务院颁布了《关于加快发展服务业的若干意见》、《关于促进健康服务业发展的若干意见》和《关于促进旅游业改革发展的若干意见》等。

2015 年国务院有出台《关于进一步促进旅游投资和消费的若干意见》,指出应大力发展养生等休闲度假旅游、养老旅游、中医药健康旅游。

2016 年国家林业局颁布了《林业"十三五"规划》,其中明确指出"森林旅游休闲康养"是林业产业工程的重要组成部分。

2016 年,河北省林业厅提出今年我省将高质量完成造林绿化 420 万亩,大力发展森林康养产业,在京津周围森林资源良好、基础条件完善的森林公园、自然保护区打造一批集度假、疗养、保健、养老、娱乐于一体的优质休闲养生产品。

2016 年 5 月,四川省林业厅发布《关于大力推进森林康养产业发展的意见》。《意见》提出,到 2020 年,全省建设森林康养林 1000 万亩,森林康养步道 2000 公里,森林康养基地 200 处,把四川基本建成国内外闻名的森林康养目的地和全国森林康养产业大省。

2016 年 11 月,黑龙江提出将加快推进森林体验和森林养生产业建设,助力全省林业经济快速发展。

2016 年 12 月,湖南省人民政府办公厅发布关于推进森林康养发展的通知,提出要充分发挥优质森林资源的多重功能,满足人民群众不断增长的健康需求,培养壮大绿色惠民富民产业,推进林业供给侧结构性改革。

2017 年 1 月 5 日,河南省林业厅公布《河南省林业扶贫规划(2016—2020年)》,提出依托丰富的森林资源,推动绿色生态扶贫。并指出,"十三五"期间,全省计划建设一批具有一定规模的森林康养林、森林康养步道和森林康养基地,培养一系列森林康养知名品牌和森林康养电商平台。全面推动森林康养市场体系不断发育壮大,带动一批人口脱贫。依托森林公园、自然保护区以及帝陵遗址等资源优势,探索森林养生体验基地和森林康养中心,开展慢生活休闲体验区建设,发展生态旅游、休闲旅游、山地旅游,带动周边发展旅游服务、餐饮商贸等产业。

专栏 5 – 2　首家中国森林康养产品体验中心落户北京

2017 年 1 月 19 日,由中国林业产业联合会森林医学与健康促进会与北京会付宝信息服务有限公司共同发起成立的全国首家"中国森林康养产品体验中心"在北京市正式开业。当天,中国林业产业联合会森林医学与健康促进会的顾问、专家及媒体朋友出席了开幕剪彩仪式,共同见证了中国森林康养产品及服务切实的融入了广大人民群众的生活,为推动中国林业产业改革及森林康养产品、森林康养旅游的多业态融合,做出了积极的探索。

中国林业产业联合会森林医学与健康促进会是国家林业局直属的经民政部批准的全国性非盈利社会团体,国家林业局原局长贾治邦任联合会会长,国家林业局林业改革与发展司原司长张蕾任促进会理事长。本会坚守"兴林富民、亲林健民"理念,支持拓展高品质的、合格的森林康养产品及康养旅游项目,建立和推行森林康养标准体系和认证程序,使森林康养融入医疗、旅游、教育、土地管理系统,造福于人类健康和自然环境。

在2016年12月10日的首届中国森林康养与医疗旅游论坛上,国家林业局局长张建龙在讲话中指出,森林康养集旅游、休闲、医疗、度假、娱乐、运动、养生、养老等健康服务于一体,是建设"健康中国"的重要组成部分,是提升人民幸福指数的重要途径,是林业产业发展的新模式、新业态。森林康养活动的普及,对于提高全民族的健康水平、建设"健康中国"具有特殊意义。各级林业部门要深入贯彻落实习近平总书记系列重要讲话精神,坚持以人民为中心的发展思想,坚持以新发展理念为指导,不断探索总结森林康养产业发展的新模式、新路径、新经验,为推进绿色发展、建设"健康中国"作出新贡献。

中国森林康养产品体验中心将秉承"走进森林,带回健康"的理念,积极推动全国林业产业系统内的优质康养产品、康养旅游项目走进百姓生活,为广大人民群众的服务。中国森林康养产品体验中心是集森林康养产品展示、体验、销售及森林康养旅游项目推介为一体的综合性服务门店,首家中国森林康养产品体验中心的开业,也是顺应国家林业局《林业发展"十三五"规划》大力推进森林康养,发展集旅游、医疗、康养、教育、文化、扶贫于一体的林业综合服务业指导精神的一次创新性尝试。

（资料来源:首家中国森林康养产品体验中心落户北京［EB/OL］.［2017/01/20］. http://finance. china. com/jykx/news/11179727/20170120/23992728. html）

第六节　森林文化经济产业

一、基本界定

森林具有文化功能:人类从森林中走出来,森林是人类生存的生态根基,是人类的依赖,意象、境界。从人类钻木取火,人类文化创造的物质材料、物质基础,满足人们的精神需求。森林激发人类的艺术灵感,融合人与森林的情感,促进森林文化艺术创作。人类科学的表达和历史传承,森林记录下不同时期的生产与生活方式,以及生产力水平,还记录下人类的和平与战争。(吴志文,2008)

文化产业,这一术语产生于二十世纪初。最初出现在霍克海默和阿多诺合著的《启蒙辩证法》一书之中。它的英语名称为 Culture Industry,可以译为文化工业,也可以译为文化产业。文化产业是以生产和提供精神产品为主要活动,以满足人们的文化需要作为目标,是指文化意义本身的创作与销售。

联合国教科文组织对文化产业的这一定义只包括可以由工业化生产并符合四个特征(即系列化、标准化、生产过程分工精细化和消费的大众化)的产品(如书籍报刊等印刷品和电子出版物有声制品、视听制品等)及其相关服务,而不包括舞台演出和造型艺术的生产与服务。

事实上,世界各国对文化产业并没有一个统一的说法。美国没有文化产业的提法,他们一般只说版权产业,主要是从文化产品具有知识产权的角度进行界定的。日本政府则认为,凡是与文化相关联的产业都属于文化产业。除传统的演出、展览、新闻出版外,还包括休闲娱乐、广播影视、体育、旅游等,他们称之为内容产业,更强调内容的精神属性。

我国文化及相关产业的范围包括:

1. 以文化为核心内容,为直接满足人们的精神需要而进行的创作、制造、传播、展示等文化产品(包括货物和服务)的生产活动。

2. 为实现文化产品生产所必需的辅助生产活动。

3. 作为文化产品实物载体或制作(使用、传播、展示)工具的文化用品的生产活动(包括制造和销售)。

4. 为实现文化产品生产所需专用设备的生产活动(包括制造和销售)。

森林文化产业是指提供森林文化产品和服务的物质生产及其经营体系。在农耕文化时代,由于手工业生产受到消费水平的制约,文化产品很难进入寻常百姓家。随着工业社会的到来,文化产品和服务成为社会的一种普遍需求,森林文化产品和服务相继发展。以旅游为例,传统旅游目的地主要是名胜古迹、寺庙道观和文化遗址等,森林公园和自然保护区的出现,为人们回归自然,开展森林旅游、森林休闲和森林保健等活动,开辟了广阔的天地。(苏祖荣,苏孝同,2014)

二、产业体系构成及发展概况

根据北京市提出的《文化创意产业分类》,将文化创意产业划分为文化创意服务业和文化创意相关产业两大部分,下分媒体业、艺术业、工业设计、建筑设计、网络信息业、文化创意相关产业等 10 个大类。虽不同城市的具体分类有别,但其包含的范围均有重叠,因此可以参考上述分类以及森林文化创意产业的定义,对森林文化创意产业包含的具体产业范畴进行界定。具体来说,可将数字林业产业、城市森林文化产业、森林旅游休闲业、林农特产产业、园林景观设计产业、木雕业等以森林资源为对象进行艺术创作的产业、林业生物技术产业以及其他利用林业高新技术的产业划归为森林文化创意产业的范畴。(刘琰等,2015)下面重点介绍森林体验产业和森林创意产业。

(一)森林体验产业

随着现代工业的发展,伴随着现代生活的生态环境不断恶化与民众精神压力的持续加大以及生态环保意识的逐渐提高,走进森林、回归自然越来越受到重视与欢迎。森林体验作为回归自然、感悟生命的重要形式之一,以其清新自然的独特环境和积极参与全身心感受,成为人们缓解压力、获取知识、愉悦身悦心的一种新途径。联合国大会于2011年国际森林年确定了"森林为民"的主题,以此提高人类对各类森林可持续管理、森林保护和可持续发展的认识,让人们关注人类与森林的相互联系,鼓励世界各国、区域和地方组织根据各自的兴趣参与到森林的各项活动中。(程希平,2015)

1. 森林体验概念

森林体验的概念一直伴随着其属性,即康体功能与教育意义等被提出。早在19世纪40年代初,德国即率先推出了"地形疗法"、"自然健康疗法"和"气候疗法",而后又有法国的"空气负离子浴"、俄罗斯的"芬多精"科学和韩国的"休养林构想"等相关参与森林康体活动与研究,在一定程度上促进了森林体验的普及和发展。森林体验的康体功能,主要是利用森林的保健功能,通过置身于森林之中,利用森林环境及地形进行散步或相关运动,调节身心以达到疗养目的。日本在已有森林体验的康体功能的基础上又提出了森林疗法的概念。现阶段日本学界和各森林体验基地将森林疗法普遍理解为,是在森林环境中利用五感来体验自然的风景、触感、声、生命力,或者利用森林地形、气候并通过在森林中运动、散步、吐纳、吸收植物精气、触摸植物等来维持和增进身心健康。

另外一种森林体验活动同样起源于德国。1986年德国森林基金会就提出了森林体验教育的方式,由此森林体验与教育的结合开始得到不断发展。其主旨是通过人们参与互动的森林体验活动,加深对森林的认知和感悟,激发人们爱护森林与环境的自觉性,引导人们积极保护森林,促进人与自然和谐相处。

森林体验是依托于森林资源和森林景观,通过引导人们调动自身所有感官来感受森林、认识森林,了解森林与人类活动的各种关联,促进身心健康,激发人们积极主动参与森林保护,最终实现林业可持续发展的一种实践方式。

2. 森林体验产业实践

近年来国内也开发利用了相关的森林体验,例如 2011 年 5 月开始运营的中德甘肃秦州森林体验教育中心、2013 年 9 月启动的陕西楼观台森林体验基地、2014 年 6 月对外开放的中韩合作北京八达岭森林体验项目,但是这些森林体验活动基本上集中于青少年的自然体验与教育。当前,我国森林体验产业呈现蓬勃发展之势。

在日本,森林体验产业已初具规模。早在 1959 年,日本政府就成立了以开展青少年森林体验与教育为宗旨的国立中央青年之家,开创了日本体验森林之先河,随后至 1976 年在全日本设立了 13 所国立青年之家。为了研究森林体验的作用与效果,促进国民回归自然,提高身心健康,日本先后成立了国立青少年教育振兴机构、森林疗法研究会、森林体验教育网络等,并以森林体验为对象进行了一系列系统的研究,在理论与实践上都取得了一定的成果,成为世界森林体验研究与开发的典范。

日本森林体验活动的开展主要依托于体验自然环境与促进身心健康的教育和理疗的视角。目前,日本开展森林体验活动已日趋成熟,其形式主要有以下 2 种:一是以"青少年自然之家"为平台,以森林体验为纽带,针对不同群体的青少年及相关者开展了自然体验、环境教育、异文化交流、奉献体验、国际理解与交流、厌学学生教育、残障儿童教育等相关活动;二是以"森林浴/森林疗法"为基础开展森林体验活动,在森林环境中利用五感来感受自然的声、风景、味道、触感、生命力,或者利用森林地形、气候等来维持和增强身心的健康。其中在每个基地及步道的介绍中都标注了海拔、地形、气象与气候、森林类型、优势树种、步道数目以及各种特色体验项目等相关信息,如表 5 - 7 所示(程希平,2015)。

表 5 - 7 日本森林体验项目及内容

体验项目		体验内容
(1)与森林亲密接触	(1)利用森林游乐	制作秘密基地、爬树、玩落叶、赏花草等
	(2)亲近森林的游戏	亲近、认知森林的生物培育等
	(3)亲近森林的漫步	走进森林、林种漫步、慢跑等
(2)保健修养	(4)赏花、观红叶	森林物候景观的观赏,领略季节变迁
	(5)调节身心健康的修养	森林浴、森林疗法等活动

体验项目		体验内容
（3）林内野生生物保护	（6）为保护野生生物的调查	调查动物、植物等生物的生境状况
	（7）为保护野生生物的繁殖	苗木培育、移植等活动
	（8）为保护野生生物的生境	利用除草、清扫等活动修复生物生境
（4）森林内观察、学习	（9）动植物标本采集	观察学习自然，采集相关动植物标本
	（10）生物的观察、学习	动物、昆虫、植物等生物的观察学习
	（11）环境的观察、学习	水流、土壤、地形等环境的观察学习
	（12）参观相关设施	餐馆相关人工设施，如大坝、索道等
	（13）参观林业活动	参观伐木、植林等林业作业活动
（5）采集（收集）和再利用	（14）采集燃料	收集薪材与落叶等燃料
	（15）采集手工艺品材料	采集制作受工业品所需的藤条、花果等
	（16）采集食品材料	采集能够食用的山菜、蘑菇、鱼等食材
	（17）制作有机肥	堆积制作堆肥的枯枝落叶
（6）设施制作	（18）制作小窝、树窝	制作鸟巢、小型树屋等设施
	（19）制作步道	设置散步路、施工道等步道
	（20）制作游戏工具	制作树木秋千、跷跷板、座椅等设施
（7）开展林业相关作业	（21）植树造林	种植乡土树种的幼苗
	（22）除草作业	为促进所培育树木的生长除去其周围的杂草
	（23）修剪树枝	为获得优良木材修剪多余的树枝
（7）开展林业相关作业	（24）间伐	为维护森林结构开展间伐作业
	（25）清洁林内环境	林内环境的清扫活动
	（26）采伐	为收获木材的相关伐木作业
	（27）蘑菇栽培	培植菌丝、培育蘑菇
	（28）制作木炭	利用伐木烧制木炭
（8）饮食起居	（29）体验自然恩赐的食物	食用野菜、树木的果实等
	（30）野营	支起帐篷进行野营
	（31）野炊	利用自然食材进行野炊并制作食物来使用

体验项目		体验内容
（9）艺术活动	（32）制作手工艺品	利用自然素材以木工、编制、绘制等方法制作手工艺品
	（33）创作活动	以自然为对象,进行摄影、绘画、作诗等活动
	（34）舞台艺术	以自然为舞台演绎音乐会、话剧等
	（35）展览会、展览长廊	在自然中鉴赏绘画、照片等作品
（10）运动、探险	（36）徒步、登山	利用自然环境与地形开展徒步与登山活动
	（37）运动竞技、野外拓展	开展野外运动竞技、野外生存等活动
	（38）山体滑降	利用山体地形采用滑板等器具开展滑降活动
	（39）滑雪	利用雪橇、滑板等开展滑雪活动
	（40）探险	开展攀岩等探险活动

（二）森林创意产业

凯夫斯定义了"创意产业"（Creative Industry）或译为"创造性产业",据此,林业创意产品部门包括:林业图书出版、森林视觉艺术（绘画与雕刻）、生态表演艺术（戏剧、歌剧、音乐会和舞蹈）、生态文化录音制品,生态电影电视等。

细分来看,林业创意产业应包括林业广告、生态建筑、生态艺术、生态古董、生态手工、生态设计、森林时尚、生态电影、生态互动休闲软件、森林音乐、生态表演艺术、生态出版、生态软件,以及电视、广播等诸多部门。林业创意产业在很大范围上交叉于各个行业的价值活动中,并逐渐从各行业分离出来。

森林文化产品按存在属性可区分为物质性文化产品和精神性文化产品。前者以实物形态存在,其生产、交换和消费与一般商品无区别。精神文化产品需要依附载体的物质外壳而存在,人们消费的不是其物质的外壳,而是外壳内所隐含的精神文化。比如:森林蔬菜产品,林产品的文化创意、包装、传播等等,林业工业制品的文化内涵,建筑业的森林生态创意及文化内涵以及审美创造,等等。

森林文化产品按经济属性可以分为商品性森林文化产品和公益性森林文化产品。商品性森林文化产品的生产、交换和消费与一般意义上的商品一样,需遵循市场规律,通过市场交换实现其价值。公益性森林文化产品,在其生产过程中形成了价值和使用价值,要通过政府采购以补偿、补贴或购买的方式全部或部分支付其费用,然后提供给一部分公众以免费或部分免费形式进行消费。森林文化研究与教育、公共媒体的宣传品、技术示范和公益培训资料等均属于此类。

森林文化产品按载体不同可以分为:纸质载体(书籍、报刊、画卷等)、胶卷、磁性载体(磁带、磁盘)、光盘、建构物和制品。载体不同的森林文化产品,消费所需的条件(主要是设备与场所)就不同。

森林文化产品按艺术形式可以分为电影、电视、诗词、歌曲、舞蹈、书法、绘画、摄影、音乐、戏剧、小说、寓言、童话等等。

森林文化产品按消费形式可区分为:阅读品、音频制品、视频制品、陈列品、旅游产品和娱乐产品等。

截至 2015 年,国家林业局与教育部、共青团中央已共同确定了 76 个"国家生态文明教育基地";24 个省区市的 96 个城市获得国家林业局授予的"国家森林城市"称号;中国生态文化协会遴选命名全国生态文化村 441 个、全国生态文化示范基地 11 个、全国生态文化示范企业 20 家;举办生态文化高峰论坛、生态文明论坛及林博会、绿化博览会、花博会、森林旅游节和竹文化节等活动,发挥了弘扬生态文化、倡导绿色生活的引导作用;我国 4300 多个森林公园、湿地公园、沙漠公园和 2189 处林业自然保护区,森林旅游和林业休闲服务业年产值 5965 亿元;森林文化、竹文化、茶文化、花文化、生态旅游、休闲养生等生态文化产业,正在成为最具发展潜力的就业空间和普惠民生的新兴产业。

三、森林文化产业相关政策

森林文化是生态文化的重要构成。2015 年 4 月和 9 月,中共中央、国务院先后印发《关于加快推进生态文明建设的意见》《生态文明体制改革总体方案》,对生态文明建设作出顶层设计。为深入贯彻落实中共中央、国务院印发的《关于加快推进生态文明建设的意见》(中发〔2015〕12 号)和《生态文明体制改革总体方案》(中发〔2015〕25 号),在全社会大力培育普及生态文化,形成推进生态文明建设的良好社会风尚,国家林业局于 2016 年 4 月 7 日组织编制了《中国生态文化发展纲要(2016—2020 年)》。

《中国生态文化发展纲要(2016—2020 年)》明确提出"推进生态文化产业发展",即(一)科学规划布局,加快生态文化创意产业和新业态发展。把生态文化产业作为现代公共文化服务体系建设的重要内容,加大政策扶持力度。充分用好现有文化产业平台,鼓励国家级文化产业示范园区、国家文化产业示范基地和特色文化产业重点项目库引入生态文化产业项目,引导更多社会投资进入,开发适应市场和百姓需求的生态文化产品。着力发展传播生态文明价值观念、体现生态文化精神、反映民族审美追求,思想性、艺术性、观赏性有机统一,制作精湛、品质精良、风格独特的生态文化创意产品;改革创新出版发行、影视制作、演艺娱乐、会展广告等传统生态文化产业;加快发展数字出版、移动多媒体、动漫游戏等新兴生态文化产业。要大力推进生态文化特色创意设计,积极扶持一批传承民族生态文化的企业。(二)发展产业集群,提高规模化、专业化水平。因地制宜,大力发展森林(竹藤、茶、花卉)、园林、沙漠、草原、海洋等生态文化特色产业,以森林公园、自然保护区、专类生态园(植物园、树木园、茶园、竹园、银杏园、牡丹园等)、海岛等为载体,积极打造蕴含不同生态文化主题创意,多样化、参与性、体验性强的生态文化产品和产业品牌;推动与休闲游憩、健康养生、科研教育、品德养成、地域历史、民族民俗等生态文化相融合的生态文化产业开发,加强基础设施建设,提升可达性和安全性。

同时,地方一些省市也积极出台了一些相应的政策以加强森林文化产业建设。

2009 年,福建省委省政府《关于持续深化林改建设海西现代林业的意见》(闽委〔2009〕44 号),把构建完备的林业生态体系、发达的林业产业体系和繁荣的森林文化体系作为建设海西现代林业的大事来抓,是林业发展的一项新任务。森林文化已纳入林业建设的"第三大体系"。

2016 年 1 月北京市园林绿化政务网的行政审批出台《建设项目避让保护古树名木措施》审批服务。

2016 年 3—12 月,北京市园林绿化局应用了《森林文化基地建设导则》《林业碳汇计量监测技术规程》《近自然森林经营技术规程》的主要关键技术,在密云区东邵渠镇史长峪村完成了 500 余亩的森林文化基地示范区建设。

2017 年,由北京市林业碳汇工作办公室(国际合作办)参与承担的"《森林文化基地建设导则》等标准示范应用"项目在京举行项目验收会

第七节　森林、湿地、荒漠修复治理经济产业

一、基本界定

近年来有学者认为生态修复的概念应包括生态恢复、重建和改建,其内涵大体上可以理解为通过外界力量使受损(开挖、占压、污染、全球气候变化、自然灾害等)生态系统得到恢复、重建或改建。生态修复可以理解为"生态的修复",即应用

生态系统自组织和自调节能力对环境或生态本身进行修复。我国生态修复在外延上可以从四个层面理解:第一个层面是污染环境的修复,即传统的环境生态修复工程概念。第二个层面是大规模人为扰动和破坏生态系统(非污染生态系统)的修复,即开发建设项目的生态修复。第三个层面是大规模农林牧业生产活动破坏的森林和草地生态系统的修复,即人口密集农牧业区的生态修复,相当于生态建设工程或生态工程。第四个层面是小规模人类活动或完全由于自然原因(森林火灾、雪线上升等)造成的退化生态系统的修复,即人口分布稀少地区的生态自我修复。(王治国,2003)

1. 低效林改造

2007 年国家林业局发布的林业行业标准《低效林改造技术规程》中将低效林定义为:受人为因素的直接作用或诱导自然因素的影响,林分结构和稳定性失调,林木生长发育衰竭,系统功能退化或丧失,导致森林生态功能、林产品产量或生物量显著低于同类立地条件下相同林分平均水平的林分总称。

按低效林分的起源进行划分,低效林可以分为低效次生林(原始林或天然次生林因长期遭受人为破坏而形成的低效林,可分为残次林、劣质林、低效灌木林等类型)、低效人工林(人工造林及人工更新等方法营造的森林,因造林或经营技术措施不当而导致的低效林,可分为低效纯林、树种(种源)不适林、病虫危害林、经营不当林、衰退过熟林等类型)。

按低效林分的功能进行划分可分为低效防护林(低效生态林)和低质低产林(低效经济林)。低效防护林是以发挥森林防护功能为主要经营目的且功能显著低下的林分,主要包括低效的水源涵养林、防风固沙林、水土保持林等,如长江上游防护林体系建设中产生的大面积低效柏木纯林。低质低产林是以林产品生产为主要经营目的且产量、质量显著低下的林分,主要包括低效的用材林、薪炭林、木本粮食林、木本油料、工业原料特用林等,如长江流域以南常见的杉木、马尾松残次林等。(邓东周等,2010)

根据低效林改造技术规程,凡符合下列条件之一者即可判定为低效林:(1)林相残败,功能低下,并导致森林生态系统退化的林分;(2)林分优良种质资源枯竭,具有自然繁育能力的优良林木个体数量小于 30 株/hm² 的林分;(3)林分生长量或生物量较同类立地条件平均水平低 30% 以上的林分;(4)林分郁闭度小于 0.3 的中龄以上的林分;(5)遭受严重病虫、干旱、洪涝及风、雪、火等自然灾害,受害死亡木(含濒死木)比重占单位面积株数 20% 以上的林分;(6)经过 2 次以上樵采、萌芽能力衰退的薪炭林;(7)因过度砍伐、竹鞭腐烂死亡、老竹鞭苑充塞林地等原因,导致发笋率或新竹成竹率低的竹林;(8)因未适地适树或种源不适而造成的低效林分。其中,对于经济型低效林,森林的产量和质量是衡量其经济效益的主要成分。通常用材林以生长量,经济林和薪炭林以产量为其衡量指标。(邓东周等,2010)

林分改造是把现实林中密度小,生长不良且树种,不占优势、生长量低、土地生产潜力不能得到充分发挥的林地,通过林分改造这一林学手段转变为常规林或速生丰产林,是由粗放经营向集约经营的一种转化,在森林经营中有其不可忽略的作用。(张延斌等,1995)

2. 湿地修复

湿地恢复(修复),是指通过生态技术或生态工程对退化或消失的湿地进行修复或重建,再现干扰前的结构和功能,以及相关的物理、化学和生物学特征,使其发挥应有的作用。湿地修复包括提高地下水位来养护沼泽,改善水禽栖息地;增加湖泊的深度和广度来扩大湖容,增加鱼的产量、增强调蓄功能;迁移湖泊、河流中的富营养沉积物以及有毒物质以净化水质;恢复泛滥平原的结构和功能有利于蓄纳洪水,提供野生生物栖息地以及户外娱乐区,同时也有助于水质恢复。(王亮,2008)

3. 荒漠化治理

根据《联合国防治荒漠化公约》的定义,荒漠化是指"包括气候变异和人类活动在内的多种因素造成的干旱、半干旱和干燥的半湿润地区的土地退化",而土地退化是指旱区的生物或经济生产力下降或丧失。

通俗地,荒漠化是指由于自然原因或人为因素导致的土地退化,包括土地沙漠化、石漠化和土壤盐渍。土壤沙漠化主要指发生在干旱半干旱地区,由风力作用形成,地表面被砂石覆盖;石漠化发生在湿润区,尤其是喀斯特地貌区,是由于流水侵蚀作用露出石灰岩形成。(徐溧伶,2013)而形成盐碱土要有两个条件:气候干旱和地下水位高(高于临界水位);地势低洼,没有排水出路,常常是由于过度开采地下水(如我国华北地区土壤盐碱化)造成的。

二、产业体系构成

本书将生态修复产业细分为低产林改造、湿地修复和荒漠化治理三个产业,由于细分的三个产业已经是相对独立且细致的产业,因此在此不做进一步的产业细分,转而进行三个产业的类型、标准划分。

1. 低产林改造产业

按不同的划分标准,低产林改造可以划分为以下几个类型:

(1)按土地条件划分的改造类型:按立地条件、改造类型可分为平缓丘陵台地、山地斜坡、山地缓坡和谷地 4 种。

四种类型中平缓丘陵台地土层肥厚、土壤湿润、通透性较好,土地生产潜力大,具备速生丰产条件,改造措施原则上应是采取皆伐手段,营造中轮伐期的速生丰产林。

山地斜坡类型虽土壤通透性亦好,但土层厚度有限。即或可以速生,也很难达到丰产的目的。林分改造目标应是营造常规林为主,亦可以保留一定数量现有主林木的同时,引进中长轮伐期的耐阴性树种,以期在人工干预的演替中形成针阔复层异龄混交林或针叶复层异龄林较稳定的森林植物群落,成为永久性木材生产基地。

山地缓坡类型坡度大,土层薄、土壤水份条件差,本非乔林生长的良好条件。改造的目标是以稳定森林植被群落,相机改变森林结构,进而逐步改善土壤条件和生产力的目的。原则上应是以点状或窄带状伐除被伐木和灌木,补植耐旱的、生命力强、可望成林的树种。对于坡度过大、土层过薄的低产林地,以保持森林生态环境为主,或点状补植、或封山育林不应列入改造对象,以防止采伐措施引起水土流失,造成土壤条件、生态环境劣度。

谷地类型比较复杂、土壤条件变化较大,一般说来土层厚者土壤湿亦适中,宜采用皆伐手段营造中短轮伐期的速生丰产林。对土层薄的跳石塘,改造工作应持慎重态度。因为由乔木、灌木和地植被层维系的薄薄土塘层一旦遭到破坏,将会导致地类的重大改变,有长期无法恢复森林植被而引起生态系统恶性的危险。杨、桦及灌丛下的浅沼泽,在实施排水措施后可以营造短轮伐期的纤维林。(张延斌等,1995)

林地主要分布在山地中部、中上部。大部分低产林分属于这个类型,立地条件较好。大部分阔叶树有保留价值,生长较好,如硬阔叶林、软阔叶林,少部分林分还生长有珍贵阔叶树种。这种类型的低产林分宜采取局部改造的方式。其中,局部改造的模式中又有抚育改造、择伐改造、"人天混"改造模式等。

林分立地条件较好,多在山下部,土壤肥沃。林地有相当高的生产潜力。这类林分应充分发挥林地生产潜力,实行全面改造,建立速生丰产林分。(马阿滨等,1995)

2. 湿地修复产业

根据不同的地域条件,不同的社会、经济、文化背景要求,湿地恢复的目标也会不同。有的目标是恢复到原来的湿地状态,有的目标是重新获得一个既包括原有特性,又包括对人类有益的新特性状态,还有的目标是完全改变湿地状态等。(包维楷、陈庆恒,1999)因此,湿地恢复类型和策略又具有多样性。不同的湿地,

恢复的指标体系及相应策略亦不同(见表5-8)。(王亮,2008)

表5-8 湿地类型及其恢复策略

湿地类型	恢复的表观指标	恢复策略
低位沼泽	水文(水深、水温、水周期)	减少营养物输入
	营养物(N、P)	恢复高地下水位
	植被(盖度、优势种)	草皮迁移
	动物(珍惜及濒危动物)	割草及清除灌丛
湖泊	富营养化	增加湖泊的深度和广度
	溶解氧	减少点源、非点源污染
	水质	迁移富营养沉积物
	沉淀物毒性	清除过多草类
	鱼体化学含量	生物调控
	外来物种	
河流、河缘湿地	河水水质	疏浚河道
	浑浊度	切断污染源
	鱼类毒性	增加非点源污染净化带
	沉积物	河浸滩湿地的自然化
	河浸滩及洪积平原	防止侵蚀沉积
红树林湿地	溶解氧	禁止矿物开采
	潮汐波	严禁滥伐
	生物量	控制不合理建设
	碎屑	减少废物堆积
	营养物循环	

3. 荒漠化治理产业

大多数学者认为近几十年来荒漠化的加速发展,主要是由于人类过度经济活动对资源的破坏而造成的。其中,滥垦滥牧、滥樵滥采是最主要的因素。由于荒漠化产生的根源是人口对土地的压力过大,因此荒漠化的治理应该从提高荒漠化土地的承载力,减缓和消除过重人口压力的角度入手。当前,我国在荒漠化防治方面采取的措施可以归纳为两个方面:种树种草、围栏封育。(樊胜岳等,2000)

荒漠化地区天然的植被条件,无疑对改善区域内气候、土壤、地质等状况提供良好帮助。合理种植推广不同类型植被和一些在荒漠化地区分布较广的先锋树种,能带来较好的社会、经济和生态效益。常见的先锋树种有:桐油树、沙柳、泡桐、沙棘等。(徐溧伶,2013)

另外,除了单纯技术层面的恢复植被的治理方法,我们还强调发展生态经济,利用高新技术组合,改变生产要素,加速荒漠化治理产业化,促进一、二、三产业融合发展。以下是樊胜岳给出的荒漠化治理的生态经济模式(樊胜岳等,2000):

(1)以荒漠化地区资源高效利用为主要内容的技术创新和技术传播:沙区农业开发过程中对新型技术的要求,重点应围绕解决水肥主导因子展开,节水增产,提高作物生产效率是沙区农业开发的重点,也是充分利用荒漠化土地光热资源丰富的关键。

(2)以荒漠化治理为主要内容的沙漠生态恢复:建立人工植被和恢复天然植被以固定流沙;营造大型防沙阻沙林带,以阻截外侧流沙对绿洲、交通沿线、城镇居民点以及其他经济设施的侵害;设置各种人工沙障或喷洒化学固沙制剂等用以阻截流沙等。

(3)以农业工业化为主要内核的产业经济发展:荒漠化地区由于过重的人口压力,农业系统结构简化,没有丰富的粮食储备用于发展畜牧业及其相关的农副产品加工以增加高级别的生物产量和经济产量,提高经济收入。因此在严重荒漠化地区基本没有成规模的工业。但是在荒漠化治理较好的地区,随着人均粮食产品的大量增加和农业结构的改善,农业的发展已经提出了农业工业化的问题。工业发展的重点将是农产品加工工业,特别是农产品精深加工工业,并以此为依托来发展其他工业,工业内部结构将以轻型加工业为主。

三、国内外发展概况

1. 低产林

根据 2011 年全国林业统计年报分析报告,2010 年中央财政森林抚育补贴试点由 2009 年的 12 个省区市扩大到 27 个省区市,全国森林抚育面积持续增长,完成低效林改造 66.56 公顷,比 2009 年增长 22.48%。(国家林业局,2011)

以我国油茶低产林改造为例:油茶是我国特有的木本油料树种,具有很高的经济效益和社会效益。我国现有油茶林逾 300 万公顷,分布于南方 14 个省(区),但是现有油茶林中低产林面积超过了 70%,大多数是 20 世纪 60—70 年代种植的老林,单产茶油不到 75 kg/hm^2,油茶产值不超过 3000 元/hm^2。导致油茶低产的原因有很多,如油茶品种低劣,粗放种植,林分老化,许多林分基本处于半野生状态,"人种天养"现象致使油茶林生长机能大面积衰退。虽然国家最近几年大力扶持发展油茶,各地也积极响应利用良种苗造林,但良种化进程相对比较缓慢,进行低产林改造是我国油茶产业化发展的一项重要工程。油茶低产林改造的技术主要有:土壤改良、树体改造、品种改造、微肥和外源激素调控、综合改造等。中国林业科学研究院亚热带林业研究所利用新品种进行大树高接换冠,第 3 年产油量可达 450kg/hm²,干籽出仁率≥53%,种仁含油率 42%。安徽省舒城县对低产油茶林中基本不挂果或挂果少的植株,运用良种接穗进行嫁接换冠,第 2 年试花,第 3 年挂果,5~6 年恢复树冠,进入盛果期产油量比普通油茶林要提高十多倍,大大提高经济效益。福建省福清市林业局 2003—2007 年,进行了一系列油茶低产林改造垦复施肥试验,有效地提高了油茶林座果率,产量比对照提高 2.8~3.7 倍。广西巴马县进行以平衡配方施肥为主的油茶低产林综合改造技术试验,采取"密林疏伐 + 整枝修剪 + 垦复深挖 + 合理施肥"组合措施,平均产油 307.5kg/hm²,比对照产油量 195kg/hm²增产 57.69%。云南省玉溪市对 20 世纪 70 年代种植的油茶低产林进行改造,经过清林、垦复、施肥、修剪、田间管理等改造措施,油茶林鲜果产量由改造前的 397.5kg /hm²增至 1939.5 kg/hm²,增幅 387.9%。(罗健等,2012)

2. 湿地修复与重建

在受损湿地恢复与重建方面,美国开展得较早。从 1975 年—1985 年的 10 年间,联邦政府环境保护局(EPA)清洁湖泊项目(CLP)的 313 个湿地恢复研究项目得到政府资助,包括控制污水的排放、恢复计划实施的可行性研究、恢复项目实施的反应评价、湖泊分类和湖泊营养状况分类等。欧洲的一些国家如瑞典、瑞士、丹麦、荷兰等在湿地恢复研究方面也有了很大进展,例如:在西班牙的 Donana 国家公园,安装水泵来充斥沼泽,补偿减少的河流和地下水流;在瑞典,30% 地表由湿地组成,包括河流和湖泊。

在中国,对湿地生态系统恢复与重建研究开展的较晚。十几年来,主要集中在湖泊生态系统的恢复研究中。特别是对长江中下游典型湖泊(如武汉东湖、洪湖、保安湖等)的研究与利用,相继开展起来的对江苏太湖、安徽巢湖、淮河和太湖流域以及沿海滩途的研究,逐渐推动了中国湿地恢复研究。中国政府 1994 年制定的"中国 21 世纪议程"中,已经把水污染控制和湿地生态系统的保护和恢复作为中国的长期奋斗目标。(王亮,2008)

根据 2014 年中国林业发展报告,第二次全国湿地资源调查结果显示,全国湿地总面积达到 5360.36 公顷,湿地率 5.58%。2013 年,颁布实施了我国首部湿地保护部门规章——《湿地保护管理规定》,纳入保护体系的湿地面积达到 2324.32 公顷,湿地保护率提高到 43.51%。新指定 5 处国际重要湿地,国际重要湿地总数达到 46 个,新批准国家湿地公园 131 处,湿地公园总数达到 468 个。

3. 荒漠化治理

荒漠生态系统治理也取得了重要进展。国务院制定了《全国防沙治沙规划(2011—2020)》,国家林业局与 12 个治沙任务较重的省级人民政府及新疆生产建设兵团签订了防沙治沙目标责任书,新增了 7 个全国防沙治沙综合示范区,在中央财政资金支持下,在 7 个省(自治区)的 30 个县启动了沙化土地封禁保护补助试点。2005 年—2009 年,全国沙化土地面积年均缩减 1717 平方公里,比上个监测期年均多缩减 434 平方公里,沙化土地减少的省份达到 29 个。

1988 年成立的亚洲荒漠化控制研究区域网,由 19 个政府、国际组织和非政府组织组成,是对荒漠化问题进行专门研究并制定相应计划的机构。在非洲,非洲国家通过许多机构和形式加强了合作。如通过政府间发展局(IGAD)及次撒哈拉非洲沙漠边缘行动等进行防治荒漠化合作。政府间发展局用意大利的资金建立了带有遥感装置的预警和信息系统,对荒漠化的防治工作提供了很大帮助。在美洲,美国和加拿大是最早开始防治沙漠化的国家,成为全球防治荒漠化的很好的例子。美国保护储备计划因在 1982—1992 年间使农田土壤侵蚀减少了 10 亿吨而受到称赞。加拿大政府部门建立了土壤保护机构,"国家土壤保护计划""国家水土保持计划"等取得了良好的效果。加拿大通过采取优化管理方法、营造防护林、改造河岸地与草场等实际措施恢复并防止了土地退化势头。(匡志盈,2006)

四、相关产业政策状况

1. 低产林改造相关政策

由于各地的低产林类型不同,改造模式及标准不一,国家比较少有统一的低产林改造政策。其中,国家林业局 1978 年颁布的《国有林抚育间伐、低产林改造技术试行规程》对全国的低产林改造有指导作用,但也强调了"因地制宜地参照执行"。另外,国家林业局还于 2011 年印发了《油茶林抚育改造技术指南》,要求加快推进现有油茶林抚育改造是实现油茶产业发展目标的重要措施,切实加强组织管理和技术服务,积极协调拓宽资金渠道,不断提高建设成效,以点带面,全面推进油茶林抚育改造工作。

地方出台了许多低产林改造方面的政策,如:《六盘水市低产林改造促进林业产业健康发展实施意见》以转变林业发展方式为主线,以低产林改造为重点,以提高林分质量和林地生产力为目的,加快低产林改造步伐,促进传统林业向现代林业转变、低效林业向高效林业转变。云南省昆明市也出台了《关于加快推进中低产林改造的实施意见》，要求促进林地质量提高、林分结构优化，循序渐进推进中低产林改造，全面推进中低产林改造试点工作。广西林业厅印发《自治区林业厅关于加快低产林改造意见》，要求加快改造步伐，确保改造质量。

2. 湿地修复相关政策

本月国务院办公厅出台了《湿地保护修复制度方案》，规定了到 2020 年湿地恢复应达到的目标（全国湿地面积不少于 8 亿亩），湿地保护率达到 50% 以上，维护湿地多样性；并完善了湿地分级管理体系，实行湿地保护目标责任制，建立了湿地用途监管机制以及退化湿地修复制度；健全了湿地检测评价体系，完善了湿地保护修复保障机制。

而国家海洋局也在本月印发《关于加强滨海湿地管理与保护工作的指导意见》。《意见》提出，力争到 2020 年，我国实现对典型代表滨海湿地生态系统的有效保护；新建一批国家级、省级及市县级滨海湿地类型的海洋自然保护区、海洋特别保护区（海洋公园）；同时，开展受损湿地生态修复，修复恢复滨海湿地总面积不少于 8500 公顷。

3. 荒漠化治理相关政策

关于荒漠化治理，我国出台了《防沙治沙法》《森林法》《草原法》《全国荒漠化和沙化监测管理办法》等法律，普遍推行禁止滥放牧、禁止滥开垦、禁止滥樵采和沙区开发建设项目环境影响评价制度；全面实施天然林保护，建立了沙化土地封禁保护制度，划定了沙区植被保护红线，出台了党政领导干部生态环境损害责任追究办法。

2013 年，国家发改委颁布了《西部地区重点生态区综合治理规划纲要（2012—2020 年）》，明确了西北草原荒漠化防治区域范围，要求巩固荒漠化治理重大成果，加强对水资源的管理。2015 年《中共中央国务院关于加快推进生态文明建设的意见》提出：到 2020 年 50% 以上可治理沙化土地得到治理。同年 12 月，我国正式启动第五次全国荒漠化和沙化监测工作，以及时掌握中国荒漠化和沙化的最新状况及其动态变化。同日启动的还有沙化土地封禁保护补助试点，实施范围包括内蒙古、西藏、陕西、甘肃、青海、宁夏、新疆 7 省（自治区）的 30 个县，已下达封禁保护财政补助资金 3 亿元。

专栏 5-3　太湖流域退渔还湖型湿地修复

太湖流域河网水质污染与太湖富营养化进程中，点源和面源污染是重要成因。而随流域污染的治理力度加大，点源污染占比逐年下降。面源污染物总量的占比迅速增加。调查发现，农业生产活动引发的水环境污染已经超过工业成为太湖流域水环境污染的罪魁祸首。当前,太湖流域平原水网区面源污染主要是农村生活污水、水产养殖业和种植业污染。苏州高新区环太湖地区以面源污染为主,主要来自农业面源、养殖面源和部分镇区生活污染源。游湖位于苏州高新区镇湖镇南部,原为太湖的一处湖湾,古称"游湖",后经围垦用于水产养殖,主要养殖品种为太湖蟹。游湖口内外均为高密度的围网养殖区域,由于长年的投馆及渣滓、鱼类粪便的沉积以及水体长期的滞留等,导致养殖区水质恶化,COD、TN 和 TP 严重超标,夏秋季水质恶化更甚。

游湖湿地生态恢复区采用"一湖多湾的水体框架",在修复工程区中部设计中心主湖区,以主湖区为中心,向四周呈发射状布置若干条支河,形成核心区骨干水系的格局。"游湖修复工程"对鱼塘进行了改造,对河道进行拓浚,在人为干扰少、地形适宜的区域,人工引入鸟类、游禽、爬行动物等,并营造人工生态栖息环境供其栖息繁殖,合理配置鱼类投放等。通过滨岸植被恢复与重建,使修复区水环境得到一定改善;通过水生植被恢复将增加水体含氧量,为水体引入有益的土著菌,逐步修复受损水体生境,从而激活水生生物食物网链。(徐霞,2012)

第八节　林木产品废旧和抛弃物回收利用产业

一、基本界定

近年来,伴随经济的持续增长和人民生活水平的不断提高,城市化步伐加快,城市基本建设快速发展,旅游业、装修业、家具业、餐饮业、会展业蓬勃兴起。以上诸多因素,无一不构成对木材及其制品的强力需求。于是逐年逐月大量的木材源源不断地涌入城市。与此同步,又在产生着大量的木材"垃圾"。其实,从木材是可循环利用的资源这一特性而言,称其为垃圾显然是极不合适的。准确地说,应称之为林木产品废旧和抛弃物。在我国属于这类的大体有如下:

1. 木材采伐、生产、加工、人造板、家具及木制品制造业的加工剩余物。

2. 在始终高热不下的城市建筑及住房的装饰装修大潮中,所产生的木质抛弃料(如边角下脚料等)。

3. 城市基本建设,特别是旧城区改造,房舍拆迁过程中,建筑物的木制构件(如门窗、地板、横梁、檩条、木椽、楼板、扶梯、隔板等等)。

4. 家庭或企事业单位在家具更新换代过程中所抛弃的旧的木制家具和木制品(如橱柜、沙发、椅凳、床桌及写字台、电脑桌、书橱等办公家具)。

5. 工业产品、物流仓储、会议展览、百货超市等行业木质品抛弃物(如大量的木质包装箱、垫板、隔架、广告牌、电缆电线盘等)。

6. 各类建筑工程工地抛弃的木制品(如各类人造板、模板、跳板、脚手架等)。

7. 城市园林绿化过程中淘汰的老、枯、病、朽以及不适应城市栽培的树木,以及大量的修剪枝丫材。

8. 餐饮业中大量的一次性木质用品抛弃物(如卫生筷子、牙签、雪糕棒等)。

9. 其他类别城市木制品抛弃物(例如部队淘汰的弹柄、枪托以及训练木桥、挡板等训练用品,各类学校淘汰的体育器材等)。(金申,2004)

本书主要讨论城市废弃林木产品和林区森林采伐剩余物,因为这两块内容涵盖了林木产品废旧和抛弃物的主要内容。

佟敏等(2009)研究了黑龙江林区废弃物利用情况,认为可供开发的林区废弃物主要包括两种:生产废弃物和生活废弃物。生产废弃物包括林业生产中的采伐剩余物、造材剩余物和加工剩余物以及林产品加工剩余物(锯末、加工剩余的边角废料),木质材料废弃物(包括次小薪材、竹类剩余物),野生草本植物,林下作物秸秆及壳皮,等等;生活废弃物主要指林区居民所产生的废水、废物、废弃等生活垃圾。我国林业废弃物每年约达 $3700m^3$,相当于 2000 万吨标煤。而即使在实施天然林保护工程后,黑龙江省林区每年仅森林采伐得到的剩余物就高达木材的 15%—25% ,数量可观。当前,黑龙江省林区收集林区废弃物的主体为以家具、人造板、小木制品为主的木材加工企业。截至 2008 年底,黑龙江省林产工业加工厂点已多达 870 个,形成锯材、人造板、家具、木制品、板方材、木炭等 3 大类、33 个系列 200 多个品种。

二、国内外发展概况

1. 国内发展概况

我国是森林资源匮乏国,政府十分重视废弃木材回收与循环利用问题。2005年 11 月国务院办公厅下发了《国务院办公厅转发发展改革委等部门关于加快推进木材节约和代用意见的通知》(国办发〔2005〕58 号文件),明确了"建立废弃木材回收利用机制,实现木材资源循环利用"等重点工作,提出了"规范废弃木材的回收渠道,建立废弃木材和废旧木制品回收、加工、利用体系。在有条件的地区和大中城市周边地区培育木材旧货市场,开展废弃木材分类回收和再生利用试点,实施废弃木材再生利用产业化工程,重点做好建筑木料、废旧木家具、一次性木制品和木制包装物的回收使用和再生利用"。

在废弃木材回收实际开发中,浙江丽人木业集团是我国第一家利用城市废弃木材生产人造板的企业,该公司与上海环卫部门合作成立上海万象木业有限公司,有序地收集上海的废弃木材资源,走出了一条木材节约和利用并举的可持续发展之路。河北保定利用废弃木材制造细木工板;河北左各庄刨花板厂利用废弃的锯末刨花和板皮生产刨花板;河北文安的人造板工业完全是从回收废弃木材开始起家,凭借北京的旧房改造中废弃木材的回收再利用,促进了该企业人造板工业的发展;北京化工大学开发了以废弃木材和废旧塑料按一定比例混合制成结构型材的技术。武汉现代工业技术研究院也以废弃木材和废旧塑料为原料制成复合仿木装饰线条;安徽合肥新建一个30万吨木塑新材料项目,以旧木料、树枝等加工成的木粉和废旧塑料为主要原料,制成木塑新产品。苏北最大的旧木交易市场——江苏唯宁旧木市场,把大量在各地城市改造中拆下来的旧木、旧门窗等,重新加工成新的门窗和房屋建筑材料。但是,与经济发达国家相比,我国在废弃木材的处理与利用方面才刚刚起步,还存在许多具体的问题,企业难以实际操作,因此,我国废弃木材的回收大部分处于探索阶段,没有形成规模,一些想积极参与的企业因没有相对固定的供应渠道,不能得到稳定的废弃木材资源,而有资源的企业又不能得到充分利用。可见,废弃木材的处理与回收利用是一项系统工程,应从政策、管理和技术支持上大力推进,才能真正形成废弃木材处理回收良好体系。(刘曼红等,2010)

2. 国外发展概况

为了保护自然资源,高效利用木材资源,一些发达国家在积极回收木材抛弃物、研究开发木材材料再利用和由木材衍生新材料,并用木材抛弃料制造木质新材料等方面已经为我们树立了很好的样板。欧盟国家及美国、加拿大、日本等国早在20世纪90年代已开展木质废弃物的回收利用。例如德国,尽管该国已有足够的木材资源满足本国的巨大需求,但是也颁布了一项有关废旧木材回收的管理法令。德国每年产生的废旧木材约800万吨。此项法令颁布后,这些废旧木材将通过废物循环公司回收后加以分类。一二类废旧木材卖给木材加工厂进行再利用,即二次加工。制成木屑板、纤维板或各种家具,也可制成包装材料重新使用。三四类木材则可以作为工业燃料卖给发电厂用于锅炉发电。因而从根本上杜绝了对废旧木材的随意处理,间接地保护了德国的森林资源。

三、相关产业政策状况

我国政府历来都是非常重视木材节约代用的,早在新中国成立初期,中央政府就曾对节约木材专门发文,其中还特别提到利用陈材、旧材的问题。国务院发出《关于开展资源节约活动的通知》,决定2004年至2006年在全国范围内组织开展资源节约的活动,全面推进能源、原材料、水、土地等资源的节约和综合利用工作。树立和落实全面协调可持续发展观,使这项活动同实现经济、社会发展的总任务紧密结合起来。《通知》还专门提到,要大力发展循环经济,在全社会提倡绿色生产生活方式和文明消费。在新的经济发展形势下,中央政府比以往更明确、更具体地对资源的循环利用作出指示,这是一次极好的机遇。各级政府及木材业界相关部门都应迅速行动起来,为做好把城市木材抛弃物回收利用下大力气。2005年11月国务院办公厅下发了《国务院办公厅转发发展改革委等部门关于加快推进木材节约和代用意见的通知》(国办发〔2005〕58号文件),明确了"建立废弃木材回收利用机制,实现木材资源循环利用"等重点工作,提出了"规范废弃木材的回收渠道,建立废弃木材和废旧木制品回收、加工、利用体系。在有条件的地区和大中城市周边地区培育木材旧货市场,开展废弃木材分类回收和再生利用试点,实施废弃木材再生利用产业化工程,重点做好建筑木料、废旧木家具、一次性木制品和木制包装物的回收使用和再生利用"。

但是,目前我国森林采伐剩余物利用的相关政策法规较少,国家对采伐剩余物扶持的政策,仅是《财政部、国家税务总局供于林业税收问题的通知》(财税字〔1995〕3号),对国有森工企业以林业"三剩物"和次小薪材为原料生产加工的综合利用产品,实行增值税即征即退的优惠政策。没有其他方面的优惠政策和法律法规。此外,对全国性的森林采伐剩余物数量、计算方法和具体利用情况也没有规范的统计和规定。这无疑会对森林采伐剩余物的有效利用产生一定影响。(万志芳等,2007)

专栏5-4 宜家家居开始经营自己的林场 使用回收木材

从瑞典家具零售巨头宜家(IKEA)创办伊始,节约资源、使用可重复利用的材料就是设计人员关注的课题。最近,宜家的设计师们将目光放在了如何利用废品(包括废弃塑料瓶和玻璃)回收来制造新产品上面。宜家正致力于更好地占有产品生产中最重要的原材料:木头。2015年,瑞典家居零售巨头宜家在罗马尼亚买下了一片森林,这是多年来宜家第一次开始经营属于自己的林场。

据美国网站PFSK报道,全世界每年都会消耗超过1000亿个PET塑料饮料瓶。在设计师和供应商的共同努力之下,产品研发师Anna Granath以及她在宜家厨房板块的同事,联手推出了由循环利用的木头和PET塑料饮料瓶中回收的锡箔制成的KUNGSBACKA厨房柜门。Anna Granath说道:"有很多消费者购买我们的产品。我们提供更加环保的产品,为改善环境出自己的一份力,因此我们正在研究如何利用可循环使用的材料来制造其他厨房用品。"

宜家也越来越多地开始使用回收木材。到 2020 年,宜家计划所有使用的木材都来自于回收木材或者受到森林管理委员会认证的。到目前为止,宜家使用的木材中有50%达到了其中一项标准。

（资料来源:华尔街时报. 中国时尚品牌网. http://www. ebrun. com/20150803 /143255. shtml）

第六章

林业绿色生产、消费与贸易

第一节　林业绿色生产

一、林业绿色生产理论分析

林业绿色生产与林业清洁生产有相同之处，林业清洁生产是指既可满足林业生产需要，又可合理利用资源并保护环境的一种实用的林业生产技术。其实质是在林业生产全过程中，通过生产和使用对环境友好的"绿色"农用化学（化肥、农药、地膜等），改善林业生产技术，减少污染的产生，降低林业生产、产品和服务过程对环境和人类的风险。（熊东平等，2007）林业绿色生产不仅包含林业清洁生产的要求，而且更加强调绿色健康、保护环境、节约资源、可持续发展等理念。

林业绿色生产追求两个目标。一个目标是通过资源的综合利用和循环利用、短缺资源的代用、二次能源利用等节能降耗和节流开源，实现林业资源的合理利用，延缓资源的枯竭，实现林业可持续发展；另一个目标是减少污染的产生、迁移、转化与排放，提高林产品在生产过程和消费过程中与环境相容程度，降低整个林业生产活动给人类和环境带来的风险。（熊东平等，2007）

林业绿色生产是污染的持续预防。林业绿色生产是一个相对的概念，所谓的绿色投入、绿色产出、绿色生产过程是同传统生产相比较而言的，它是从林业生态经济大系统的整体优化出发，对物质转化和能量流动的全过程不断地采取战略性、综合性、预防性措施，以提高物质和能量的利用率，减少或消除污染，降低林业生产活动对资源的过度利用以及对人类和环境造成的风险。因此，林业绿色生产本身是在实践中不断完善的，随着社会经济的发展、林业科学技术的进步，林业生

产需要适时提出更新目标,争取达到更高水平,实现污染持续预防。(熊东平等,2007)

林业绿色生产不仅是林业生产全过程的控制,即从整地、播种、育苗、抚育、收获的全过程,采取必要的措施,预防污染的发生,而且是林产品的生命周期全过程控制,即从种子、幼苗、壮苗、果实、林产品的食用与加工的各个环节采取必要的措施,实现污染预防控制。(熊东平等,2007)

林业绿色生产包括三方面内容。一是绿色的投入:指绿色的原料、设备和能源的投入,特别是绿色清洁的能源(包括能源的清洁利用、节能技术和利用效率);二是绿色的产出:主要指绿色的林产品,在食用和加工过程中不致危害人体健康和生态环境;三是绿色清洁的生产过程:采用绿色清洁的生产程序、技术与管理预防控制污染。(熊东平等,2007)

三、林业绿色技术创新及应用实践

(一)林业绿色技术创新

林业绿色技术创新主要包括林业绿色产品设计、绿色材料、绿色工艺、绿色设备、绿色回收处理、绿色包装等技术的创新。

1. 林业绿色产品设计

完善的绿色产品设计技术是使企业绿色生产由被迫转向自觉实现的基础条件。绿色产品除其功能、外观需迎合市场需求,同时必须具备全生命周期的绿色性。这就要求在产品设计阶段就考虑到今后在生产、使用过程中的资源、能源消耗及报废后的回收处理方法。要求企业组织多功能团队进行并行设计、虚拟生产,使产品在全生命周期中可能发生的问题在设计阶段就得到解决。对产品生产过程、资源利用率、环境特性、可拆卸性等进行仿真,使产品开发一步到位,免去试生产,缩短开发周期,降低设计成本。在产品成本中,设计成本可达到总成本的60%—80%,降低设计成本对企业效益具有极其重要的意义。企业需调整产品结构,使产品合理化、系列化,具体产品结构简单化。对零部件标准化、模块化、通用化设计,提高产品的可拆卸性,从而提高产品或其零部件的回收利用价值。为此,企业必须建立绿色产品设计的数据库、知识库,把设计工具与环境信息、成本信息集成,为绿色设计、绿色材料选择和回收处理方案设计提供数据和知识支撑。

2. 开发使用林业绿色材料

用于绿色产品的材料必须是绿色材料。企业选择绿色材料应满足以下要求。

(1)材料在形成过程中未受污染,在产品的生产、运输、存储、使用及废弃处理过程中,材料对环境无毒、污染小,由于材料而引起的资源、能源消耗少。

（2）材料易回收，可重用，可降解。

（3）减少对稀有材料的使用，并尽量减少材料使用总量。

（4）使尽量多的零件采用相同材料，减少多样化材料的采购成本。企业应大力开发绿色材料，使其应用可减少后续加工工序、使产品节能降耗、轻质化等。

3. 使用林业绿色工艺

绿色工艺主要包括绿色生产加工工艺、生产过程中的绿色污染处理工艺、绿色回收处理工艺等。各种工艺应简捷化，缩短工艺流程，节能降耗，以降低工艺成本。加工工艺应不使产品产生毒性变化，无"三废"排放。如生产过程将产生污染，则要设计好加工过程中的污染处理工艺，使污染的产生和处理一同在生产过程中实现。企业应坚决淘汰能耗、物耗高，对环境污染严重的各种工艺。

4. 开发使用林业绿色设备

绿色生产企业应使用节能降耗，生产率高，密封性好，噪音小，振动小的绿色设备。故企业应加大投入，组织技术人员大力开发具有结构、功能集成性的设备，使工艺流程缩短，减少设备使用台数，提高厂房和人力资源的利用率。如高速数码喷印设备，改变了人力、物力、财力消耗大、环境污染严重的传统印染设备，免去一次次的冲洗工艺，印花过程速度快、无污染、无浪费。

5. 林业绿色回收处理

对于具有可重用、再利用价值或其自行消解过程会引起环境污染的报废产品，企业应设立回收网点进行回收处理，并在产品说明书上给消费者以提示。回收网点应根据成本分析和环境评价对报废产品进行分类、拆卸和处理处置。要求处理过程能耗、物耗小，具有环境安全性。

6. 林业绿色产品包装

包装物本身也是产品，也应该是绿色产品，当所包装的主体产品为绿色产品时的包装物更应该是"绿色"的。包装物结构和外观形式设计应以满足产品传递安全可靠需求为目的。要求包装物在全生命周期中资源、能源消耗少，对人、环境危害性小。包装材料的选择，必须保证具体林产品的安全性与完好性等，并要求具有可重复利用、可回收和可降解的性质。

专栏 6-1　中国"竹缠绕"技术向世界推广

2016 年 12 月 14 日，国家林业局竹缠绕复合材料工程技术研究中心（ERCBWC）与国际竹藤组织（INBAR）在北京签署合作备忘录及合作协议。双方将设立专项资金，共同开展与竹子特别是竹缠绕复合材料有关的开发、示范、培训与交流活动。

发展竹缠绕复合材料产业可以发挥五大功能。一是碳汇和节能减排功能。

竹缠绕复合材料以竹材替代钢材和水泥,具有低碳、节能、减排等优势。二是节水功能。与传统管道相比,成本较低的"竹管道"更能促进节水灌溉技术的推广,特别是对我国北方干旱地区和非洲干旱地区具有特殊意义。三是保温功能。竹子的纤维细胞中可以储存一部分空气,保证了竹缠绕复合压力管道的保温性,为破解高寒地区冬季给排水系统结冰的难题提供了新的路径。四是抗震功能。由于竹材具有拉伸强度大的特点,"竹管道"在抗震方面要优于其他传统材料管道。五是促进农民脱贫致富功能。随着竹缠绕复合材料这一新材料利用价值的提升和工业化生产规模的扩大,有利于提升竹材原料价格,提高农民经济收入。

竹缠绕复合技术潜力巨大,是推动世界竹产业发展的关键技术之一,其应用与推广将大大提升竹子作为新世纪材料的价值,对包括中国在内的广大产竹国家(其中大部分为发展中国家)的竹产业发展产生重要影响。国际竹藤组织希望,通过与 ERCBWC 的合作,推动竹缠绕技术在世界范围内的应用与推广。

INBAR 和 ERCBWC 就推动竹缠绕技术研发的国际合作主要包括:促进竹缠绕技术研发及国际国内交流与合作;为 INBAR 成员国开展相关能力建设和技术培训;促进全球范围内竹子在环境保护、扶贫、包容可持续发展项目中的应用,特别是在 INBAR 成员国;分享与竹子开发有关的知识和信息;共同推动和寻求长期合作,开发与上述活动相关的项目、筹集资金;分享上述活动的成果、影响和利益。

双方一致认为,发展竹缠绕复合材料产业对于盘活可再生且速生的中国竹林资源、解决"三农"问题、定点扶贫和精准扶贫等具有非常重要的现实意义,要加强合作,优势互补,让"竹缠绕"普惠世界。

(资料来源:刘露霏,许益佳. 中国绿色时报,2016 年 12 月 16 日,略有改动)

第二节 林业绿色消费

一、林业绿色消费理论分析

(一)内涵

绿色消费作为消费者对绿色产品的需求、购买和消费活动,是一种具有生态意识的、高层次的理性消费行为。林业绿色消费是在绿色消费的界定下包括:消费无污染的林产品;消费林产品过程中不污染环境;自觉抵制和不消费破坏环境或大量浪费资源的产品等。

林业绿色消费所指不仅是消费林业产品、林副产品,还有林业文化产品,包括林业生态旅游、野营度假、休闲游憩等。大力发展森林公园、湿地公园、自然保护区和沙漠绿洲旅游事业,有助于人们回归自然,陶冶情操,丰富人们的物质文化生活,提高人们的生活质量。发展城市林业和乡村林业,建设森林城市和生态乡村,全面贯彻绿色生产,促进绿色消费,优化人居环境,保护林业自然资源,提高人民生活健康指数。

(二)特征

绿色消费作为一种新型的消费方式,它不仅是有别于传统消费的一种模式,更多的是它具有环保意识、健康文明、无污染的一种消费模式,它与传统消费本质上存在差别。林业自身所具的生态属性,在林业绿色消费模式上具体体现在:

首先,林业绿色消费的主体不同于以往的消费主体。绿色消费的主体必须要有环境保护的意识,必须要有高水准、高层次、健康发展的消费意识。而传统的消费者没有这些思想意识,消费产品是他们唯一的目的,而消费过程中产生的任何问题他们是不会去关注的。(ZHANG Kun‐min,SUN Rong‐qing,1999)林业绿色消费主体自身环保意识强,体现在两个方面:第一,主动消费绿色林产品,自觉抵制生产污染大、环境破坏性的林业产品;第二,体验型林业消费过程中注重环境保护。绿色消费者必须要以环境保护为消费产品的前提,要正确认识绿色消费对人类和自然界环境带来的影响,要审视自身的消费观念和行为,要清楚地认识到如今人类的不良行为对环境造成的污染,对资源的过度消耗造成的资源匮乏和浪费,要看清人类的行为造成的自然界环境气候的变化及自然界对人类行为的惩罚。认识到这一点,消费者才能在日常消费过程中,倾向于选择绿色、环保、安全、健康的产品,提倡节约型、健康型、适度型、无公害型消费,才能促使消费者走向绿色消费的选择。绿色消费者更加注重精神生活,追求简单轻松的生活方式是他们的生活价值取向,他们排斥物欲主义。(Branson Quenzer,2014)

其次,林业绿色消费的客体除环境保护、无污染、无公害的健康的林业绿色产品与劳务外,还包括与森林生态相关的体验型消费,如森林旅游项目、国家公园开发等。绿色产品即无污染、无公害、能减少资源浪费、可再生利用的健康的产品,林业绿色产品即为符合绿色产品标准的林产品。

再次,林业绿色消费的目的较传统消费有所改变,林业绿色消费的目的是环境保护与人类健康文明协调发展,促进林产业可持续发展。环境保护和人类健康文明发展即我们常说的人文环境关系,实质上而言,人类是大自然界的一个生物,是自然界的一部分,与其他生物一样都是以自然环境为生存和发展的基础,因此自然环境是影响人类生存和发展的关键因素。近几年随着人类对自然界环境的不断破坏,我们生存的环境变得恶劣,恶劣的环境也给我们人类带来了很多灾难性的破坏,因此人类在改造和利用自然界资源过程中,要以不破坏生态平衡为前提,不能只片面强调人类的利益,而忽视了自然环境及其规律对人类活动的约束与限制,那么饱尝苦果的最终还将是人类自身。因此,环境保护和人类健康文明发展两者必须协调发展,才能促进生态环境的平衡发展,要懂得如何去爱护我们赖以生存的大自然,科学的改造和利用自然资源,使人类社会的发展能与自然界共生共荣,谋求人地关系的协调发展。否则,人类将承担自己行为造成的后果。因此,为了实现人地关系的协调发展,人类必须转变消费观念,推行绿色消费,端正自身消费行为。(WANG Jin – nan,2004)

另外,林业消费本身具有绿色生态属性,绿色消费的根本目的就是实现人与环境的全面发展。林业绿色消费要求人们主动选择环境友好型林业绿色产品,从消费终端影响林业生产,让生产不合规的林产品不再坐享市场,从而改进生产工艺;另一方面林业所具有的生态属性要求绿色消费过程的环保与健康。人们通过对绿色消费的认知和理解,可以为自身创造一个健康、绿色的生存环境,给自身的生存环境提供一个良好健康的空间,同时也为子孙后代打造了一个平衡稳定的生存环境;林业绿色消费理念与实践的推广,有利于林产品生产链条的技术创新、产业升级,营造利好的生产环境与生态环境,更合理的利用林业资源、减少破坏与污染,所有这些都需要绿色消费者们的共同努力。

二、林业绿色消费实践

根据《中共中央 国务院关于加快推进生态文明建设的意见》《中共中央 国务院关于印发生态文明体制改革总体方案的通知》《国务院关于积极发挥新消费引领作用加快培育形成新供给新动力的指导意见》等文件要求,促进绿色消费,加快生态文明建设,推动经济社会绿色发展。2016 年 2 月 17 日,国家发展改革委联合相关部委机构印发了《关于促进绿色消费的指导意见》(发改环资〔2016〕353 号),其中特别提到了"实施绿色建材生产和应用行动计划,推广使用节能门窗、建筑垃圾再生产品等绿色建材和环保装修材料"。

1. 林业循环经济

发展林业循环经济,实行清洁生产机制,构建资源节约型、环境友好型社会,通过实施"减量化、再循环、再利用"的"三 R"原则,实现资源低消耗、生产高效率和污染低排放,达到经济系统与自然生态系统的和谐相容,从而实现经济、环境和社会的可持续发展。林业的贡献在于:按照国家主体功能区规划,实施保护生态环境,恢复自然植被、节能减排,降低生产成本,发展生物质材料、生物质能源,以及木质、非木质资源的节约利用、循环利用、综合利用、高效利用和持续利用。(蔡

登谷,2008)

2. 开展森林认证

森林认证(Forest Certification)是由独立的第三方,按照既定标准,对森林经营进行验证的过程。包括森林经营认证、产销监管链认证两个基本内容。其主要目标是实现森林可持续经营。到2004年12月,全球有60多个国家2.98亿公顷森林通过各种森林认证体系认证,约占全球森林面积的5%。我国是亚洲较早实行森林认证的国家,到2008年2月,我国北京八达岭林场、黑龙江友好林业局等11家经营单位、58.9万公顷森林通过FSC认证;广东、浙江、江苏、福建等省有221家外资企业或中外合资企业通过FSC产销监管链认证。(蔡登谷,2008)

3. 建立森林碳汇机制

根据《联合国气候变化框架协议公约》,碳汇是指从大气中清除二氧化碳的过程、活动或机制。与之相对应,森林碳汇则是指森林生态系统吸收大气中二氧化碳并将其固定在植被和土壤中,从而减少大气中二氧化碳浓度的过程。当前,气候变暖已成为全球国际化进程中所面临的共同的、最主要、最广泛、最具代表性的生态问题之一。2005年2月16日正式生效的《京都议定书》,作为应对全球气候变化的纲领性文件,使得清洁生产机制下的造林再造林碳汇项目正式进入了实质性操作阶段。森林碳汇为推进森林多功能利用,实现森林生态系统经营提供了全新的平台和途径。(蔡登谷,2008)

4. 森林资源价值核算及纳入绿色GDP

建立绿色国民经济核算体系。在经济持续高速发展中,计入资源环境消耗的成本,科学地反映发展的质量和效益,是国家实施和谐发展、持续发展和科学发展的必然趋势。(蔡登谷,2008)

5. 废旧木材及采伐剩余物循环利用

废弃木质材料是指木材加工及木制品制造业的加工剩余物,住房装修的木质边角废料、城区改建与拆迁、办公用品更新等所产生的废弃木制品及各类废旧纸料和纸板等。美国把废弃木质材料称为"第四种森林"(倒在地上的森林)。目前,我国以农林废弃物为原料的兆瓦级生物质气化发电系统已推广应用20多套。"十一五"期间,全国每年可收集的林业剩余物约有2亿多吨,大多可用来开发林业生物质能源。(蔡登谷,2008)

专栏6-2 大自然家居联合中国实木地板联盟倡议绿色消费

2015年12月3日,在巴黎气候大会中国角企业日边会上,7家非政府组织和9家中国林产龙头企业共同发起的"森林宣言"。承诺到2030年100%实现避免或剔除采购或生产造成"毁林"等环境和社会问题的木材。"森林宣言",号召更多企业参与和响应,推动中国林产行业的可持续转型和社会责任意识提升。万科集团董事会主席王石说:"企业的承诺和行动,对于保证全球可持续森林利用和积极全球气候变化等环境和社会问题至关重要。"

2016年8月,中国林产工业协会实木地板联盟(以下简称中国实木地板联盟)与世界自然基金会(WWF)、中国林产工业协会、国家林业局、大自然家居等,在浙江安吉"两山讲话纪念广场",举办"全球森林宣言"——中国实木地板联盟一周年庆主题公益活动,郑重承诺:到2030年,100%实现在企业的供应链中,避免和剔除非法的和有争议的木材原料来源;不断增加自身供应链中森林认证林木产品的生产和供应;并为此制定相应的行动计划,引入产品来源追踪和透明机制;实施可持续的商业发展战略,引导消费者绿色消费。

中国实木地板联盟,是由大自然家居(中国)有限公司等19家实木地板龙头企业共同发起组建的企业联盟。其也是中国林产工业协会18个分支机构中首个企业联盟组织。2015年7月成立一年来,先后开展了认养世界自然遗产开平碉楼、"绿色公民行动—守护珍禽王国湿地保护"和"地球一小时"公益活动等项目。目前,联盟成员单元已增至25家。

作为"世界优秀自然保护支持者"的大自然家居在绿色供应链、可持续发展、环保公益行动等方面积累了丰富的经验,大自然家居将带领联盟的全体企业加入"森林宣言",遵守森林宣言的承诺,将联盟绿色环保事业,推向一个更高的平台。

(资料来源:http://diban,jcool.cn,2016年8月9日,略有改动)

第三节 林业绿色采购

一、林业绿色采购理论分析

(一)内涵

全球森林问题、非法采伐问题已成为世界性议题,为各国所关注。1998年在英国伯明翰召开的西方八国外长峰会上,非法采伐问题首次作为国际性的问题提出来讨论;2002年加拿大卡那那斯基八国峰会决定制订阻止非法采伐的方案;2003年欧盟出台了《森林执法、施政与贸易行动计划》,提出与木材生产国结成志愿的伙伴关系以确保让合法采伐木材独立进入欧盟市场;2004年欧盟要求那些有非法采伐问题的木材供应国与木材进口国结成"自愿伙伴关系",以共同打击木材非法采伐。同时,一些国家开始实施、采纳、探讨"林产品绿色采购政策",意在从木材消费市场入手,提高木材市场的准入门槛,采购那些合法的、可持续方式生产的木材。由于在许多国家,木材及其制品重要消费领域为政府公共部门、大型工程部门,因此如果在木材政府公共采购中实施"绿色采购",对遏制非法采伐及贸易无疑具有较强推动作用。目前,英国、丹麦、法国、德国、荷兰、新西兰、日本、比利时等国已开始实施林产品绿色采购政策。

绿色政府采购是指政府采购在提高采购质量和效率的同时,从社会公共的环境利益出发,综合考虑政府采购的环境保护效果,采取优先采购与禁止采购等一系列政策措施,直接驱使企业的生产、投资和销售活动有利于环境保护目标的实现。政府采购的绿色标准不但要求末端产品符合环保技术标准,而且要按照产品的生命周期标准使产品设计、开发、生产、包装、运输、使用、循环再利用到废弃的全过程均符合环保要求。推行绿色政府采购是一种趋势,更是实现人与自然、环境、资源协调持续发展的内在要求,是政府在购买商品、服务、工程过程中重视生态平衡和环境保护的体现。在过去几十年中,越来越多的国家把公共采购政策作为达到可持续发展目标的一种途径。

在政府采购"绿化"运动的背景下,发达国家的林产品政府采购政策便应运而生。"林产品绿色政府采购"是政府采购中的新兴领域,目前对于其内涵尚无明确统一的定义。通过分析对比目前一些国家林产品绿色政府采购政策目标,结合世界森林保护发展现状,"林产品绿色政府采购政策"的基本内涵可概括为:在政府公共采购中,采购合法的、可持续来源的林产品。木材产品来源的"合法性"和"可持续性"是林产品绿色政府采购政策实施的两大基本标准。由于可持续目标并不能在短期之内达到,一般在"合法的"和"可持续的"之间加入一个中间要素,即"合法的并朝着可持续方向努力的"。

(二)特征

发达国家"林产品绿色政府采购"兴起的原因和目的是打击木材非法采伐及贸易,确保木材产品来源的合法性是其首要目标。终极目标是通过采购可持续的木材,促进世界森林的可持续经营和发展。因此,林业绿色采购不仅具有绿色采购的普遍特征,比如环保、安全和有利于健康和环境等,而且合法性和可持续性是林业绿色采购的两大显著特点。

二、林业绿色采购实践

(一)发达国家林产品绿色采购实践

政府政策和非政府组织运动是很多企业实施林产品绿色采购的最初推动力。

英国政府在 1997 年实施了自愿指导计划,使得林产品的供应商态度有了很大改变。在美国和英国的支持下,世界银行也开始关注此议题;亚太地区和非洲分别召开森林法律和政策会议;欧盟召开了相关国际研讨会。欧盟部长理事会在 2005 年底出台的 2173/2005/EG 号条例中规定,将对木材和木制品进口实行许可制度,依据这一制度,欧盟将与伙伴国在自愿的基础上签订木材合法采伐与贸易的协定,一旦签署协定,伙伴国在向欧盟出口木材和木制品时必须附有木材合法采伐的证明,欧盟海关才能放行。该许可制度对欧盟木材进口许可实施方法和木材及木制品许可管理目录作了明确规定,并于 2005 年 12 月 30 日起生效。这都为林产品的绿色采购提供了强制的外部环境。(李小勇,2008)

在面向最终消费者的商家中,瑞典的宜家公司对原材料的绿色采购走在前列,并形成了比较完善的管理体系。由于宜家公司是提供家具和各类家居商品的商家,其生产产品约 70% 的产品原材料是木材或木纤维。为了保护林业资源,宜家要求所有用于宜家产品生产制造的木质原材料,均应取自经林业监管专业认证的林带,或经 FSC 等具有同等效力的标准认证的林带。宜家提出森林行动计划 FAP(Forest Action Plan),以系统地处理森林事宜。宜家在 FAP 计划中就实木质产品做出具体规定,规定内容分为 4 个阶梯式标准。

阶梯标准 1:可以说是供应商进入宜家世界的门票,要求在未获得第三方独立机构认证为有效监管林地的情况下,供应商不得采用来自于原始天然林或具高保存价值的林带的木材,作为实木质产品的生产原料。阶梯标准 2:陈述了宜家供应商在实木质产品方面应当履行的最基本要求。阶梯标准 3:为森林管理制度,是向标准 4 的过渡。该制度是由宜家自行开发和修订的标准文件。阶梯标准 4:依据正规标准文件,对有效监管林带做出认证。目前,森林管理委员会 FSC 的认证是唯一符合宜家标准并被列为标准 4 的材料。

发达国家各国政府关于林产品的各种采购政策是使很多企业改变自己行为的主要驱动力。为了回应本国政府的林产品采购政策以及非政府组织的压力,许多贸易商以及行业协会通过集体的途径为其成员制定了行为准则。2004 年一份独立的调查表明英国比其他欧洲国家在绿色采购实践方面走得更远。报告表明,在调查的 1000 家与木材交易相关的机构中,80% 的机构正在执行或促进某些形式的绿色采购政策。

(二)发达国家林产品绿色采购政策

为鼓励使用可持续的、合法的木材和木制品,遏制全球非法采伐及贸易,一些国家已经开始运用政府公共采购政策,要求政府部门在林产品采购时,优先采购那些合法的、可持续的木材。采购政策也取得了一定的进展,如表 6-1 所示。

（王香奕，马阿滨，2005）

表6-1 发达国家林产品绿色采购实践

国家	时间	相关政策
美国	1999	《环境友好型产品采购指南》（含木材）
	2000	《通过在环境管理中的领导来绿化政府》（进一步明确了绿色采购）
加拿大	1995	颁布《绿色政府指南》
	1997	颁布《加拿大环境部运作的环境政策》
英国	1997	实施自愿指导计划
	2000	可持续木材采购声明
	2005	出台《木材政府采购建议书》
法国	2004	出台《法国热带森林保护政府行动计划》
	2005	正式出台《公共采购建议书》
	2006	在评估木材公共采购政策效果的基础上，增加森林认证体系、绿色标志、《濒危野生动植物种国际贸易公约》等
丹麦	2003	环境保护署和林业与自然署出版《热带木材采购：环境指南》
新西兰	2003	实施临时木材采购政策，鼓励政府使用可持续生产的、来源稳定、经过认证的木材
	2006	《新西兰打击非法采伐及贸易建议措施讨论稿》（公布打击非法采伐及贸易政策5大目标及实施程序）
欧盟	2003	出台《森林执法、施政与贸易行动计划》
	2005	2173/2005/EG号条例中规定：实施木材和木制品进口实行许可制度，伙伴国在向欧盟出口木材和木制品时，必须附有木材合法采伐的证明
日本	1994	组织绿色采购活动
	1996	成立绿色采购网络组织
	2001	《绿色采购法》全面开始实施
	2003	《绿色采购调查共同化协议》（建立绿色采购信息咨询及交流机制）
	2006	发表《敬告向日本出口木材及木材产品同行们》的声明

数据来源：根据 http://woodscienee - cn. woodlab. org 和 http://www. igpn. org/网站资料整理

第四节 林业绿色贸易

一、林业绿色贸易理论分析

（一）内涵

林业绿色贸易是与绿色贸易的理念一脉相承的,林业绿色贸易是指在林业领域实现绿色贸易,即让贸易与环境保护协调发展,生产过程绿色化,提供绿色林产品,实现消费的可持续发展,经济效益、社会效益和生态效益并重,并达到维护社会及国际公平的目的。

（二）特征

林业绿色贸易有以下几个显著特点。

1. 林业可持续发展

绿色贸易注重可持续消费,不仅是在资源开发、生产、运输、销售、使用和废旧物的处理处置等各个环节都最大限度按照绿色目标的要求开展,此外还要对各国相关的进出口政策进行研究。因此,林业绿色贸易不仅从生产的源头上注重可持续生产与利用,并且在消费理念中也渗入可持续发展的思想。

2. 以市场为导向

贸易是全球经济的重要方面,对全球生产、消费有着重要的引导作用。林业绿色贸易能够促进供应商进行绿色生产,可以在一定程度上引导、拉动和培育绿色经济市场,能够对绿色产业、绿色技术和绿色消费市场产生推动作用。

3. 多学科知识的综合

林业绿色贸易不仅涉及到林业方面的相关知识,而且需要国际贸易、国际法等基础学科与资源环境经济学等相关领域知识。贸易是经济活动的主要方面,尤其带动的生产和消费直接影响经济社会资源、自然资源的有效配置,因此,需要林业经济学、国家贸易学、法学等相关知识对贸易行为进行规划和管理。

（三）体系构成

1. 产品

依据贸易的四个层面:鼓励贸易、许可贸易、限制贸易和禁止贸易,绿色贸易体系可以将产品分为鼓励贸易类产品、许可贸易类产品、限制贸易类产品和禁止贸易类产品。

鼓励贸易类产品指生产过程及产品本身节约能源和资源,并对环境友好的产品,例如环境标志产品/生态标志产品、绿色食品等。限制贸易类产品是指不利于节约资源和改善生态环境的产品,例如一些高能耗产品。禁止贸易类产品是指对环境造成污染损害,破坏自然资源或损害人体健康的产品。允许贸易类产品是指非鼓励贸易类、限制贸易类和禁止贸易类产品,大多数产品属于这一类型。

2. 企业

在企业层面可以将企业分为鼓励贸易类企业、许可贸易类企业、限制贸易类企业和禁止贸易类企业。

鼓励贸易类企业是指其产品质量符合环境标准和要求,其环境管理通过环境管理体系认证的企业。这类企业包括"国家环境友好企业"、"绿色"企业等。许可贸易类企业是指非鼓励、限制和禁止贸易类企,大多数企业属于此类企业。限制和禁止贸易类企业一般指严重污染企业,对这类企业,除依照环境法律法规予以"关、停、并、转"外,从贸易方面也要给予取消许可证、外贸经营权。

3. 行业

根据行业综合污染水平、产值量及贸易额等指标,在行业层面构筑绿色贸易体系同样可以分为鼓励贸易类行业、许可贸易类行业、限制贸易类行业和禁止贸易类行业。这里的贸易额作为一个参考指标而非约束指标,因为现实的贸易总量并非代表未来的贸易总量,产值量才是决定未来贸易量的约束因素。(李丽平等,2008)

4. 森林认证

森林认证是在20世纪90年代初发起并逐渐发展起来的,它是按统一的标准和指标体系对森林经营进行持续评估认证,其目的是确保产品所使用的木材源于经营状况良好的森林,促进森林可持续经营的一种市场机制。目前,多个政府和非政府组织制定了20多套认证标准,其中PEFC和FSC森林认证是目前在国际上得到了广泛承认的森林认证体系,森林认证通常包括森林经营的认证(FMC)和林产品产销监管链的认证(COC)。欧美一些发达国家为了顺应公众的绿色消费潮流,相继宣布将调整其公共采购政策,优先购买经认证的木材和产品。英国的朗伯斯地方政府是第一个指定使用FSC森林认证木材的地区:希思罗机场隧道工程所用的木质产品也指定要求是采用经过FSC森林认证的。美国对我国家具出口倾销采取的措施是先起诉,起诉失败就利用森林认证建立绿色壁垒。如果这种行为及方法上升为法律层面,将给我国林产品出口形成重大冲击。目前许多发达国家并未强制所进口林产品必须通过森林认证,但随着全球绿色环境生态观念的不断深入,森林认证上升为强制认证这天很快就会到来,这也将成为我国林产品出口贸易一个大的隐患。

获取森林认证,建立企业环境保护品牌,从而顺利进入国际市场,已经成为我国林产品出口贸易企业主要发展方向。目前我国林产品加工企业达几万家之多,但能过 FSC 认证的企业很少,在 PEFC 的官方网站上甚至看不到中国林产品企业,而相比已经全部通过 FSC 认证的英国林产品加工企业来说,我国在认证方面与国外的企业差距相当大。这种差距如果不能尽快缩小,对我国林产品出口贸易将会带来不可估计的损失。

由此可见,强制森林认证对我国林产品出口贸易企业产生的影响主要包括:企业利润大幅下降、企业成本大幅上升、低利润企业直接淘汰出市场,原有高利润企业市场份额严重缩减,我国林产品出口总量大幅下降。

二、林业绿色贸易壁垒形式

我国目前受绿色贸易壁垒限制的重点木质林产品,主要集中在家具、人造板及单板(包括胶合板、刨花板、纤维板)、强化木地板等大宗出口林产品方面,木制品、纸和纸制品等也越来越多地受到绿色技术标准、木材合法性证明的影响。如我国出口欧盟的家具因含有富马酸二甲酯被通报召回。

我国林产品出口遭遇的绿色贸易壁垒主要表现形式为:绿色技术标准、各类认证制度、卫生检验检疫制度。

1. 严格的绿色技术标准

受经济发展、技术水平、生产工艺及生产成本的限制,我国家具、人造板等木质林产品生产过程中所使用的原辅料中,往往含有甲醛、苯、砷、铅等有害物质。在产品的正常消费使用过程中,这些有害物质的释放对人类健康产生严重损害的同时,也造成了环境的污染。美国等发达国家纷纷对进口木质林产品制定了大量的绿色技术标准,对木质林产品提出更高水平的环保要求。目前,发达国家对进口木质林产品中有害物质如甲醛、苯酚、铬、有机挥发物的限量标准远高于我国的国家标准确定的范围。

2. 各种认证制度

近年来,认证正逐渐成为发达国家实施各种形式技术标准的重要工具。从认证的类别划分,主要分为企业体系认证和产品认证。国际常见的企业体系认证包括 ISO9001 质量认证、ISO14001 环境体系认证,以及 SA8000,WRAP 或 BSCI。产品认证种类众多,不同产品、不同市场,面临着不同的认证要求,如木质林产品有 FSC 国际认证、美国 CARB 认证等。尽管相当部分认证属于自愿性质,但越来越多的国家对进口产品提出认证要求,从而具有强制性质。如我国林产品出口欧盟、美国等国家和地区必须通过 ISO9001 国际质量管理体系认证、ISO14001 环境管理体系认证。

3. 苛刻的卫生检验检疫措施

随着经济的全球化,外来生物入侵已成为世界关注的热点问题。外来有害生物是反映在一定区域内历史上没有自然发生而被人类活动直接或间接引入的有害生物,一旦这种外来有害物可以在当地定殖,由于没有自然天敌的制约,其种群将迅速蔓延失控,造成本地物种濒临灭绝,继而引发其他灾害发生,从而破坏当地生态或经济。外来有害生物入侵的生态代价是造成本地生态多样性不可恢复的消失以及一些物种的灭绝,严重地威胁本地生物多样性保护和持续利用及人类生存环境,同时付出农林渔业产量下降的经济代价。在国际林产品贸易中,木质包装作为国际贸易中使用最为频繁的包装材料,有效保障了商品运输的安全和便捷;但兼具植物产品和进出口商品载体双重身份的木质包装,也是有害生物传播和扩散的载体,木质包装中往往可能携带病虫害,给进口国带来潜在的危害,因而各国政府存在严格的卫生检验检疫制度。《卫生与植物检疫措施协议》规定,在非歧视原则下以及不对国际贸易构成变相限制的条件下,各缔约方有权采取 SPS 措施以保护国内人民、动植物的生命或健康安全,如防止食品和饮料中的污染物、毒素、添加剂以及外来动植物病虫害传入的危害。然而关键的问题是,SPS 措施条款内容过于模糊,具有宽泛的弹性空间,对缔约国采取的检验检疫措施约束力不强,发达国家大多利用 SPS 协议的漏洞,利用先进的技术,制定高于国际标准的卫生检验检疫措施,在最终产品标准、检测、检验、出证和审批批准程序、产品包装等方面对进口国提出种种苛刻要求,增加出口产品成本,从而达到限制进口的目的。

专栏 6-3　湖州方路茶业有限公司应对美国绿色壁垒

湖州方路茶叶有限公司成立于 2000 年,是一家集茶叶生产和出口为一体的加工贸易企业,现已成为中国国内最大的茶叶生产商和出口商,年度累计出货量20000 吨以上产品,国际合作涉及可口可乐、百事可乐、立顿等品牌商。

2007 年 12 月 28 日湖州方路茶业有限公司出口美国茶叶被检测,2008 年 1 月24 日,美国食品药物管理局(FDA)告之茶叶农残超标,"方路"的 18 个集装箱茶叶随即被扣押在美国西海岸。与此同时,浙江、广东等全国各地共有 43 个集装箱茶叶被美方扣押。不仅是中国,印度尼西亚等多个国家茶叶出口商的茶叶也被美方扣押。2008 年 3 月 28 日,美方正式宣布,被检测的茶叶农残超标,必须退运或者焚毁。

为维护自身合法权益,"方路"及有关部门主要采取了以下措施:

1. 索要被扣押茶叶。茶叶被扣押后,"方路"首先将这一事件向国家有关部门反映。其次,"方路"一方面从美国市场上买回茶叶,检测其茶叶的农残含量;另一方面,"方路"将自己的茶叶取样送交"马丁鲍尔"等欧洲一些权威的化验室检测,将合格的化验结果作为上诉的证据。"方路"要求美方采用茶汤法检测(FDA采用干茶法),并指出美方在茶叶无具体检测标准的情况下,采用一般植物源性食品的检测标准是不科学的,而且美方执行法规并未履行预先告知的义务。经过一个月努力,美国FDA最终于4月29日允许茶叶陆续通关。

2. 加强自身检测力度。"方路"为了之后在美国更顺利的通关,对出口茶叶采取了生产基地备案制度,茶叶从生产的源头即实施监督约束机制,对农药的使用十分谨慎。而且每一批茶叶出口,企业都采取多道工序检测,以降低出口不合格率,提高企业出口品质。

3. 做好有关行业预警工作。浙江省检验检疫局在接到"方路"的汇报后,第一时间上报国家有关部门,并通报给所有茶叶企业,提醒出口企业加以防范。同时,于2008年4月2日起对所有输美茶叶及出运在途中的茶叶留样实施美方关注的农药联苯菊酯、三氟氯氰菊酯检测,以验证检测结果;并于4月5日起建立企业与检验检疫部门"每日联系制",沟通事态进展;此外成立事件应对小组,负责与美国茶叶协会、国外客户沟通,协调应对类似事件。

(资料来源:潘阳,黄水灵. 绿色壁垒对浙江省茶叶出口的影响与对策. 国际经贸,2014(1))

第七章

林业绿色投资与绿色金融

第一节 林业绿色投资

一、绿色投资概述

（一）绿色投资界定

绿色投资作为一种投资的新兴模式，随着可持续发展和绿色经济理念的兴起而逐步发展。现阶段关于绿色投资的研究不断丰富，虽然学者们对其定义各有侧重，但是存在一些共通的内涵。

田江海（2005）认为与绿色 GDP 相联系的"绿色投资"，就是用于增加绿色GDP 的货币资金（或其他经济资源）投入。

Elkington（1998）从企业的社会责任角度出发，把绿色投资称作"社会责任投资"。认为它是一种基于环境准则、社会准则、金钱回报准则的投资模式，它考虑了经济、社会、环境三重底线，或称作三重盈余，又叫做"三重盈余"投资。

秦立莉、孟耀（2006）总结大量学者关于绿色投资的研究，认为有的学者将绿色投资等同于环境保护投资，有的学者从个人投资理财出发，认为绿色投资是"依据国际间普遍接受的道德准则，来筛选实际的投资理财活动"。在借鉴了道德投资基本观点的基础上，认为绿色投资是"依据国际普遍接受的绿色思想，发挥个人道德良知，将之具体实践与个人生活中所有投资理财行为，以促使社会公平正义之统合行动"，并且在此基础上认为绿色投资是指在环境保护和可持续发展思想的指导下，以资源科学合理利用、环境保护为基本原则，以社会责任投资为手段，实现人与自然和谐、人与人和谐、经济发展与环境和谐，从而达到生态平衡、世界和平、民主自由的投资活动。

　　李林平(2006)与田江海观念相同,认为绿色投资与绿色 GDP 相关,并提出"绿色投资"的范围可分为大、中、小三种口径。小口径,就是治理环境污染的投入,包括用于环境保护、污水排放、固体废弃物处理等设施、设备和有关费用支出。中口径,就是在小口径的基础上,再加上资源有效开发和节约利用的投入,包括用于节能、节材、节水、节地等措施的费用支出。大口径,就是凡能推动"绿色 GDP"增加的投入,均可属于"绿色投资",亦即在现有社会投资总量中扣除不构成"绿色 GDP"的无效投资甚至是负效投资,扣除对人类生存和发展的无益投资甚至是有害投资。这种"绿色投资"是最能体现以人为本和经济社会可持续发展的投资,是最能体现科学发展观的投资。

　　袁广达(2009)认为绿色投资在投资行为中要注重对生态环境的保护及对环境污染的治理,注重环保产业的发展,通过其对社会资源的引导作用,促进经济的可持续发展与生态的协调发展。它考虑了经济、社会、环境三重底线,顺应了可持续发展战略,促使企业在追求经济利益的同时,积极承担相应的社会责任,从而为投资者、融资方和社会带来持续发展的价值。

　　孟耀(2007)认为绿色投资与环境保护、社会和谐、经济发展等有密切的关系,其基本含义是指在可持续发展和社会和谐思想的指导下,以保护资源与环境为核心,以承担社会责任,促进人与自然和谐,兼顾经济、环境、社会三重盈余为基本要求,从而实现社会经济可持续发展及社会和谐的投资活动。该绿色投资的定义包含三个方面的内容:首先,要求投资者重视环境保护,努力实现经济与环境、人与自然的和谐统一;其次,投资者需承担社会责任,要求投资者的投资能够带来社会效益,包括经济增长、增加就业、促进人体健康、世界和平等;再次,要求投资在保证前两者的基础上产生经济效益,增加绿色国内生产总值(GGDP)。

　　综上所述,学者们对于绿色投资的定义均包含了经济、社会、环境三方面,认为绿色投资是增加绿色国内生产总值,承担社会责任与道德要求的一种新型投资模式。本书认为绿色投资是在社会经济增长过程中,针对生态环境不断恶化、资源压力不断增强的状况,为了扭转这种经济增长与自然资源和自然环境之间的矛盾,提出的一种符合生态文明、可持续发展要求的新型的投资模式。

　　(二)绿色投资产生

　　和平与发展成为时代的主题,各国都在和平的大环境中致力于发展本国经济,一时间世界经济飞速发展,但是问题也接踵而来。从工业革命以来,经济发展伴随的资源掠夺式开发利用和环境污染,全球变暖、资源短缺、极端天气等环境问题成为了笼罩在人们心中的阴影。粗放型经济发展带来的一系列环境问题使人们不得不思考依靠资源过度消耗从而实现经济快速增长的传统方式是否真的实现了人们想要的发展。由此,可持续发展、绿色经济理念开始发展、丰富,成为绿色投资的理论基石,也促进绿色投资的产生和发展。

在对经济发展和环境保护的讨论日渐激烈的同时,循环经济理念也在不断发展壮大,绿色投资作为循环经济发展的资金导向理论也逐渐被学者和大众所关注,相关理论不断丰富,理论框架随之发展。利用绿色投资发展循环经济,有利于解决资源与环境问题。经济发展要摒弃污染环境、破坏资源的模式,走上可持续发展的道路。实践表明,传统经济不能做到环境保护,"先污染,后治理"的做法也遭到失败,只有循环经济才是出路。而循环经济需要在生产过程中进行大量投入,以便从整个生产过程、消费过程来节约资源和循环利用。绿色投资引导资金投向,为发展循环经济提供了充足的资金准备,所以绿色投资是实现循环经济的重要途径。循环经济的发展离不开绿色投资的支持,所以循环经济理念的不断丰富促进了绿色投资的发展。

此外,绿色投资在绿色经济发展的基础上进一步发展。绿色经济要求经济发展的同时节约资源、减少污染,这一特征决定了绿色投资是发展绿色经济的必要途径。正是因为绿色经济的发展需要,学者们才开始提出绿色投资这一经济发展概念,并在绿色经济的要求和框架下对其进行研究和补充,绿色投资作为绿色经济的发展途径随着绿色经济概念的产生和发展而不断丰富自身理论,为绿色经济的发展贡献力量。

(三)美国和日本的绿色投资实践

自 2008 年国际金融危机以来,绿色经济就成为了拉动美国经济增长的主力引擎。美国政府为了引导和激励绿色投资,承诺绿色产品可享受出口退税,给予出口信贷上的优惠及对其抢占国际市场的支持,并特别在商务部设立了绿色产品出口办公室,专门负责绿色项目的投资与经营。发展绿色经济不仅可以提供大量的就业机会,还可以有效改善环境问题。美国发展绿色经济的核心是新能源开发。目前,美国大力进行绿色投资,研发绿色节能产品,采用新科技,使用可再生能源,建立以清洁的能源结构为主的绿色经济。

2009 年 4 月,日本发布了《绿色经济与社会变革》政策草案,目的在于通过实行削减温室气体排放等措施,强化日本的"绿色经济"。其内容主要包括采取环境、能源措施刺激经济,实现低碳社会、实现与自然和谐共生的社会等中长期方针。2009 年 5 月,日本正式启动支援节能家电的"环保点数制度"。日本推行环保点数制度,通过促进消费,让环保节能的概念更深入人心,通过日常的消费行为固定为社会主流意识,集中展示绿色经济的社会影响力。环保点数制度启动,已在日本的消费者和家电量贩店中形成了一股热潮。日本是环保节能大国,仍以"绿色"概念拉动经济起飞,其经验值得借鉴。此政策草案还提议实施温室气体排放权交易制和征收环境税等。2015 年 7 月,日本拟征收"自然保护税",提升国民环保意识。早在 2004 年 4 月,日本政策投资银行就开始实施了促进环境友好经营融资业务,该业务以支持减轻环境压力,促进企业环保投资为最终目标。通过促进环境友好经营融资业务的实施,加强了与商业银行的合作,更好地发挥政策银行的协调作用,为绿色信贷的发展搭建平台,并提高了投资效率。日本政策投资银行的实践对我国的政策性金融机构以及商业银行在开展绿色金融工作方面具有重要意义,体现在如下三个方面:奖惩并重,促进发展;推动全过程综合治理;引导商业金融机构开展绿色信贷业务。

二、林业绿色投资分析

(一)内涵

林业作为绿色环保产业的重要环节,在绿色经济与可持续发展中具有重要作用。林业绿色投资不是绿色投资与林业的简单相加,而是绿色投资在林业产业上的有机运用。现阶段对于林业绿色投资的相关研究较少,主要集中于在对林业企业的绿色投资问题的讨论。

林业绿色投资同样与绿色 GDP 密切相关,是在林业产业中以增长绿色 GDP 为目标的相关投入。林业绿色投资是"社会责任投资"的一部分,它考虑了经济、社会、环境三重底线,是一种基于环境准则、社会准则、金钱回报准则的投资模式,在林业相关产业中对于经济、社会、环境的平衡至关重要。林业企业的目标不仅是最大化股东回报,也包含着社会责任与利益相关者诉求,对于环境与生态的贡献也是林业企业的重点考察因素,所以林业绿色投资也是未来林业企业的发展方向与必然趋势。

在道德投资方面,林业绿色投资也有所涉及,绿色不仅指环保和生态,更包含公平与效率。林业绿色投资是指在环境保护和可持续发展思想的指导下,以资源科学合理利用、环境保护为基本原则,以社会责任投资为手段,实现人与自然和谐、人与人和谐、经济发展与环境和谐,从而达到生态平衡、世界和平、民主自由的林业投资活动。这一概念包含了林业绿色投资对和平、民主、自由、和谐的道德要求,另一个方面林业绿色投资也是更为高效、简洁的投资方式,它追求形式与实质上的双重便捷,为减少浪费、提高资源利用效率、加强沟通交流提供了新的模式。对于公平方面,林业绿色投资同样也十分关注,投资主体和受众的差异化丰富和发展了林业投资,也相对减小了风险,但是在另一方面,差异化也带来了资金集中,小型企业投资和融资难的问题,加大了企业甚至产业之间差距,产生了不公平现象。林业绿色投资追求投资获得的公平,力求资金的合理公平分配,为广大投资活动参与者提供高质量的对应服务与资源配置,这与上述林业绿色投资所要求的道德投资、人与人的和谐是不谋而合的。

综上所述,参考学者们的研究,本书将林业绿色投资定义为在可持续发展和社会和谐思想的指导下,以保护资源与环境为核心,以承担社会责任,促进人与自然和谐,兼顾经济、环境、社会三重盈余为基本要求,从而实现社会经济可持续发展及社会和谐、民主自由、高效公平的林业投资活动。

(二)特征

林业绿色投资的特征集中在与传统投资的比较上,通常包括注重生态、经济和社会的平衡、考虑公平、民主、自由等。

秦立莉、孟耀(2006)认为:(1)林业绿色投资在本质上反映了经济、社会、生态之间和谐发展的关系,是基于可持续发展的投资。传统投资行为依靠资源的大量消耗和对环境的索取和破坏换取经济增长,结果造成人类与环境的关系紧张,甚至人类经常遭到环境的报复。在绿色投资模式下,人类把环境保护与产品生产统一起来,注意节约资源和科学利用,利用与维护并举,使得自然资源与环境获得恢复与实现生态平衡。(2)林业绿色投资是由具有生态环境理念的经济人进行的投资。投资主体不单是追求经济利益的经济人,而且,是具有社会责任的投资者,在其投资决策中,他的选择标准是经济、社会、环境三重标准,而不是单一的经济准则。(3)林业绿色投资形成的资本是绿色资本,是一种能够推动绿色 GDP 增长的资本。这种绿色资本投资所形成的生产力,不同于传统意义上的生产力,是人类在长期的生产中探索出的人与自然和谐发展的能力。绿色投资活动的产出,是绿色 GDP 的增加,它反映了环境价值在 GDP 中的重要作用。(4)林业绿色投资的收益是三重盈余,包括经济的、社会的和生态的收益。而传统投资获得的是单一盈余,即利润。在价值创造上,绿色投资进行的价值创造是长期价值,而传统投资获取的是短期收益。(5)林业绿色投资具有更高的科技含量和社会价值。传统的投资也需要科技支持,技术进步使得投资的边际生产力递减的趋势受到遏制,经济增长持续进行。但是,由于传统投资忽视节约资源,忽视环境保护,资源瓶颈约束增大,环境治理费用加大,结果是实际增长的速度减慢,增长的副作用增加。绿色投资行为把生产投资与防治环境污染统一起来,在实现经济增长的同时,消除了增长的不利影响,因而可以实现经济与社会可持续发展。

袁广达(2009)认为林业绿色投资与传统投资模式相比,与环境保护、绿色财富等息息相关。(1)林业绿色投资将环境保护视为投资活动的重要目标。目前,无论中国还是世界,工业化使经济进入快速发展阶段,但资源消耗量大,污染严重,生态基础薄弱,这一系列矛盾相互交织并不断激化。绿色投资的概念,是经济增长得以持续的基础,可以引导资金的流向,调节国民经济结构,使之向生态型经济发展。而且绿色经济的发展不仅会为绿色金融提供资金来源的支持,还会为绿色金融提供良好的资金运转渠道。(2)林业绿色投资形成的绿色资本是一种能够推动绿色财富增长的资本。这种绿色资本投资所形成的生产力,是人类在长期的生产中探索出的人与自然和谐发展的能力,其效率高,潜在价值大,影响深远。绿色投资活动的产出,是一国绿色 GDP 的绝对值增加,它反映了环境价值在 GDP 中的重要作用和社会财富增加应有的路径选择。(3)林业绿色投资的收益包括经济的、社会的和生态的三重收益。绿色投资实现的投资多重效益,是传统投资获得的单一盈余(利润)所望尘莫及的。在价值创造上,绿色投资创造的是长期价值,而传统投资获取的是短期收益。并且绿色投资在价值体现上呈现出人口适度增长、生活质量提高、资源合理利用、生态得到保护、经济持续发展、社会长足进步的新局面。(4)林业绿色投资促进生态资源循环利用,融合了现代投资管理创新的理念和技术方法。循环经济要求在生产消费活动中贯彻减量化、资源化和再利用的原则,这是保护资源、环境的经济模式。绿色投资从宏观上来看,是对传统的忽视生态资源节约使用、忽视环境保护投资模式的一种矫正,在投资结构优化和投资方向选择上,从循环经济思想出发,安排投资方绿色投资方案,建立资源节约、环境友好型社会;从微观上看,将环境责任主体(主要是企业)外部成本内部化,实现"帕累托最优效应"。这就使得绿色投资相比于传统投资,将进一步加大引入现代管理理念,采用新的技术措施方法,以科技支撑、技术进步等手段,节能减排,保护环境,提高资源循环使用和综合利用效率。

包学雄、朱文玉(2014)认为林业绿色投资与传统投资模式相比,首先,林业绿色投资的主体是具有社会责任感、环境保护感、正义和平感的公众和组织,而传统投资的主体遵循经济人假设,当然存在着思想的差异;林业绿色投资是本着以经济、社会、环境三者协调发展,而一般传统投资是以利益最大化为指导思想,前者遵循可持续发展的理念,而后者以经济增长为理念。其次,在投资目标、方式、效益上也存在着差异;林业绿色投资的目标是实现三重盈余,而传统投资单纯是实现经济目标;绿色投资是以社会责任进行筛选、股东请愿、社区投资来实现,而传统的投资是以经济利益为指导的选择、投资、交易;前者具有经济、环境、社会效益,而后者仅是经济效益。并在刘东生强调"林业是发展绿色经济的基础和关键,其价值不仅体现在短期的私人的有限收益上,更在经济效益、社会效益、生态效益等多个层面上具备宏观的长远价值"的基础上,提出森林投资符合林业绿色投资的理念宗旨,是林业绿色投资的一种具体表现形式。

综上所述,学者们对林业绿色投资特征的概括都集中体现在:(1)林业绿色投资实现了生态、经济、社会的平衡;(2)林业绿色投资促进可持续发展、循环经济与绿色经济的发展;(3)林业绿色投资与环境保护和绿色 GDP 紧密关联。这些特性都与林业绿色投资的内涵相一致,本书认为林业绿色投资还具有以下几中特征:(1)将促进高效便捷作为自身的一大原则;(2)促进投资环节与结果的公平公正、合理配置资源;(3)涉及林业产业的各个环节和周边地域,辐射范围广。

(三)机理分析

林业绿色投资逐渐发展,对可持续发展与绿色经济的发展都有重要作用。由于林业绿色投资所具有的相关特性和经济学机制,其对于循环经济和生态文明的建设都有重要影响。

林业绿色投资按照投资主体分类,可以分为政府林业绿色投资、企业林业绿色投资、社会组织林业绿色投资和公众林业绿色投资。政府作为宏观经济协调者,其作为主体的林业绿色投资具有重要的导向和推动作用。

林业绿色投资成为国家发展的必然选择。袁广达(2009)认为绿色投资适应了绿色经济发展的要求,主要体现在:(1)绿色消费成为时尚消费方式。所谓绿色消费,它有两个内涵:一是消费无污染、有利于健康的产品;二是消费行为有利于节约能源、保护生态环境。绿色消费是一种节约性消费,即主张适度消费,反对奢侈和浪费。合理的和适度的消费是在基本上不降低消费水平的条件下,排除浪费性、不适当的消费。绿色消费是消费者在基本生活得到满足后,受消费需求上升规律的影响,开始追求生活质量和美好生态而产生的绿色需求,它反映了人们消费层次的提高,反映了社会的进步和人类的文明发展。绿色消费又是一种文明、科学的消费,即要求人们开展情趣高雅、文明的消费活动,要求人们用科学知识来规范和指导消费活动。这种消费既满足节约能源和保护环境的要求,又能够使得人们在消费中获得体质、智力和心理性格的全面发展。(2)国际贸易中不断增加绿色壁垒。在国际贸易中,各国出于贸易保护或维护国家安全等目的,往往设置种种贸易壁垒,限制货物进口。除了关税壁垒和传统的非关税壁垒外,一种更为隐蔽、更为复杂、破坏力更大的贸易壁垒——技术性贸易壁垒日益加强。它是货物进口国以保护国家安全,保护人类、动植物生命、安全和健康,阻止欺诈,保护环境,保障产品质量为由而采取的种种技术性限制措施。为了适应这种绿色壁垒,我国的进出口企业必须依照国际贸易规定,企业产品走绿色生产路线。所以绿色投资也是企业应对绿色壁垒的一个重要方案。(3)会计国际化推进的绿色会计信息披露和绿色会计系统建立。价值形式反映的绿色会计信息或称为环境会计信息,对投资者的"道德投资"十分重要。当今世界发达国家或地区、政府间组织或非政府的民间组织,以及跨国企业集团,均将绿色会计信息质量的判断结果作为资本输出或输入的重要参考。资本市场中的投资方和融资方是以资本为纽带连接起来的;同时,任何一方每时每刻都有可能扮演对方的角色,就像任何生产者都是消费者一样,他们对诸如环境会计业绩、环境资产、环境负债、环境收益、环境费用与成本、环境绩效等环境会计信息都具有同样的期待。这种绿色投资理念的形成和对绿色价值信息的需求,就是从20世纪70年代起直至现在,作为绿色会计信息载体的《环境财务会计报告》、《企业公民书》、《环境报告书》和《可持续发展报告书》等日益受到投资者重视的原因所在。因此,在会计国际化、会计语言已成为"国际通用的商业语言"的今天,发展绿色经济,进行绿色投资,呼唤绿色会计系统的建立,显得尤为重要。而我们国家在这方面才刚刚起步。(4)绿色经济规制的建立、完善和集成以绿色投资为中心枢纽。绿色信贷资本或是权益资本的注入,是促进绿色经济规制的建立、完善和集成的"催化剂"。一方面,投资的绿化能引导资金的流向,调节经济结构,使之向生态型经济发展,并为经济规制和调控手段提供前提条件;另一方面,绿色经济得以良好运行也需要为之提供服务和保障的绿色经济规制的建立并加以系统化,因绿色投资兴起而衍生出的且以绿色投资为链接,并与之相适应的绿色税收、绿色审计、环境保险、生态补偿、排污权交易、损害赔偿基金等各种形式的绿色经济规制,才能变为现实,成为绿色投资重要支撑手段并为绿色投资健康发展服务。

发展林业绿色投资缓解了资源匮乏和社会福利问题,主要体现在:(1)林业绿色投资缓解了经济增长中的资源与环境约束。以前,我国的经济增长主要靠消耗大量资源和破坏环境,特别是在工业化过程中给环境带来严重的污染。但随着科技发展和对环境的重视,资源和环境得到保护,资源瓶颈和环境约束成为经济增长的障碍。发展绿色投资正是为解决环境恶化和资源紧缺这两个问题给出了答案。发展绿色投资既有利于经济持续发展,又有利于节约资源、保护环境,为实现可持续发展提供了具体途径。(2)林业绿色投资推动了经济与社会发展的和谐。一味要求经济的增长而对环境、资源缺乏保护,一些投资所引起的增长只会是非经济的增长,不仅对增长的福利起到抵消作用,而且有时还会对经济发展产生负作用。因为经济发展不仅意味着GDP的增加,而且要伴随着观念的进步、制度的发展、健康的提高和卫生条件的改善,在政治、经济、文化、教育和其他方面也要达到改进。绿色投融资恰恰能够达到这一目标,实现环境保护和经济发展的双赢局面。

绿色投资资本实现了价值和价值增值,主要体现在:(1)整体增值性。绿色资本是具有未来潜在超额效益的资本,绿色资本运营能在获得最大限度增值的同时又必须考虑生态系统的整体效益性，从而使生态系统整体增值的盈利最大化。(2)长期受益性。绿色资本运营不像材料那样，一次投入使用其价值就丧失殆尽，如作为生态资源的森林，具有供氧、旅游、涵养水源、调节气候等多种使用价值，只要利用适度，它就可以长期存在并被永续利用。所以，对生态资源保护的投资收益具有可持续性，因为靠生态系统的自净自生能力，绿色资本就会自动升值。(3)区域补偿性。生态资源不仅对当地产生影响，还会对区域乃至更大范围产生影响，如江河上游的森林状况影响下游的水流量，草场的退化造成城市的沙尘暴，上游地区生态环境保护投入产生环境物质容量的改善效应从而影响下游地区生态环境的改善而受益等。按照公平理论，受益者应给予生态环境补偿，区域补偿性是绿色资本的特性之一。(4)"三效"统一性。绿色资本产权主体多元化，利益主体多元化，形成竞争关系共同体，进而共同实现生态效益、经济效益和社会效益的最大化，"三效"统一是绿色资本区别传统资本的显著标志。

绿色投资的资本价值形式的多维性，主要体现在：(1)生态环境承载力价值。任何一个生态环境系统对内外界干扰污染的抵抗都有一定限度，超过生态环境系统自净限度，就会产生巨变。生态环境容量计价通常以一个区域为对象，区域局部生态环境好，可以承载更多的人类、生物生存需求，即生态环境容量大，其环境资本基价高，在满足本身生态环境要求的同时提高了区域环境质量，不仅改善了本地区环境，也有利于其他地区环境质量的提高。区域生态环境容量大，首先是本地区、本国人民受益；反之，如果环境容量为负值，不仅本地区、本国人民受害，甚至殃及外国国民。生态环境承载力可作为宏观环境核算基本内容，可以通过绿色GDP核算和相关指标加以对比衡量。(2)生态经济补偿价值。这一价值可以通过污染付费原则和受益者补偿原则得以实现。(3)环境品牌价值。随着人类可持续发展的确立，环境保护意识的增强，人们追求无污染、无公害产品的环境消费兴起，环境产品的品牌效应日益凸现，尤其是在各国进出口贸易环境壁垒的影响下最为突出，符合国际清洁生产的环境产品在出口时可以免缴垃圾收费，就可减少污染处理费，既保护了生态环境又降低了费用。为此，环境品牌的经费降低对提高企业整体发展潜力的效应计价势在必行。环保工业产品、绿色农产品等环境产品价格的提升都是环境品牌效应的体现，也是绿色资本计价核算的重要内容。(4)不可再生资源价值。自然生态环境中的森林、煤矿、石油等不可再生自然资源的稀缺性，都具有增加价值的潜能。用不可再生资源这一增值价值进行环境资本核算，包括周边环境的土地价值的增值评价，都属于绿色资本核算计价范围。(5)人力资源价值。知识经济时代的区域经济特殊开发政策环境，吸引和汇聚了大量优秀人才，提升了区域经济绿色资本的价值量。因为技术、信息、智力、知识也有价值,将人力资源资本化并进行价值评估核算势在必行。诸如政治文化中心、大学城、金融中心、科技园等群英荟萃、人才资源优良的生态环境平台,可以提升区域经济绿色资本的价值量。

在驱动机制方面,崔秀梅(2013)借鉴组织行为学和管理心理学的相关理论,将企业林业绿色投资驱动机制分成市场驱动机制、政府驱动机制和道德驱动机制。市场驱动机制是企业进行林业绿色投资的内在驱动力,主要目的是增强企业的竞争优势,追求企业的潜在经济利益;政府驱动机制是从合法性的视角审视政府环境规制在企业林业绿色投资中的作用,主张通过政府规制改变企业投资行为;道德驱动机制则从伦理和道德的角度来解释企业的林业绿色投资行为。

在运行机制方面孟耀在《绿色投资问题研究》中提出,"宏观层面的绿色投资运行机制的主要影响因素包括国民的环境意识、国家的产业政策、国际环境标准及绿色贸易壁垒"。绿色投资的运营机制主要是围绕其制度、投资流向、产业结构的分配状况来展开。绿色投资制度的建立,是受产业政策、环境标准、绿色壁垒,投资理性人的投资程序、融资方式、成本收益及风险预算等所决定的,会促使绿色投资结构的优化,从而带动经济的增长;绿色经济增长带来的良好的社会、环境、经济效益,从而又促进绿色投资制度的优化,形成一个良性互动循环。

三、林业绿色投资实践

林业绿色投资作为绿色经济和可持续发展的重要实现途径,在世界各地不断繁荣发展,已经形成了多种实践形式。各类林业绿色投资组织也不断涌现,世界绿色投资贸易促进会、国际生态发展联盟、联合国环境规划署、国际生态发展联盟、中华环保联合会、中国低碳产业投资中心都致力于进行高效公平的绿色林业投资,为环境保护和绿色经济发展贡献力量。

2015 年 3 月 30 日,国家林业局颁布了第 36 号令——《林业固定资产投资建设项目管理办法》,有利于加强林业固定资产投资建设项目管理,规范项目建设程序和行为,提高项目建设质量和投资效益。该管理办法于 2015 年 5 月 1 日起开始实施。

2016 年 4 月,国家林业局林产品国际贸易研究中心年会暨气候变化下的林业绿色投资国际研讨会在上海举行,会议讨论了 2016 年林业对外贸易和投资面临新的形势和任务,随着创新、协调、绿色、开放,共享五大发展理念的确立,京津冀、长江经济带、"一带一路"的推进实施,以及去产能、去库存、去杠杆、降成本、补短板五大任务的提出,我国将进一步大力发展开放型经济。这次会议进一步丰富了林业绿色投资实践,为林业绿色投资的发展添砖加瓦。

专栏 7 - 1　山绿民富写和谐——竹溪绿色投资带动县域经济发展

湖北省竹溪县是全国退耕还林试点示范县,该县累计投入财政资金 3.5 亿多元,用于退耕还林和天然林保护工程,新增林地 27 万多亩,天然林保护 300 多万亩,全县森林植被覆盖率已达 80.4%,活立木蓄积量增加到 1100 多 m^3,居湖北省县级首位。县级财政的大力投资,促进了县域经济可持续发展。据专家评估,该县退耕还林保肥、保土、增水,年增经济效益 4200 万元以上,农民从绿色产业中获得收入比率已达 70% 以上,约占总农户六成多的 5 万多农户兴林脱贫致富;通过多年建设,竹溪县林果、林药、有机茶、山野菜等高效经济园已达 40 多万亩,年产值 4 亿多元,农民户均拥有 5 亩高效"聚宝盆"。为提高绿色农林产品加工增值能力,近两年该县向上申报有机茶、山野菜等三大板块基地建设和 27 个绿色产业开发项目财政部门"上争下投"项目资金 8000 多万元,支持绿色产业基地建设、新产品研发和有机茶、魔芋、果汁、森林蔬菜、中药材等龙头加工企业技改扩能,增值增效。全县形成了以龙王垭、梅子垭、前进三大茶场为主导,30 多家茶场加盟的有机茶产业群,以银松万吨果汁、高山食品公司等为代表的生物制药、果蔬、食品科技产业群,仅茶叶、魔芋、中药材,加工增值后产业综合收入年达 4 亿元以上,提供财政税收 3000 多万元。(邹蔚烈等,2007)

第二节　林业绿色金融

一、绿色金融概述

(一)概念界定

1987 年世界环境与发展委员会公布的《我们共同的未来》一书中提出"可持续发展"的概念,此后全球掀起了绿色经济的浪潮。1992 年联合国环境与发展大会颁布了《里约环境与发展宣言》和《21 世纪议程》等文件,绿色革命渐趋高峰。1994 年 3 月 25 日,我国国务院第 16 次常务会议通过了《中国 21 世纪议程——中国 21 世纪人口、环境与发展白皮书》,并把可持续发展定为我国的基本国策,中国成为世界上第一个完成国家级《21 世纪议程》的国家,并且在社会生活中的各个方面贯彻实施。在绿色经济和可持续发展理论的趋势下,人类开始以可持续发展的标准来重新审视自己的经济活动,各行各业都不同程度地推行着"绿色革命",绿色概念渗透到了国民经济的诸多领域。作为现代经济核心的金融业,也应顺应历史的潮流,步入绿色的行列,从传统金融向绿色金融转变。

熊学萍(2003)认为绿色金融概念目前还没有一个规范的定义,但学术界对此已达成共识:即指金融业在投融资活动中自始自终必须体现"绿色"。具体而言,是指金融机构无论是面向企业、团体的借贷行为还是面向个人的零售业务,都要注重对环境的保护、治理和对资源的节约使用,促进经济与生态的可持续、协调发展,从而促进人类自身的可持续发展。进一步而言,绿色金融应包含如下几层含义:其一,绿色金融的目标之一是帮助和促使企业降低能耗,节约资源,将生态环境要素纳入金融业的核算和决策之中,扭转企业污染环境、浪费资源的粗放经营模式,避免陷入先污染、后治理,再污染、再治理的恶性循环;其二,金融业应密切关注环保产业、生态产业等"无眼前利益"产业的发展,注重人类的长远利益,以未来的良好生态经济效益和环境反哺金融业,促成金融与生态的良性循环。

惠东旭(2002)认为绿色金融是传统金融意识和现代环境意识的融合,也是对传统金融的延伸和扩展。所谓"绿色金融"是指金融业在经营活动中要体现绿色,即在投融资行为中要注重对生态环境的保护及对环境污染的治理,注重环保产业的发展,通过其对社会资源的引导作用,促进经济的可持续发展与生态的协调发展。具体地讲,它包含两层含义:其一,从金融和环境的关系入手,重新审视金融,将生态观念引人金融,改变过去高消耗、低产出;重数量、轻质量的金融增长模式,形成有利于节约资源、降低消耗、增加效益、改善环境的金融增长模式。其二,以绿色金融观念关注产业发展,为绿色产业发展提供相应的金融服务,促进环保产业的发展。绿色金融更强调维护人类社会的长期利益及长远发展,它把经济发展和环境保护协调起来,减轻传统金融业的负面效应,促进经济健康有序发展。

张靖(2007)认为"绿色金融",是指金融部门通过金融业务的运作来体现"可持续发展"战略,从而促进环境资源保护和经济协调发展,并以此来实现金融可持续发展的一种金融营运战略。具体讲就是指市场主体在投融资行为中要注重对生态环境的保护及对环境污染的治理,注重环保产业的发展,通过其对社会资源的引导作用,促进经济的可持续发展与生态的协调发展。

《美国传统词典》(第四版,2000年)将绿色金融称之为"环境金融(Environmental Finance)"或"可持续融资(Sustainable Financing)"。其基本内涵为,如何使用多样化的金融工具来保护生态环境,保护生物多样性。和秀星(1998)认为金融业在贷款政策、贷款对象、贷款条件、贷款种类和方式上,将绿色产业作为重点扶持项目,从信贷投放、投量、期限及利率等方面给予第一优先和倾斜的政策。高建良(1998)认为金融部门把环境保护作为基本国策,通过金融业务的运作来体现"可持续发展"战略,从而促进环境资源保护和经济协调发展,并以此来实现金融可持续发展的一种金融营运战略。潘岳(2007)将绿色金融作为环境经济政策中金融和资本市场手段,如绿色信贷、绿色保险。安伟(2008)在上述文献的基础上认为绿色金融的基本内涵是,遵循市场经济规律的要求,以建设生态文明为导向,以信贷、保险、证券、产业基金以及其他金融衍生工具为手段,以促进节能减排和经济资源环境协调发展为目的宏观调控政策。

Salazar(1998)指出,绿色金融是寻求环境保护路径的金融创新,是金融业和环境产业的桥梁。Cowan(1999)认为,绿色金融主要是探讨发展绿色经济资金融通问题,是绿色经济和金融学的交叉学科。Labatt 和 White(2002)认为,绿色金融是以市场为研究基础,提高环境质量、转移环境风险的金融工具。邓翔(2012)在金融界和环境保护界运用各自的体系、语言、方法对绿色金融的概念界定基础上,认为尽管学者们对绿色金融的概念提出了不同的看法,但其核心没有偏离环境保护和可持续发展理念。概括而言,绿色金融旨在通过最优金融工具和金融产品组合解决全球环境污染和气候变迁问题,实现经济、社会、环境的可持续发展。

沈兴耕(2012)将绿色金融定义为:金融机构将环境评估纳入流程,在投融资行为中注重对生态环境的保护,通过资金流向引导各种社会资源和生产要素向绿色低碳产业集中,从而推动经济的可持续增长和发展方式的转变。另一部分学者认为,绿色金融是指在金融部门实施环境保护和节能减排政策,通过金融业务运作来促进经济发展方式转变和产业结构转型升级,并实现金融可持续发展的一种金融发展战略。李小燕(2012)认为,大部分学者都认同绿色金融是指金融部门把环境保护作为一项基本政策,在投融资的决策过程中要考虑潜在的环境影响,把与条件相关的潜在的回报、风险和成本都融合进银行的日常业务中,在金融经营中注重对生态环境的保护及环境污染的治理,通过对社会资源的引导,促进社会的可持续发展。董捷(2013)在上述文献基础上,将绿色金融总结概括为有利于环境保护和节能减排的金融活动。

王修华、刘娜(2016)认为绿色金融又被称作环境金融或可持续金融,理论界对其含义的具体表述有所不同,但基本内涵都是金融机构如何围绕环境改善与应对气候变化开展金融活动。结合我国绿色金融的发展实践来看,绿色金融是为了促进经济、社会与环境协调可持续发展而进行的信贷、证券、保险、基金等金融服务。

(二)绿色金融产生

20 世纪以来,随着生产力的发展和现代科学技术的运用,人类对大自然的干预能力越来越强,对自然资源的开发和利用规模也日益扩大,生产的物质产品也越来越丰富。然而人类在创造物质文明的同时,由于对自然规律认识的局限性及经济发展的短视等原因,对自然资源往往采取掠夺式的开发和浪费性的使用,使生态平衡遭到了严重的破坏,环境污染问题也越来越严重,给整个社会经济造成了不可估量的损失,人类社会的可持续发展受到了严峻的挑战。因此,消除人类与生态环境之间的矛盾,实现人类与自然的和谐发展,已成为当前一个极其重要而紧迫的议题。

要解决这一矛盾,除了在法律法规、科学研究、价格政策等方面寻求出路外,当务之急是对潜在的和业已造成的环境污染和生态破坏进行积极防治,从资金角度大力支持生态建设和环保产业的发展。但由于生态环境资源属于公共物品,产权不明晰或具有多重性,市场机制在这一领域显然是无能为力的。因此,只能通过政府这只"看得见的手"来引导资源的优化配置。但从各国实践才看,生态环境管理一直被视为社会公益事业,由政府一家包揽,政府部门既是监督机构,又是管理部门和执行部门,主要费用由财政拨款,缺乏有效的竞争机制而产生低效,导致资源浪费、环境污染越来越严重,治理和保护的成本越来越高,"看得见的手"在此领域也显乏力。不仅如此,政府制定的某些经济发展目标,如 GDP 的增长,经济增长速度的提高等,使经济主体片面追求经济总量的增加而忽视质量的提高,无形之中又加重了政府和市场失灵的程度,使"生态赤字"越来越严重。由此可见,必须由更好的投融资手段和政策来取代现行的运作模式,这种新的运作模式既要促进经济增长,同时更为重要的是实现经济的可持续发展,达到人类与自然界的和谐共存。由此需要跳出传统金融的融资理念,进行融资创新,引导资金流向节能、高效产业和环保产业,投资生态建设,弥补政府和市场失灵留下的空白。在这样的背景下,开展绿色金融的呼声越来越高。

环境污染、资源耗竭、生态失衡等环境问题已经上升为全球性经济、政治问题,关乎人类生存与社会发展。加强环境保护,实现经济社会的可持续发展已达成共识。为缓解环境问题和适应气候的变化,一些国际组织、政府部门和学术机构探索着各种路径,以实现人类可持续发展战略。在环境保护和可持续发展的背景下,绿色金融概念于 1991 年首次提出。迄今为止,国内外各领域的专家和学者对绿色金融的研究和实践,虽然已取得了一定成果,但尚未形成一个完善的体系。

综上所述,绿色金融的产生与发展与环境保护和绿色经济息息相关,环境保护的紧迫性与绿色经济、可持续发展理念的兴起与发展为绿色金融的产生与发展奠定了基础,提供了条件与推动力。

(三)绿色金融发展历程

无论是在发达国家还是新兴国家,"绿色金融"的概念正在向更大范围扩散。关注绿色金融的,不乏孟加拉、巴西、肯尼亚、乌干达、南非、印度等发展中国家,一些发达国家也开始关注绿色金融的问题。在国际层面,2014年1月,联合国环境规划署建立了"设计可持续金融体系"项目工作组,以期探索如何促进金融体系与可持续发展更紧密结合的政策,乃至对金融体系进行系统性变革。2014年7月,世界银行发布《环境和社会框架:为可持续发展确定标准》报告,试图搭建绿色金融发展的框架、要求、标准和流程。越来越多的国家开始将绿色金融纳入到政策体系之中。随着绿色金融理念的推广,近年来不少国家开始采取行动推动绿色金融发展。例如,巴西中央银行于2014年4月出台了新的监管办法,要求商业银行必须制定环境管理和社会风险管理的战略行动和治理框架,并将其作为整体风险管理的核心要素加以实施;几乎在同时,欧盟要求大上市公司披露实施环境和社会政策的情况;美国财政部有80%的对外援助项目有绿色要求;南非2011年出台的监管准则要求企业披露其财务与可持续性能力;2014年3月,澳大利亚股票交易所发布了新的上市公司治理报告要求,要求上市公司披露是否面临着实质性的经济、环境和社会可持续风险暴露和如何管理这些风险。另一方面,机构投资者成为发达国家推动绿色金融的重要力量。目前在发达国家,机构投资者(养老基金、保险公司等)通过股东投票权、将不符合可持续发展理念的公司排除在投资组合之外等手段,对被投资企业施加影响(所谓"积极股东主义")。相应地,由于绿色债券作为中长期金融产品更容易被机构投资者纳入投资组合,绿色债券已经成为绿色金融的重要载体。

绿色金融自1991年正式提出以来,各个国家都在进行共同但有区别的实践与研究,使其经历了概念提出与扩展、纳入国家层面政策体系以及机构投资者成为中坚力量的三个阶段。随着可持续发展概念的深入人心和环保议题的持续加温,绿色金融在现有基础将不断发展,为绿色经济提供强大的资金支持与发展动力。

二、林业绿色金融理论分析

(一)内涵

林业绿色金融是金融学与林业产业相互渗透与融合形成的新的金融系统,与此同时该系统更为注重绿色概念。随着绿色经济与循环经济的兴起与发展,林业作为绿色金融的重要组成部分和关注对象,其与绿色金融的融合是必然的趋势。但是林业绿色金融并不是单纯的指与林业产业相关的绿色金融,其中绿色金融的范围会进行相应的调整,比如林业产业中的造纸重污染行业的融资活动就不属于林业绿色金融。另一方面旨在促进公平、高效的林业金融活动也将被列入林业绿色金融之中。

目前学界对于林业绿色金融还没有准确统一的界定,但是对林业绿色金融的一些内容达成了共识。首先,林业绿色金融在林业相关投融资活动中自始至终必须体现"绿色",具体而言是金融机构在无论是在处理与林业相关的企业、团体的借贷行为还是面向个人的零售业务时,都要注重对环境的保护、治理和对资源的节约使用,促进经济与生态的可持续、协调发展,从而促进人类自身的可持续发展。另一方面,林业绿色金融与环境保护与气候变化相伴而生,其产生也是为了应对日益严重的气候问题和为绿色经济提供动力。所以林业绿色金融也是为了应对气候变化,加强环境保护,提升绿色增长和绿色治理水平,通过金融工具创新运用为林业绿色发展提供资金投入的林业金融活动的总称。与此同时,学者们认为林业绿色金融应该和保护生态多样性、保护生态环境、遵循市场经济规律的要求、以建设生态文明为导向、促进节能减排和经济资源环境协调发展等关键词联系在一起。

再次,林业绿色金融在体现环境保护的同时也追求金融环节与运作程序的高效便捷,致力于提供公平、平等、资源配置合理的资金支持,为有需要、有条件的林业产业需求者提供适度、及时的信贷服务,从而完成支持绿色经济和可持续发展的最终目标。林业绿色金融是一个广义的概念,其提供的资金支持涵盖林业产业的各个环节,并有广泛的辐射空间,是对林业全产业链的绿色化资金融通服务支持,通常以信贷、保险、证券、产业基金以及其他金融衍生工具为手段,为广泛的林业产业需求者提供及时适度的资金支持。另一方面,林业绿色金融也追求内部融资程序的优化升级,运行程序的高效便捷、资源配置的公平合理同样是林业绿色金融的内涵之一。

综上所述,沿用李小燕学者的概念,将林业绿色金融定义为金融部门把环境保护作为一项基本政策,在林业投融资决策中考虑潜在的环境影响,把与环境条件相关的潜在回报、风险和成本都融合进日常的业务中,在经营活动中注重对生态环境的保护、污染的治理以及资金分配公平、运行程序高效便捷,通过对社会资源的引导,促进经济可持续发展的金融活动。

(二)特征

胡春胜(2012)认为与传统金融业相比,林业绿色金融最突出的特点就是更强调人类社会的生存环境利益,它将对环境保护和对资源的有效利用程度作为计量其活动成效的标准之一,通过自身活动引导各经济主体注重自然生态平衡,讲求林业金融活动与环境保护、生态平衡的和谐发展,最终实现社会的可持续发展。

董捷(2013)认为相对于传统金融而言,林业绿色金融最突出的特点是:(1)它更强调人类社会的生存环境利益。传统金融往往强调经济利益,其经营及整个活动更多的以经济利益作为考量标准。而林业绿色金融更强调人类社会的生存环境利益,它将环境保护和对资源的有效利用程度作为计量其活动成效的重要标准,并通过自身活动引导各经济主体注重自然生态平衡。(2)它更多地依赖政府政策的强力支持和推动。环境资源是公共品,作为公共品理应由政府提供。商业银行作为经营性机构,除非有政策规定,不可能主动考虑贷款方的生产或服务是否有生态效率。从这点讲,林业绿色金融的发展,必须有政府政策的强大支持和推动。如果没有政府政策的支持和推动,林业绿色金融的发展必然是缓慢的,甚至是停滞。

俞岚(2016)认为林业绿色金融与传统金融相比,在资金配置市场的属性、决策因素、市场有效信号、金融工具创新、市场风险等方面存在差异。绿色发展理念下,林业绿色金融的目标市场根据市场属性分化为具有公共产品性质的绿色治理市场和具有外部性特征的绿色增长市场。价格信号不再是唯一有效信号,环境因子影响两个市场的资金配置。可以看出,林业绿色金融的层次与类别取决于绿色增长和绿色治理的金融需求。

综上所述,与传统金融相比,林业绿色金融具有强调人类社会的生存环境利益、注重环境保护、更多地依赖政府政策的强力支持和推动等特征。这与林业绿色金融的内涵一致,也使得其在资金配置市场的属性、决策因素、市场有效信号、金融工具创新、市场风险与传统金融区分开来。

(三)机理

胡春胜(2012)认为绿色金融的作用激励就是解决"市场失灵",规避"政府失效"。从 20 世纪 30 年代以来,凯恩斯主义经济学对国民生产总值、对经济高速增长目标的热烈追逐,是以对环境的永久性的生态破坏为代价换来的,这种片面的发展观破坏了人类自身生存与发展的基础,它还同时引发了生态恶化,在这种视角下,生态环境事实上已从人类生产要素转变为社会意义上的人类生存的一票否决的因素。这表明生态系统可以被视为社会资本,它与物质资本、金融资本、人力资本一样,是经济与社会发展不可或缺且可以增加收益的资源。然而,生态系统破坏成因各异,形式多样,企业往往会想尽各种办法规避政府的行政监管,逃避处罚,社会的监督又缺乏有效的惩治手段,唯有金融手段多种多样,且直接切中污染企业的融资命脉。如果金融机构承担起相应的社会责任,与政府、社会三方联起手来,就可以对环境污染取得综合治理之功效,形成较强的正向激励机制和严厉的惩罚机制。一般而言,环境污染问题属于微观问题,但解决它须从宏观层面着眼,从整个社会层面来加以防治,而金融手段既具有宏观协调的功能,又能够从微观机制入手加以防范和治理。例如,一般公民对污染企业进行制约不仅呈弱势状态,而且还存在着一定的利益冲突。但是,当公民同时作为投资者通过金融机构对企业进行制约时就变成了强势一方,由于将环境风险因素纳入投资回报率的考量之中,投资者会更加关心所投项目或企业在环保方面所做的努力和成效,以规避因环境风险而带来的损失。这迫使企业的治污由被动的自发行为变成积极主动的自觉行为。环境污染问题的产生具有很强的负外部性,从而导致了市场失灵。要解决这一问题,就需要政府介入。但是,政府的介入一般以事后处罚为主,并且因官僚主义作风、办事效率低下以及信息不对称等原因而导致"政府失效"。绿色金融的出现,则将环境风险组合到金融风险里面,充分利用金融风险管理技术,借助市场机制、政府管制和社会监督等各种力量,变事后处罚为事前预防,这样既解决了市场的失灵,又规避了政府的失效。

林业绿色金融是可持续发展的必然要求。发展"林业绿色金融"可以通过有效的信贷调控手段更加合理地引导社会资金流向,使资源、环境保护的资金需求真正落到实处,推动经济产业结构调整和新的经济增长点的培育步伐。除此之外,金融业进行这场绿色革命的至关重要的动因就是"林业绿色金融"能产生丰厚的"绿色利润"。投资环保产业并非都是赔本生意,随着环境问题越来越受关注,环境工程已经成为一个极具发展潜能的新兴产业。"十三五"期间,我国将进一步加大环保投入,环保产业的发展前景值得期待,其丰厚的产业利润将吸引更多的投资者包括金融业的资金纷纷注入。

林业绿色金融是可持续发展的内在要求。资本是配置市场资源的主体,在市场经济框架下,环境、气候变化等因素亦可以为投资带来利润。环境波特假说认为,在动态条件下,环境质量提高与厂商生产率和竞争力增强的最终双赢发展是可能的。具体而言,高能耗、高排放实际上是某种形式经济浪费和资源无效运用的信号,正确设计的基于经济激励导向的严格环境规制从较长时期来看可以激发创新、促进节能减排技术或新能源技术的研发、改进生产无效性和提高投入生产率,最终部分或全部抵消短期执行环境政策的成本,甚至为厂商带来净收益。国务院发展研究中心课题组应用产权理论和外部性理论研究认为,如果各国排放权得到明确界定和严格保护,节能减排就会成为一种有利可图的行为,这将为低碳经济发展模式替代传统高能耗高排放发展模式提供强大动力。林业绿色金融的直接作用对象是微观经济主体,实施的手段是引导和调节金融生态体系的资金分布,实现优化金融生态系统的内外环境并以此促进双方的良性互动发展。只有建立在资源节约、环境保护基础上的经济发展才是可持续发展,也只有这样的经济发展环境才是金融机构得以长期持续发展的基础。商业银行将社会责任与可持续金融作为核心战略和价值导向,通过提供产品和服务来实现环境保护、节约资源和增加社会福利,并在此过程中寻找新的商业机会和利润来源,从而实现自身的可持续发展。随着能效金融、环境金融和碳金融产品的开发和推广,必然引发银行业在公司治理风险管理体系建设、产品创新、信贷投向、同业合作等多个方面发生深刻的社会变革,从而形成一种全新的可持续发展商务模式,推动着敢于创新的银行的可持续发展。

（四）实现形式

林业绿色金融因其对环境保护、高效平等的关注,成为可持续发展和绿色经济的重要资金来源,近几十年来在世界范围内取得了较大的成就,形成了各具特色的实践模式,发展出林权抵押、林权担保、绿色碳基金、林业基金和森林保险等多种形式。

1. 林权抵押

林权抵押是指债务人或第三人以其林地使用权和林木所有权为抵押物抵押给债权人,债务人不履行到期债务或发生当事人约定的实现抵押权的情形,债权人有权就该抵押物优先受偿的一种法律制度。根据《中华人民共和国森林法》《担保法》《物权法》等有关规定,为确保林权抵押物的合法性、有效性,农民拥有林权证,权属清楚,没有争议的下列林权可作为抵押物:用材林、经济林、薪炭林;用材林、经济林、薪炭林的林地使用权;用材林、经济林、薪炭林的采伐迹地、火烧迹地的林地使用权;国务院规定的其他森林、林木和林地使用权。《森林资源资产抵押登记办法（试行）》第二条规定:森林资源资产抵押是指森林资源资产权利人不转移对森林资源资产的占有,将该资产作为债权担保的行为。这里所说的森林资源资产产权,包括依法可用于抵押的森林、林木的所有权或使用权和林地的使用权。林权抵押贷款,是森林资源资产抵押贷款的简称,是指以森林、林木的所有权（或使用权）、林地的使用权,作为抵押物向金融机构进行借款,其贷款利率不超过基准利率的1.5倍。林权抵押贷款业务的创新之处在于,它打破了长期以来银行贷款抵押以房地产为主的单一格局,引入了林地使用权和林木所有权这一新型抵押物,使"沉睡"的森林资源变成了可以抵押变现的资产。但是,也要清醒地看到,林权抵押贷款毕竟是一项全新的贷款业务,尚处于探索阶段,业务发展过程中仍然面临诸多困难和问题。

2. 林权担保贷款

林权担保贷款是以林地使用权与林木所有权作为贷款抵押物或反担保抵押物的贷款新品种,这项业务打破了长期以来银行贷款抵押以房地产为主的单一格局,引入了林地使用权与林木所有权这一新型抵押物,有效地破解了林农"贷款难"问题。现阶段主要有林农小额循环贷款、林权直接抵押贷款、森林资源资产收储中心担保贷款等三种主要的林权担保贷款模式。

一是林农小额循环贷款模式。主要采取"评定、一次登记、随用随贷、余额控制、周转使用"的管理办法,用于解决林农小额生产经营资金需求。这种"信用＋林权抵押"的模式主要面向千家万户的林农,在信用村、信用户创建工作的基础上,通过提供林权抵押提高了授信额度,并采用极大地简化了贷款手续。

二是林权直接抵押贷款模式。指林农个体直接以林权证作为抵押物向金融机构申请贷款。主要作法为:拥有林权证的林农凭森林资源资产评估书与金融机构签订借款合同,并将有关资料送林权登记管理中心,经审核无误后核发林木他项权证,金融机构收到他项权证等有关资料后,依照合同发放贷款。该方式主要是针对林业大户和林业法人客户有大额资金需求提供贷款。

三是森林资源资产收储中心担保贷款模式。林农向银行借款,森林资源资产收储中心为林农提供保证担保,林农以其本人的林权为森林资源资产收储中心提供反担保,林权通过森林资产评估机构评估、林权登记部门登记。如果贷款发生逾期,银行可直接从森林资源资产收储中心账户直接扣收本息,森林资源资产收储中心对抵押的林权通过挂牌交易流转来实现权益。

3. 林业基金

林业基金的内涵可以界定为:为鼓励造林、营林,促进森林资源的培育、保护与管理,改善生态环境,实现国家可持续发展的战略目标,由林业部门与财政部共同设立的一项专项基金。林业基金主要用于发展用材林、经济林等商品性林业的,实行有偿周转使用,限期回收,并取得积累;或者用于不能取得直接经济收益的营林支出(如护林防火等),实行无偿使用。各级财政拨款用于营林的资金,由林业部门建立有偿回收制度,回收的资金继续留给林业部门周转,用于扩大营林再生产。其中,林业基金主要包含森林碳汇基金和林业产业发展基金等。

随着全球气候变暖趋势的加剧和人们环保意识的增强,国内外出现了各式各样的碳汇基金。国际碳汇基金主要是由一些国际金融组织为推动国际碳交易活动,实施一些合适的项目推动全球减缓温室气体排放和增强碳吸收汇的行动而专门设立的融资渠道,碳基金具有基金专用性的基本特征。其中,世界银行作为世界级的金融机构,利用国际金融运行规则为国际碳交易提供资金,以实现环境与金融双"赢利"的目的。1999 年,世界银行启动了原型碳基金(PCF),旨在了解和测试组建碳市场的程序。最近,世行又启动了一系列碳基金,以提高人们对组建碳市场的信心,降低市场准入风险,更好地应对市场失灵。截至目前,世界银行管理着总价值超过 20 亿美元的 10 个碳基金和融资机制。16 个国家的政府和覆盖各部门的 65 家公司已经为这些基金做出了贡献。各类碳基金包括原型碳基金、社区发展碳基金(CD - CF)、生物碳基金(BIOCF)、伞型碳基金、荷兰清洁发展基金和联合实施基金、意大利碳基金、丹麦碳基金、西班牙碳基金以及泛欧碳基金。其中,社区发展碳基金将资金提供给贫困的小国和社区,生物碳基金将资金用于实施林业和土地利用等项目。世界银行目前是最大的 CDM 买主。国内的碳汇基金组织起步较晚,但发展迅速,主要包括中国绿色碳汇基金会等。中国绿色碳汇基金会有中石油和嘉汉林业等企业倡议建立,成立于 2010 年 7 月,是中国第一个以应对气候变化、增加森林碳汇、帮助企业志愿减排为宗旨的全国性公募基金会,其前身为 2007 年建立的"中国绿色碳基金"。该组织成立至今,已经在全国十多个省区营造了 100 多万亩碳汇林。(森澜,2013)

产业投资基金作为国际上通用的支持产业发展的现代金融手段,是一种全新的金融创新制度,林业产业投资基金能够把林业产业资本和资本市场融资二者有机结合起来,为林业产业化提供巨大的资金支持,对我国现阶段林业产业转型与发展具有重要意义:(1)有利于聚集和引导社会资本投资林业。通过设立林业产业投资基金,一方面机构和个人投资者可以通过购买基金股份的形式,间接地将其闲散资金投资于林业产业项目,获取投资收益,分享林业产业发展带来的资本溢价;另一方面林业企业可以通过股权转让的方式建立面向资本市场的长期融资机制,获得来自社会方方面面的长期增量资金,推动集约化经营,扩大企业规模,提升市场竞争力。(2)有利于拓宽林业企业直接融资渠道。由于受到林业企业自身规模、信用、抵押担保物等因素的影响,加之银行谨慎的放贷策略,导致林业企业很难获得银行商业性贷款。融资渠道的单一性导致林业企业融资成本居高不下,而林业产业投资基金是通过股权投资的方式向企业注入资金,可以有效缓解企业债务负担,降低资产负债率,提高企业的社会融资能力。(3)有利于林业产业结构调整升级。众所周知,新产品的研发需要大量且长时间的资金投入,面临着巨大的投资风险,而林业企业由于规模普遍较小、风险抵御能力较差,往往缺少新产品研发的内在动力。而林业产业投资基金着眼于长期回报,且注重企业研发实力的增强,所以能够为企业新产品的研发提供资金支持,从而提升林业企业的研发实力,提升林业产业发展的科技含量。(4)有利于提高林业产业的资源配置能力。设立林业产业投资金可以实现政府和市场优势互补,提高林业产业的资源配置能力。一方面,政府发挥行政调控功能,对森林资源进行适度整合;另一方面,产业投资基金发挥金融杠杆作用,通过专家管理,将森林资源转化为经济效益。(5)有利于建立林业企业现代经营管理制度。发展林业产业投资基金,有助于资源整合,促进企业发展。投资基金能够凭借自身在资本运作、企业管理等方面的优势,向受资企业提供信息咨询、管理、理财等方面的增值服务,帮助林业企业淘汰落后产能、引进先进技术,提升企业科技创新能力;进行产品的高、精、深加工,进一步延伸产业链条,提高产品附加值;帮助企业开拓市场,进一步提升企业市场占有率和竞争力,帮助企业做大做强。(马凯等,2014)

4. 林业补贴

目前,我国的林业补贴大致存在 5 类补贴,如表 7 - 1 所示。(黄安胜等,2013)(1)造林补贴、抚育补贴和林木良种补贴正处于试点阶段,政策总体实施状况较好:①较好地体现了政策实施依据和目标。财政部、国家林业局《关于开展2012 年造林补贴试点工作的意见》规定:造林直接补贴应全部落实到造林主体。享受中央财政造林补贴营造的乔木林,造林后 10 年内不准主伐;②补贴额度较适中。以福建 2 种主要树种(马尾松和杉木)为例,现有的造林补贴超过造林成本(不含抚育)的一半以上。(2)生态林补偿存在 2 个方面的问题:①生态公益林的补偿制度虽然已经建立,但相关补偿标准却仍然极其低下。②将生态公益林划分为国家级公益林和地方级公益林,而且不同级别公益林补偿的财政支付主体不同,有失公平。(3)森林采伐限额制度对我国林业生态功能的发挥起到了重要的作用,但却以牺牲林业经营者的利益换取社会的生态效益,鲜少对林业经营者进行适当补偿。(4)对经营的林地被划入生态林的林业经营者进行补贴是弥补林业经营者为社会生态效益作出贡献的基本补偿,仅给予林业经营者一般生态公益林的补偿,且补贴标准低下。(5)2006 年全面取消农业税后,林业经营中生产环节特产税、销售环节特产税、社会事业发展费、工商管理费、教育附加费、印花税等林业税费也相应取消,育林费、维检费等的征收比例也有所下降,有些地区两项费用的征收比例仍高达木材统一计征价的 20%,仍需进一步减免。(黄安胜等,2013)

6. 森林保险

森林保险是指以防护林、用材林、经济林等林木以及砍伐后尚未集中存放的原木和竹林等为保险标的,并对保险期限内可能遭受的自然灾害或意外事故所造成的经济损失提供经济保障的一种保险。森林保险作为增强林业风险抵御能力的重要机制,不仅有利于林业生产经营者在灾后迅速恢复生产,促进林业稳定发展,而且可减少林业投融资的风险,有利于改善林业投融资环境,促进林业持续经营。同时,通过开拓森林保险市场,有利于保险业拓宽服务领域,优化区域和业务结构,有利于培育新的业务增长点,做大做强保险业。因此,开展森林保险对实现林业、保险业与银行业互惠共赢、共促发展有着重要的意义。

表7-1 我国主要林业补贴政策

补贴类型	补贴依据	补贴目标	实施状况
造林补贴、抚育补贴、林木良种补贴	林业生态产品活动存在正外部性	增加林业生态产品供给,提高经济效率	在试点区域实施,补偿额度偏低
	林业生态产品具有公共品属性	增加林业生态产品供给,提供合理数量的公共品	
	林业经营具有长周期和高风险性	稳定林产品供给	
生态林补偿	林业生态产品具有公共属性	增加林业生态产品供给,提供合理数量的公共品	额度严重偏低,财政承担主体不合理
森林采伐限额补贴	林业产权残缺	补偿林业经营主体因产权残缺引起的损失	在很少的区域实施,且额度严重偏低
划入生态林补贴	林业产权残缺	补偿林业经营主体因产权残缺引起的损失	在很少的区域实施,且额度严重偏低
税费减免	林业生态产品活动存在正外部性	增加林业生态产品供给,提高经济效率	大量减少,但不够彻底,而且部分税费额度仍然很高
	林业生态产品具有公共品属性	增加林业生态产品供给,提供合理数量的公共品	
	林业经营具有长周期性和高风险性	稳定林产品供给	

我国从1978年开始恢复研究森林价格,为森林保险奠定了理论基础,提供了方法。1981年,为了加强森林资源管理和减少森林灾害损失,林业部门与中国人民保险公司合作,共同研究森林保险,开展本项业务。森林保险运行20多年来,全国已经有20几个省开展了各种形式的森林保险,但一般地区都以森林火灾险为主。

以林业部门代理保险业务为特征的模式。国营保险公司主办＋林业部门代理＋保成本＋费率统一＋财政补贴保费,这种森林保险模式是以江西武宁、广西桂林等地为代表的模式。由中国人民保险公司或所在地区的分公司牵头,由林业有关部门调查研究评估并代理保险业务,根据面积、树种树龄、生态及经济价值的不同,各地再各行制定相适应保险条款。公益林只保成本、不同树种树龄的保险金额统一;商品林虽然仍只保成本,但早已开始根据树种和树龄的不同计算林木标的物的再植成本,在不超过80元的前提下,协商确定保险金额。险种上,江西等地仍把火灾险独立出来,而包括火灾在内的所有险种共同设立综合险,其中公益林火灾保险费率1%、商品林火灾保险费率1.5%、综合保险费率4%。

以森林灾害共济会或农村林木合作保险为特征的模式。森林灾害共济会模式以辽宁本溪为代表,主要是在省内现有的保险模式下,由林农自发组成一个森林共济会,每个会员支付一定比例的共济金来共同承担林业生产经营中的风险,受灾后按一定比例获得共济金的赔偿。辽宁本溪市森林共济会的模式发展较为完善,脱离于省内保险公司承保的森体保险业务之外,单独以森林灾害共济会为依托开办保险业务。市设立总会,县、区设立分会,乡镇设立服务点,本溪市要求入会者必须拥有一亩以上的林地,不区分树种,还要求所经营的林地必须全部入会;必须遵守共济会有关保护财产安全的各项规定,做好安全防灾工作,倘若发生森林火灾必须义务尽力抢救。

三、林业绿色金融实践

(一)绿色碳基金

2007年7月20日,我国宣布成立中国绿色碳基金,其发起者包括国家林业局、中国石油天然气集团公司、中国绿化基金会、嘉汉林业(中国)投资有限公司、美国大自然保护协会和保护国际。该基金设在中国绿化基金下,属于全国性公募基金,是用于支持中国应对气候变化的活动、促进可持续发展的一个专业造林减排基金。中国碳基金总部位于荷兰,其核心业务是为中国CDM项目的减排量进入国际碳市场交易提供专业服务,特别是为欧洲各国政府、金融机构、工业用户同中国的CDM开发方之间的合作和碳融资提供全程服务。欧洲用户通过中国碳基金将采购数千万吨碳减排证。其设立为企业、团体和个人志愿参加植树造林以及森林经营保护等活动搭建了一个平台。基金先期由中国石油天然气集团公司注入3亿人民币,用于开展旨在固定大气中二氧化碳的植树造林、森林管理以及能源林基地建设等活动。通过3亿元造林减排基金的投入,中国石油预计在今后10年内将吸收和固定500万—1000万吨二氧化碳,从而对降低温室气体浓度做出贡献。目前,中国绿色碳基金北京专项、大连专项相继设立,温州专项前期完工,资金筹集已过半,预计将在奥运会后正式启动。首批中国绿色碳基金碳汇造林项目资金2000万元,确定在北京、黑龙江、甘肃、河北、湖北、浙江、广东7个省(市)的10个县(区)实施,项目资金来源于中国石油天然气集团公司对中国绿色碳基金的首期注资。八达岭林场碳汇造林项目是全国第1个民间公众捐资开展的碳汇造林项目。中国绿色碳基金在中国北方实施的第1个示范项目是内蒙古多伦县造林增汇示范项目。据中国碳汇网公布,截至2008年8月25日,中国绿色碳基金个人出资购买碳汇有375人,金额38.5304万元,企业出资购买碳汇有6家,金额3.01462亿元。

(二)林权抵押

庆元县位于浙江省西南部,境内山清水秀,物产丰富,是"中国生态环境第一县"。2006年,庆元县进行了以延长山林承包期、明晰林业产权、落实经营主体、搞活经营机制为主要内容的集体林权制度改革,更加调动了农民群众耕山致富的热情。近年来,该县又以林权抵押贷款为切入点,着力深化林权制度改革,破解林业发展面临的难题。随着庆元县林权抵押贷款的逐渐完善和深入,有效保障了庆元县农村生态安全,盘活了森林资源,林权抵押贷款现已成为农民致富的"助推器"。

自2007年4月1日,在庆元县隆宫乡发放了丽水市的第一笔林权抵押贷款,开出了浙江省林权抵押贷款"第一单";组建了全国林权抵押贷款"第一社";制作了全国林权信息"第一卡",发放了全省公益林抵押贷款"第一笔"。在诸多的第一之后,这标志着庆元县森林资源流转工作已进入实质性运行阶段。随着林权抵押贷款工作的进一步深化,极大地发挥了金融服务的"造血"效应,林业发展的路子将越走越宽。与此同时,各类国有商业银行、股份制商业银行等金融机构积极介入林权抵押贷款,使更多的资金流入农村,更好地服务社会主义新农村建设。截至目前,庆元县已有2000多农户参与了林权抵押贷款,全县已累计发放林权抵押贷款2.3亿元,盘活森林资源1.2万hm²,受惠农民1.5万人。庆元县林权抵押贷款模式创新为了使林权抵押贷款的手续更为简便,推进林权信息化管理、创新贷款模式。

2008年12月,庆元县隆宫乡启动了"林权IC卡"建设试点工作,经过近3个月的不懈努力,圆满完成该乡1998户、6418宗地、5193.53hm²山林的村、组林地所有权界和农户使用权界的外业地形图勾绘、森林资源资产调查和综合评估、地形图转绘扫描、农户森林资源资产信息数据库建立等工作,林权基础数据信息通过内业处理数字化,将林权证的申请、变更、登记、审核、出证、查询、统计、打印等业务及资源资产的数据管理等纳入林权信息化管理系统,从而建立集林地地籍空间数据编辑与属性数据同步更新管理、联动查询管理、关联统计管理等于一体的信息平台,实行一体化的动态管理,随时可以进行数据更新,保持电子文档和纸质文档的一致,并提供相关数据查询、分析、统计和输出等服务,向1998户林农核发了《庆元县森林资源资产信息卡》。同时与金融部门联合探索建立"统一评估、一户一卡、随用随贷"的林权抵押信用证贷款制度,林农只要凭《庆元县森林资源资产信息卡》及金融部门发放的信用贷款证即可办理林权抵贷款。

2010年初,庆元县在林权信息化建设试点的基础上,又推出了统一评估、一户一卡、随用随贷的新型林权抵押信用证贷款制度,向农户发放了"森林资源资产信息卡"。虽然只是一张小小的卡片,但这张被当地农民称为"林权IC卡"的特殊信息卡以数字档案的形式记录了林农拥有林权的各种信息,同时还做出了精确的森林资源资产评估。拥有此卡的林农不用再带着厚厚的材料申请贷款,只需凭金融部门发放的信用户贷款证,即可立即在最近的信用联社办理林权抵押贷款。目前,庆元县已对隆宫乡5193.53hm²山林建立了"电子身份证",使1998户林农拿到了"林权IC卡"。在这张卡上,记载了林地的面积、树种、蓄积量、立地条件综合评价、核定资产价值等信息,并明确注释了单位面积林木所能贷出的最高款额。随着林权制度改革的不断深入和"林权IC卡"等林权抵押贷款模式的创新,庆元县已经实现了依托资源获得资金、投入资金发展产业、壮大产业实现致富和顺利还贷的良性循环。在隆宫乡试点的基础上,丽水市范围内也将开展林权信息化管理系统建设。

专栏7-2 林业互联网融资新模式——支付宝的蚂蚁森林

蚂蚁森林是支付宝客户端为首期"碳账户",截至2016年8月27日,蚂蚁金服宣布为旗下支付宝平台的4.5亿实名用户服务,是迄今全球最大的个人碳账户平台。用户可以通过步行、地铁出行、在线缴纳水电煤气费、网上缴交通罚单、网络挂号、网络购票等行为减少相应的碳排放量,同时用所节省的碳减排量在支付宝里种植一棵虚拟的树。这棵树长大后,公益组织、环保企业等蚂蚁生态伙伴们,可以"买走"用户的"树",而在现实某个地域种下一棵实体的树。蚂蚁森林为鼓励用户的低碳行为,支持公益组织去执行种树任务。第一批梭梭树有阿拉善SEE基金会组织当地牧民种植,将会严格按照项目管理与实施要求,向牧民发放种植补贴费用,并提供技术和人力支持。据林业相关法律规定,这些树木不得随意砍伐,树木所有权属于牧民。这种林业互联网融资新模式,不仅拓宽了林业发展的融资渠道,还搭建起个人与林业、环保之间的联系,具有一定的娱乐和教育意义,是当下最为流行和有效减少个人碳排放、增加林业筹资的新型模式之一。

（资料来源：百度百科）

专栏7-3　多家银行开展绿色信贷，助力北京绿树蓝天

为了响应"十三五"规划，规划纲要强调建立绿色金融体系，发展绿色金融是当前供给侧结构性改革的一项重要内容。北京市多家银行积极参与其中，中国工商银行、中国建设银行、浦发银行等均开展了绿色信贷业务。秉持"创新、协调、绿色、开放、共享"的发展理念，持续优化绿色信贷管理方式和绿色信贷产品，建立绿色信贷指标体系，为进一步改善首都生态环境、打造未来宜居城市作出积极贡献。

（资料来源：中华人民共和国环境保护部）

专栏7-4　中国华融发起设立绿色产业基金设助推绿色发展和产业扶贫

2017年1月8日，中国华融发起设立的"华凯绿色产业基金"在湖北省武汉市正式揭牌开业。注册资本1亿元人民币，是中国华融联合阳光凯迪共同组建的专注于绿色生态扶贫产业投资的基金管理公司。华凯绿色产业基金将本着"精准定位、专业化运行、市场化运作"的经营宗旨，服务绿色经济产业、可循环发展产业和扶贫产业等实体经济发展，推动国家绿色发展和精准扶贫战略目标的全面落实。华凯绿色产业基金未来业务布局将重点着力于三大方面：一是依托中国华融资源及品牌优势，积极支持绿色产业全面发展。紧紧依托中国华融遍布全国的33家分支机构和20多家控股子公司"一体两翼"战略架构，创新采用"基金管理公司＋母基金＋子基金"业务模式进行运作，通过市场化方式积极引进各地政府引导基金、金融资本和产业资本等资源，加快绿色生态扶贫项目建设。二是依托生物质能源利用开发优势，大力助推绿色金融精准扶贫。充分利用阳光凯迪在国家级贫困县拥有大量林业资源和生物质能源技术的优势，致力于可持续发展的绿色扶贫产业，充分挖掘并实施优质的绿色生态扶贫项目，在项目投资、开发、建设、运营等过程中，通过多种帮扶渠道，促进农民增收、农村发展、农业增效，推动第一、二、三产业融合发展，实现精准扶贫。三是依托金融和产业相结合优势，促进绿色生态与精准扶贫实现双赢。立足"国计为重、民生为本、感恩为怀、责任为念、奉献为先"，加快贫困地区的生物质能源投资建设、林业生态文明建设以及其他可持续绿色生态扶贫项目建设，为当地贫困居民提供更多就业机会，带动当地贫困居民脱贫致富。

（资料来源：庞东梅．金融时报，2017-01-09）

第八章

林业绿色核算与绿色会计

第一节　林业绿色核算

一、绿色核算

（一）绿色核算界定

一般意义上的绿色核算，就是绿色 GDP 的核算。绿色核算的最初目的就是通过调整宏观经济总量，使决策者明白经济发展引起资源损耗和环境损害，从而促使决策者制定相应的政策避免过度的资源损耗和环境的破坏。

绿色 GDP 核算就是核算扣除了自然资产（包括资源、环境等）损失之后的新创造的真实国民财富的总量指标。它是在不减少现有资本、财产水平的前提下，一个国家或者一个地区所有常住单位在一定时期所生产的全部最终产品和劳务的价值总额。这里资本、资产包括人造资本、资产、人力资本、资产以及自然资本、资产。绿色 GDP 核算的一般计算公式表示为：绿色 GDP = GDP − 自然资源损耗和环境退化损失 − 资源、环境恢复费用支出（恢复支出）− 环境损害预防费用支出 − 由于非优化利用资源而进行调整计算的部分。在此，如果计算绿色 GDP 的净值，还要从上诉公式中减去固定资产折旧。（张颖，2004）

一般来讲，绿色 GDP 可以分为总值和净值，在绿色核算的过程中我们要加以区分：

（1）总值：即绿色 GDP，它等于 GDP 扣减具有中间消耗性质的自然资源耗减成本。

（2）净值：即经自然资源经核算调整的国内生产净值，它等于总值减去固定资产折旧,具有和固定资产折旧性质的资源耗减和环境降级成本。

自然资源耗减成本和环境降级成本两者也要加以区分,自然资源耗减成本是指在经济活动中被利用消耗的价值。根据自然资源的特征,有些自然资源具有一次消耗性质,这些资源的使用为资源耗减成本,具有中间消耗的性质。有些自然资源具有多次消耗性质。这些资源的使用类似于固定资产使用的性质,其资源耗减具有"固定资本折旧"性质。而环境降级成本指的是由于经济活动造成环境污染而使环境服务功能质量下降的损失代价,可以分为环境保护支出和环境退化成本。其中环境保护支出指为保护环境而实际支付的费用,环境退化成本指环境污染损失的价值和为保护环境应该支付的费用。

在实际的核算中,根据估价方法的不同,对自然资源耗减成本、环境保护支出和环境退化成本又可分为实际成本和虚拟成本。实际成本指在经济活动中明确发生、实际支出的资源、环境成本;虚拟成本则是指在经济活动中不能直接体现、要以间接方式估算的资源和环境成本。

值得注意的是,测算资源耗减成本和环境降级成本是核算绿色 GDP 的关键和难点所在,由于资源与环境问题是非市场化、非经济活动范围内的,没有明确的市场价格,这就极大地影响了估算资源、环境成本的可操作性。

经济的可持续发展要求人们在制度安排和思想观念上,对传统的经济发展方式进行扬弃,改变生产方式和生活方式,改变衡量评价社会经济成果的指标体系,以便更好地反映人们从一定生产活动中得到的真实福利和成本耗费,同时促使人们珍惜资源和保护环境,以实现人类的最大福利。这个指标体系就是绿色核算体系。从世界已有的研究看,绿色核算体系一般由绿色国民经济核算(宏观)、绿色税收、绿色会计(微观)和绿色审计(再监督)组成。

(二)绿色国民经济核算

绿色国民经济核算是将自然资源和环境纳入国民经济核算体系,建立资源、环境与经济一体化核算体系,具体就是在计算国内生产总值时,将治理环境、恢复生态所付的费用扣除掉(扣除自然资本的消耗),得到经过环境调整的国内生产总值,也就是绿色 GDP(GGDP)。

绿色国民经济核算主要内容:

1. 科学评估和计量自然资源,强化自然资源(实物)账户与货币账户和资产负债账户的联系。自然资源(实物)账户通过科学评估和计量详细地涵盖自然资源全部存量或储量及其变化。我国是一个自然资源大国,地大物博,自然资源丰富。但我国也是一个自然资源弱国,人均自然资源偏少。因此,对那些关系国计民生并作为重要战略物资的不可再生资源如石油等的情况要进行认真评估、计量和有效利用。

2. 环保支出的核算。对传统经济核算体系中所有与环境有关的流量和存量重新进行分解和分类，从而实现环境成本和收益的计量、评估和对比。通过这种分解可以估计环保支出。环保支出可看作补偿经济增长的负面效应费用的一部分。

3. 经环境调整的生产与收入指标的设计与测算。在绿色国民经济核算中，自然资源耗减和环境质量变化的成本的识别可用于修正宏观经济指标，从而使绿色国民经济指标的计算成为可能，如绿色国内生产净值（EDP）。

（三）绿色税收

绿色税收就是为了有效保护环境，促进合理开发利用资源，推进环保生产，实现绿色消费而征收的税收。如果说 20 世纪的税制是以经济增长即 GDP 为中心的税制，那么 21 世纪的税制将是以可持续发展为核心的税制。传统的效率原则体现在税收有利于 GDP 或人均国民收入的提高，但在可持续发展思想的指导下，税收效率不能只简单地体现在 GDP 增长上，而应体现在经济社会的全面进步上，换句话说，要考虑税收的生态效率。传统的税收公平原则主要考虑当代人之间财富分配的公平，而不考虑当代人和后代人之间的公平，新的发展观则要求考虑到"代际公平"。现行税制中的效率和公平观与可持续发展观念尚存在矛盾，现行税制必将按可持续发展观做进一步调整。可以预见，绿色税收将在未来税制体系中占有更加重要的地位，它将为保护全球生态环境、实现可持续发展发挥更大作用。

（四）绿色会计

绿色会计是以货币为主要计量单位，以有关环境法律、法规为依据，研究经济发展与环境之间的关系，计量、记录环境污染、环境防治、开发、利用的成本费用，评估环境绩效及环境活动对企业财务成果影响的一门新兴学科。它是将自然资源、人力资源和生态资源纳入企业的会计核算对象，从而使自然资本、人力资本和社会效益在企业的活动中通过会计工作清楚明了地反映出来，便于正确评估和计量企业的自然资源和人力资源利用率和社会环境代价，从而有效引导和管理企业走环保之路。

绿色会计核算系统是绿色国民经济核算体系的微观基础，它通过向企业有关利害关系人报告企业在环境保护方面可能存在的影响其财务状况、经营成果及现金流量的因素，如环境支出、环境负债与环境业绩，以及环境风险等方面的信息，充分履行企业对利益关系者和社会的诚实报告或详尽说明的责任。

（五）绿色审计

绿色审计是指审计部门从可持续发展角度出发，依法独立检查被审计单位的会计资料以及其他与财政收支、财务收支有关的资料和资产,监督财政收支、财务收支真实、合法和效益的行为,确保绿色会计制度的科学性和顺利实施,来达到保护环境的目标。它是对如实披露其资源、环境情况以及环境经济责任鉴证的特殊审计,用以证实其真实性、合法性。

1. 绿色核算产生

GDP 反映了一定时期一个国家的宏观经济总量,是宏观经济学所有指标中最重要的一个,但是也有着它的局限性。一是不能反映经济发展对资源环境造成的负面影响,二是不能反映社会财富的总积累。三是不能反映经济增长的效率、效益和质量。随着全球化的脚步不断加快和社会经济的高速增长,资源与环境的问题越来越受到政府部门和社会公众的关注。

20 世纪中叶以来,随着对环境保护的重视和可持续发展理念的兴起,部分经济学家和统计学家尝试将环境要素纳入国民经济核算体系,并试图在衡量一个国家经济产出的同时,考虑资源的损耗和生态环境的破坏,以综合反映环境和经济的变化。特别是 1992 年里约会议以后,可持续发展观被世界各国政府广泛认同,人们已经普遍意识到需要对传统的国民经济核算体系进行修改,力图从传统意义上所统计的 GDP 中扣除不属于真正财富积累的虚假部分,从而再现一个真实的、可行的、科学的指标,即"真实 GDP",来衡量一个国家和区域的真实发展和进步,使其能更确切地说明增长与发展的数量表达和质量表达的对应关系。

针对 GDP 的缺陷,学者们提出了用自然资源的损耗价值以及自然资源、生态环境的降级成本和自然资源、生态环境的恢复费用等从国内生产总值中扣除,这就是所谓的绿色 GDP。

2. 绿色核算发展历程

早在 20 世纪 60—70 年代,欧美以及日本等发达国家就针对 GDP 衡量经济增长的弊端,提出了绿色 GDP 核算的设想。挪威是世界上最早开始进行自然资源核算的国家,1981 年政府首次公布并出版了"自然资源核算"数据、报告和刊物,1987 年公布了"挪威自然资源核算"的研究报告,建立起详尽的资源环境统计制度,为绿色 GDP 核算体系奠定了重要基础。联合国统计署于 1989 年和 1993 年先后发布了《综合环境与经济核算体系》,为建立绿色国民经济核算总量、自然资源账户和污染账户提供了一个共同的框架。以美国为代表的发达国家根据联合国及世界银行的基本思路,在 1991 年对国家基本资源进行了核算。日本从 1993 年起对本国的环境经济综合核算进行了系统的构造性研究,估计出较为完整的环境经济综合核算实例体系,公布出 1985—1990 年日本的绿色 GDP 数据。在发展中国家中,墨西哥率先开展绿色 GDP 核算的研究工作。印尼、泰国、巴布亚新几内亚等国纷纷仿效,并已开始实施。

我国也是开展绿色核算研究较早的国家之一。改革开放以来我国经济建设取得举世瞩目的成就,然而从某种程度上讲我国经济的增长是以生态环境成本和牺牲后代的发展机会为代价的。1981 年,全国环境经济学术研讨会在江苏镇江召开。会上首次发表了关于计算污染损失的论文,论文内容涵盖两方面:一是介绍和探讨了关于污染造成经济损失的理论与方法;二是对一个城市或一个企业环境污染造成的经济损失做了估算和实例分析。1984 年,《公元 2000 年中国环境预测与对策研究》发表,文中首次对全国环境污染损失进行了估算。1988 年,在福特基金会的资助下,国务院发展研究中心同美国世界资源研究所合作,展开了"自然资源核算及其纳入国民经济核算体系"的课题研究,正式尝试进行关于自然资源核算的研究。1992 年,中国由原来计划经济下的国民经济核算体系转型为世界通行的 SNA 体系(在我国也称为新国民经济核算体系),更加快了对其 GDP 指标的修正研究。1996—1999 年,北京大学应用"投入产出表"的基本原理,开展了中国资源—经济—环境的综合核算,该研究侧重于对"中国综合经济与环境核算体系"的核算模式、理论与方法的探索。并在 1999 年出版了以 1993 年版本的 SNA 为基础的中国经济环境综合研究的专著,建立了我国国家尺度上的环境经济综合核算框架(CSEEA)。2001 年,国家统计局试编了"全国自然资源实物量表",土地、矿产、森林、水资源四种自然资源被收纳其中。通过编表,基本搞清这四种资源的存量规模和结构状况。该表兼顾各种自然资源的不同特性,突出了宏观核算特点。后相继开展"海洋资源实物量核算"、"土地、矿产、森林、水资源价值量核算"、"环境保护与生态建设实际支出核算"、"环境核算"以及综合经济与资源环境核算等一系列的研究工作。胡锦涛在 2004 年中央人口资源环境工作座谈会上指出,要研究绿色国民经济核算方法,探索将发展过程中的资源消耗、环境损失和环境效益纳入经济发展水平的评价体系,建立和维护人与自然相对平衡的关系。2004 年 3月,国家环保总局和国家统计局成立双边工作小组,开始联合开展绿色 GDP 核算体系的研究工作;2004 年 6 月底,联合举办了建立中国绿色国民经济核算体系国际研讨会,并在此基础上建立起绿色核算体系框架。

从社会、经济及环境的发展过程和绿色 GDP 核算的目的及国内外实践来看,绿色 GDP 核算主要有下列发展趋势。

一是处理好与环境统计的关系。绿色 GDP 核算是 SEEA 的一个内容,而 SEEA 是一个综合的核算体系,一个账户与另一个账户之间在概念、方法、定义、时间和分类上具有很重要的一致性。因此,要求环境统计不仅为 SEEA 提供基础数据,而且保证与 SEEA 中的产业分类相同。

二是绿色GDP核算更好地为政策制定和决策服务。不同于其他衡量可持续的方法,绿色GDP核算应该开发一组具有较高一致性的指标,更好地反映社会经济发展对环境的压力和环境的反应,并把二者联系起来,使他们更好地服务于政策的制定和决策。

三是人力资本和社会资本应该更加重视。SEEA虽然重视了收入基础的生产资产和自然资本,但是人力资本和社会资本并未考虑在综合环境经济核算范围内。

四是绿色GDP应当向标准化、规范化和制度化方向发展。尽管目前绿色GDP核算仍然存在诸多困难,但作为可持续发展和政策制定及决策的基础信息来源,绿色GDP将会向标准化、规范化和制度化的方向发展。

二、林业绿色核算理论分析

（一）内涵

绿色GDP核算是扣除了包括资源与环境在内的自然资产损失之后的新创造的真实国民财富的总量指标。林业绿色核算则对应着基于森林的绿色GDP核算。

森林是重要的陆地生态系统,也是重要的自然资源。一般意义上的林业的绿色GDP核算是指在一定的经济领土范围内,由所有常驻机构单位生产的扣除森林资源消耗、恢复等经常性支出后的可供最终使用的产品（货物和服务）价值之和。

基于森林的林业绿色GDP核算是指在不考虑其他资源损耗和环境降级的情况下,把市场估计或者类似市场估计的森林资产损耗价值和森林生态环境降级价值以及森林资源恢复费用、防止森林生态环境降级费用从现行的GDP中扣除。它只是用森林资源的损耗和生态环境的降级价值以及森林资源的恢复费用等对GDP具体的调整,是一种绿色GDP资源核算。它没有包括土地、水资源、海洋、草地及矿产等资源的调整。因此,基于森林的林业绿色GDP核算对GDP的调整影响要比所有资源的调整影响小得多。

林业资源在社会经济可持续发展中具有举重若轻的作用,林业资源核算在绿色GDP核算中具有特别重要的地位。无论从森林资源的分类,估价,还是账户的编制都是一个比较完整的独立体系。由于森林资源价值核算在我国开展较早,开展基于森林的绿色GDP核算有较好的基础。

（二）林业绿色核算内容

根据联合国2003年综合环境核算,基于森林的林业绿色GDP核算的内容主要包括:林地、林木、非木质林产品、森林管理与保护支出和森林环境服务。林业绿色核算包括两个方面的内容,一是实物量的核算,二是价值量的核算。

1. 实物量核算

实物量核算是综合环境经济核算的重要内容和基础。自然资源、环境服务是有限的,其存量由于受到人类社会活动的影响会发生变化。因此,对自然资源、环境服务的存量变化进行描述是实物量核算的重要内容。在 SEEA 中,实物量的核算主要集中在实物流量的核算,并通过基础供给使用表、实物投入产出表等反映出来。实物量具体的流量核算包括自然资源流量、生态系统投入流量、产品流量及残余物流量四个方面。基于森林的林业绿色 GDP 实物核算的内容具体来说可以分为三个部分:林木和立木资产核算;林产品生产与服务核算;供给使用表核算。这些内容都必须包括期初存量、核算期变动量和期末存量。

林木和立木资产核算主要是指林地的变化和林木的变化,其中既有由于经济活动引起的,也有因自然和其他原因引起的。林产品的核算主要包括锯材等林木产品和野生蘑菇等非木质林产品的核算。森林环境服务的核算主要包括森林固碳、生物多样性保护、水土保持及森林旅游等服务的核算。林产品供给使用表的核算与国民经济核算的林产品货币供给使用表相互联系,核算林产品商业收支差额情况。

2. 价值量核算

价值量核算与实物量核算相对应。由于实物量核算中不同种类的实物资产账户有各自的特点,不能总在量上加总或在一个更广的范围内进行综合,因此它仅反映了资产及其投入使用的实物特征。而价值量核算由于把不同种类的资产转化为单位相同的价值量,可以进行不同类别间的资产加总,也可以与非环境资产进行比较。

基于森林的林业绿色 GDP 核算主要讨论两部分内容,一是森林资产的评估,主要包括林地、林木的估价以及林业环境服务的估计;二是讨论流量核算、货币供给使用表和森林经营管理支出的核算等。

林地和林木的价值量核算主要是出于经济核算的目的,将林地和林木划分为不同类别再计算其经济价值。林业环境服务的核算则是对林业带来的环境服务或是生态效益的估价。

林业绿色核算纳入国民经济核算体系的模式设计思路如图 8－1 所示:

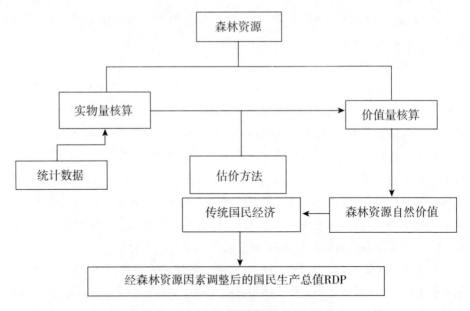

图 8-1　林业绿色核算模式设计图

(三)林业绿色核算估价方法及选择

1. 林地及林木估价方法

林地和林木的估价主要采用立木价值法、消费价值法和净现值法。

立木价值法也叫"净价法"。它是指当木材被采伐后,运输到路边,并且被归楞后的原木价格,减去采伐、运输、堆积的成本后的价格。它是用来计算立木价值大小的方法。

消费价值法适用于按照树种、林龄和径级分类的立木价值大小的计算。当木材按照树种、林龄和径级分类并被采伐后,通过立木换算表,换算成原木的材积,然后减去不同原木的采伐成本后,即可求得不同的立木蓄积的价值。

净现值法求的是森林往后一定时间内的价值总和,包括了未来收入的现值和未来自然生长的森林的现值,即未来森林成本的现值加未来土地资本的资金化值。其中比较复杂的是贴现率的确定。

2. 林业生态服务估价方法

林业生态服务具有多样性,而且不同生态服务适合的估价方法也不尽相同,例如林业生物多样性的估价方法有机会成本法和支付意愿法。一般来讲,林业绿色核算中对于森林生态环境服务核算的主要估价方法可以总结如下。

(1)直接市场评价法

直接市场评价法包括市场价格法、疾病成本法、人力资本法、影子工程法、恢复费用法及机会成本法。

（2）揭示偏好法

揭示偏好法包括内涵资产定价法、防护支出费用法、旅游费用法。

（3）陈述偏好法

陈述偏好法主要包括支付意愿法和接受赔偿法。

上述方法中,对森林生态服务功能的价值核算以直接市场评价法为主。

3. 估价方法的选择

针对林业绿色核算中的森林产品和服务评估,FAO(世界粮农组织)推荐了适合的方法:对于林地采用市场价格法;对于林木中商品材采用市场价格法,非商品材和非林木质林产品则采用同类产品当地市场价格相近替代产品价格及生产成本法;对于森林服务中的畜牧养殖采用相近替代产品价格及生产成本法;对于森林旅游则采用旅行成本法和享乐定价法;对于森林固碳服务采用碳税法;对于生物多样性则采用条件价值评估法和联合分析法;对于水土保持等服务则采取损失成本法、预防成本法、条件价值评估法及联合分析法。

三、林业绿色核算实践

（一）林业绿色核算政策

从森林绿色核算政策优化的角度来看,森林资源的价值不仅要反映市场性的价值还要反映非市场性的价值,以全面反映森林对农业、电力、渔业、旅游、城市供水等非林业部门经济的重要性;从利益分配上来看,通过对森林的非市场性价值的计量,有利于促进不同部门间利益的公平分配;从经济增长上来说,也有利于判断宏观经济增长是否建立在可持续发展的基础之上,更有利于衡量林业与国民经济其他部门的经济联系,以及用经济手段来实现对森林的费用、补偿支付、产权转让等,还有利于协调不同部门的发展目标,制定最优的森林资源管理政策等。这些优化分析的内容落实到具体的林业政策上,政府的直接管制、补偿有助于森林资源的有效利用,而补贴是对森林资源保护的劣质政策。另外,对有利于环境质量改善的林业企业或个人提供资助,如对水源涵养、水土保持、生物多样性保护等企业或个人提供资助,并对因此而造成的有关人员失业、再培训要进行补偿,尤其是要把这些资助、补偿以法律的形式固定下来。同时,加强森林资源保护的地方标准、法律的制定,加强林业人力资本的发展,明确产权等都有利于保障社会经济发展与森林资源增长的目标的实现。

通过对我国森林绿色核算结果的政策分析可以看出:绿色核算在对科学评估可持续发展进程、为宏观政策制定提供参考依据等方面,具有无可比拟的优势,尤其是在政策应用上强调公平、效率和可持续发展,是保证森林资源有效利用和可持续发展的重要途径。①加强政府对森林资源保护的直接管制和补偿,有助于森林资源的有效利用和外部成本的内部化,但补贴不是森林资源保护的优良政策。②对有利于森林环境服务和社会效益发挥的企业和个人提供资助,对相关人员进行培训和补偿,并且要以法律的形式固定下来,形成制度,有利于实现社会分配的公平,促进社会和环境目标的实现。③加强森林资源保护的地方标准、法律的制定,有助于实现社会成本最小化和有效的森林资源管理。④加强林业人力资本的发展,能够尽最大可能地降低林业人力资本不足对林业发展造成的影响,实现森林资源保护、利用和发展的"双赢"。⑤明确产权,能够促进森林的经济产品、生态产品和社会产品产出的最大化,有利于保障社会经济发展与森林资源增长目标的实现。

(二)林业绿色核算实践

我国现阶段区域森林资源价值核算研究发展迅速。侯元兆等(1995)第一次地对中国森林净化空气、防风固沙、涵养水源的生态服务价值进行了比较全面评估。金昌(1999)出版了《生态价值论》一书,全面总结了森林生态服务价值计量的理论和方法,使我国森林生态服务价值核算有章可循。李忠魁等(2001)通过对北京市森林资源价值的计算,得到该市林木、林地、生态服务价值分别为 159.16亿元、20.80 亿元、2119.88 亿元,森林资源总价值和社会效益价值分别达到2313.37 亿元和 13.53 亿元。张旭东(2003)对长江流域森林资源价值进行了核算,认为该区生态服务价值达到 21000.48 亿元。李意德等(2003)核算了海南岛热带天然林生态环境服务功能价值,核算结果为 43.9 亿元。郭中伟等(2003)对神农架地区兴山县进行了系统评估,认为虽然兴山县林地面积占全县土地面积的71%,森林覆盖率达 60.3%,是全国平均森林覆盖率的 4 倍,目前该县的 GDP 却低于全省的 GDP 平均值,当地居民仍然无法因此获得收益,这将不利于提高居民保护森林的积极性。姜恩来等(2004)评价了海南省森林资源的价值,结果表明:海南省森林资源存量的价值为 325.90 亿元。彭建等(2005)对深圳市生态服务的价值进行了核算,结果表明 2000 年深圳市生态系统服务功能总价值为 12651.29亿元,具有巨大的生态经济效益,与深圳市当年 GDP 总价值 16651.24 亿元相当。同时,城市生态系统中各生态服务功能的重要性,由大到小顺序依次为固碳释氧>调节气候>涵养水源>保持土壤>净化空气>减弱噪声。凡非得等(2011)对桂西北喀斯特地区的主要生态系统服务功能,选取生物多样性保护、土壤保持、水源涵养、石漠化控制和产品提供 5 项服务功能,采用层次分法和多因子综合评价法建立指标体系,在 GIS 技术支持下,分析了 5 项生态系统服务功能的重要性及其空间分布特征,并进行了综合评价,结果表明:桂西北喀斯特地区生态系统服务功能重要性程度较高,其中极重要、中等重要地区面积占研究区总面积分别为25.2%和33.4%。

国家林业局和国家统计局先后于2004/2013年开展了"中国森林资源核算及纳入绿色GDP"研究和"中国森林资源核算及经济评价体系"研究,前瞻性地探索了森林资源核算的理论和方法,科学地核算出全国林地林木资产经济价值和森林生态服务价值。截至2013年,全国林地林木价值21.29万亿元,森林提供的生态服务价值12.68万亿元,该研究对编制森林资源资产负债表、建立运行相关统计和检测体系,推进生态文明制度建设提供了理论基础和时间参考。2016年7月5日,国家林业局与国家统计局在北京联合启动新一轮"中国资源核算及绿色经济评价体系研究"。新一轮研究以林地林木价值核算、森林生态价值核算、森林文化价值评估、林业绿色经济评价指标体系为主要研究对象,将在2018年底前完成各项研究工作,最终核算成果将与第九次森林资源清查结果同步发布。(中国绿色时报,2016)

第二节　林业绿色会计

一、绿色会计概述

(一)绿色会计界定

绿色会计又名环境会计,产生于20世纪70年代,是会计学、环境科学、现代经济理论和可持续发展理论相互结合,应用一定的方法,以货币单位、实物单位计量或用文字表述的形式反映、报告和考核企业自然资源、人力资源和生态环境资源等成本价值、平衡人工资本和自然资本,全面反映自然资本和企业社会效益的一门新兴会计科学。(孙兴华,王维平,2000)简言之,绿色会计的最终目标就是通过有效的价值管理,改善社会资源环境,提高社会总体效益。

绿色会计是随着先进科技的应用和生态环境问题的出现而产生的,它对经济活动主体在经济活动过程中影响生态环境的事项采用货币等多种计量方法分类核算,计量并记录环境污染的程度,核算环境治理和开发的成本,并对环境的防治和开发所带来的经济效益做出合理的报告,从而为有关企业内外部的决策者提供环境信息和评估环境绩效。它实质上是环境学、经济学、生态学、社会学与会计学相互渗透、有机结合而成的。它能促使企业综合考虑经济、社会和生态三方面的效益,起到协调经济发展与环境保护之间关系的作用。所以说,绿色会计无论对于企业、社会还是对会计本身都有巨大的作用和积极的影响,是传统会计理论的有益补充。

(二)绿色会计产生

绿色会计是现代社会全球经济可持续发展需要的必然产物,工业经济时代,传统的经济理论多以追求短期经济利益为主要目标,评价指标主要为国民生产总值和人均收入、人均产值等,造成了大量开发资源以及大规模生产和消费,导致了资源和环境危机,并严重地破坏了生态环境,引发人们的反思。在可持续发展的观念和目标的影响下,新的经济理论迅速发展起来,提倡追求经济利益、社会利益和环境利益的平衡发展。在这一背景下,20世纪70年代初,学界提出改变传统会计单一追求经济利益的成本核算办法,将环境自然资本计入成本,突出生态补偿核算特色,综合评价企业效益和社会经济发展的代价和损失,加强对自然资源和环境的保护,绿色会计随之产生。(孙兴华,孙莹,2008)中国绿色会计研究起步较晚,2000年财政部成立中国会计学会环境会计专业委员会后,绿色会计研究逐步发展起来。

(三)绿色会计发展历程

绿色会计的理念严格意义上来说,早在1972年以托宾为代表的经济学家们就提出了净经济福利指标即把城市中环境污染等所产生的社会成本从GDP中扣除,并加入家政、社会义务等带来的社会收益。按照托宾的这种方式计算出的1940年至1968年美国每年的净经济福利所得几乎只有传统GDP所计算出来的一半。(常琦,2014)

随后于1973年日本又提出了净国民福利指标,日本采取的政策是列出一个具体的污染清单,按照污染的程度,让企业承担不同程度的改善环境经费,按照这种方式计算出来的GDP只增长了5.8%远远低于传统GDP计算出来的8.5%。(常琦,2014)

随着绿色会计理念不断被世界重视,1993年联合国统计署提出了生态GDP(EDP)的概念。1995年9月,世界银行也向全球公布了采用由"自然资本""生产资本""人力资本"和"社会资本"四大财富来衡量全球发展而不仅仅是经济数据(常琦,2014)。

在1979年9月,我国颁布了《中华人民共和国环境保护法(试行)》,并于1985年明确宣布环境保护是我国的一项基本国策。与此同时,还明确规定了我国一些企业开始自行设项核算"环境保护费""绿化费"等费用。财政部(85)财会第1号文件在"车间经费及企业管理费用明细表"将"排污费"单独设项反映企业缴纳的排污费用。在 1995 年的联合国国际会计和报告标准政府间专家工作组第十三届会议中,我国提出了传统会计与绿色会计之间的两大矛盾开始重视绿色会计的发展并将绿色会计问题列入九五规划。(常琦,2014)

2001 年 3 月,我国正式成立了"绿色会计委员会",同年 6 月中国会计学会成立了第七个专业委员会——环境会计专业委员会,这为会计学家和环境学家提供了一个共同研究绿色会计的广阔平台,进一步促进绿色会计的建立,当年 11 月该委员会召开了全国第一次会议,会议代表提出学术论文 50 余篇。(常琦,2014)

二、林业绿色会计理论分析

(一)内涵

林业绿色会计是以森林资源为核算对象,以森林资源的生态功能或服务,亦即森林资源的生态效益为核算内容,依据会计学的理论和方法,吸收森林生态学和森林生态经济学等学科关于森林生态效益的有关理论和方法,以林场为单位对森林生态功能产品或服务的各项投入和产出及补偿进行确认、计量和报告,全面核算和反映林业企业为实现森林生态功能产品或服务的投入产出及补偿情况。

绿色会计增加了对环境成本和环境效益的核算,以反映环境问题所呈现出的外部不经济性以及环境效益的外部经济性,引导企业减少环境污染,合理开发利用自然资源,保护自然环境,维护生态平衡。林业作为国民经济基础产业之一,具有社会公益性和正外部效应,不仅能提供木材和各种林副产品等有形经济产品,而且提供了涵养水源、保持水土、保护生物多样性等多种无形生态产品,具有强烈的外部经济性。在绿色会计背景下,这些外部经济性要能得到充分反映,难免对传统林业会计产生冲击。传统林业会计是以森林资源为核算对象,以森林资源的经济效益为核算内容,以林场为单位对森林资源培育的各项投入和产出进行确认、计量和报告。

林业绿色会计对传统林业会计的内容进行了丰富和拓展,林业绿色会计充分重视森林在环境中的地位和作用,突出林业生态效益这一外部经济性的核算,不仅反映以货币计量的经济效益,同时把林业生产经营活动对生态环境、社会的贡献和损害纳入到林业会计核算体系,记录有关的生态环境效益和环境资源成本,以完全成本替代传统的成本,以综合收益替代传统的货币收益,真正使林业企业的个别成本与社会成本、个别收益与社会收益相一致,有效地协调林业经济目标与社会目标之间的关系,从而有利于企业的长远发展,促进林业行业的可持续发展。

（二）特征

林业绿色会计揭示的重点在于向有关的会计信息使用者提供关于自然资源、生态环境方面的会计信息，同时实现环境效益和经济效益的最优化。林业绿色会计信息使用者是政府、投资者、债权人、企业管理者和社会公众。政府是绿色会计信息的主要使用者，政府有关部门特别是环境保护部门通过林业企业提供的绿色会计信息，了解林业企业对自然资源的消耗，对生态环境的污染和在环境保护方面的成绩，从而为科学地制定有关的法律、政策、税收等宏观决策提供依据。

（三）林业绿色会计核算内容

我国林业绿色会计核算的内容首先要反映联合国绿色会计的基本要求，联合国会计和报告标准政府间专家工作组第十三届会议讨论的绿色会计内容有：(1)环境保护资料；(2)可持续发展会计或全部成本会计资料：包括反映自然资本、人造资本和环境赔偿责任、生态效率和生态平衡等资料；(3)环境绩效指标；(4)环境准备和负债；(5)年度环境资料的披露。同时还应包含有利于我国政府、企事业单位的管理和决策，包括环境资源和环境保护方面的管理和决策。（金德凌，2000）具体分为以下几个方面。

（1）森林资源资产核算。主要是对林地资产、林木资产、林区野生动植物资产进行核算，同时应将"森林生态效益"列入其他森林资产进行核算。

（2）环境成本。林业成本除了维简费、选林费、育苗费等外，还应包含以下环境成本：①资源消耗成本，指林业企业在生产经营中对自然资源的耗用和使用的成本；②环境支出成本，指核算环境预防费用、环境治理费用、环境补偿费用等；③环境破坏成本，指核算由于"三废"排放、重大事故、资源消耗失控等造成的环境污染和破坏的损失；④环境机会成本，指资源闲置成本、资源滥用成本等。

（3）环境收益。环境收益是反映会计主体保护环境资源所得到的收益，包括获得的环保业绩卓著奖励、环境损害补偿收入、环境污染罚款收入、实施环保措施给社会带来的收益等。

（4）环境利润。环境利润指环境收益扣除环境成本和环境税金后的净额，它反映会计主体的环境绩效。

三、林业绿色会计实践

（一）林业绿色会计核算科目调整

1. 资产债表中增加的科目

环境资产：用以表达能以货币计量的，体现各类环境资源的特点并能被控制、能带来潜在效益的环境资源。

环境资产折耗:用以表达由于使用、开采等方式对环境资产所产生损耗,进而转移到产品成本或构成企业其他费用的价值补偿。

环境资产净值:用以表达环境资产减去环境资产折耗后的余额。客观上能反映某企业的环境收益,如果环境资产净值大于零,则企业生产有环境利润,如果环境资产净值小于零,则企业生产无环境利润,属于高污染企业。

培育资产:用以表达正在培育的环境建设项目,在时间上表现为已经完成核算,但仍没有交付使用的环境保护工程或设施,也包括一些已经付款,但没有到货或仍没安装的环保设备。

应交环保税:用以表达因利用、开采各类环境资源而产生的税款。

应付环保费:除税款以外,企业还可能产生因自身的企业活动引起的生态环境的破坏,这对其他社会主体而言是一种"忍受"成本。

2. 损益表中增加的科目

环境收入:企业在林业生产活动中因维护环境或者处理环境资产所产生的收益。

环境成本:企业在林业生产活动中所有基于环境维持所产生的支出,费用方面如排污费、赔偿金,税款方面如基于利用、开采各类环境资源而产生的税款。

(二)林业绿色会计核算要素的确认

1. 环境资产

环境资产是能以货币计量的,体现各类环境资源的特点并能被控制、能带来潜在效益的环境资源。关于环境资产的内涵,已经形成较为统一的理解,主要有以下三点:第一,该资产是基于环境而增加或减少;第二,该资产能被企业所影响(控制、利用或不能被控制但受到企业的生产影响);第三,该资产能以货币的形式计量。

对于林业企业而言,它对商品林有自主的开采权,而对公益林的开采必须经国家授权,即获得相应的开采权,而这个开采权就是利益的表征,视为环境资产;林木的开采权又具有市场交易的特点,能以货币的形式反映其价值,对林木开采权的货币反映也是一种森林资源有偿性的表现,确认了森林资源的有偿性能更有利于林业企业的有效、有利、有节的开采森林资源,实现可持续的发展。(刘艳春,2014)

2. 环境负债

环境负债是特定主体因对环境造成的破坏而所承担的资产赔付义务或劳务履行义务。联合国《环境会计和报告的立场公告》有关于环境负债确认标准的规定,该《公告》明确指出,确认为环境负债的标准之一就是企业有支付环境成本的义务。

3. 环境权益

环境权益是权益在环境资源上的体现,可以表达为企业对环境资源所享有的权利和利益。因为环境资源的所有人是国家,企业和个人只能对其进行使用,所以企业对环境资源享有的权益只能是基于使用而产生。环境权益能用货币单位计量。权益在会计学上被称为资产,是一种企业资产在环境资源上的体现,该环境资产也确确实实能为企业带来相应的经济利益,所以在计量企业总资产的时候,该环境资产也应一并计入。

4. 环境收入

收入一般表现为资产的增加,同时也可以表现为资产减少数的降低,其都可以归纳为获益的增加。所以,环境收入一般指的是林业企业基于森林资源保护和降低能耗而带来的企业获益的增加。

5. 环境成本

联合国统计署在 1993 年发布了"环境与经济综合核算体系",并对环境成本作出明确界定:因自然资源数量消耗和质量减退而造成的经济损失,以及环保方面的实际支出。而在我国,对于环境成本的内涵和外延存在较大的不一致,各学者都提出过不同的观点,但一般认为,环境成本是企业因环境污染而承担的损失和为治理环境所支付的费用的总和。它代表了主体为了一定的经济利益而发生的环境资产牺牲。

6. 环境利润

环境利润是企业在一定经营活动之后,用环境收入减去环境成本的结果。它是衡量企业经济活动中经济效益好坏的重要指标。

(三)林业绿色会计信息披露及绩效评价

传统的会计系统对会计信息的披露的目的只是经济效益,而对生态效益、环境保护方面则披露较少。即使有相关披露,也只是企业内部信息的公开,并不能作为一种公共信息资源。实行林业绿色会计要求完善披露制度,披露的内容有企业的环境成本和环境负债。结合林业企业的特殊性,应披露的负债内容可分为确定性信息和不确定性信息,前者主要是林业企业负债项目的性质、时间、条件、限制等,后者如某林业生产项目的潜在环境破坏信息及可能产生、造成的后果、范围等信息。

同时,还需披露企业的环境政策、环保目标、环境管理情况等。从林业环境会计的角度来讲,企业内部的制度、管理情况直接影响到外部社会效益大小,所以应当完善林业企业的环境政策、环保目标、环境管理情况等的信息披露制度。

环境评价指标的确定对环境披露的效果有重要的意义,就我国林业环境来看,应当结合我国林业经济发展中的独有的"轻污染而重破坏"的特点,对林业经济的环境绩效评价指标体系应单独构建。从总体指标对具体指标的涵盖,再到综合指标的综合评价,实现了环境评价指标的系统化和规范化。

在这样的环境绩效评价指标体系下,国家可以在宏观上掌控林业发展中的环境问题,并及时予以纠正并以此作为依据做出合理的政策决策。林业经济主体则可以更为明确地知晓自己的行为对环境造成的影响,形成一个量化的结果。针对这一结果,企业可以从环境治理方面积极应对,即根据企业本身活动带来的环境污染进行有效的环境治理。

林业会计"绿化"的根本目标是从宏观角度调节和控制林业经济效益与环境保护的关系,同时实现环境效益和经济效益的优化,其中重点是向有关的会计信息使用者提供关于自然资源,生态环境方面的会计信息;林业会计"绿化"的资产核算不仅包括传统林业会计需要核算的林地资产、林木资产,还包括林区野生动植物资产、"森林生态效益"。此外,森林资源资产的消耗、转让、非常规损失以及其他损失也应按"绿色会计"确认入账;林业会计"绿化"的成本核算,除维检费、选林费、育苗费等外,还应包括资源消耗成本,即林业企业在生产经营中对自然资源的耗用,以及使用成本、环境支出成本(环境预防费用、环境治理费用、环境补偿费用)、环境破坏费用("三废"排放、重大事故、资源消耗失控等环境污染和破坏的损失)、环境机会成本(资源闲置成本、资源滥用成本)等;林业会计"绿化"下的环境收益包括环保业绩卓著奖励、环境损害补偿收入、环境污染罚款收入及环保措施机会收益。(徐秀红,2003)

在推行林业绿色会计中主要遇到如下问题:(1)经济迅猛发展与环境污染严重并存。(2)企业处于自身利润最大化的考虑,不愿披露自身环境信息,也不会自觉增加相关环保支出。绿色会计制度及信息披露的相关法律法规尚未深入、系统、全面的研究,同时可操作性也较差。针对上述问题,当前创建我国林业绿色会计制度应遵循以下三点:①绿色会计涉及范围广,要经历长期的理论研究和时间过程,要循序渐进地发展;②相关法律政策及法规的强制规定和公众对环保问题的日益关切相结合才能有效地使企业对绿色会计信息进行披露;③要实事求是,探索和构建适应我国国情的林业绿色会计制度。(徐秀红,2003)

专栏8-1 清新福建 生态领跑

2017年全国两会现场,"清新福建"成为境内外媒体争相报道福建的重头戏。全国政协委员、泉州市科协主席骆沙鸣建议,以绿色债券、绿色保险、碳基金、绿色抵押等绿色金融产品创新,增加企业"环境责任利润",推动企业绿色转型。建立企业碳信息披露数据和绿色投资网络,以绿色会计报表应用与企业社会责任年度报告,引导企业绿色发展。

　　2017年,福建省还将推进生态环境损害赔偿试点、生态系统价值核算、环境污染责任保险制度,开展企业环境信用评价等体制机制改革。参会委员们表示,要用好中央赋予的先行先试政策,敢闯敢试,推崇首创独创,开展新的探索试点,打造生态文明建设的"福建样板"。

　　(资料来源:郑昭. 清新福建　生态领跑. 福建日报,2017 - 3 - 11)

第九章

林业绿色职业与绿色就业

第一节　林业绿色职业

一、绿色职业

（一）绿色职业界定

在阐述绿色职业的内涵之前，先来明确职业的概念。在《中华人民共和国职业分类大典（2015版）》中提到，职业是指从业人员为了获取主要生活来源所从事的社会工作类别。就业是指在法定年龄内的有劳动能力和劳动愿望的人们所从事的为获取报酬或经营收入进行的活动。职业是人们参与社会分工的基本途径，而就业则是人们维持生存、获取报酬的主要方式。人社部相关负责人表示，职业分类对于适应和反映经济结构特别是产业结构变化，适应和反映社会结构特别是人口、就业结构变化，适应和反映人力资源开发与管理特别是人力资源配置需求等方面，都具有重要意义。（罗娟，2015）

绿色职业作为一个新兴的概念，其理论基础和实践经验还相对欠缺，加之国家之间的发展特点各有差异，绿色职业的概念在国际范围内尚无定论。（信欣，2012）陈红彩（2014）、孙慧丽（2012）、王亚平（2012）、李成、彭瑜（2015）等学者认为绿色职业是在2008年，由国际劳工组织、联合国环境规划署等国际组织首次提出，并界定为："在农业、工业、服务业和管理领域有助于保护或者恢复环境质量，以减缓人类面临的环境危害为目的的职业。"后续有不同的国家、组织、学者对绿色职业的内涵进行阐述。美国劳动力信息委员会（WIC）将绿色职业定义为：以提高资源使用效率、扩大可再生能源使用、支持环境可持续发展为任务的职业即为绿色职业。(信欣、张元,2012)美国政府"绿色新政"对绿色职业的支持使得各研究组织对绿色职业表现出了极大的积极性。各部门观察绿色职业的角度主要有两个方面:一方面是职业活动生产的产品和提供的服务是否绿色,即产出绿色产品或绿色服务;另一方面是分析整个生产过程是否绿色。(马妍,2012)欧洲职业发展训练中心(2010)在一则简讯中强调发展绿色职业的技能应该着重改进现有的技术能力,而不是构建新的"绿色技能(Green Skills)"。(信欣,2012)"生态加拿大"(ECO Canada)非常有影响力的"2010 年劳动力市场研究"则强调,绿色经济对劳动力的影响主要不是通过新职业的创生,而是通过对已有职业的改造和重新配置。现有的工作人员必须学习新的技能和拓宽他们已有的技能组合。(谢良才,2016)从这林林总总的观点中可以看出,当前国外的学者和组织主要从环境保护、能源节约再利用、减少污染和浪费、调节气候等方面来界定绿色职业。(王亚平,2012)

国内学者根据中国社会经济发展实际状况出发,对绿色职业进行理解。信欣(2012)认为绿色职业的判断标准可以概括为:在自然资源和自然环境两大层面上,能够直接完成以下五方面任务中至少一项的职业即为绿色职业:1. 提高非可再生资源投入的使用效率;2. 提高非可再生资源的回收再利用率;3. 生产和利用可再生资源;4. 防治污染排放;5. 保护生态环境。王亚平(2012)认为绿色职业首先是职业,它有着职业的技能性、创造性和生存性的一般特征。绿色职业是有特色的职业,它有着自身的特点,其内涵是四维一体的,四维分别是环保性、人文性、科技性和可持续性,它们统一于绿色职业。李成、彭瑜(2015)、马妍(2012)将绿色经济活动中以提供绿色产品或服务为主要工作任务之一的职业种类界定为绿色职业。信欣,张元(2012)认为绿色职业区别于其他职业的特点在于其在资源利用和环境保护两个层面的独特价值,而依据现有的绿色职业定义,这两个层面的价值和任务属性又可以进一步划分为生产可再生能源或替代能源、提高能源和原材料使用效率以及防治污染和保护环境 三方面。

从以上观点可以看出,绿色职业并不是新兴的职业,而是已经存在于各国的职业体系之中。并且根据社会经济发展、资源使用情况、环境污染程度、科技发展水平、社会保障体系等因素的变化,绿色职业的标准会相应发生变化。就目前而言,众多学者观点的共同点在于,绿色职业是能够达到保护环境,防治污染,提高资源使用效率这样效果的职业。

(二)绿色职业产生

绿色经济是实现自然资源持续利用、生态环境持续改善以及经济社会可持续发展的一种经济形态,其目的就是实现环境、经济和社会的全面、协调发展。职业产生于人类社会最基本的生产劳动过程,是人们参与社会分工、完成经济各个环节协作性劳动的具体途径。因此,经济的绿色转型也进一步引发了人们对绿色职业的关注。(信欣,张元,2012)绿色职业是受经济发展影响,在其主客体要素得以"绿色"更新和重新组合的基础上所形成的新型职业形态。而绿色经济也进一步扩充了职业的内涵,绿色经济下的职业是以实现全人类的体面劳动和体面生活为主要目的。(信欣,2012)

能源和环境是当前世界各国普遍关注的两大问题,能源枯竭和气候变化已经对人类的生存环境和经济社会发展造成了威胁(穆静静,2012)。2008 年联合国发布了《绿色职业工作前景》("Green Jobs")的报告,报告展望了未来绿色职业工作的发展前景和必要关注的问题。如果全球不在 10 年内向绿色经济转型,各国都将面临失业等社会问题和经济危机。这份报告出炉的背景正值全球面临最严重的全球性经济危机,忽视绿色能源政策和绿色职业工作将是这一危机中最严重的错误,扩大和发展绿色职业工作是摆脱困境的出路之一。报告认为,未来绿色职业工作的前景非常光明,各国必须大力发展和扩展绿色职业的领域,这也是第三世界国家行之有效的解决困难的办法。(信欣,2012)绿色职业发展兼具环境与经济双重动力(陈红彩,2014),一些国家正将绿色新政作为应对金融危机的重点,作为经济刺激计划的一部分,美国政府不久前宣布了一项"绿色就业与培训计划",从而创造出大量绿色岗位。在欧洲,绿色计划将创造上百万个工作岗位。(信欣,2012)在可持续发展战略的背景下,绿色职业的兴起对中国经济发展转型、促进劳动力就业、改善环境等方面都同样具有重要的作用。

(三)绿色职业发展历程

随着全球气候变化的加剧和世界各国经济竞争的日趋激烈,"绿色竞争"将会对世界新经济格局的产生带来深远影响。目前,世界各国都在迅速发展绿色经济和绿色职业。美国 2009 年出台《美国清洁能源安全法案》,按计划,在未来 10 年内,美国在可替代能源上的投入将达到 1500 亿美元。韩国 2010 年出台《低碳绿色成长基本法》,此外又出台了《绿色建筑法》《智能电网法》,并将 GDP 的 2% 投入绿色成长(2009—2013)的计划。根据澳大利亚国库部目标,到 2050 年,该基金总额将达 1000 亿澳元,届时减排达 80%,清洁能源发电达 40%(目前仅为 10%)。(陈红彩,2014)

信欣(2012)以美国为例,通过整理美国七个地区的绿色职业研究报告发现,美国划定的绿色职业领域也多集中于诸如可再生能源生产、绿色农业、绿色建筑业等与生产和科研相关的部门,而基本不涉及立法、行政等管理部门。这从一定程度上说明,当前的绿色职业更加偏重于生产和科研一线,而整个职业体系也将会通过清洁技术的研发利用和生产过程的节能环保控制逐步实现"绿色扩散",从而带动整个经济向绿色方向转变。

绿色职业的概念虽然是在近年来才悄然兴起,但是在我国当前的职业体系中,承担促进自然资源持续利用和环境质量稳步提高任务的职业已经存在,如沼气生产工、农村节能员、护林员等。(信欣,张元,2012)2015最新版《中华人民共和国职业分类大典》对具有"环保、低碳、循环"特征的职业活动进行研究分析,将部分社会认知度较高、具有显著绿色特征的职业标示为绿色职业,共标示127个绿色职业,并统一以"绿色职业"的汉语拼音首字母"L"标识。这是我国职业分类的首次尝试,旨在注重人类生产生活与生态环境的可持续发展,推动绿色职业发展,促进绿色就业。绿色职业活动主要包括:监测、保护与治理、美化生态环境,生产太阳能、风能、生物质能等新能源,提供大运量、高效率交通运力,回收与利用废弃物等领域的生产活动,以及与其相关的以科学研究、技术研发、设计规划等方式提供服务的社会活动。(《中华人民共和国职业分类大典》,2015)

二、林业绿色职业理论分析

(一)内涵

在联合国《绿色职业:在一个可持续的、低碳的世界里实现体面工作》研究报告中将农业和林业作为专门的绿色职业领域进行研究(信欣,2012),由此可以看出农业和林业对发展绿色职业的重要性。林业在应对气候变化、改善环境及促进就业等方面都发挥重要作用,林业与绿色职业的结合将会进一步推动社会可持续发展。绿色职业的主要目的是保护和恢复环境质量,减少资源消耗和污染。而目前尚未有学者给出林业绿色职业的明确界定。

根据学者给出的绿色职业的相关概念,林业绿色职业是指在林业相关领域,通过技能提高、科技创新等方法达到减少污染、降低能耗、减轻贫困并实现环境持续改善的职业,能够为社会提供绿色的产品或者服务。

首先,这个界定符合绿色职业的环保目的,能够实现在林业方面保护环境,减少污染和可持续发展的目标。其次,这个界定要求通过提高技能或者科技创新来实现节约资源,降低能耗,减少污染的目的。最后,林业绿色职业不仅要实现经济效益与环境效益,还要发挥社会效益,不仅提供更多职位,社会保障要求更加全面,最终能够减轻贫困。

(二)特征

林业绿色职业具有绿色职业的一般性的特点,同样是包含环保性、人文性、科技性和可持续性这4个特点。环保性是指,林业绿色职业能够减少对不可再生能源的消耗,并且能提高资源使用效率,减少污染排放,此外还能够提供可再生资源。人文性是指,林业绿色职业不仅工作环境低碳环保,而且能够为劳动者提供社会保障,让他们体面就业。科技性是指,林业绿色就业对劳动者的技能要求较高,能够通过提高效率与生产工艺的改进来达到环保的目的。可持续性是指,林业绿色职业不单单只关注生态效益,同时兼顾经济效益与社会效益,推动林业领域与整个社会的可持续发展。

林业绿色职业与其他林业职业的区别在于:第一,具有科技特征。在林业行业,必须具备一定的科学技术,才能改变粗放型的生产方式,实现更加绿色的生产过程。第二,具有减排降污的环保特征。能够降低职业活动对环境的污染,提高资源利用效率,生产环节更加绿色环保,提供绿色产品或者服务,实现环境质量的持续改善。第三,具有可持续性。相对于其他林业职业,绿色林业职业更适应社会发展需求,能够降低贫困并实现环境质量的持续改善。

(三)林业绿色职业类别

美国国家职业信息网络开发中心认为绿色经济活动和技术对不同职业可能产生不同的影响,研究绿色经济的有用方法是关注职业的绿色化。职业的绿色化则被理解为绿色经济活动和技术提升对已有某些职业的岗位数量需求、新塑职业的工作内容和对工人要求,或者产生新工作和工人需求。该中心已经明确界定了171个绿色职业,其中包括64个岗位数量增加型绿色职业,64个绿色技能增强型绿色职业和45个新兴型绿色职业。(1)岗位数量增加型绿色职业。绿色经济活动和技术对这些职业的岗位需求数量在增加,并且这种影响没有导致职业对工作和工人的要求发生显著改变。工作内容可能变了,但是任务本身没有变。如环境科学家和专家、农场和家庭管理顾问、森林和自然保护技术人员、工业安全卫生工程师等。(2)绿色技能增强型绿色职业。绿色经济活动和技术的影响使一些职业工作的内容和对工人的要求发生了显著改变。这种影响可能会也可能不会导致职业的岗位数量增加。职业最基本的目标还是保持原样,但是任务、技能、知识和其他元素,比如证书会发生改变。如建造和建筑检查员、环境工程技术员、农场主和牧场主、职业安全卫生技术员等。(3)新兴型绿色职业。绿色经济活动和技术的影响导致足以产生新的工作和工人要求,以及职业分类中出现新的职业。这些新职业可能是全新的,也可能产生于已有的职业。如环境恢复规划人员、纳米技术工程师、精准农业技术员、太阳能系统工程师等。(谢良才,2016;王亚平,2012)

制定绿色职业判断标准的依据可以分为以下两个角度。一是能源可持续性。这一角度遵循原则为节约和保护自然资源、高效利用和开发绿色能源。此判断依据因与联邦立法一致而更具可行性。它包括了清洁能源、可再生能源和提高能效等诸多方面,在区分制造业、建筑业和交通业中的绿色职业时更具操作性。二是环境可持续性。这一角度关注的是职业对环境的影响程度,即是否能够抑制、缓解甚至消除职业对环境的污染,并且实现环境质量的持续改善。这一判断依据在区分农业、林业、旅游业和环保行业中的绿色职业时更为有效。(马妍,2012)

　　根据《中华人民共和国职业分类大典(2015版)》中对绿色职业的划分可以看出,林业绿色职业有19个,按照林业产业分类,涉及第一产业的绿色职业有:园林绿化工、林木种苗工、造林更新工、护林员、森林抚育工、林业有害生物防治员;涉及第二产业的绿色职业有:制浆废液回收利用工;涉及第三产业中绿色职业有:农业科学研究人员、森林资源评估专员、森林培育工程技术人员、园林绿化工程技术人员、野生动植物保护工程技术人员、森林保护工程技术人员、林业资源调查与监测工程技术人员、园林植物保护工程技术人员、植物保护技术人员、园艺技术人员、森林消防员、森林火情瞭望观察员。

第二节　林业绿色就业

一、绿色就业概述

(一)绿色就业界定

　　绿色是指生态环境良好。为了可持续发展,需要对人类的经济活动和生存环境进行绿化,也就是对产业结构、产品生产的技术和工艺、产品生产的组织方式、生活方式等进行绿化。从实践出发,绿化具体包括六个方面:一是多发展对环境影响小的产业,主要是生态农业、生态旅游、有机食品、可再生能源、服务业、高新科技、植树造林等;二是限制发展对环境影响大的产业,主要是能源、冶金、建材等重化工业,造纸等轻工业;三是绿化、净化生产过程,通过开发新的生产工艺、降低或取代有毒有害物质的使用、高效和循环利用原材料、降低污染物的产生量、对污染物进行净化治理等;四是城市和农村的公共环境设施建设和维护,以及公共环境保护与治理;五是生态环境保护与修复;六是围绕经济绿化发展绿色服务业,包括绿色信贷、绿色技术、绿色设备、绿色保险、绿色认证等。就业本质上是一种经济关系和经济行为,受劳动力市场供求机制调节,受产品市场影响。产品供给的总量和结构、产品生产的技术和工艺、产品生产的组织方式等,决定就业的数量、结构和就业模式。(张丽宾,2010)

　　绿色就业是一个全新的研究领域,全球都正处于对这一问题的日新月异的深化认识的过程中。迄今为止,还没有被普遍接受的关于绿色就业的定义。(人力资源和社会保障部劳动科学研究所课题组,2010)国内外对绿色就业的认识,也是基于不同的角度,有着不同的认识。(刘晓,2012)

绿色就业术语首次出现是在澳大利亚自然保护基金会和澳大利亚工会理事会共同发布的报告《工业中的绿色就业报告》中。此后,不断有研究和论文引用了该术语。(周亚敏等,2014)

2007 年,在国际劳工大会上联合国环境规划署(UNEP)和国际劳工组织(ILO)以及国际工会联盟(ITUC)共同发起了绿色就业协议,(周亚敏等,2014)倡导世界各国实行"绿色就业计划",协调环境、经济和就业三者之间的关系。(赵保滨,2014)

2008 年《绿色工作:迈向可持续的、低碳世界的体面劳动》报告对绿色就业进行初步定义,绿色就业是指"在农业、工业、服务业和管理领域任何有利于保护或恢复环境质量的体面的工作岗位"。这个定义强调了就业的环境功能:(1)降低能源和原材料消耗;(2)控制温室气体排放;(3)减少废物和污染;(4)保护和恢复生态系统;(5)帮助企业或社区适应气候变化。重点是,UNEP 认为绿色就业应该是体面的工作,比如可以提供足够工资、有安全的工作条件、就业保障、合理的职业前景以及工人权益等。(周亚敏等,2014)国际机构提出"绿色就业"概念,发起绿色就业倡议的根本目的有两个:一是想表达"向绿色低碳经济转型所创造的绿色就业机会大于被摧毁的非绿色就业机会"的观点,以便从就业角度呼应国际社会"向绿色低碳经济转型";二是将绿色就业纳入体面就业,进一步提高国际劳工标准。(人力资源和社会保障部劳动科学研究所课题组,2010)

美国明尼苏达州 Task Force 机构将绿色就业定义为"绿色经济的就业机会,包括绿色产品、可再生资源、绿色服务和环境保护四个产业部门的就业"。(刘晓,2012)

中国的研究者也在尝试定义绿色就业,人社部劳科所(2010)将其确定为国民经济中相对于社会平均水平而言,低投入、高产出,低消耗、少排放,能循环、可持续的产业、行业、部门、企业和岗位上的工作。"低投入、高产出"泛指与提高组织管理水平、进而提高生产效率相关的就业。提高生产效率意味着各种生产要素的节约,具有资源节约、环境友好的倾向,是我国从粗放到集约的经济增长模式转变的主要方面,对整个经济都具有基础性的决定性作用,应成为中国绿色就业的要素;"低消耗、少排放"主要指与通过提高技术水平实现通常意义上的能源、资源节约和减少污染物排放相关的就业,是绿色就业的基本要素;"能循环、可持续"既是指总体上生态体系的自我修复和经济、社会发展的可持续的思想,也是指与循环经济、污染治理和生态环境保护相关的就业。

人社部劳科所绿色就业发展战略研究课题组对绿色就业做了狭义和广义之分：狭义的绿色就业是指工作本身，即工作本身符合环保意义和标准，指不直接对环境产生负面影响以及对环境产生有利影响的工作，包括提供的产品和服务、生产使用的工具及生产过程等都应该是绿色的；广义的绿色就业是指符合低碳排放、节约能源、减少污染和保护生态环境四个方面标准的产业、行业、职业、企业，即总体上对环境有正向净效应，对环境的影响低于部门平均水平。（人力资源和社会保障部劳动科学研究所课题组，2010）

张丽宾（2010）提出"绿色就业"强调的是就业的环境功能，而不是就业本身的劳动属性，即绿色就业并非绝对是不对环境产生影响的就业，是指那些对环境的负面影响程度显著低于通常水平、能够改善整体环境质量就业，并且绿色就业在整个就业中所占的比重，与发展水平和发展方式相关，具有动态发展性。绿色就业就是采用绿色技术、工艺和原材料进行生产的就业，就是从事绿色产品生产和服务的就业，就是直接从事环境和生态保护工作的就业。所有从事经过绿化的经济活动的就业都是绿色就业。所有从事绿色经济活动的就业都是绿色就业。（张丽宾，2010）

李虹、董亮（2011）以生态效率理论为基础对绿色就业进行解释。他们提出发展绿色就业的本质是提升产业的生态效率，促进以"存量经济"为主，讲究生活、生产方式变革的绿色、可持续经济体系构建。

周亚敏等（2014）认为绿色就业是对传统增长理论的修正和完善。具体而言，绿色就业是对环境具有正向效应，能促进能源节约与污染减少的工作，其单位产出的污染物影响及负荷较小，同时这些绿色岗位能够提供体面的工作。这一定义的理解需从三个维度入手：环境维度、社会维度和经济维度。在环境维度方面，绿色就业必须是环境友好型的、环境可持续、节约资源的就业；在社会维度方面，绿色就业必须是体面的工作，能够为其劳动力提供有保障有尊严的岗位；在经济维度方面，绿色就业必须是有高附加值的、能够创造收益的就业。

从上述观点可以看出，国内外学者及机构都从多维度对绿色就业的概念进行阐述。从经济发展角度来看，绿色就业体现出经济发展与环境保护相协调，实现可持续发展的理念；从社会治理的角度来看，绿色就业承担社会效益和环境效益的双重责任，不仅可以促进就业，改善就业条件，而且有助于减排降污，保护环境。

不过，综上研究可以发现，这些对绿色就业的界定主要是从就业分类的视角，按一定的特征标准对就业进行重组，从而导致目前对绿色就业的认识不成体系。与此相关的，虽然对绿色就业的认识都与环境保护及低碳发展有关，但何种程度

的环境友好及体面工作才能被认定为绿色就业,还需要进一步阐释。(周亚敏等,2014)

(二)绿色就业产生

近年来,随着环境和能源问题被日益提上议事议程,全世界都开始审视自身的行为,都开始注意经济和环境的协调发展。向着可持续发展的方向转变、探索一条能够解决环境、能源和就业问题的道路,实现经济增长与环境保护同向发展的愿望显得特别强烈。于是,绿色就业理念应运而生。(郑立,2010)

在谈论到环境的可持续发展以及向绿色经济、低碳经济转型时,往往会过多地强调其成本,而忽视这种转型过程中所带来的就业机会。事实上,从"绿色就业"的角度看,这一经济发展方式转型不仅避免了大量的污染物、温室气体的排放,同时还有助于创造就业岗位,从而增加经济和社会的双重价值。(李虹,董亮,2011)世界各国已经逐渐认识到,绿色就业是实现低碳经济和可持续发展的重要途径。近年来,绿色就业在世界范围逐步兴起,美国将绿色就业作为促进就业,拉动经济增长的重要手段;欧盟将绿色产业视为"新的工业革命",制订发展环保型经济的中期规划,以实现促进就业和经济增长两大目标;日本公布"绿色经济与社会变革"政策草案,通过环境政策实现创造就业岗位,解决环境问题。(李青青,2012)向绿色就业模式转型,既是世界经济发展的潮流,也是我国经济发展的内在要求。(郑立,2010)

(三)绿色就业发展历程

我国政府一直重视环境保护工作,制定和实施了一系列的政策措施,在 13 个重点行业关停淘汰落后产能;推进传统产业技术改造,提高能源利用效率,实现节能减排;提高资源综合利用水平,大力发展循环经济,加强环境污染治理,大力发展环保产业;加强生态农业建设,实施六大林业工程,增强碳汇能力等。在这一过程中,一些就业机会被摧毁,一些工作岗位的技能要求发生了变化,还有一些就业机会被替代,但同时又有一些新的就业机会被创造出来。(人力资源和社会保障部劳动科学研究所课题组,2010)

绿色就业在我国已有较长的发展过程。我国环保事业从 20 世纪 80 年代就开始了,已形成环保产业;植树造林从建国以来就开始了,年年植树造林;太阳能产业从上世纪 90 年代开始发展,已具有相当规模;风力发电这些年发展迅猛,生物质能发电也得到发展;工业企业三废治理力度不断加大,淘汰落后产能陆续关停了一些污染和能耗大户;发展循环经济、废品回收利用正在规范发展。在这一过程中,已形成一定规模的绿色就业。(人力资源和社会保障部劳动科学研究所课题组,2010)中国政府已经强调,有必要建立一个环境可持续性发展的、节能的社会,要在第十二个五年计划(2011年—2015年)转型过渡到低碳经济和促进绿色就业(周亚敏等,2014)。

目前,中央政府已经强调促进绿色就业的重要性,主要通过宣传活动向人们介绍绿色就业的概念,提高绿色就业的意识;从事绿色就业的战略性研究以指导政策与战略;加强适应绿色就业岗位的技能培训;鼓励绿色清洁部门的创新以刺激绿色就业。政府的目标是:截止到2020年,创造220万个绿色就业岗位,实现绿色产业增加值占GDP的15%。大规模的环境投资将会催生一系列新的绿色服务产业,比如生态系统服务、碳资产管理服务、碳交易、合同能源管理等。(周亚敏等,2012)

根据世界观察研究所(Worldwatch Institute)一份报告,未来八年,快速发展的中国经济将会创造无数的绿色就业机会。该报告从中国的能源、交通运输以及林业三方面入手,进行了详尽分析,指出仅2020年,中国将至少提供450万的绿色就业机会。

二、林业绿色就业理论分析

(一)内涵

与绿色就业相关的行业很多。根据温室气体排放量的多少、以自然资源为原材料的程度、对经济的贡献率,以及对就业和收入的贡献率等指标来衡量,绿色就业主要集中在六类经济部门,即可再生能源、建筑、交通、基础工业、农业和林业。(人力资源和社会保障部劳动科学研究所课题组,2010)在所有绿色产业中,最直接、最天然的绿色产业当然要数林业了,森林被认为是最大的"储碳库"和最经济的"吸碳器",生态林业是典型的劳动密集型绿色产业,就业潜力也很大。(王刚等,2013)联合国环境规划署研究报告也认为,林业是绿色经济的基础和关键,在绿色经济下,森林将被作为资产进行管理和投资,实现各种效益。(刘东生,2013)

关于林业绿色就业的概念,目前尚未有学者明确给出。根据绿色就业的理念外延,林业绿色就业不同于林业就业,它是指在林业方面的有利于保护或恢复环境质量的体面的工作岗位。这不仅符合林业发展战略的调整,并且可以促进林业产业结构调整与升级,使林业就业更加体面,从而吸纳更多的剩余劳动力。虽然在现阶段,林业体面就业具有一定的难度,在安全的工作条件、就业保障、合理的职业前景以及工人权益等方面可以与社会经济条件相适应,但是随着经济与科技的发展,体面就业的要求将不断提高。在《绿色就业:在低碳、可持续的世界中实现体面劳动》报告中,对林业部门绿色发展相关活动进行了界定,主要包括造林和在造林、农林复合经营、可持续的林业管理和森林系统认证以及阻止砍伐森林的活动等。此外,林业产业链还应该包括林产化工、林机制造、森林旅游、森林食品、森林药材、经济林、花卉产业和竹产业、林业旅游、休闲、文化产业等。尽管并非所有林业相关部门都是完全"绿色"的,但总体而言,我国林业部门整体净排放水平是绝对负值,"绿化"程度相当高,同时还具有可观的就业容纳能力。(张莹等,2011)

（二）特征

林业绿色就业具有绿色就业的一般共性特征。绿色就业实现可持续的绿色GDP增长,保护生态环境,维持生态平衡,促进社会和谐可持续发展,具有广泛性、动态性和环保性等特征。(刘艳辉,2014)林业绿色就业同样具备以上三个特征:(1)具有广泛性。从经济角度而言,林业产业链在三大产业方面均有涉及,并且有技术性产业,也有劳动密集型产业;从地域角度而言,林业在全国各个地区都是不可或缺的,在任何区域都会有林业相关的就业;从就业者角度而言,林业绿色就业可以包含不同层次的知识水平和不同年龄段的劳动者。(2)具有动态性。伴随经济发展与技术水平的提高,林业绿色就业在不同的发展阶段、不同的区域都会随之发生变化,林业绿色就业的标准与要求也是与时俱进的,因此具有动态发展的特性。(3)具有环保性。相对于普通就业,林业绿色就业所进行的经济活动有助于减少污染,降低能耗,保护或恢复环境质量。

从环境功能看,林业绿色就业具有三个特征:第一,具有降低能耗与减少资源浪费的特征,比如发展生态森林旅游产业所带动的就业,不仅可以带动经济的发展,而且有助于促进经济转型,减少消耗能源来发展经济;第二,具有清洁生产,减少污染的特征,比如,通过发展林业生物质能源带动的就业,不仅可以替代对石油、煤炭等能源,而且生产环节更加清洁低碳,减少污染的排放;第三,具有保护和恢复生态系统的特征,比如植树造林、退耕还林等活动所带动的就业。此外,林业绿色就业具有自身的特性。由于营林生产活动和涉林劳动易受到季节因素的影响,在恶劣的气候环境下是难以开展作业的,因此,林业绿色就业具有鲜明的季节性。

（三）林业绿色就业核算

林业绿色就业有助于经济效益、社会效益与生态效益的全面发展,实现林业的可持续发展。植树造林、森林经营和管理不仅增加森林碳储量、增加森林碳汇,而且以营造林为主的林业活动,能够使广大农民特别是回乡农民工获得就业机会,并通过参加营造林活动获得收入。(李怒云,2010)林业具有典型的劳动密集型产业特征,又是典型的"绿色产业"。在集体林权制度改革过程中,由于农户家庭承包的森林资源增加,相应的营林生产活动和涉林劳动力投入增加,还能够发挥创造"绿色就业"的效果。2008 年国际金融危机爆发后,集体林权制度改革为大量返乡农民工创造了就业机会,出现"城里下岗、山上创业"、"一户承包、全家就业"等局面。据统计,仅 2008 年一年,在 19 个全面推开集体林权制度改革的省份中,共创造就业 3600 万个,极大地缓解了就业压力,为应对国际金融危机和维护社会稳定发挥了极为重要的积极作用。(胡鞍钢等,2014)随着传统林业向现代林业的转型和发展,林业的产业链也在进一步延伸,如生态休闲产业、森林培育业和林业养护业等都在高速积极发展,这些行业的发展也衍生出大量新的就业机会。(张莹,2011;王刚等,2013)

柯水发等(2010):林业通过碳增汇、碳贮存和碳替代三种主要途径和系列行动,为减缓和适应全球气候变化做出了积极的巨大贡献。应对气候变化的造林行动能够为农村剩余劳动力创造出大量的绿色就业岗位,2005—2008 年、2009—2020 年累计可创造的植树造林短期标准直接就业岗位数(若植树造林以每人每年工作 300 天为基准)分别约为 577 万个和 183 万个。此外,来自国家林业局的统计表明,近 10 年来,我国森林旅游人数每年都保持 30% 以上的高增长率,森林旅游业直接或间接创造就业岗位达 350 多万个。

张莹等(2011):林业部门中的一系列具有可持续的生产活动,如植树造林、森林管理和发展森林旅游等都能创造出大量的绿色就业岗位,2005—2020 年期间,三个领域累计可创造直接或间接的绿色就业机会数超过 4000 多万个,折合每年约可吸纳 266 万人从事相关行业。

王刚等(2015):由于一直以来对于林业就业的统计范围较窄,仅限于对林业系统内从业人员的统计,导致林业对绿色就业的贡献被大大降低。通过分析林业就业统计存在的问题,基于产业特点,构建基于林业三次产业及其相关产业直接就业和间接就业的林业绿色就业统计体系。

另一方面,保护林业资源,也使以开发利用天然林资源为主的 135 个大型森工企业(国有林业局)出现严重的就业问题。就业受到影响的 41.28 万集体所有制职工没有安置政策,纳入安置规划的 48.4 万名富余职工,安置资金不足;进入再就业中心的无法出中心;林区产业结构单一影响,岗位有限,一次性安置的职工就业无门。在岗职工承担着沉重的企业办社会负担,工资水平低,缺乏工作积极性。(人力资源和社会保障部劳动科学研究所课题组,2010)因此需要政府、相关职能部门和市场组织,加强劳动力培训、劳动力转移,下岗工人再就业,发展替代产业等综合措施,以弥补林业行动对就业的一些不利影响。(张莹等,2011)

此外,营林作业、木材生产是林区的主要工作,季节性强,劳动力需求应时而变,造成很大一部分一线职工季节性失业。林业向绿色低碳经济转型承担着巨大的就业成本。(人力资源和社会保障部劳动科学研究所课题组,2010)在吸纳就业的同时,相关部门应该加强对从事造林工作人员的相关技能培训,务求能使造林目标实现之后,让相关从业者能够继续从事技术要求水平更高的相关工作。(张莹等,2011)

专栏9-1　林业管理可创造的绿色就业岗位

联合国粮农组织 2009 年 3 月 10 日发表的一份报告称林业管理可创造千万个绿色就业岗位。报告称,在森林管理、扩大城市绿色空间、发展和保护林间娱乐场所、恢复退化的森林和种植新的树木等领域可以创造数以千百万个绿色就业机会,从而有助于减少贫困和改善环境。据悉,美国和韩国已经将林业纳入刺激经济发展的计划之中。此外绿化也已经成为印度促进农村就业计划的重要组成部分。

(资料来源:《国际在线》)

专栏9-2　德国的林业就业

在德国,林业是非常重要的大规模产业。根据最近的统计,德国的林业产值仅仅略逊于汽车工业,占国民生产总值(GNP)的 5%。在森林培育和木材生产及木材工业领域,就业的人口达到 130 万,是汽车工业的近 2 倍。尤其在山区,林业发挥着重要的经济作用。例如,在林业发达的黑森林地区,每 4 人中就有 1 人从事和木材有关的工作。

(资料来源:《中国园林网》)

第三节　林业绿色教育

一、绿色教育概述

(一)绿色教育界定

绿色教育就是将教育的各个方面,例如校园、教学、科研、文化建设等方面进行有机整合,遵循其背后的自然规律,以实施人文性行动研究为手段,并在此基础上促进学校师生共同发展并追求教育的灵性,以健康、公平、和谐为目的的教育。绿色教育汇集了各种"环保教育""可持续发展教育""健康成长教育"的思想和行动。

绿色教育是绿色文化传播的重要形式,必须通过绿色的教育培养和造就大批的具有可持续发展理念的人才,进一步普及绿色知识。总体来看,绿色教育在我国开展还不普及。有相当多的学校还没有起步,在中小学生的教育也有许多薄弱环节,社会的绿色教育尚未形成体系。这些对绿色文化的传播与普及都造成了重大的负面影响。

(二)绿色教育产生

从美国普通的"greening schools"这一概念来看,绿色在这里仅仅是形容词,代表相关学校的环保或理想主义教育理念,而并非专有名词。美国的很多绿色学校主要是指大量运用环保节能技术的校园,可以包括从小学到大学的所有学校类型。此外还有生态教育,可持续性教育等说法,但都不够普遍。相比之下,环境教育这个概念更具有普遍意义。

而从根源来看,环境教育的思想最早可追溯到卢梭的自然教育思想,稍后的瑞士教育家路易斯·阿格赛兹(Louis Agassiz)提出让学生"学习自然而非书本"的教育思想。但是,真正现代意义上的环境教育思想发展的里程碑,当首推20世纪70年代后由联合国主持的一系列以人类与环境为主题的大会。1972年6月5日至16日,联合国在瑞典首都斯德哥尔摩召开人类环境大会,会后发表了《斯德哥尔摩宣言》,号召"全世界人民保护与改善人类环境"。1975年10月13日至22日,联合国于前南斯拉夫首都贝尔格莱德举行有关环境教育的国际工作坊,此后作为工作坊的成果之一公布了一份有关环境教育的全球性框架文件,即《贝尔格莱德宪章》,该宪章在《斯德哥尔摩宣言》的基础上,增添规定了环境教育的总目的、具体目标、教育对象以及指导方针。在1977年于前苏联格鲁吉亚首府第比利斯召开的环境教育政府间大会上,与会者进一步修改和完善了《斯德哥尔摩宣言》和《贝尔格莱德宪章》中提出的概念和框架,提出了新的环境教育目的、目标、性质以及实施原则。会议通过的《第比利斯宣言》成为后来的环境教育者经常引用的重要文件。

(三)绿色教育发展历程

与国际开展绿色教育进程相比,我国的绿色教育起步较晚。1994年,国务院发布了《中国21世纪议程》,首次提出"加强对受教育者的可持续发展思想的灌输","将可持续发展思想贯穿于从初中到高等教育的整个教育过程"。为了贯彻这一决定的精神,1996年国家环保局、中宣部、国家教委联合颁发了《全国环境宣传教育行动纲要(1996—2010年)》,提出创建"绿色学校"的构想,从此我国高校绿色教育开始迈入一个新的发展阶段。1998年5月,清华大学在我国首先提出创建绿色大学的构想,并向国家环保局提交了创建"绿色示范工程"的建设方案,从而拉开了在我国创建绿色大学、开展绿色教育的序幕,得到了国内多所高校的响应。1999年5月,国内外20所大学在清华大学召开"大学绿色教育国际学术研讨会"并发表了《长城宣言：中国大学绿色教育计划行动纲要》。2000年5月，由世界自然基金会资助的"第一届全国大学绿色教育研讨会"在哈尔滨工业大学召开。综上所述，经过近10年的发展，我国高校绿色教育开始由面向环境专业的学生转变为关注全体大学生环保观念的培养、普及和提高上来。（苏开敏，邢世和，2009）

二、林业绿色教育理论分析

（一）内涵

林业绿色教育是在绿色教育的基础上衍生出来的专项教育，可以从以下三个层次来了解它的内涵。第一层次的林业绿色教育主要是绿色知识的普及、绿色科技的研发以及绿色技能的培训等，这一层次主要是基础性教育，旨在引导人们关注家庭、社区、国家和全球面临的环境问题，正确认识个人、社会和自然之间相互依存的关系，帮助人们获得人与环境和谐相处所需要的知识和技能。林业绿色教育的第二层次主要是绿色环保意识的提高和环保理念的深入，这一层面的教育在目的上突破了只关注"环境保护"的界限，开始把人口素质以及可持续发展素养的提升纳入到基本的目的之中，而且以促进人类可持续发展为最终目的；在内容上，这一层面的教育也扩展了范畴，加入了人口素质、可持续发展素养等超越环境保护的内容；在实施领域上，第二层面的教育突破了"中国中小学绿色教育行动"和"绿色学校"所设定的学校教育领域，开始拓展到社区教育、家庭教育等领域，上述行动使得教育的参与者养成有益于环境的情感、态度和价值观。林业绿色教育的第三层次是教育的公平性、正义化、人性化以及和生命教育思想的交融和借鉴。在此层面中林业绿色教育中的"绿色"可以引申为生命的活力，不仅仅是保护绿色环境，而是保护参与者健康生命的教育，并保证他们生活在以公平与正义为主题的社会环境中。

对于林业绿色教育相关理论的阐述中，需要了解其含义的侧重点，可以有以下不同的解释。首先，如果侧重对于林业绿色化发展人才的培养，则教育的绿色化处于次要地位，在此概念中，林业发展是主体，促进林业经济发展并以此带动与林业相关的产业增产增收是根本目的，而相关人才的教育和培养以及技能的研发是实现这一目标的前提；其次，如果对于概念的理解侧重于教育的绿色化，则林业绿色教育只是将绿色教育限定在林业这一领域，绿色教育仍然是阐述的主体，例如以人为本的教育理念，将学生看为性格各异的个体而非固定模式整体中的无差异一员，推崇教育生态学观，将学校、教师、学生、知识、技能等因素合成一个有机的整体。

（二）特征

（1）具有可持续发展理念。不仅使学生掌握可持续发展方面的相关知识，更重要的是培养他们的环境意识和道德意识，逐步形成符合可持续发展思想的道德观、价值观和行为方式。（陈涛，2004）

（2）具有学科综合的全面性与多样性。林业绿色教育的范围和形式却要更加广泛，也更具多样性。林业绿色教育决不仅仅是开设一、二门课程或者是简单的搞几次学生活动可以就完成的，它是贯穿于整个教育过程始终的，是广泛参与渗透到各个学科领域和课程体系之中的。（肖敬，2012）

（3）具有各部门协调的综合性。林业绿色教育不仅仅是由一个部门来完成，林业绿色教育是一个系统工程，需要多方合作统筹，全面的设计和规划之后才能付诸实施的整体性工作。需要学校的教学、科研、管理等各个部门通力合作来完成完善。（肖敬，2012）

（三）机理

从世界范围内看，环境教育越来越受到联合国等国际组织和各国政府的重视，各方纷纷将教育视为推行环境保护与改善的重要途径。

林业绿色教育的有效实施需要相应的师资保障，因此要求发展对应的师资培训项目，包括在职师资培训与职前教师教育中林业绿色教育内容的整合。此外，在对林业绿色教育教师培训中也同样需要注重教学方式的灵活性与综合性。

从环境教育与学校教育的结合上来看，各国教育工作者表现出对环境教育的综合性与跨学科性的重视，注重探索环境教育的活动性及与其他相关学科教学的整合。随着绿色教育理念与实践的发展，教育者的关注重心开始从环境以及人与环境之间的关系拓展、延伸至自然和人类社会的各个方面的协调发展，包括环境、社会、经济、文化等各层面的同步发展与相互依存。这实际上对教育实践提出了更高的要求，不但需要培养人们关注人类与环境关系的意识与能力，还需要发展人们全面参与社会各方面事务的意识、态度与技能，这样的人才真正能够成为不断推动人类绿色发展的公民。（"石景山绿色教育发展实验区"项目·基本理论组，2010）

（四）林业绿色教育体系构成

（1）林业绿色校园文化体系

绿色教育内化为受教育者的自觉意识不能一蹴而就，而是一个长期潜移默化的过程。它既要明确的教育引导，也需要在一种氛围中通过情境的熏染形成，因而形成林业绿色教育氛围。学校绿色教育氛围的形成主要通过校园文化建设进行。（李小建，2009）形成包括高端论坛、专家论坛、学生论坛在内的林业绿色教育

系列论坛,为学校林业绿色教育注入了新鲜元素。(张文雪等,2009)

(2)林业绿色德育体系

绿色德育在林业领域可以得到很好地延伸和扩展,教育者从人与自然相互依存、和谐共处的生态道德观点出发,引导学生为了人类的长远利益和更好地享用自然、享受生活,促使自己自觉养成爱护自然环境和生态系统的意识、思想觉悟和相应的道德文明行为习惯,进而感悟到人与人之间文明交往、友好协助、相互关爱的高尚道德境界。林业绿色德育旨在让学生在思想上树立起一种全新的自然观、人生观和生存发展观。

(3)林业绿色课程体系

为了适应林业绿色教育的要求,我们一方面要根据重新构建的新的学科"范式"构筑支撑新的学科课程的理论体系,形成高质量的课程群;另一方面,要有目的地建构一系列有利于学生综合素质培养的,具有宽泛性、交叉性和时代性特征的课程,同时,应精心设计与之配套的课程内容。(李小建,2009)教学应建立在学生终身学习能力、学习兴趣、合作互助精神的培育以及让学生积极参与到教学工作中来的基础之上。绿色教学以科研创新为导向,所关注的不仅仅是学生,还关注整个学校及社会大环境,不断探索育人施教的科学规律,采用多种形式培养学生的社会生活能力和素质。

(4)林业绿色师资体系

高水平的绿色课程需要配以高水平的师资。以人本思想作为基础,教育机构要以诚办学,把提升教育质量作为办学的根本目标,保障每一堂课的教学效果和效率,切实提高师资队伍建设,杜绝用名不副实的虚假师资来进行恶意竞争,真正将教师队伍打造成一支锐意创新、追求卓越、业务精良、竞争力强大的学习型和研究型双一流的师资团队。

(5)林业绿色实践体系

实践教育是人才培养过程中不可或缺的重要环节,既是培养学生创新意识和实践能力的切入点,也是学生认识社会和了解事业发展舞台的有效途径。(张文雪等,2009)配合课程体系设置,逐步形成包括林业绿色专业实践、绿色社会实践、绿色科技竞赛、绿色协会活动在内的以学生为主体、多形式、重特色的林业绿色实践体系。

专栏9-3 八达岭森林体验中心

八达岭森林体验中心由中韩合作,历时4年建成,由八达岭森林体验馆和450公顷的户外体验区构成。2014年6月3日,中韩合作八达岭森林体验中心开放仪式在八达岭林场举行,这标志着北京首家森林体验中心正式对外开放。八达岭森林体验中心是八达岭森林公园青龙谷景区内规划的森林体验主题公园,也是中韩林业合作项目"北京八达岭地区森林资源保护与公众教育"的重要内容,项目区内通过修建设计生态体验和教育设施,宣传森林保护和开展环境教育。

森林体验中心以森林生态环境为主体,突出了自然野趣和市民参与,因地制宜,形成了独特的体验场所。八达岭森林体验中心是以森林体验和环境教育为主题的公园,因此,就决定了维持其森林的多样性和完整性是其首要任务,所以在建设中以保护为前提,充分利用原有环境及设施进行适度建设。在杨树林中建造体验馆,打造穿行林间的生态栈道。沿着生态栈道穿行林间,可以感受四季分明的林区景观:春夏时节,山峦青绿耸立,林间鲜花怒放;秋季红霞满布,令人心醉,落叶铺满林道;冬季,树枝上大小不一、形态各异的雪凇和冰挂又是别样风景。在一片半圆形的疏林空地上,几排原木做的简单座椅静静地等待着客人。这是经过精心设计的"森林教室",以大山石为背景,以石凳做课桌椅……让人民在大自然的熏陶下学会尊重自然,保护自然,爱护我们赖以生存的森林。

(资料来源:百度百科)

专栏9-4 林业绿色教育实践实例——陕西省森林文化教育体验活动

陕西省开展了以推进中小学森林体验、生态文明教育进课堂和生态文明教育基地创建"三位一体"为主要内容的青少年绿色生态文明教育活动。在体验活动中,森林、湿地、野生动植物、水土流失、荒漠化、森林文化等都是体验的内容,孩子们在森林深处认知大自然,参观不同植物和野生动物、微生物,记录它们的特点,并通过引导员让青少年学会如何辨别不同的物种。孩子们还可以亲自动手,设计制作"水土流失对比演示器",现场看到森林涵养水源、保持水土的功能,并能亲手测量森林内外的负氧离子和PM2.5数值,通过比较认识森林在改善生态环境中所发挥的净化空气、吸碳放氧等作用。此外,孩子们还可以借助工具和仪器,观察地质结构和山水景观,了解自然地貌和森林美景。林中娱乐互动也是激发孩子们想象力的过程,孩子们把有关森林的音乐、文学作品、童话故事等以游戏的方式演出或展示。辅导员还指导他们利用树叶、果实、树枝等设计制作森林手工艺品,开发孩子们的想象力、创造力。体验活动不是追求短期效果,而是把生态文明的种子播撒在孩子们的心田,与他们一起成长为生态文明的"参天大树",并且通过"小手拉大手"对更多的成年人也产生积极影响。森林体验不是纯粹的科普教育,而是体验教育(播撒生态文明的种子,2015)。

(资料来源:国家林业局网站)

第十章

林业绿色管理与绿色制度

第一节　林业绿色管理

一、绿色管理概述

(一)绿色管理界定

国外和国内的学者从不同的角度,按照各自的认识,对绿色管理的内涵进行了研究和阐释。目前学术界在绿色管理的定义、内容等许多方面观点基本一致,都是从生态环保角度出发进行研究,关注人与自然的关系,实现社会的可持续发展。结合学术界的研究结果,我们在此从广义和狭义的角度对绿色管理进行界定。

广义的绿色管理包括三个层次:一个是指宏观层面的绿色管理,即指以中央政府为主体,通过对政府行为、企业行为和社会公众行为三者进行协调和整合,达到整个国家社会经济可持续发展的宏观管理活动。宏观绿色管理往往是通过中央政府的政策、法律、法规、经济杠杆及对国民的宣传和教育等方式实现的,管理的对象是全国、全社会范围,本质上是全社会可持续发展的管理。二是中观绿色管理,是指一个地区、行业或部门范围,为实现环境保护和可持续发展而进行的一系列管理活动的总称。三是微观管理,是指以组织(包括作为营利组织的企业和其他相关非营利组织)为主体进行的可持续发展管理活动,以本组织内与环境保护和可持续发展相关的一切活动为对象。

狭义的绿色管理主要是指以企业为主体的绿色管理,是微观绿色管理的一部分。(柯水发,2013)

（二）绿色管理产生

"绿色管理"译自英文"Green Management"，其思想萌芽于 20 世纪 50 年代的西方发达国家。（李卫宁，2010）20 世纪 60 年代西方发生了环境和社会运动，国际社会对"经济的不断增长是否会不可避免地导致全球性的环境退化和社会解体"展开了热烈的讨论。到 20 世纪 70 年代后期，社会各界基本认识到经济的持续和健康发展必须考虑到对自然资源的消耗和保护。（柯水发，2013）80 年代，学术界和企业界对环境管理的关注有所增加，有关学者关于环境管理的研究表明，通过实施环境管理的"最佳实践"活动，企业就可以显著地降低其生产经营活动对环境所造成的负面影响，并且可以提高自己的竞争力（沈瀚，2010）。到 90 年代，西方国家兴起了绿色运动的浪潮，将"绿色"一词引入企业的经营与管理领域（薛军堂，2008）。1990 年，德国学者 Waldemar Hopfenbeck 编著并且出版了《绿色管理革命》，最早较为规范地提出了"Green Management"，翻译成中文即为"绿色管理"。1991 年，Patrick Carson（帕特里克·卡尔森）和 Julia Moulden（朱莉安·莫尔登）合作完成了《绿色就是金：企业家对企业家谈环境革命》一书，在书中讲述了北美的世界著名大型公司是如何凭借减少环境污染，进行实验并推出绿色的环保产品，从而创造出了多个绿色生产经营管理传奇的案例。书中也提出了"绿色管理必然成为更有优势的管理""绿色管理哲学"等理念。（赵君，2015）

（三）绿色管理发展历程

1992 年在巴西召开联合国环发大会所签署的《21 世纪议程》，标志着全球经济进入"保护环境，崇尚自然，促进持续发展"的绿色时代。（刘燕娜，2001）"绿色管理"的观点产生之后，很多学者展开了的研究。1995 年，Hart 扩展了传统的资源基础观，提出了自然资源基础观（natural resource - based view），把自然环境要素引入了基于资源基础的绿色管理研究框架，构建了一种企业的可持续竞争优势（Hart，1995）。他强调，企业实施绿色管理本质上是一个企业构建可持续竞争优势的过程。这个过程包括环境污染的预防治理、针对环境产品的全面管理和可持续发展三个环节。在这些环节中，污染预防治理和针对环境的产品全面管理涉及企业开展商业活动时如何减少环境污染、如何保护环境等问题。他认为这三个环节是相互依赖、相互促进的，是从原因到结果的不断循环，直到企业实现可持续发展。他的研究关注企业重视外部自然环境管理的重要意义，关注合理地配置和利用自然资源，关注如何提升环境或者绿色绩效管理，从而实现企业的绿色发展目标。（沈瀚，2010）还有许多学者在绿色管理的研究中做出了有益的探索，取得了许多重要的成果，为绿色管理的发展奠定了良好的研究基础。Jennings 和 Zandbergen 运用制度理论进行分析研究，他们分析了规则、规范和认知三个维度的制度因素对企业进行绿色管理的影响,他们的观点是绿色管理指企业通过运用和投资社会系统和生态系统的自然资源来适应制度环境,进而实现可持续发展的全过程。(Jennings,Zandbergen,1995)Russo 和 Fouts 在 1997 年的研究中提出,环境管理是通过对资源的有效管理类提升企业的环境绩效,这是企业提升其经营绩效和竞争优势的重要手段。(Russo,Fouts,1997)Bansal 和 Roth 在 2000 年的研究中强调,绿色管理的本质是企业对生态环境问题做出的响应,这种响应的动机受到合法性、利益相关者的压力、经济机会以及领导者价值观等多种因素的影响。他的贡献在于指出了企业采取绿色管理的各种动机以及管理情境因素对企业生态响应行为的影响。他认为驱动企业开展绿色管理、对外部环境做出先动反应的因素归根结底仍涉及利益问题,因为环境污染很可能伤害其他与环境有关的利益相关者,如政府、社区、周边居民及单位。(Bansal,Roth,2000)2003 年,Aragón‐Correa 和 Sharma 表明,资源和能力是影响企业开展先动型环境战略的重要因素,但它们的影响过程同时受到外部环境等权变因素的调节。尽管基于资源基础观的现有绿色管理研究强调了外部环境(主要是经济、法律、社会、地理等)中的独特资源对企业形成长期竞争优势的重要调节作用,但却忽略了自然生态环境因素对企业构建长期竞争优势的影响。(Aragón,Sharma,2003)

随着绿色管理的兴起,国内学者也对绿色管理进行了探讨。季开胜认为,绿色管理的具体内容可以概括为"五 R",即研究(Research),把环境保护导入企业的经营决策之中,重视研究本企业的环境对策;减消(Reduce),采用新技术、新工艺,尽量减少或消除有害废弃物的排放;循环(Recycle),对废旧产品进行回收处理,循环利用;再开发(Rediscover),普通商品为绿色商品,积极争取绿色商标;保护(Reserve),积极参与社区的环境整治,推动对员工和公众的环保宣导,树立"绿色企业"的良好形象。(季开胜,1999)颜爱民、谭民俊指出,绿色管理是以环境问题作为推进点而展开的管理实践。企业把环境保护纳入其经营理念之中,坚持环保方针,创立无污染、着重于避免废物的生产系统,对产品开发、设计、生产、流通和促销等过程全面"绿化",使企业的全部生产经营活动朝低消耗、低污染、高附加值的方向发展,从而使企业行为既满足消费者需要,又满足环境保护的要求,在社会公众和企业内部员工中形成良好的整体形象和评价。绿色管理的实现需要在企业经营的全过程,鼓励全员参与,实现全方面的绿色管理,使企业所有的经营活动和内外部环境均处于一个"绿色大系统"之中。(颜爱民,谭民俊,1999)张健在研究中表示,所谓的绿色管理是企业将环境保护的观念融入企业的经营管理之中,从企业的生产经营的各个环节入手,控制污染与节约资源,来达到可持续发展的目的。(张健,2000)张登俊,潘峰将绿色管理视为企业根据可持续发展思想和环境保护的要求所形成的一种绿色的经营理念,并且包括实施的管理活动。(张登俊,潘峰,2000)丁祖荣等对绿色管理内涵进行扩展,并且对其驱动因素进行简要分析之后,提出绿色管理的本质是实现"人态和谐"。实现企业的绿色管理要从生态和谐(人与自然的和谐)与"人态和谐"(人与人的和谐)两方面入手,构建实现绿色管理和谐理念的相关策略。(丁祖荣等,2008)薛军堂,王嘉则是从政府的角度,将政府绿色管理概况为"4E"模式,即引导(Educe)——由政府做出宣传,在全社会倡导绿色理念;消减(Eliminate)——政府通过采用各种手段进行控制和激励,逐步消减污染、浪费现象,实现节能降耗;评估(Evaluate)——为真正落实绿色管理,通过制定各种标准评定行为主体是否达到绿色管理的要求;再发展(Evolution)——改善由工业经济带来的环境破坏,实现人与自然的和谐发,走可持续发展道路。(薛军堂,王嘉,2008)

二、林业绿色管理理论分析

(一)内涵

在20世纪80年代初期,随着中国改革开放,"绿色经济"相关理念进入中国,被林业学科的学者所接受,并应用到林业管理的进程中。对林业的认识,由简单的"砍树",转为逐渐认识到林业的生态价值。(王干梅,1981)但是,这个阶段学界对林业的认识,更多地强调林业发展对农业的贡献作用,认为发展林业能够改变中国农业生态环境恶化的状况。(何迺维,1981)有学者强调林业作为"绿色生产部门"的重要价值,重视木材生产,并提出加快林业产业化进程、大力发展林产工业以促进森林产品增值等发展思路。(刘万福,1993)也有学者提出林业发展要依托市场机制和群众的积极护林。(王宏昌,1992)这个时期林业发展的思想侧重于从生态经济学出发,认识到了林业在整个生态系统中的价值和林业在国民经济中的基础作用。但是,这个时期的学者,寄希望于群众,倾向于通过提高林业收益或者加大宣传,来激励民众参与,从而促进林业发展。但是,他们忽视了林业作为公共物品资源的外部性,林业资源的正外部性往往导致私人投入不足,引起搭便车行为。(郎晓娟,2013)这一时期,政府对林业的投入也偏低,发展林业时也更注重林业的经济价值,对天然林资源的保护显得滞后。

随着社会主义市场经济的逐步建立,林业的管理也逐渐摆脱了集权的束缚,确定了林业生产责任制,扩大了林业企业自主权,调动了广大林业工人的积极性,逐步适应社会主义市场经济的发展。但是,计划经济在林业系统内部依旧有相当大的市场,林业主管机关从计划投资到大的项目的立项仍旧有相当的权力,与其他行业不同的是林业的生物性及自然生态与社会发展要相适应的客观要求,又决定全国林业一盘棋思想在林业管理中仍然占主导地位。

21世纪以来,随着"绿色经济"理念的健全和发展,林业发展也走入了新阶段。林业是发展绿色经济的基础和关键,1992年、2002年、2012年三次联合国可持续发展大会都有涉及林业的重要议题,都推动了林业转型。在联合国环境规划署的报告中明确指出林业的在绿色经济中的重要地位和作用,将林业确定为全球绿色经济至关重要的十大支柱部门之一。经济的进步和人类的福祉都依赖于健康的森林。森林提供碳汇、稳定全球气候、调节水循环,并为生物多样性提供栖息地,同时保存了遗传资源。在不同的国家进行的经济估值研究表明了森林的重要性,特别是在调节气候服务中存在的价值。具体来说,从经济角度来看,林业发展得以提供丰富多彩的林产品和工业原材料;从社会角度来看,林业发展为全球近10亿人口提供了生计,有利于吸纳就业、降低失业率、提高收入、提高居民健康水平等,促进人类福利的增加,同时作为一种绿色资产,森林能够发挥储蓄和保险等方面的价值;从生态角度看,林业发展具有涵养水源、减少水土流失、防风固沙、应对气候变化、保持生物多样性等多方面的作用。(UNEP,2011)

在绿色经济背景下,林业发展面临着前所未有的机遇,也面临着巨大的挑战。由于森林资源的多种功能备受关注,林业在经济发展中的地位进一步提升,对林业的财政投资力度、对森林资源的保护和培育力度都将进一步加大,如此将会大幅推动林业产业升级,推进林业绿色增长,实现林业可持续发展。挑战方面,随着国民经济的发展和社会的进步,对林业的需求也会日益扩大,对森林资源的质量和数量的要求也会日益增长。同时,依靠森林生存的人口往往与贫困人口相重合,因此人口增长和农村贫困对保护森林资源和巩固林业生态建设都会带来更大的压力。再加上土地竞争的激烈程度日益加强,由此引起的毁林、森林退化的压力短期内也不会减弱。(王干梅,1981)

应对绿色经济背景下林业发展的挑战与机遇并存,林业绿色管理是林业发展的必经之路。作为国民经济中唯一的绿色部门,林业发展需要及时调整林业发展理念,对林业政策进行方向性的重构,从而使林业在绿色经济发展中发挥更加重要的作用。(张海鹏,2015)如何协调林业的社会、经济、生态三大效益,是制定林业发展战略过程中的重要问题。(郎晓娟,2013)

基于以上,界定林业绿色管理的内涵是:在绿色经济的背景下应运而生,是以可持续发展理论为指导,以保障和改善民生为重点,以保护和培育森林资源为前提,以产业化发展为动力,满足人类日益增长的民生需求,实现发展成果更多更公平惠及全体人民,以实现林业绿色发展、可持续发展的管理体系。具体而言,林业绿色管理是要求森林资源可持续的管理模式,是要求包括林木的培育和种植、木材采伐、运输和加工制造等各方面都节约资源能源的管理模式,是要求林业经济发展能够改善人类福祉、实现社会公平、降低环境风险的管理模式,是要求有完善的林业发展体系的管理模式。(张美华,2002)

林业绿色管理的实现,需要不同层面,不同主体的协调合作。不仅需要宏观层面的国家相关机关制定颁布相关法律、法规,也需要中观层面的地区政府切实履职,更需要微观层面的林业企业彻底落实。只有宏观、中观和微观三个层面的主体相互配合,相互监督,才能真正落实林业绿色管理,实现林业绿色发展。从微观层面而言,在绿色经济的背景下,建立合理的林业管理体制,真正扩大林业企业的自主权,使林业企业既有内在动力又有外在压力,从而充满生机和活力,使林业企业成为自主经营、自负盈亏的经济实体,林业企业行为更多地受利益驱动,形成利益多元化的经营、投资和收益主体;从中、宏观的层面而言,确保国家宏观调控职能的充分实现,促进各项林业资源的合理流动,真正做到优化组合,并打破部门、地区、企业和所有制的限制,采取各种形式的联合,以提高林业生产经济活动的整体效益,有利于满足社会化大生产、专业化协作的要求和经济合理的原则,使林业生产经营活动取得最佳效益与现代林业发展和建设新格局林业相协调,与各地区、各企业之间的经济关系相协调,促进林业持续、稳定、协调、高效地发展;从微观与中、宏观之间的联系而言,正确划分和处理各层次的责、权、利关系,正确协调国家、地区、企业、集体、职工、林农之间的利益关系,确保劳动者的主人翁地位得到实现和加强,劳动贡献和自身的物质利益紧密结合,使劳动者的积极性、主动性、创造性得到发挥;确保发挥各地区、各部门、各种组织和企业以及职工和林农的积极性。(张叶,2002)

(二)特征

林业绿色管理围绕林业发展,促进了林业要素的合理配置,是林业发展的必然之路。对于林业绿色管理的特征,可以从以下几个角度进行梳理。

(1)以绿色经济为背景

林业绿色管理是在绿色经济的背景下应运而生的,其完善发展也是依托绿色经济的不断进步。林业绿色管理的对象虽然是林业,但是,管理手段和管理方法必须以实现绿色经济为准则。要适时摒弃陈旧的林业经营思想,更新思想观念,在绿色经济的引导下,实现林业的生态价值、经济价值和社会价值的统一。

(2)以人为本

经济发展的最终目的是实现人类的生存和发展,在这个过程中,人类必须与自然和谐相处,这是条件。同样,林业绿色管理要以人为本,以促进人类的全面发展为己任。如果过分强调自然伦理,否认人类的价值,林业经济的发展、国民经济的发展都会失去意义。

（3）以环境容量和资源承载力为约束

首先，环境容量不仅是经济发展的内生变量，也是经济发展的前提条件，因此，林业绿色管理也受环境容量的刚性约束。其次，森林资源是林业经济发展的基础，林业经济发展的每个环节都离不开森林资源，林业绿色管理也受森林资源状况的约束。

（4）以绿色技术和绿色投资为手段

林业绿色管理要强调绿色技术和绿色投资。绿色技术是人们改造自然并使之适合生存与发展需要，且又不对环境和人产生明显危害作用的工具与手段，它着眼于把环境与人之间的协调关系作为测定因素。绿色投资是指增加自然资本的投入，包括对生态建设、环境保护等的投入，因此依靠绿色投资即从投入的角度控制产业发展。

（5）以实现可持续发展为目标

林业绿色管理是实现林业可持续发展的重要途径之一，要把规模控制在资源和环境的可承受范围之内，并不断提升效率和效益，即要考虑当代人的需求，又要考虑后代的生存和发展；既兼顾林业经济的增长，也兼顾生态功能的发挥。（徐萌,2015）

（三）林业企业绿色管理

对于企业绿色管理的理解，从不同的角度出发有不同的看法：从环境学的意义来讲，企业绿色管理是指企业的生产经营活动应该无害于环境，即无污染或者最小污染的生产经营活动；从资源学的意义上讲，企业绿色管理是指企业的生产经营活动应该做到对自然资源的适度利用和综合利用；从生态学的意义上讲，企业绿色管理是指企业的生产经营活动应该符合生态系统的物质、能量流通规律，不能因为企业的生产经营活动而破坏生态系统的平衡；从经济学的意义来讲，企业绿色管理是指企业的生产经营活动应当实现一定的效益，并且要实现经济效益与生态效益、社会效益的有机统一；从管理学的意义上来讲，企业绿色管理是指企业在生产经营活动中，应对人、财、物等资源进行合理安排和组织，使各部门协调统一，以实现企业的可持续发展。

综合国外研究，我们在此定义，企业绿色管理是指企业以可持续发展思想为指导，以消除和减少自身行为对生态环境的影响为前提，以满足用户或顾客的需要为中心，以协调公共关系为保障，以实现资源的合理优化和充分利用为目标，通过生产、营销、理财等活动为实现经济效益、社会效益、生态效益共赢而进行全面、全员、全过程活动的总称。其最终目的就是打造绿色企业。林业企业的生产经营对象是森林资源,而森林资源在维护地球的基本生命过程中具有决定性的作用。因此,对于林业企业而言,林业企业绿色管理是指林业企业在维护森林资源生态功能的基础上,为了实现企业盈利,开发绿色产品,提高产品的竞争力,占领绿色消费市场,促进可持续发展而进行的企业组织生产和管理活动的总称。(刘燕娜,2001)

绿色管理是对传统管理的一种革命,凡是传统管理中不利于节约资源、保护环境的管理内容都要进行变革,因此,绿色管理的内容相当丰富。研究的方法也多种多样,比如可以从管理过程上来研究,有绿色设计、绿色技术、绿色制造、绿色包装、绿色市场。绿色消费、绿色营销、绿色会计、绿色审计等。本书从企业生产经营管理的角度出发来研究绿色管理的内容,具体包括绿色业务管理和绿色行为管理。其中,绿色业务管理指对资源的管理,比如绿色产品设计、绿色生产、绿色营销。而绿色行为管理则侧重对组织成员的管理,具体可以包括绿色组织设计、绿色激励、绿色企业文化等。本书重点从林业企业绿色业务管理和绿色行为管理两大角度出发,进行细化,构建企业绿色管理的体系和框架,如图10-1。

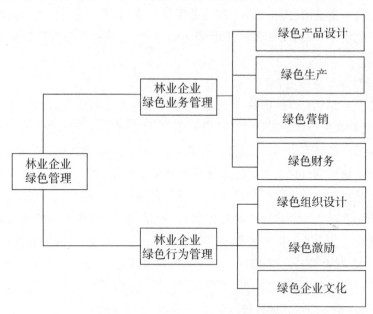

图10-1 林业企业绿色管理系统图

(1)林业企业绿色业务管理

林业企业绿色业务管理是针对资源的企业绿色管理机制,而对于林业企业而言,最主要的资源就是森林资源。林业企业的绿色业务管理可以大致分为绿色产品设计、绿色生产、绿色营销等几个方面。

①绿色产品设计

所谓绿色产品是指经专门机构认证许可使用绿色产品标志的无污染的安全、优质产品。因此,要进行绿色设计。绿色设计是指在设计过程中考虑产品及工艺对环境产生的副作用,并将其控制在最小范围之内或者最终消除,这是绿色设计的基本思想。(柯水发,2013)绿色产品设计层次如下图10-2。

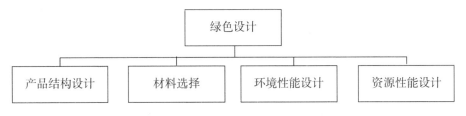

图10-2　绿色设计结构图

林业企业实施绿色管理,其目的是生产和开发出符合环保要求的绿色产品,充分发挥自然资源优势,利用科技成果,实现绿色产品加工增值,实现资源优势向经济、市场优势的转化。如,利用林区特有的"土净、水净、空气净"的有利自然资源条件,进行山珍植物田园栽培,中草药间作果树等,并以此为基础,加快绿色产品的开发和加工。这方面有许多非常成功的例子,比如,著名的绿色食品——海南的天然椰子汁在各地畅销不衰。绿色产品的开发首先在于绿色产品的设计,林业企业在选择生产何种产品及应用何种技术时,必须考虑到尽可能减少对环境的不利影响。在设计产品时,应考虑使产品尽可能短小轻薄,节省材料,材料选用要无毒无害易分解处理,产品在使用过程中要安全和节能并易于回收。(刘燕娜,2001)

②绿色生产

绿色产品的生产必须是清洁生产,它要求林业企业在生产过程中采用少废无废的工艺和高效的设备,物料应再循环使用,并要求在产品生产过程中考虑安全性,进行完善的管理,以减少或消除企业生产活动对人类和环境的风险。对林业企业来说,绿色产品的生产要求可归纳如下:首先,科学合理地使用肥料和农药。坚持有机肥料、无机肥料及生物肥料的合理搭配;使用的农药易降解,最好使用生物农药对病虫害防治,切实根除化肥和农药对土壤、水体及林果品的污染;其次,在林产品的工业生产过程中,一是防止物料流失,对废物要进行综合利用,特别要提高森林资源综合利用率;二是改进和发展绿色技术,搞好污染防治及末端治理。

③绿色营销

绿色营销是企业以促进可持续发展为目标,为实现经济利益、消费者需求和环境利益的统一,根据科学性和规范性的原则,通过有目的、有计划地开发,以同其他市场主体交换产品价值来满足市场需求的一种管理过程。绿色营销是绿色管理的一种综合表现,是一个复杂的系统工程。它是以维护生态平衡、重视环境保护这一"绿色理念"为指导,使企业的整个经营过程与社会利益相一致。绿色营销的运作系统是企业、顾客、社会、自然,满足的目标是顾客需求、社会利益、自然可持续性。

绿色营销是绿色管理的一个重要环节,要实现绿色营销,需要构建一个绿色的营销组合,即绿色"4P",包括绿色产品(Product)、绿色价格(Price)、绿色渠道(Place)和绿色促销(Promotion)。

绿色营销是人类环境保护意识与市场营销观念相结合的一种现代市场营销观念,也是实现经济可持续发展的重要战略措施。绿色营销是一个系统的过程,在绿色营销过程中要注意搜集绿色信息,开发绿色资源,并提供绿色服务,鼓励绿色消费。在营销过程中,以"4S"的标准来衡量营销活动的有效性,即顾客满意度(Satisfaction),产品对员工、顾客、社会和自然的安全度(Safety),营销活动的社会接受度(Society acceptability),营销活动对自然可持续性的影响(Sustainability)。

④绿色财务

企业的生产经营离不开财务活动,在管理过程中,资本是一项重要的资源。因此,林业企业在处理财务工作时,也需要进行改进,来适应绿色管理的需求。绿色财务包括绿色投资、绿色会计、绿色审计等。绿色投资是指企业抓住机遇,投入绿色环保项目,发展绿色产业。林业企业在投资时尤其要注意,投资符合环保要求的项目。绿色会计是在适应环境问题的需求和传统社会会计修正的基础上,将会计和环境经济学相结合,通过有效的价值管理,达到协调经济发展和环境保护的目的。绿色会计的内容除了自然资源消耗成本外,还包括环境污染成本、企业的资源利用率以及产生的社会环境代价评估,全面反映经济利益、社会利益和环境利益。绿色审计则是指企业对现行的运作经营,从绿色管理的角度进行系统完整的评估。包括危险品的存放、生态责任的归属、污染的估计、政府环境政策的影响、绿色运动对企业的冲击、企业绿色形象的优劣等。审计能发现薄弱环节,为开展相应的绿色管理决策提供依据。这样既可以降低潜在的危险,又能比较准确地判断绿色管理的投入,更重要的是有助于企业发现市场中的新机会。

(2)林业企业绿色行为管理

企业绿色管理不仅要针对生产对象进行管理,更要对企业中的成员和关系进行管理,这就是企业行为管理。林业企业的绿色行为管理主要包括绿色组织设计、绿色激励、绿色企业为文化等方面。

①绿色组织设计

组织设计是企业管理的一项重要内容,林业企业要实现绿色管理,就要使整个企业组织不断发展、完善,使之更加富有成效。林业企业要把持续发展的观念融入企业生产经营中,不仅需要全体职工有绿色意识,还需要有有形的具体职能部门来履行绿色管理的职能,需要设置相应的计划制定部门、执行部门和监督部门。例如,可以在企划部门中设立绿色环保规划处、绿色认证研究部门,设立产品质量环境保护成效监督部门、绿色产品研发部门、绿色技术研发部门、绿色市场开拓部门等,使企业形成一个绿色管理网络。

②绿色激励

所谓激励是创立满足职工各种需求的条件,激发职工的工作动机,使之产生实现组织目标特定行为的过程。对于林业企业而言,要实现绿色管理,需要绿色行为导向的激励手段。比如,鼓励员工的绿色创意,给为公司提供环保技术的员工进行物质奖励。尤其是在产品设计和研发上,鼓励员工自主研发,在生产过程中做到节能环保。

③绿色企业文化

林业企业以森林资源为依托,有着丰厚的文化底蕴,为了建立绿色企业,需要绿色企业文化。企业文化是企业及其员工在生产经营实践中逐渐形成的,随着企业成长产生重要的影响,是价值观体系和各种观念文化形成的综合,包括价值观、行为规范、道德风尚、制定法规、精神面貌等,其中处于核心地位的是价值观。企业文化在企业成长中起着基础性的关键作用。企业文化是明确企业成长方向,确定成长目标的基础;是制定和实施企业经营战略,实现企业长远发展的前提;是增强职工凝聚力,提高企业竞争力的关键。构建林业企业的绿色企业文化是企业主动、自主积极实施绿色管理的前提。企业要制定绿色经营战略、实施绿色生产经营方式,首先取决于员工特别是经营管理者是否具有绿色意识。企业要开发绿色市场、进行绿色营销,其营销人员对企业与自然、社会关系的认识就起着决定性的作用。绿色企业文化体现在绿色管理的各个方面。

综合以上,林业企业在实施绿色管理中,自身应做好以下工作:一、转变管理观念,树立绿色管理理念和绿色经营思维。二、创建绿色组织,包括改变企业结构,创建绿色企业文化,培养绿色雇员,制定绿色制度。三、正确使用林业企业资源,实施绿色财务及绿色人力资源开发。四、进行绿色管理的信息管理,包括进行绿色审计,进行绿色经营调研,等等。五、制定和实施绿色管理策略。包括绿色产品的设计,实施清洁生产计划或方案,制定及实施绿色营销策略。

(四)林业绿色行政管理

(1)林业行政绿色管理的内涵

2008年的国际金融危机的冲击,给各国政府的管理模式提出了新的挑战。联合国提出的"绿色新政",迅速成为了各国发展和借鉴的新模式。在这种背景下,以绿色行政为基础的绿色政府,成为各国政府发展的方向之一。

莱希哈特用"green administration"来概括美国克林顿-戈尔时期的绿色行政,许多国家也在推行绿色行政,比如丹麦、加拿大等。奥尔夫从微观的角度界定了绿色行政,着眼于识辨组织中减少行政成本和提高运营效率,同时控制能源消费的机会。在其他绿色行政的研究中,多有学者对绿色行政进行了比较一致的界定,认为绿色行政是对环境友好的行政。我国目前学界对绿色行政的界定主要有以下观点。杨作精认为绿色行政是对环境友好的行政。绿色的行政管理活动就是对保护资源、环境、实现社会、经济持续发展有利的活动。陈建成认为绿色行政是ISO14001的概念性称号,是按照现代行政法治要求的新的行政观,是国际标准化组织为减少人类各项活动所造成的环境污染,在节约资源、改善环境质量、促进社会可持续发展方面制定的一系列环境管理标准的总称。(陈建成,2009)它规定建立环境管理体系的基本要求,明确环境管理体系的诸要素,适合于任何类型和规模的组织。在科学发展观的指导下的绿色行政管理活动要求避免对环境资源采取掠夺式的开发和利用,要求避免资源回收利用和循环利用水平低的情况发生,要求进行对保护资源、环境,实现社会、经济持续发展有利的活动。任俊华,刘晓华等认为绿色行政是指以绿色管理思想为指导,以实现人类可持续发展为目标,在政府环境管理行政事务中倡导爱护环境、人与自然和谐相处的绿色理念,推行绿色生产经营。(任俊华,2004)汤寿根认为绿色行政以可持续发展观为价值基座,遵循自然生态规律,通过政府主导和市场导向双向互动,制定和实施一系列引导社会经济合规律性发展的制度安排,引导、推动、保障社会各项活动的各个环节朝向绿色发展。(汤寿根,2010)

基于以上,我们在概念层次上对绿色行政有两方面的理解:其一,以中央政府为主体,通过对政府行为、企业行为和社会公众行为三者进行协调整合,以达到整个国家社会经济可持续发展的宏观管理活动。宏观绿色行政管理往往是通过中央政府的政策、法律、法规、经济杠杆及对国民的宣传和教育等方式实现的,管理的对象为全国、全社会范围,本质上是对全社会可持续发展的管理。其二,是政府机关通过规范的运作程序,有效的环境战略使该政府机构在运行时,将对环境的不利影响降到最低,给相关方施加良好的影响;并要注重执政理念的转变,坚持可持续发展,主动承担经济、社会发展绿色转型的责任。

而林业行政绿色管理则是在绿色行政管理中,将关注点置于林业领域。即环境友好、符合可持续发展的林业部门行政管理体系。主要包括林业绿色办公和林业绿色行政管理活动两方面内容。林业绿色办公是指机关在办公活动中节约资源能源,减少污染物的产生、排放,回收重复利用资源等。林业绿色行政管理活动主要是对政府部门管理行为进行全过程的规范,尽量把对环境的影响减至最小。做到信息公开,林业绿色决策过程科学化、民主化,行政资源节约化、高效化。

(2)林业行政绿色管理的特点

①贯彻环保理念

林业行政绿色管理要求行政的过程中始终贯彻环保理念,所有的行政活动都建立在"绿色"的基础上,包括绿色方针、绿色规划、绿色管理、绿色政策等。绿色方针是绿色行政的指南,为绿色行政的组织行为及环境目标和指标的建立提供一个框架;绿色政策是绿色行政的核心部分之一,是绿色行政的依据和实施方案;绿色规划是要符合环境保护的规划,是绿色行政的实施步骤;绿色管理即在行政管理中贯彻可持续发展理论,它是绿色行政的具体要求。(付永胜,2004)

②符合可持续发展的要求

林业行政绿色管理是一个综合的过程,是在制定和实施社会、经济发展方针、战略、政策、规划时充分考虑环境的影响因素,把环境保护和可持续发展理论贯穿到行政的全过程中来,把对环境的影响降到最低。

③要做到科学决策

在林业行政绿色管理中,政府及有关部门要广泛地听取各方的意见。要符合社会经济和生态发展的客观规律要求,从全局的、长远的利益出发,科学的考虑社会、经济、生态环境之间的相互关系,把保护环境资源、实现社会和经济的持续发展作为目标;进行综合、科学决策。

④要建立科学的行政体系

林业行政绿色管理是通过对政府林业部门的行政体系进行综合规划,根据职能办公室的具体情况,制定出相应的对环境友好的指标;然后运用先进的科学行政手段和方法,按所制定的指标来实施林业行政绿色管理;林业行政绿色管理的过程中不断地检查指标的实施和完成情况,及时对它们进行评价,找出存在的问题并予以纠正,持续改进,不断更新完善,通过检查、评审纠正体系中存在的不足,实现行政体系质量的阶梯式前进和螺旋式上升。

(3)林业行政绿色管理的实施过程

①进行现状评价

林业行政绿色管理的基础,是对政府相关林业部门的环保现状进行评价,即采用科学的手段和方法收集与林业行政管理相关的资料,了解林业职能部门的环境现状,对照相关的法律和法规,对林业部门内部的工作人员的环保意识进行评估,以便林业部门的管理层能及时了解管理团队的现状,做出相适应的决策。对林业部门的现状评价包括政府内部的自我评价和专业环保机构进行的专家评价两部分。内部自我评价可采用调查问卷方式调查政府部门工作人员自身;专家评价是指由专家凭借其知识和经验,对林业部门的现状进行判断和评价,以此来指导、推进林业部门的日常工作。

②明确林业行政目标和指标

目标和指标是一定时期内要实现的环境管理的目的。目标和指标应该由各部门制定,并由各行政部门的负责人审批报本级政府,并向部门内工作人员发布;环境目标和指标要有规定的时间限制,并能够在规定时间内实现;各部门应根据实际情况定期或不定期对目标和指标的完成情况做出适宜性评审,酌情予以调整;目标和指标可以广泛适用于整个部门,也可以只适用于该部门的个别行政活动;在制定环境目标和指标时,要考虑相关方的观点和其他一些因素,例如市民的观点,以及部门内对实现目标和指标负有责任的工作人员的意见。

③制定环境管理方案

环境目标和指标制定后,为了更好地贯彻、实现目标和指标,就有必要制定具体的管理计划和行动措施,这便是环境管理方案。在制定环境管理方案时,需注意以下几个问题:环境管理方案应该是动态的,应定期评价以反映林业部门的环境目标和指标的变化;林业部门应对环境管理方案的要求做出规定,对环境管理方案的制定、修订进行监督;环境管理方案起草后,要听取执行该方案的相关下属部门和主要负责人的意见,以使在管理措施上确保经济性和实际操作性的合理、适宜、可行,使管理工作协调地纳入到政府各个部门的整体管理之中。方案确定后,应由各个林业相关部门的负责人批准,形成文件。

④建立实施组织机构并且明确其职责

为了使林业部门内的工作人员在林业绿色行政方面致力于共同的目标,就要明确林业行政绿色管理的组织机构、人员分工和职责、体系内各部门和工作人员之间的相互关系,以及与外部的接口联系等。当环境管理职责与其他管理职责及有关岗位设置出现不协调时,要从各个部门整体管理的角度统一调整林业行政绿色管理的机构设置与各项管理职责的分配。

⑤组织人员培训

在林业行政绿色管理过程中,林业各相关部门达成共识很重要,培训是达成共识的有效手段。通过培训可全面提高工作人员的环境意识与运行管理水平,明确自身环境职责,提高相应工作能力,以确保林业行政绿色管理的有效运行。按照要求,政府部门应首先确定培训的需求,所有可能具有重大环境影响的人员都要经过相应有针对性的培训,从而进一步提高其环境意识和政策水平。培训的方式、手段应以灵活、实用为原则,注重实效。

⑥注意信息交流

政府林业部门内部和与外部相关方之间达成共识的另一重要手段就是信息交流。通过及时、准确的内外部信息交流,才能保证林业行政绿色管理的有效运行。信息交流是确保林业行政绿色管理构成一个完整的、动态的、持续改进的体系的基础。建立内外部环境信息交流途径,以确保环境信息及时、顺畅地接受、传递、处理与反馈。通过信息的传递和及时处理,可以加强各部门和有关环保管理部门的沟通,以便于相关部门及时采取措施防止环境问题的发生。信息交流具体方式可按纵向、横向、内外交流三种类型根据实际情况采取并确定。

⑦管理过程中注意控制

政府部门应根据其方针、目标和指标,确定与重要环境因素有关的行政活动,同时应对这些活动加以规划,并实施有效控制。其目的是实现政府部门环境方针、目标和指标的统一;对象是与重要环境因素有关的工作部门与工作特性。林业行政绿色管理要求政府林业部门都应建立针对环境保护工作的日常运行控制工作程序;同时对相关方施加环境影响,促使其改进环境行为。

⑧加强林业行政绿色管理的监督和检查

林业政府部门实施监督、检查的主要作用是为了证实政府的相关环境管理活动是否符合国家规定、标准等要求;真实地反映行政体系运行的环境绩效等,为组织的领导层提供决策的依据。赋予林业行政绿色管理一些新的内容,即在监督、检查过程中应对林业行政绿色管理的实施全过程进行有效的监督、检查。

⑨加强管理评审

管理评审是对林业行政绿色管理的全面审查,是一种很重要的监督机制。最高管理者定期组织管理评审,根据审核的结果,不断变化的客观情况和对持续改进的承诺,评审方针、目标以及体系的其他要求,来规范管理评审以确保林业行政绿色管理的持续适用性、充分性、有效性。管理评审为最高管理者评审林业行政绿色管理的建立提供一个规范化的过程。它是由最高管理者亲自主持,由各部门负责人参加的组织最高级环境管理会议,对体系运行状态做出评估,对需改进的提出要求,提出今后新的目标和方案。

⑩持续的改进

通过日常监督、内审、管理评审三级监控手段以及时发现问题,及时采取预防与纠正措施,但它只是一个初步模式,应随着人类社会的进步发展、市场经济的发展和国家法律、法规变化等,在体系运行中不断探索和寻求合适有效的形式,并不断地持续改进,建立高效可行的林业行政绿色管理体制,保证其科学性、合法性、适应性和可运行性。

(4)林业行政绿色管理的调整与发展

随着绿色经济的深入发展,新时期林业行政的绿色管理也要顺应时代变化,做出调整和改进。

①要在管理上做文章

加强机构建设,创新管理模式,服务国家战略大局。加强机构建设,建议进一步以生态和民生为目标,在国家层面对涉及生态建设与保护的机构和职能进行整合,成立综合的部委或总局专门进行生态系统建设与保护管理,进而带领山区林区人民脱贫致富,促进山区林区和谐稳定;创新管理模式,建议遵循"国家政府规划监督,省级政府负责落实,地市政府组织实施"的原则,即国家政府层面制定发展规划和约束性指标并实施监督职能,省级政府层面要对森林资源保护和增值担负责任并负责落实,地方政府层面制定和组织实施具体的经营方案并负责执行。同时积极鼓励社会团体、企业、社区和公众的参与,逐步培养并形成政府指导、财政支持、多元投入、全民参与的社会性林业大发展。

②要在强化上动脑筋

强化林业的可持续经营,强化林业立法与政策建设。强化林业的可持续经营,要积极实施《全国林地保护利用规划纲要》,严格保护林地,确保林地规模适度增加,提高林地管理能力。要认真落实《全国造林绿化规划纲要》,充分利用现代科技手段,提高森林经营水平,确保森林蓄积稳步提高;强化林业立法与政策建设,要建立健全《森林法》、《湿地保护条例》、《国家级森林公园管理办法》等有关法律、法规和规章,探索森林健康经营、绿色计量与核算、森林碳汇交易等标准、规范和制度。做到有法可依、有法必依、执法必严、违法必究;强化林业的投资融资,坚持以国家财政购买国家重要生态公共产品的投入原则不能变,林业投入机制要制度化、长期化,持续发挥财政资金的引导作用,同时积极吸引社会投资、国外投资,形成多元复合型投资机制。

③要在深化上下功夫

深化林业的绿色改革,深化林业的绿色科技创新,深化林业的国际交流合作。深化林业的绿色改革,要进一步推进集体林权制度改革,探索国有林区改革。进一步支持林农专业合作组织,发展林下经济,增加农民收入,解决农村富余劳动力就业。进一步加强基础设施建设和棚户区工程,促使生产要素向林业生产聚集,促进山区脱贫致富、林区和谐稳定;深化林业的绿色科技创新,要加大林业生物技术、信息技术、测量技术、能源技术等领域的科技创新力度,以科技创新引领绿色发展;深化林业的国际交流合作,要积极推动我国与世界各国和政府间国际组织、国际公约、国际非政府组织在林业领域的合作与交流,以使我们利用后发优势,学习发达国家长期的技术积累和管理经验,吸引外资。能让世界了解我国林业为世界发展做出的重大贡献,为我国林业发展营造良好的国际环境,提升我国的国际形象。

推动绿色经济、实现林业发展转型,责任重大,使命光荣。随着林业"绿色新政"的持续深化,森林资源的多功能性将会得到充分发挥,林业三个系统、一个多样性将会更加健康完善,林业"绿色生态盈余"将会进一步扩大。社会力量办林业的活力也将会被进一步激活,林业在绿色经济中的地位和作用必将得到不断巩固和提升。中国林业将会在国际舞台上有更大的施展空间和话语权,必将走出一条世界领先的、中国特色的、绿色发展之路,为中国及至世界绿色增长做出新的贡献。(刘珉,2013)

第二节　林业绿色经济组织

一、绿色经济组织概述

（一）绿色经济组织界定

经济组织是指如家庭、企业、公司等按一定方式组织生产要素进行生产、经营活动的单位,是一定的社会集团为了保证经济循环系统的正常运行,通过权责分配和相应层次结构所构成的一个完整的有机整体。

绿色经济组织是推动绿色经济发展的专业组织,致力于为工业、农业、能源、环保等产业及区域经济提供绿色发展的能力建设,助推产业的跨域式发展和企业的突破性成长。(国际绿色经济协会,2014)

（二）相关的几个绿色经济组织概述

作为一种以经济与环境协调发展为目的的新经济形式,绿色经济旨在促进资源能源节约和环境保护,体现了以人为本,全面协调可持续的科学发展观的要求。而绿色经济组织是推动绿色经济发展的专业组织,显得尤为重要。当前,国际上和国内都成立了不同类型、不同规模的绿色经济组织。

(1)国际绿色经济协会(IGEA)

国际绿色经济协会是推动绿色经济发展的专业组织,是经北京市朝阳区社团管理机关核准登记的非盈利性社会团体。其宗旨是推动绿色经济、促进可持续发展、建设生态文明。其任务是致力于为区域经济及各相关产业提供绿色发展的能力建设,实现"资源、环境、生态"效益与经济增长良性互动的产业发展模式。

其产业集群包括:区域经济、节能环保、生态农业、绿色建筑、生物医药、新能源、新材料、高端装备制造等业态,以细分业态的产业链与供应链为系统,建立产业集群。其功能集群包括:绿色政策咨询、绿色技术优化、绿色金融服务、绿色市场合作、绿色品宣推广、绿色商机国际合作。

(2)当代绿色经济研究中心

当代绿色经济研究中心(以下简称中心)是经民政部批准依法登记成立的全国性、公益性、学术性的民办非营利性社会组织。中心由从事绿色、低碳、循环发展工作及其研究的专家、学者自愿组成,是推动我国绿色经济研究事业的重要社会力量。中心主要围绕绿色发展、低碳发展、循环发展,开展与绿色经济发展有关的公益性社会工作。

具体活动内容如下:(1)政策咨询——接受政府部门和企业的委托,开展政策、规划、法规等研究和咨询;(2)学术研究——开展绿色、低碳、循环发展等领域的专题研究;(3)社会服务——提供社会各界委托的相关服务工作;(4)人才培养——集中国内优势力量,开展人才培养与培训工作,吸收国内外人才参与研究工作并进行有针对性的业务培训;(5)国际合作——组织国内、国际会议、考察、合作项目和学术交流活动。

(3)中国绿色发展联盟

中国绿色发展联盟是《中国环境报》(环保部直属事业单位)主办的环境公益组织。其创立是为了推动企业应对新环保法所带来的严峻挑战,更好地促进企业绿色和可持续发展,提升行业整体环保水平,拓宽企业和环保部门之间的沟通与交流渠道,反映企业环境诉求;加强企业间低碳环保技术的应用推广和合作,带动绿色环保技术和绿色环保产业健康蓬勃发展,推动更多绿色环保企业涌现,努力将其打造成为树立中国行业环保典范和绿色标杆的高端平台。

中国绿色发展联盟的愿景是成为最具影响力的"绿色产业"代言人,绿色公益事业最坚实的推动者。旨在让全社会共同关注人类环境,让每个人、每个企业乃至每个城市与乡村都成为环境友好型与资源节约型社会的参与者,让绿色责任精神、节约循环意识、低碳环保理念更加深入人心,让中华民族的伟大复兴与人类绿色文明发展共生共赢。

（4）中国绿色公司联盟

中国绿色联盟是勇于践行"先问是非,再论成败"的价值理念,并善于对成败负责的企业群体的联谊组织;中国绿色公司联盟是通过汇聚全社会的"绿色"力量,推动联盟企业建立可持续的商业竞争力的公益平台;绿色公司联盟长期致力于让"绿色公司"成为这个世界上"基业长青""最受尊敬的公司"的代名词。

（5）中国绿色农业联盟

中国绿色农业联盟的宗旨是:通过参与公益性事业及组织开展合作交流、科技创新、产业协作活动,实现对农业及社会经济的协调发展提供有效服务。主要任务是,主要任务在于开展绿色农业的理论研究工作,不断完善绿色农业的理论体系建设;开展绿色农业的实践与示范活动,不断研究和推广绿色农业的发展模式;开展绿色农业的新技术项目研发工作,不断为绿色农业的建设和生产提供有效服务;开展与绿色农业相关联的有益活动,不断提升绿色农业联盟的社会效益;开展和组织联盟成员间的信息交流和产业协作,不断提高联盟成员的综合经济效益。

该联盟为开放的非政府战略合作联盟组织,是一个国际化的现代农业综合服务平台,将严格尊重并依据世界各地法律依法授权当地合法机构在该地负责运行;联盟立足国内面向国际,持续不断地与国内外越来越多的致力于绿色农业领域的专家、机构、企业、媒体等结成长期战略合作伙伴关系,一起服务和助力各地的绿色农业,推动我国绿色农业和食品安全事业的发展,希望广大社会力量一起携手努力把中国绿色农业服务联盟发展成国内乃至国际上最权威、最具影响力、最贴心的现代农业产业链全程绿色提升和改良的龙头服务组织,成为绿色农业发展的助推加速器并努力造福各地千千万万百姓。

二、林业绿色经济组织理论分析

（一）内涵

目前,在学术界还尚未提出林业绿色经济组织的相关界定。而根据绿色经济组织的界定和相关组织的特点,在此总结出林业绿色经济组织的内涵。林业绿色经济组织是属于绿色经济组织的范畴,集中关注于林业的相关领域,为了促进林业绿色经济发展,由政府机构、企业、高等院校、科研院所、社会团体或者媒体等相关组织自发形成的专业组织。林业绿色经济组织有助于加强产业绿色合作与交流,提供绿色发展政策及市场的咨询与服务,带动林业绿色环保科技研发,保障人民享受绿色生活,构建绿色发展文化氛围,全面整体推动林业产业绿色转型与绿色发展。

（二）相关的几个林业绿色经济组织

（1）中国绿色建材产业发展联盟

中国绿色建材产业发展联盟 是由绿色建材产业链上从事生产、研究、应用和服务的企事业单位及社会团体等，按照自愿、平等、合作原则组成的全国性非营利产业协同组织。（绿色建材是指在全生命周期内可减少对天然资源消耗和减轻对生态环境影响，具有"节能、减排、安全、便利和可循环"特征的建材产品。）该联盟的 138 家发起机构涵盖各领域龙头企业、行业组织、科研院所、高等院校、金融投资公司、房地产开发企业、大数据应用机构、权威媒体、展览公司等相关企事业单位，涉及投融资、研发、规划、设计、开发、生产、施工、销售、服务、互联网、传媒以及房地产等与绿色建材产业发展息息相关的多个领域，初步构建起了领域覆盖较全面、层次涵盖较丰富，跨界交融、协同合作的专业平台。

目前联盟已初步完成了 14 个专业平台和服务中心的建设，包括：建筑废弃物资源化专委会、节能门窗应用技术专委会、非金属矿专委会、碳酸钙产业专委会、创新应用专委会、绿色建筑节能技术中心、绿色建材产业基地专委会、工业固废应用技术专委会、绿色家居专委会、绿色板材与工程专委会、先进装备制造产业化促进中心、气凝胶创新应用推进中心、京津冀一体化绿色建材推广应用办公室、冬奥会绿色建材应用推进办公室。同时，联盟参照现有产业联盟的普遍模式，着手建立起会员服务、质量与标准推进、国际合作、法律金融服务、媒体协作、品牌管理及市场促进等 6 个服务中心。以上专业平台及服务中心将围绕联盟宗旨展开重点工作。

（3）中国家居产业绿色供应链联盟

中国家居产业绿色供应链联盟是由中国家具协会、中国涂料工业协会、中国林产工业协会、中国塑料加工工业协会、中国皮革协会、中国家用纺织品行业协会、中国缝制机械协会和中国环境保护产业协会共同发起，联合中国从事家居产业上下游生产企业、商贸流通企业、设计机构、科研院校等单位组成，八大行业协会的 85 家优秀企业成为联盟的首批成员。

八大协会联合发起中国家居绿色供应链产业联盟，对于家居行业的创新驱动，加快绿色发展具有重要意义，并将带动相关行业及其他行业进一步开展绿色行动。对于家具企业来说，联盟的成立可以帮助其对产业链绿色品牌有更多的了解，同时让上下游企业直接供应、降低采购成本，而对于中间领域不合格的产品，掐断不合格的原材料供应，让环保领先、技术领先的企业更有话语权。

（4）中国负责任林产品贸易与投资联盟

在国家林业局发展规划与资金管理司的支持和指导下，来自林业企业、科研机构、社会团体和媒体等30家机构共同发起成立"中国负责任林产品贸易与投资联盟",体现了联盟倡议机构多元化的特点及多利益相关方参与的准则,旨在秉持绿色发展理念,支持绿色贸易政策的制定,推动绿色林产品市场的发展,构建负责任林产品贸易投资交流、对话与合作平台。

(5)中国绿色碳汇基金会

中国绿色碳汇基金会是中国第一家以增汇减排、应对气候变化为目的的全国性公募基金会。其宗旨是致力于推进以应对气候变化为目的的植树造林、森林经营、减少毁林和其他相关的增汇减排活动,普及有关知识,提高公众应对气候变化意识和能力,支持和完善中国森林生态补偿机制。

中国绿色碳汇基金会的设立为企业和公众搭建了一个通过林业措施储存碳信用、展示捐资方社会责任形象的平台。这个平台既能帮助企业志愿减排,树立良好的社会形象,为企业自身的长远发展做出贡献,又能增加森林植被,减缓气候变暖,维护国家生态安全。国家林业局作为业务主管部门,积极支持并为基金会提供全方位的服务。

(6)中国森林康养产品体验中心

""森林康养的内涵,概括起来就是以人为本、以林为基、以养为要、以康为宿。(邓三龙,2017)中国森林康养产品体验中心是集森林康养产品展示、体验、销售及森林康养旅游项目推介为一体的综合性服务门店,首家中国森林康养产品体验中心的开业,也是顺应国家林业局《林业发展"十三五"规划》大力推进森林康养,发展集旅游、医疗、康养、教育、文化、扶贫于一体的林业综合服务业指导精神的一次创新性尝试。中国森林康养产品体验中心坚守"兴林富民、亲林健民"理念,支持拓展高品质的、合格的森林康养产品及康养旅游项目,建立和推行森林康养标准体系和认证程序,使森林康养融入医疗、旅游、教育、土地管理系统,造福于人类健康和自然环境。

专栏10-1　"绿化祖国·低碳行动"植树节活动

国内以增汇减排、应对气候变化为目标的全国性公募基金会——中国绿色碳汇基金会(以下简称"碳汇基金会"),在2011年中国植树节到来之前的3月11日,向全国发出"绿化祖国·低碳行动"植树节倡议并同步启动首届"绿化祖国·低碳行动"植树节公益活动,为广大公众搭建一个"足不出户,低碳造林",参与绿化祖国、履行义务植树的专门平台。所募集的资金由碳汇基金会组织专业公司造林,不仅保证苗木成活率和造林质量,还能减少公民个人到现场植树以及组织相关活动而造成的碳排放,这是目前国际上倡导的低碳植树造林的有效方式。

公众按照自己的意愿选择造林地点和植树株数,通过网上捐款、银行转账、邮局汇款等多种方式向中国绿色碳汇基金会捐款"购买碳汇",履行植树义务。目前,碳汇基金会已连续举办了四届"绿化祖国·低碳行动"植树节活动。为切实做到发布仪式从简、低碳环保的目标要求,碳汇基金会在每年的3·12植树节到来之际,都以互联网为载体,把全国不同省区的政府部门、企业和社会组织联系到一起,通过视频会议系统宣讲"绿化祖国·低碳行动"植树节主题,演示捐款流程,传播保护生态环境、建设美丽家园、应对气候变化的科学理念。

三年多来的创办实践证明,这种"网络捐款、购买碳汇,低碳植树、履行义务"的形式,简单易行,公开透明,不失为新形势下创新义务植树机制、提高义务植树尽责率的有效途径,正为越来越多的地方政府、企业和社会公众所接受与欢迎。
(资料来源:人民网)

专栏10-2　绿色建筑:乘着"互联网+"的风快速发展

2016年6月25日,由中国绿色建筑促进会、中国绿色建材产业发展联盟和誉讯网联合主办的"第一届世界绿色建筑产业发展峰会"在北京成功举办,来自绿色建筑领域的专家、学者、领导,共同探讨了绿色建筑未来的发展之路。与会专家认为应以互联网思维提供平台助力绿建发展,同时要紧跟时代主题,把握建筑发展方向。为此,还勾勒出了绿色建筑未来发展前景:(1)普及绿色建筑,使民众了解并感知绿色建筑的实际效用;(2)打造互联网与绿色建筑相融合的"互联网+绿色建筑",实现设计互联网化,新产品、新部件、新材料流通的互联网化,绿色建筑施工的互联网化。(王瑞红,2016)

第三节　林业绿色制度

一、绿色制度概述

(一)绿色制度界定

姜太平指出所谓绿色制度是指围绕可持续发展所作出做出的各种制度安排。可持续发展在一般意义上是指"既满足当代人的需要,又不危害后代人满足其自身需要能力的发展(WCED,1987)"。这种发展与传统的经济发展理论存在着本质的区别,即可持续发展强调的是两个观点:一是"只有一个地球",经济发展要"天人合一",否则难以持续;二是"明天与今天一样重要",实质上是代际公平。

因此,研究绿色制度实质上是研究可持续发展。(姜太平,2000)关茹萍认为绿色制度体系是随着全球环境革命在经济社会各领域的渗透而逐渐形成的,是环境经济行为的初步制度框架。当今世界各国包括我国在内,对怎样计算评估生态环境破坏与资源浪费所造成的直接经济损失,对怎样计算保护环境治理污染保护生态挽回资源损失所必须支付的投资,都已积累了一些初步经验,形成了一套初步可行的评估计算方法。(关茹萍,2009)李若娟提出发展绿色经济,建设生态文明的最终目的是要建立人与自然、社会以及人与人之间的和谐关系,这就决定了绿色经济绝不是一个单纯依靠科技就能实现的自然问题,而是一个涉及多方关系协调、利益调整、资源分配的社会问题,而公正合理的制度无疑是解决社会问题的最佳手段和有效途径。因此,关键是制度建设。(李若娟,2015)石翊龙也认为我国对于绿色经济的探索依然处在起步阶段,在机制构建和制度结合方面都存在一定程度上的缺陷,影响了我国绿色经济在实际发展过程中的广度和深度。绿色经济的发展,关键在于内部机制,在实际发展过程中,要想实现绿色经济的有序发展,必须要进行合理的机制构建。(石翊龙,2015)陈银娥认为绿色经济制度是指绿色经济建立和发展的一系列绿色规则和绿色考核指标的制度框架。(陈银娥,2010)李树也重视绿色经济发展的制度建设,他表明我国经济的可持续发展,基础在于生态的可持续发展,手段是通过发展绿色经济,实现资源的永续利用与环境的可持续发展。与此相关的制度安排是必须的,其中绿色制度的安排直接推动着绿色经济的成长,影响着绿色经济的运行效率,进而推进我国经济的可持续发展。(李树,2003)

综合以上,我们认为绿色制度是指围绕社会经济可持续发展所作出的各种制度安排的有机组合。它不是指某一种制度,而是所有绿色制度的集合,包括绿色政治制度、绿色经济管理制度、绿色文化制度以及它们内部各项制度的集合。(谭宗宪,2005)如资源节约计划、排污费征收的规定、一控双达标制度、各种环保法规等。

构建绿色制度体系的目的在于:通过重建国家制度结构,将绿色发展中的各种社会关系上升为制度关系,明确权利义务内容,赋予制度约束效力,利用制度规范保障生态、经济、社会秩序、人口、资源协调发展,在满足当代人需要的同时,为后代人的永续发展创造条件。绿色制度体系是一种具权威性的保障手段。

(二)绿色制度产生

制度对经济发展的作用正越来越为人们所认识。这其中,以诺思为代表的新经济学派对于有效的经济组织与制度安排对经济发展的无可替代的促进作用,进行了划时代的论证。在新经济学派看来,人类社会经济发展的历史,就是"结构变迁"的历史。这里的结构是指制度的创立、变更及随着时间变化而被打破的方式。

按此主张,制度对于经济发展乃至国家兴衰的作用都是第一位的。而人类社会的历史也反复地证明了制度安排对于一个国家经济社会发展的基础作用(李树,2003)。而现在,受到绿色经济浪潮的冲击,传统的制度体系已经呈现出低效率的缺陷,有必要用制度创新去整合经济、社会、资源、环境,把经济、社会、资源、环境问题结合起来,把生产方式和消费方式结合起来,从制度上寻求可持续发展的支持力量。

绿色经济不仅意味着经济形态的转变,更意味着一场深刻的经济社会和文化变革。它要求人类生产生活组织方式和价值观念发生根本转变,并将对政治、经济、文化、社会产生革命性影响。因此,发展绿色经济不仅是一个经济问题,而且是一个科学技术问题包括经济学、哲学、生态学、资源与环境科学、法学等在内的相关学科,以及教育、科技、立法、行政等社会各部门必须努力为绿色经济的发展提供科学依据、技术出路、经济支持和社会实践方面的有力支持。我们必须从制度进化和系统发展的视角,从技术转型、制度创新、文化变革等多元视角深入研究,才能真正揭示发展绿色经济的客观规律,也才能更好地指导和推动循环经济实践的健康发展。我国经济的绿色发展,基础在于生态的可持续发展,手段是通过发展绿色经济,实现资源的永续利用与环境的可持续发展。与此相关的制度安排是必须的,其中绿色制度的安排直接推动着绿色经济的成长,影响着绿色经济的运行效率,进而推进我国经济的绿色发展。

党的十八届三中全会提出,建设生态文明,必须要建立系统完整的生态文明制度体系,要实行最严格的源头保护制度、损害赔偿制度、责任追究制度,完善环境治理和生态修复制度,用制度保护生态环境。习近平总书记指出,建设美丽中国,要加强生态环境保护,推进制度创新,努力从根本上扭转环境质量恶化趋势。(中国行政管理学会,2015)

发展绿色经济,建设生态文明的目标是处理好人与自然的关系,但是,实现这一目标要解决好的主要问题则是人与人之间、个体与社会之间的关系。解决这些关系不是靠自然科学技术,而是要靠社会科学,或者说,生态文明建设处理好人与自然关系的基本途径是解决好经济社会发展过程中的制度建设。(顾钰民,2013)正如胡锦涛在十八大报告中指出的:"保护生态环境必须依靠制度。"发展绿色经济的途径之一是加强绿色的制度建设。

(三)绿色制度体系构成

绿色制度体系主要由绿色政治制度、绿色经济制度和绿色文化制度三部分构成,这三个部分包含了绿色经济发展的各个过程和方面,为绿色经济发展构建了制度基础和环境,在绿色制度的基础上,绿色经济才能有条不紊地发展和完善。

绿色政治制度,是把绿色发展问题上升到政治问题的高度,使政治与绿色发展有机结合,促进政治与社会经济持续、健康和稳定发展。绿色政治制度要求正确地处理政治与环境的关系,把环境问题纳入到政府决策、公民政治参与、国际政治行为和政治教育等过程中,使政治过程与可持续发展有机协调。绿色政治是一种新型的政治观和政治实践过程,它推动世界经济、文化、政治、生态环境间的协调发展,帮助人类战胜生态危机。绿色政治制度要求政府的决策制度和行为生态化。政府的政策、法令、规章制度、教育方式等对绿色发展进行直接干预,对经济发展模式、公众行为施加直接、间接影响,以利于生态环境的保护,实现可持续发展目标。政府决策制度及行为在促进绿色发展的过程中处于主导地位,它通过各种手段有效结合,去培育全新的政治生态观。政治生态化要求政治民主制度和公民政治参与制度绿色化。生态环境问题及生态危机的出现,促进了公众的政治参与,公众通过政治选举、投票、宣传等方式对政府环境政策和环境管理施加影响。公众政治参与促进了生态环境的保护。广泛的公众政治参与有助于和平解决生态环境问题;有助于实现对政府的监督,避免政府失灵;有助于政治决策的科学化、公开化;有助于实现公民的环境权利。

社会经济绿色发展的要求是努力提高经济运行效率,通过发展获得的社会财富在满足当代人需要的同时,要有剩余投入环境与资源的保护,这也正是绿色经济制度的目的。绿色经济制度包括的内容很多,主要涉及绿色产权制度、绿色税收制度、绿色价格制度等等。

绿色文化是一种人与自然协调发展、和谐共进,并且能使人类实现可持续发展的文化,它以崇尚自然、保护环境、促进资源永续利用为基本特征。绿色文化的核心是:提倡人与自然和谐相处,共同进化、共同发展。绿色文化以人与自然和谐发展为准则,把人与自然是否和谐作为一种新的思维方式来指导人们的社会实践活动。绿色文化要求人们要树立绿色道德的社会意识形态,具有爱护并尊重生命和自然界,与自然环境相互依存、相互促进、共存共融的观念;树立人类平等观和人与自然的平等观,在追求平等和公正、强调自然生态和环境保护的同时,寻求经济、社会、生态协调发展。绿色文化的培育和营造是一项艰巨而复杂的工作,需要一系列制度支持。主要包括:生态保护制度、绿色文明制度、国民绿色教育制度、绿色文化建设公众参与制度、绿色文明评价考核制度、绿色科技制度以及绿色宣传制度等

二、林业绿色制度理论分析

(一)内涵

任何一个经济体制的基本任务就是对个人行为形成一个激励,由此鼓励发明、创新和勤奋以及对别人的信任并与之合作。通过这些激励,每个人都将受到鼓舞而去从事那些对其和整个社会均有益的经济活动。这意味着,如果能找到办法鼓励个人去勤奋工作,并理智地进行经济决策,那么,很可能使整个社会的福利增加。制度是机制的基础,而且必须是适应自身的完备制度或制度体系。这就需要不断地解决制度的无据、缺失、脱节、空泛、冲突、过期等问题。制度的目的是确定有效的规则,以规范使用者的行为在对自身权利维护时,不损害其他使用者或后代人的利益。这就是良好的经济制度的重要作用。正如美国经济学家布坎南所说"没有适当的法律和制度,市场就不会产生任何体现价值极大化意义上的有效率的自然秩序"。(布坎南,1989)林业的发展依然离不开制度的保障,只有确立系统的林业绿色制度才能使林业绿色经济机制有效发挥作用。(剧宇宏,2009)

发展绿色经济不仅意味着经济形态的转变,更意味着一场深刻的经济社会和文化变革。它要求人类生产生活组织方式和价值观念发生根本转变,并将对政治经济文化社会产生革命性的影响。(关茹萍,2009)对于林业绿色发展也是如此,发展绿色林业不仅是一个林业部门的问题,而且是一个经济、科学、技术问题。包括经济学、哲学、生态学资源与环境科学、法学等在内的相关学科,以及教育、科技、立法、行政等社会各部门必须努力为林业的绿色发展提供科学依据、技术出路、经济支持和社会实践方面的有力支持。雷海章指出绿色制度要求政府提供循环经济发展的制度环境、规范与激励条件。(雷海章,2004)对于林业来说亦是如此,绿色林业离不开绿色的制度安排和良好的环境。

综合以上,我们认为林业绿色制度是以资源生态化和生态资源化为目标,在认识及改造森林资源的进程中形成的一种相对稳定的行为规范。它的表现形式不仅有具有约束力的成文规则,如关于生态的各种法律、规章、政策、法规等,也有执行这些法律法规的政府部门和组织,还有各种各样的国内外民间团体以及他们的倡议和宣言等。此外,林业绿色制度的内容还包括人们内在所持有的关于生态的道德规范、风俗习惯、价值理念、民族信仰等。

(二)特征

林业绿色制度同样具有绿色制度的共性特点:

(1)外部性强且协调成本大

外部性是指一些成本或收益对于决策单位是外在的事实。经济绿色变迁具有较强的外部性,有的学者甚至认为生态环境问题的经济根源在于其"外产生与发展历程的外部不经济性"。这种外部性包括两种,一种是环境污染的负外部性,一种是环境改良的正外部性。负外部性影响主要是企业的生产过程对环境造成了污染,如钢铁厂排出的气体污染了空气,影响了周围的居民生活及身体健康,但钢铁厂并没有将这种给周围居民带来的损失计入自己的生产成本。正外部性影响主要是企业改良了生态环境,如企业在厂区植树,改善了空气的质量,使周围的居民拥有更加良好的环境而获得利益,企业也无法将居民的这种收益计入自己的盈利。绿色制度变迁的实质就是将这些外部性内部化,迫使企业为自身的负外部性支付成本,也使企业的正外部性能得到合理的补偿。

外部性的广泛存在使得绿色制度变迁的协调成本比较大,如从 1995 年 3 月《气候变化框架公约》缔约国第一次会议到 2002 年 9 月"地球峰会"的马拉松式的谈判,各国对《京都议定书》中温室气体减排的任务分担上的争论不休、相互推诿指责以及不欢而散等就是典型的例证。一般来说,环境外部性涉及的范围越大,越难协调,相应地协调成本也就越大。如温室气体、酸雨等跨越国界的环境问题,涉及的范围大、利益相关者多,又没有像国家一样的强制性机构进行协调,负外部性问题难以解决,表现在国际环境制度上就是价值理性有余而工具理性不足。

(2)效益的多样性且难以定量测评

绿色制度变迁可以为社会和企业带来各种效益,既有经济效益,又有社会与生态效益。一般来说,进行绿色转变后所产生的总效益会大于原有的总效益,但如果只考虑经济效益,有的区域或社会个体进行绿色转变可能会造成收益的负增加。然而,企业是社会经济的主体,也是绿色制度变迁的微观主体,目前仍是以经济利润最大化为经营目标的,矛盾由此产生。可以说,林业绿色制度的变迁过程也就是社会效益、生态效益、经济效益三者之间融合统一的过程。

另外,在目前的技术水平下,进行林业绿色转变所产生的社会效益与生态效益难以科学地计量,进行绿色评价与监督比较困难,这在一定程度上也影响了绿色制度对企业的约束力和企业进行绿色转变的积极性。

(3)效益的长期性

经济绿色转变的效益需要经过较长的时间才能充分体现出来。如企业树立良好的绿色形象需要经过长期的努力,且要投入大量的人力、物力与资金。从短期来看,这些投入得到的回报可能较少,有的甚至会亏本。2002 年中国公众环保意识调查的结果表明,有半数以上的人视环保投入为长线投资,进行绿色转变实际上是企业的一种富有远见的长期投资行为。

（4）不确定性与风险性

在绿色制度变迁的过程中，企业收回绿色转变的成本并获益所需的期限较长，而目前与此相关的不确定性因素大量存在：绿色经济市场体系还很不完善、绿色消费偏好不很稳定、政府的绿色制度经常变动、绿色科技不断升级等。这些不确定性或新信息的出现往往使得政府的排放数量控制、规定技术和标准控制及征税等绿色控制手段呈现为低效率，可能会使已进行绿色转变的企业遭受一定的损失。时间越长，这种不确定性越大，进行绿色转变的风险越高。较大的不确定性和风险性会阻碍经济的绿色转变，特别是在贴现率较大的情况下，预期收益的贴现值变小，对企业的吸引力减弱，可能会导致企业产生"与其冒险去追求未来的不确定性，不如趁现在制度体系尚不完善捞个实在"的短期心理。（苏时鹏，2004）

（三）制度体系构成

就推进我国生态文明制度建设的现实路径而言，最为关键的就是要加强生态文明制度建设的顶层设计。在此基础上健全法制，以保障生态文明制度建设的效力；完善体制，以形成生态文明制度建设的合力；建立机制，以激发生态文明制度建设的活力；还要提升素质，以凝聚生态文明制度建设的共识。唯有如此，才能构建起完善的林业绿色制度体系，从而保障我国的生态文明建设顺利推进。（李若娟，2015）

生态文明是发展人类文明的新阶段，它的基本宗旨是建设一个人与人、人与自然、人与社会良性发展的社会形态，是物质与精神的总和。（孟玲，2014）

制度体系构建是推动生态良性发展的重点，正如党的十八大对生态文明制度建设做出的表述："建立奖惩机制，健全国土空间开发保护制度，完善耕地保护制度、水资源管理制度、环境保护制度。深化税费改革，建立反映资源稀缺程度和市场供求、体现生态价值的生态补偿制度及资源有偿使用制度。健全环境损害赔偿制度和生态保护责任追究制度。重视提升我国公民的生态意识，加强生态方面的宣传和教育，营造生态文明的良好氛围。"林业绿色制度的构建也是推动林业绿色发展的关键。

林业绿色制度涵盖林业建设的方方面面，本书中主要从条件制度、管理制度、规范制度、激励制度、考核制度、文化制度等角度进行初步梳理。本书构建了林业绿色制度的框架，如图10－3。

其中，林业绿色制度中的条件制度包含：绿色价格制度、绿色资源制度、绿色产业制度和绿色技术制度。

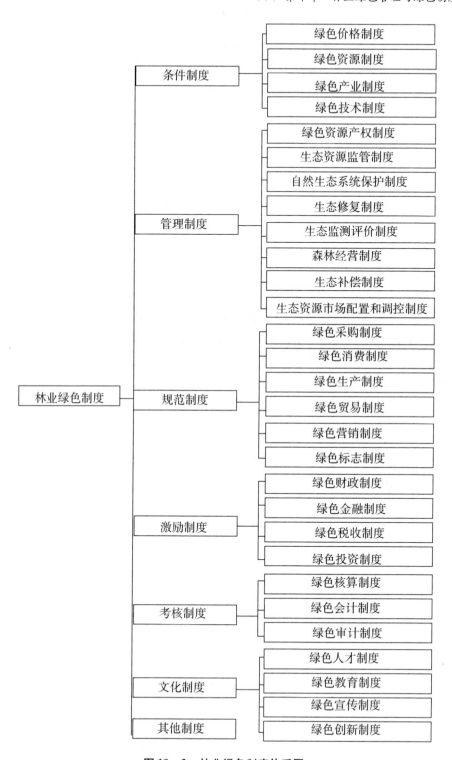

图 10－3　林业绿色制度体系图

林业绿色制度中的管理制度包含:绿色资源产权制度、生态资源监管制度、自然生态系统保护制度、生态修复制度、生态监测评价制度、森林经营制度、生态补偿制度、生态资源市场配置和调控制度。

林业绿色制度中的规范制度包含:绿色采购制度、绿色消费制度、绿色生产制度、绿色贸易制度、绿色营销制度、绿色标志制度。

林业绿色制度中的激励制度包含:绿色财政制度、绿色金融制度、绿色税收制度、绿色投资制度。

林业绿色制度中的考核制度包含:绿色核算制度、绿色会计制度、绿色审计制度。

林业绿色制度中的文化制度包含:绿色人才制度、绿色教育制度、绿色宣传制度、绿色创新制度。

林业绿色制度的构建是环环相扣的,制度之间不是独立的、隔绝的,而是紧密联系的、互相配合的。本书对林业管理制度进行详细分析,其他制度不再赘述。但林业管理制度和其他制度是相互依存的,只有绿色林业制度体系内的制度配合、相互促进才能真正发挥各个制度的价值和作用,才能推动林业绿色制度体系的成熟和完善,才能真正为发展绿色林业打下基础,提供动力。

主要参考文献

[1]D. Koplow, Biofuel at what coat Government support for ethanol and bio-diesel in the United States. 2006(10):32 – 35.

[2]Geller H, Schaeffer R, Szklo A, et al. Policies for advancing energy efficiency and renewable energy use in Brazil. Energy Policy,2004(12):15 – 19.

[3]Huff – Rousselle, Shepherd, Cushman, Imrie and Lalta. JS. Treatment of seasonal affectic disorder with a high. output negative ionizer. Journal of altercomplement Med. 1998,1 (1):87 – 92.

[4]Joao Martines – Filho, Heloisa L. Burnquist, and Carlos E. F. Vian, Bi ǐ ~ energy and the Rise of Sugarcane – Based Ethanol in Brazil . CHOICES,2nd Quarter, 2006(2):43 – 49.

[5]白高平.森林食品:蓄势待发的林业产业[J].陕西林业,2009(6):24.

[6]百度. 2015 中国森林旅游节[EB/OL]. http://baike. baidu. com/link? url = u – LPs7bkQwv0IZElmF2Y6s3rxOrvVwYorTbU4nmOwXf9zTjv _ Lh3HXviQln90bdz 3xGY6tutRfWupjmk – EJ9Yfyf387tEABAl _ rJBziNpPa3Bz 5GBATlOhEm8A1Hu1AI rqAhKtPlwQN8Z5C4syjKSAVrjbaSJqHlMTz9PJpQBVu.

[7]百度百科. 湿地修复[EB/OL]. http://baike. so. com/doc/8845200 – 9170190. html.

[8]柏方敏.森林康养:湖南林业发展的新业态[J].林业与生态,2016(05):5 – 10.

[9]包维楷,陈庆恒.退化山地生态系统恢复和重建问题的探讨[J]. 山地学报,1999,17(1).

[10]毕红霞.森林食品质量安全分析[J].中国林业产业,2008(12):26 – 27.

[11]曹园园.我国经济林产业的发展态势与潜力.[J]北京农业,2013(9):85.

[12]产业信息网.《2015 –2022 年中国生物医药市场全景调研及投资战略咨询报告》[EB/OL]: http://www. chyxx. com/research/201509/345923. html,

2015 - 09.

[13]陈飞翔,石兴梅.绿色产业的发展和对世界经济的影响[J].上海经济研究,2000(06):33 - 38.

[14]陈红,张志刚.大兴安岭森林食品产业集群发展研究[J].中国林副特产,2006(6):75.

[15]陈红.东北林区森林食品产业的SWOT分析[J].林业科技,2005(06):62 - 64.

[16]陈建成,姜宏瑶.浅谈我国发展森林文化创意产业路线[J].林业经济问题,2007,12(增刊):6 - 8.

[17]陈健.我国绿色产业发展研究[D].华中农业大学,2009.

[18]陈静.关于福建省创新发展"森林人家"的思考[J].林业经济,2015(3)107 - 110:

[19]陈丽鸿,王琦,杨玉红等.基于"三大功能"的多功能林业评论体系构建——以亚太森林恢复与可持续管理网络项目为例[J].林业经济,2015(7):99 - 102.

[20]陈耀华.中国花卉产业发展现状存在问题及解决途径初步研究[D].南京农业大学,2007.

[21]程堂仁,王佳,张启翔.发展我国创新性花卉产业的战略思考.[J].中国园林,2013(2):73 - 78.

[22]程希平,陈鑫峰,沈超,赵敏燕,马月伟,李小龙.森林养生基地建设的探索与实践[J].林业经济问题,2015(06):548 - 553.

[23]程希平.日本森林体验的发展及启示[J].世界林业研究,2015(04):75 - 80.

[24]程希平.森林体验基地建设的模式与路径探究[J].林业资源管理,2016,04.

[25]迟悦春,辛静,聂琴.对库布齐沙漠治理模式的思考[R].科技创新与经济结构调整——第七届内蒙古[26]自治区自然科学学术年会优秀论文集:中国会议,2012.

[27]邓东周,张小平,鄢武先,慕长龙.低效林改造研究综述[J].世界林业研究,2010,23(4):66 - 69.

[28]邓红刚,董洁.林业经济催生"绿色产业"[M].安阳日报,2013 - 06 - 17.

[29]杜朝云,蒋春蓉.森林康养发展概况[J].四川林勘设计,2016(02):6 - 9.

[30]杜娟,永丰余:环保纸"秸秆造"[J].WTO 经济导刊,2013(10):60 - 61.

[31]杜明军.低碳经济理论研究综述与展望[J].生态经济,2010(01):71 - 74.

[32]樊胜岳,高新才.中国荒漠化治理的模式与制度创新[J].中国社会科学,2000(6):37 - 44.

[33]范永忠,范龙昌.包容性增长理念及现实意义[J].理论与改革,2010,06:85 - 86.

[34]费世民,徐嘉,陈小涛.林业生物质能源产业化发展模式调查分析与构建[J].四川林业科技,2009(3):22 - 30.

[35]费世民.发展林业生物质能源的战略思考[J].四川林业科技,2008(4):29 - 41.

[36]冯彩云.世界非木材林产品现状、存在问题及其应对政策[J].林业科技管理,2001(2):56 - 59.

[37]高捍东.我国林木种苗产业化现状与对策[J].林业科技开发,2005(01):7 - 9.

[38]宫照红.开发西藏林区林下资源 促进森工企业经济发展[J].林业科技管理,2001(01):37 - 39.

[39]顾晓君,曹黎明,叶正文,黄启忠,朱建军,何大乾.林下经济模式研究及其产业发展对策[J].上海农业学报,2008(03):21 - 24.

[40]管宁生,绿地与园林的概念及其相互关系之探讨[J].云南林业科技,2000(3):70 - 72.

[41]广东省林业厅.广东省林业厅与湖南省林业厅签署森林旅游发展战略合作协议[EB/OL].http://www.forestry.gov.cn/slgy/944/content - 914848.html.

[42]广西壮族自治区林业厅产业处.《姑婆山景区旅游服务质量规范》地方标准发布[EB/OL].http://www.forestry.gov.cn/slgy/944/content - 914679.html.

[43]国办函[2014]121 号.国务院办公厅关于印发《国务院关于促进旅游业改革发展的若干意见》任务分解表的通知[EB/OL].http://www.forestry.gov.cn/main/4817/content - 798443.html.

[44]国家林业局.2011 年全国林业统计分析报告[EB/OL].http://cfdb.forestry.gov.cn/lysjk

[45]国家林业局.LY/T 1678 - 2006 森林食品——产地环境通用要求[S].2006 - 8 - 31.

[46]国家林业局.国家林业局:2014 年全国森林旅游接待游客超 7 亿人次

［EB/OL］. http://www.199it.com/archives/286358.html.

［47］国家林业局.关于加快速生丰产用材林基地工程建设的若干意见.2005.

［48］国家林业局.加快特色经济林产业发展的意见［Z］.2014.

［49］国家林业局.全国花卉产业发展规划（2011－2020年）［Z］.2011.

［50］国家林业局.全国优势特色经济林发展布局规划（2013－2020）［Z］.2013.

［51］国家林业局.全国竹产业发展规划（2013—2020）［Z］.2013.

［52］国家林业局.全国竹产业发展规划（2013—2020年）［Z］.国家林业局.2013.

［53］国家林业局.中国林业发展报告2014.［EB/OL］. http://cfdb.forestry.gov.cn/lysjk/indexJump.do? url = view/moudle/searchData/showDetail&keyid =1002219.

［54］海渤.林下产业经济模式研究［J］.绿色科技,2010(08):19－20.

［55］韩东鹤.黑龙江省绿色食品产业发展研究［J］.对外经贸,2012(12).

［56］韩锋.林下经济发展及对林农影响研究［D］.北京林业大学,2015.

［57］韩明臣,梁玉莲,叶兵,喻素芳.北宫国家森林公园森林保健功能指数评价研究［J］.广东农业科学,2012(24):185－188.

［58］韩微.对森林旅游和森林生态旅游的再认识［J］.森林工程,2005,21(6):7－8.

［59］何彬生,贺维,张炜,鄢武先.依托国家森林公园发展森林康养产业的探讨——以四川空山国家森林公园为例［J］.四川林业科技,2016(01):81－87.

［60］何英,张小全,刘云仙.中国森林碳汇交易市场现状与潜力［J］.林业科学,2007,07:106－111.

［61］侯方森.林产品绿色采购初探［J］.内蒙古农业大学学报(社会科学版),2007,9(6):99－101.

［62］侯元兆,赵杰,张涛.国外人工用材林发展比较研究［J］.世界林业研究,2000,13(3):11－18.

［63］胡援东,揭益寿.大力发展绿色产业是中国产业结构战略性调整的必由之路［J］.中外科技信息,2001(05):8－13.

［64］华建春.塞罕坝野果植物资源及保护利用［J］.城市建设理论研究(电子版),2013(3):30.

［65］黄宏平,林业生物质能源迎机遇,共生共赢谋发展［J］.生物质化学工程,2012(2):62.

[66]黄彦. 低碳经济时代下的森林碳汇问题研究[J]. 西北林学院学报,2012(03):260-268.

[67]贾治邦. 壮大林下经济实现兴林富民 全面推动集体林权制度改革深入发展[J]. 林业济,2011(11):6-10.

[68]江泽慧. 发挥资源优势,强化科技创新,促进林业生物质能源加快发展[J]. 生物质化学工程,2006(S1):1-6.

[69]姜国清. 安徽省林下经济发展现状及对策——以青阳县为例[J]. 安徽农业科学,2012(21):11108-11110.

[70]蒋大华,孙康泰等. 我国生物质发电产业现状及建议 [J]. 可再生能源,2014(4):542-54.

[71]蒋丽华,浅谈森林管护的主要措施[J].民营科技,2011(8):88.

[72]焦玉海. 新一轮中国森林资源核算及绿色经济评价体系研究启动[N]. 中国绿色时报,2016-07-06.

[73]金申. 我国城市木材抛弃物亟待重视——关于废旧木材资源再生利用的建议[J]. 中国林业,2004(09):27-29.

[74]柯桥政务网. 关于我区森林休闲旅游产业发展工作情况的报告[EB/OL]. http://www. shaoxing. gov. cn/sxxmhw/zt/28/zrhy/gzbg/201601/t20160108_385315. shtml.

[75]柯水发,潘晨光,温亚利,潘家华,郑艳. 应对气候变化的林业行动及其对就业的影响[J].中国人口资源与环境,2010,20(6):6-12.

[76]匡志盈. 全球防治荒漠化情况综述[J]. 世界农业,2006(10):8-10.

[77]冷丽.我国森林食品资源开发现状及发展趋势[J].江西林业科技,2008(2):52-54.

[78]李超,刘兆刚,李凤日等.我国非木质林产品资源现状及其分类体系的研究[J].森林工程,2011(5):1-7.

[79]李丹,李国,王霓虹,曹玉昆. 基于条码的林下经济产品质量可追溯管理系统[J]. 北京林业大学学报,2013(01):144-148.

[80]李金柱. 浅议城市绿地养护产业化趋向[J].宁夏农林科技,2007(04):66-67.

[81]李经龙. 旅游体验——旅游规划的新视角[J]. 地理与地理信息科学,2005,21(6):91-95.

[82]李静,王兆君. 我国森林采伐剩余物利用研究[J].安徽农业科学,2010(07):3787-3789.

[83]李俊杰.森林体验活动对森林文化传播的影响——以北京市为例[J].林业经济评论,2015(1):118－126.

[84]李克金,徐庆福.林业生物质能源可持续发展的对策和措施[J].黑龙江生态工程职业学院学报,2016(4):14－15.

[85]李鹏,张俊飚.森林碳汇与经济增长的长期均衡及短期动态关系研究——基于中国1998与经济增长年省级面板数据[J].自然资源学报,2013(11):1835－1845.

[86]李秋娟,陈绍志,胡延杰,非木质林产品认证发展现状[J].世界林业研究,2016,29(1):14－18.

[87]李盛仙.森林浴——都市休闲快班车[J].广西林业,2001(04):35.

[88]李淑霞,周志国.森林碳汇市场的运行机制研究[J].北京林业大学学报(社会科学版),2010(02):88－93.

[89]李微,万志芳.关于林业产业演进的理论探讨[J].世界林业研究,2013(04):87－92.

[90]李晓文、李梦迪、梁晨等.湿地恢复若干问题探讨[J].自然资源学报,2014,29(7):1257－1267.

[91]李娅,陈波.我国林下经济发展主要模式探析[J].中国林业经济,2013,03:36－38.

[92]李娅,韩长志.基于农户意愿的云南省林下经济发展路径研究[A].中国科学技术协会、贵州省人民政府.第十五届中国科协年会第19分会场:中国西部生态林业和民生林业与科技创新学术研讨会论文集[C].中国科学技术协会、贵州省人民政府,2013:5.

[93]李忠正.可再生生物质资源 再生木质素的研究[J].南京林业大学学报(自然科学版),2012,36(1):1－7.

[94]廖茂林,绿色消费的国际经验及对长三角地区绿色发展的启示.改革与战略,2014(7):135－140.

[95]林允宁,福州市绿化养护社会化浅析[J].广东科技,2012(11):240－241.

[96]刘海方.黑龙江省森林食品产业发展战略研究[D].东北农业大学,2015.

[97]刘建功,刘勇.中国林木种苗业现状及发展趋势与对策[J].林业经济,2006(03):22－24.

[98]刘曼红,周玉申,马延军.城市废弃木材的回收利用及其处理工艺[J].

广东林业科技,2010(02):55－59.

[99]刘梅.中国绿色食品经济发展研究[D].华中农业大学,2003.

[100]刘青,刘艳彬,李嫣然,张瑾瑾,孙建勋,万志芳.黑龙江省林区森林管护的制度性困境及解决对策[J].中国林业经济,2013(2):1673－5919.

[101]刘权,陈亮明,张艳峰,范米娜.体验型景观规划设计在森林旅游开发中的应用[J].现代园艺,2009(3):45－47.

[102]刘小清.绿色产业——迎着朝阳走来的新兴产业[J].商业研究,1999(09):112－114.

[103]刘新波.发展林下经济的几种模式[J].林业科技情报,2007(02):18－19.

[104]刘学锋.山东省绿色食品产业发展研究[D].山东农业大学,2007.

[105]刘琰,米锋,赵嘉祺.浙江省文成县森林文化创意产业发展的影响因素[J].中国农业信息,2015(15):139－141.

[106]刘琰.浙江省文成县森林文化创意产业发展的影响因素[J].中国农业信息,2015(15):131－141.

[107]刘燕华.产学研农工商"六位一体"推动中药产业现代化发展[J].世界科学技术,2010(12):5－14.

[108]刘永明.共享经济理论研究综述与展望[J].中国经贸导刊,2017(08):66－67.

[109]刘正祥,张华新,刘涛.我国森林食品资源及其开发利用现状[J].世界林业研究,2006,19(1):58－65.

[110]刘志武,任红英.林下种植的基本原则及对策[J].现代农业科技,2013(07):201,203.

[111]卢萍,罗明灿.非木质林产品开发利用研究综述[J].内蒙古林业调查设计,2009(04):97－100.

[112]卢素兰.森林养生保健旅游文献研究[J].林业经济问题,2010(6):531－534,539.

[113]鲁滨逊·格雷戈里.许伍权等译.森林资源经济学[D].北京:中国林业出版社,1985.

[114]陆广潮.城市公共绿地养护推行市场化管理的探讨[J].广东园林,2007(3):66－68.

[115]陆军,陆诗华,赵志刚,徐海哲,赵永利,迎春林业局非木质林产品经营认证审核与实践[J].林业科技,2015(1):59－62.

[116]吕景辉,任天忠,闫德仁.国内森林碳汇研究概述[J].内蒙古林业科技,2008(2):43-47.

[117]罗健,陈永忠,彭绍峰,杨正华.油茶低产林改造研究进展[J].湖南林业科技,2012,39(5):109-111.

[118]马阿滨,薛茂贤,尹淑清,秦世立.低产林改造类型及改造模式研究[J].农业系统科学与综合研究,1995,11(4):268-269.

[119]马花如.我国速生丰用材林发展潜力研究[D].北京林业大学,2011.

[120]马花如.中国速生丰用材林发展状况研究[J].林业经济问题,2009(1):1-4.

[121]马建章.森林旅游学[M].哈尔滨:东北林业大学出版社,1998.

[122]马锦义,论城市绿地系统的组成和分类[J].中国园林,2002,18(1):23-26.

[123]马凯,秦涛,潘焕学.发展我国林业产业投资基金可行性研究[J].山东社会科学,2014(2):131-135.

[124]满宏鹏,梅子侠.林业生物医药产业发展的对策分析——以大兴安岭林区为例[J].知与行(文明建设研究),2016(4):74-79.

[125]毛红英,金坛市城镇园林绿化发展历程[J].园林,2012(8):24-26.

[126]蒙琼.园林绿化养护管理要求[J].现代园艺,2010(6):68.

[127]孟德凯.关于我国低碳经济发展的若干思考[J].综合管理,2007(9):125-126.

[128]苗艳凤.彰显生态优势的竹产业发展初探[J].林产工业,2015,12(7):3-7.

[129]南海龙,马红,邹大林,蒋万杰.日本森林疗养概况及对北京的启示[J].绿化与生活,2015(03):52-55.

[130]南海龙,王小平,陈峻崎,朱建刚,杨晓晖,杨欣宇,崔亚红.北京森林疗养工作展望[J].河北林业科技,2015(05):53-55.

[131]南海龙.日本森林疗法及启示.世界林业研究[J].2013,26(3):74-78.

[132]聂福源.温泉园林养生基地——恩平帝都温泉浴区设计[J].南方建筑,2006(01):26-31.

[133]漆雁斌,张艳,贾阳.我国试点森林碳汇交易运行机制研究[J].农业经济问题,2014(04):73-79.

[134]渠慎宁,李鹏飞,李伟红.国外绿色经济增长理论研究进展评述[J].城市与环境研究,2015(01):89-93.

[135]森澜.中国绿色碳汇基金会[J].世界环境,2013(6):97.

[136]山合水易研究中心.如何用森林资源开发休闲旅游?（下）[EB/OL].
http://www.shsee.com/redianhuati/11144.html.

[137]上海市浦东新区风景园林学会,上海市浦东新区公路管理署.浦东新区
公路绿化养护管理工作的回顾与探讨[J].风景园林,2004(55):92-94.

[138]邵海荣,贺庆棠.森林与空气负离子[J].世界林业研究,2000(5):
19-23.

[139]沈满洪.生态经济学的定义、范畴与规律[J].生态经济,2009(01):
42-48.

[140]宋彦会.塞罕坝野果植物资源及保护利用[J].中外企业家,2013(20):
212-212,214.

[141]宋阳.黑龙江省森林食品产业发展研究[D].东北林业大学,2008.

[142]苏潇.林下经济发展分析与评价初探[D].福建农林大学,2016.

[143]苏祖荣,苏孝同.森林文化与森林文化产业[J].福建林业,2014
(01):16.

[144]粟晓东.基于游客体验的森林公园生态旅游环境承载力研究与实证
[D].厦门大学,2013.

[145]孙抱朴.抱森林康养"是我国大健康产业的新业态、新模式[J].商业文
化,2015(22):82-83.

[146]孙铭明,徐天英.老年旅游市场开发研究[J].计划与市场探索,2003
(06):59-60.

[147]孙毅.资源型区域绿色转型的理论与实践研究[D].东北林业大
学,2012.

[148]孙照斌,田芸,庞方亮.废旧实木类木材回收利用途径探讨[J].中国人
造板,2008(01):9-11,38.

[149]唐建兵.森林养生旅游开发与健康产业打造[J].成都大学学报(社会
科学版),2010(04):74-77.

[150]陶然,余正.我国生物制药产业的现状及发展建议[J].中国药房,2012,
(37):3463-3465.

[151]佟敏,宋东宁.基于LCA的林区废弃物清洁化生产研究[J].中国林业
经济,2009(6):1-5.

[152]万志芳,王飞,李明.林区森林采伐剩余物利用状况分析[J].中国林业
经济,2007(04):17-19.

[153]汪俊芳,袁铁象.森林养生旅游产品开发——以广西大明山国家级自然保护区为例[J].广西林业科学,2015(02):194-199.

[154]汪志军.新疆非木材林产品的开发利用前景[J].中国林副特产,2002(4):52-53.

[155]王焕义,李春梅,杜发金.发展林下经济对林木生长环境的影响[J].中国林业,2012(10):35.

[156]王见,文冰.我国"非京都规则"森林碳汇市场构建研究[J].中国林业经济,2008(03):27-31.

[157]王静,沈月琴.森林碳汇及其市场的研究综述[J].北京林业大学学报(社会科学版),2010(02):82-87.

[158]王静,张百顺."数字林业"建设的现状与思考[J].长春大学学报.2006,13(4):18-23.

[159]王可达.我国增加森林碳汇的对策研究[J].开放导报,2011(02):65-68.

[160]王连茂.江西林木生物质能源产业化研究[D].北京:北京林业大学,2009:26.

[161]王亮.湿地生态系统恢复研究综述[J].环境科学与管理,2008,33(8):154.

[162]王民,史海珍.德国、英国自然保护区管理和环境科普情况介绍[J].地理教育,2012(7):121-122.

[163]王瑞红.绿色建筑:乘着"互联网+"的风快速发展[J].住宅与房地产,2016(8):64-67.

[164]王献平.加快我国园林苗圃产业化进程[J].科技情报开发与经济,2007,17(36):318-319.

[165]王小婧,贾黎明.森林保健资源研究进展[J].中国农学通报,2010(12):73-80.

[166]王晓华.我国林业生物质能源建设大有可为[C].第十二届中国科协年会——非粮生物质能源与高技术产业化研讨会论文集,2010:43-46.

[167]王兴国,王建军.森林公园与生态旅游[J].旅游学刊,1998(2):16-19.

[168]王耀华.森林碳汇市场构建和运行机制研究[D].东北林业大学,2009.

[169]王永安.森林生态旅游新趋势[J].湖南林业科技,2003,22(3):4447.

[170]王欲然,李志伟.世界林业大会在南非班德开幕[N].人民日报,2015-09-09.

[171]王真.云南省森林食品质量安全管理现状与制度体系设计[D].西南林业大学,2013.

[172]王治国.关于生态修复若干概念与问题的讨论(续)[J].中国水土保持,2003(11):20-21.

[173]王宗星,冯博杰,高智慧,高立旦,虞木奎.关于林下经济发展的探讨[J].浙江农业科学,2013(04):389-393.

[174]文淑美.全球生物制药发展态势[J].中国生物工程杂志,2006(1):92-96.

[175]吴平.中国发展竹产业的优势问题与对策[J].竹藤产业,2010,8(6):29-32.

[176]吴秀云,卫立冬.我国绿色产业的发展现状及对策研究[J].衡水学院学报,2005(04):16-18.

[177]吴章文.森林休憩区保健旅游资源的深度开发[J].北京林业大学学报,2003,23(2):63-67.

[178]吴志文.森林文化、森林创意产业与林业新经济增长点的培育[A].中国科学技术协会、河南省人民政府.第十届中国科协年会论文集(二)[C].中国科学技术协会、河南省人民政府,2008:17.

[179]伍楠林.中国开展森林碳汇贸易的实证研究[J].国际商务(对外经济贸易大学学报),2010(05):5-11.

[180]伍清亮,邓荣俤,余进.福建省林业生物产业发展调研报告[J].福建林业,2013(02):11-14.

[181]郄光发,房城,王成,李春媛.森林保健生理与心理研究进展[J].世界林业研究,2011(03):37-41.

[182]小宫山宏,迫田章义,松村幸彦.日本生物质综合战略[M].北京:中国环境科学出版社,2005:73-86,121-127.

[183]肖广强,陆守一,唐丽华.基于 WebGIS 构建森林资源信息发布系统[J].林业资源管理,2003(4):70-72.

[184]肖艳,李晓雪.我国森林碳汇市场培育的路径选择[J].世界林业研究,2012(1):55-59.

[185]谢哲根,刘安兴,许祖福,陈学堂,陈安统.森林公园旅游产品的研究[J].北京林业大学学报,2000(3):72-75.

[186]新华网.中国首次发布"森林食品"认证标准[EB/OL].http://news.xinhuanet.com/2015-02/06/c_1114285909.htm

[187]徐立,白万东,冼瑞娟,董天利.平顶山:逍遥养生[J].森林与人类,2016 (10):158 – 159.

[188]徐溧伶.不同植被类型在荒漠化防治中对生态环境影响的分析[J].珠江现代建设,2013(1):21 – 24.

[189]徐敏剑.我国经济林产业现代化的思考[J].山西林业,2013(5):8 – 9.

[190]徐庆福,王立海.林业生物质能源及其开发利用对策[J].森林工程, 2006(6):1 – 3.

[191]徐霞.太湖流域退渔还湖型湿地水环境[D].南京大学,2012.

[192]徐湘江,薛秋生,李宏秋.我国经济林产业发展现状与趋势[J].中国林副特产,2013(3).

[193]徐秀红.浅谈我国的林业绿色会计[J].林业经济问题,2003(3):169 – 171.

[194]许传德.我国竹业发展的趋势[J].中国林业,1998(5).

[195]许美婷,杨悦.浅析全球生物制药产业[J].中国新药杂志,2013(18): 2116 – 2125.

[196]岩务.经济林的产业可持续发展探寻[J].现代园艺,2015(22):24 – 25.

[197]杨韩.云南省低产林改造面临的问题及对策措施[J].林业调查规划, 2006,31(3):148 – 152.

[198]杨婕,沈伟,冯春莒.森林病虫害防治对林业生态环境建设的影响[J]. 中国林业产业,2015(2):130.

[199]杨静.论森林公园中的体验设计[J].华中农业大学学报,2007,26(2): 260 – 262.

[200]杨开良.我国竹产业发展现状与对策.[J]经济林研究,2012,30(2): 140 – 143.

[201]杨瑞文.森林资源管护工作中的问题与对策[J].绿色科技,2016 (19):82 – 85.

[202]杨肖琪,全斌,蔡立凡,等.基于WebGIS平台的森林资源管理信息系统的开发与研制[J].水土保持研究,2005,12(3):134 – 137.

[203]易爱军,刘俊昌.我国森林旅游产业的现状及发展对策[J].中国林业经济,2010(03):5 – 7.

[204]尹少华,周文朋.湖南省森林碳汇估算与评价[J].中南林业科技大学学报,2013(07):136 – 139.

[205]于冬璇.体验经济视角下城郊型森林旅游开发研究——以沈阳市为例

[J].林业资源管理,2011(2):21 – 26.

[206]于小飞,吴文玉,张东升,王晓敏.林下经济产业现状及发展重点分析[J].林产工业,2010(04):57 – 59,62.

[207]俞秀玲,刘继震,孔终艳.河南森林食品资源及开发现状初探[J].河南林业科技,2008(9):69 – 70.

[208]俞秀玲,谭运德,孙晓薇.食用林产品林业行业标准现状[J].河南林业科技.2010,30(3):83 – 84,88.

[209]曾建民.略论绿色产业的内涵与特征[J].江汉论坛,2003,(11):24 – 25.

[210]曾麟,顾树华.发展能源农业和能源林业,立足国内保障石油安全[J].中国软科学,2005(9):79 – 83.

[211]曾燕如,潘继进,杜国坚.森林食品及其国际贸易和生产趋势[J].世界林业研究,2003(11):26 – 29.

[212]曾燕如.国际森林认证与我国森林食品的生产[J].浙江林学院学报,2004,21(4):480 – 485.

[213]翟明普.关于林下经济若干问题的思考[J].林产工业,2011(3):47 – 49,52.

[214]张爱美,谢屹,温亚利,王成巍.我国非木质林产品开发利用现状及对策研究[J].北京林业大学学报(社会科学版),2008(03):47 – 51.

[215]张佰顺.林下经济植物栽培技术[M].北京:中国林业出版社,2008.

[216]张凤珍.绿色食品经济问题及措施论述[J].科技创新导报,2012,9(16):196.

[217]张华海,张超.森林旅游中几个重要概念的溯源[J].贵州林业科技,2002,30(1):52 – 55.

[218]张辉.旅游经济论[M].北京:旅游教育出版社,2002.

[219]张惠敏.贵州省都匀市林下经济发展模式及相关实例研究[J].林业科技,2016(02):54 – 57.

[220]张建华.森林公园环境保护与游客体验管理的协调机制研究[J].福建农林大学学报,2007,10(6):38 – 42.

[221]张连刚,支玲,郭小年.林业专业合作组织发展的理论基础分析[J].林业经济问题,2013(02):104 – 108,173.

[222]张梅.试论绿色企业的培育和发展[D].首都师范大学,2009.

[223]张润昊.森林食品产业发展影响因素实证研究[J].安徽农业科学,

2011,39(8):4660-4661.

[224]张润昊.森林食品产业区域发展推进策略研究[D].中南林业科技大学,2011.

[225]张升,戴广翠.绿色经济与林业发展[J].林业经济,2012(05):20-25.

[226]张铁平,卢立,熊嘉武.黔东南州低产低效林现状、成因及改造模式[J].林业调查规划,2010,35(4):84.

[227]张维祥,张碧,黄睿,刘德伟,全正军,莫开林.大邑县林下经济调查及发展建议[J].四川林业科技,2011(06):106-109,56.

[228]张小蒙.生物制药产业的发展现状与思考[J].现代医药卫生,2012,28(7):1051-1052.

[229]张延斌,刘小霞,王宏军.低产林改造类型的划分[J].林业勘察设计,1995(1):45.

[230]张艳丽,王丹.森林疗养对人类健康影响的研究进展[J].河北林业科技,2016(03):86-90.

[231]张颖,吴丽莉,苏帆,杨志耕.森林碳汇研究与碳汇经济[J].中国人口·资源与环境,2010(A1):288-291.

[232]张颖,周雪,覃庆锋,陈珂.中国森林碳汇价值核算研究[J].北京林业大学学报,2013(06):124-131.

[233]张雨竹,王玉芳,宫力平,黑龙江省非木质林产品产业与林业产业结构关联分析[J].林业经济,2016,38(2):68-74.

[234]张哲,沈月琴,龙飞,朱臻,何祥荣.森林碳汇研究的知识图谱分析[J].浙江农林大学学报,2013(04):567-577.

[235]张志永,叶兵,杨军,何奇江,董建华.城市森林保健功能研究进展[J].世界林业研究,2014(06):27-33.

[236]赵丛娟,刘庆博,宋莎.我国森林食品产业发展现状及建议[J].中国林业经济,2015(04):42-43,48.

[237]赵峰.林下种植中草药的探讨[J].农业与技术,2013(04):79-89.

[238]赵江红.中国林业生物质能源开发利用的调查思考[J].林业经济,2009(3):13-16.

[239]赵劼,张军,森林认证在中国的实践[J].森林与人类,2016(8):128.

[240]赵静.江西省非木质林产品产业发展及其对区域林业及林农收入的影响研究[D].北京林业大学,2014.

[241]赵敏燕.森林养生[J].森林与人类,2015(09):4-5.

[242]赵倩. 中国发展绿色企业的对策研究[D].辽宁师范大学,2008.

[243]郑群明.日本森林保健旅游开发及研究进展[J].林业经济问题,2011 (03):275-278.

[244]郑茹敏.基于森林多功能利用的森林体验开发研究[J].林业经济管理, 2015(5):157-161.

[245]郑耀星.周富广.体验导向型景区开发模式:一种新的旅游开发思路 [J].人文地理杂志,2007,22(6):16-20,89.

[246]郑勇平.植物种苗的产业化发展与市场化运作[J].绿色中国,2004 (07):51-54.

[247]郑友苗.邵琼.竹文化对竹产业发展的影响分析——以浙江省为例.[J] 安徽农业科学,2014(17):5530-5532.

[248]中国风景名胜区协会旅游规划研究中心中国风景名胜区协会旅游规划 研究中心上海同异城市设计有限公司北京分公司.森林休闲专题研究(同异旅游) [EB/OL]. http://www.doc88.com/p-7448226835100.html.

[249]中国林木生物质能源发展潜力研究课题组.中国林木生物质能源发展 潜力研究报告[J].中国林业产业.2006(6):5-1L.

[250]中证网.生物医药产业潜力巨大发展势如破竹[EB/OL] http://www. cinic.org.cn/site951/yypd/2014-05-27/741557.shtml,2014-05-27.

[251]钟懋功.我国竹产业的发展回顾与几点建议[J].竹子研究汇刊,2000, 19(3):26.

[252]钟元桂,张瑜.行者无疆 拓者有为——华宇竹业的绿色追求[J].林业 与生态,2012(9):28-30.

[253]周彩贤,马红,南海龙.推进森林疗养的研究与探索[J].国土绿化,2016 (10):48-50.

[254]周纪昌.生态=经济范式、特征、理论核心和成果[J].2012(06): 112-116.

[255]周延.大兴安岭地区绿色食品营销研究[D].东北林业大学,2009.

[256]周繇,于俊林,张本刚,徐克学.长白山区药用植物资源及其多样性研究 [J].北京林业大学学报,2007(3):52-59.

[257]周亦波.森林康养旅游初探[J].旅游纵览(下半月),2016(5): 205-206.

[258]朱德宏,何道满.远安县低产林改造存在的问题及对策[J].绿色科技, 2010(12):108-109.

[259]朱建良,张冠杰. 国内外生物柴油研究生产现状及发展趋势[J]. 化工时刊,2004,18(1):23 - 27.

[260]朱霖. 中国竹产业发展现状. [C]第一节中国竹藤资源利用学术研讨会论文集. 2013.

[261]朱乾坤. 我国用材林可持续发展得思路与对策[J]. 林业实用通讯,2000(6):1 - 8.

[262]朱伟华、丁少江,试论对城市绿化养护承包公司的管理[J]. 中国园林,2006(6):13 - 15.

[263]竺肇华. 一门新兴学科——农用林业[J]. 世界林业研究,1988(01):77 - 83.

[264]邹杰,兰张丽,覃惠莉. 广西柳州市林下经济发展模式及对策研究[J]. 绿色科技,2013(01):104 - 106.

[265]邹蔚烈,薛立新,汤建军,山绿民富写和谐——竹溪绿色投资带动县域经济发展纪略[J]. 中国林业,2007(01B):32.